제3판

청소년육성제도론

제3판

청소년육성제도론

기은광 저

동문사

PREFACE

청소년전문가가 반드시 알아두어야 하는 것이 청소년육성제도이다. 청소년육성제도는 청소년에 대한 사회적 시각 및 필요성이 상호작용하여 만들어낸 결과물이라고 할 수 있다. 청소년을 둘러싼 환경이 급격히 변화하고 있다. 이는 필연적으로 청소년육성제도의 변화를 가져오게 된다.

청소년육성제도론을 강의하면서 학생들에게 청소년전문가의 자부심에 대해서 이야기하곤 한다. 흔히들 고기를 잡아다 주기보다는 고기를 잡는 방법을 알려주라고 이야기하고 있다. 고기를 잡아다 주면 그 하루는 목숨을 이어갈 수 있지만 내일의 삶은 고단할 수 있기 때문이다. 고기를 잡는 방법을 알게 되면 내일도 모레도 계속 삶을 영위할 수 있게 된다. 그러나 이 교훈은 그보다 더 밑바닥의 문제를 해결하지 못한다. 일본에서 그 용어가 유래된 은둔형 외톨이(일명 히키코모리[ひきこもり; hikikomori])는 한국에서도 큰 문제가 되고 있다. 또한 게임이나 스마트폰 과의존으로 인한 일상생활의 파괴는 청소년을 위협하는 커다란 문제가 되고 있다. 이들에게 '물고기를 잡을 수 있는 기술'은 아무 의미가 없을 수 있다. 물고기를 잡으러 가지 않기 때문이다. 물고기를 잡으러 가려는 마음이 없다면 물고기를 잡을 수 있는 기술은 아무 소용이 없다. 물고기를 잡으러 가는 마음을 가질 수 있도록 청소년을 북돋는 것이 바로 청소년전문가의 주된 역할이다. 청소년이 스스로 자신의 주인이 되도록 움직이도록 하는 것은 청소년전문가들의 사명임과 동시에 자부심이다. 다른 직업들은 청소년이라는 인간이 가진 가장 기본적인 문제를 다룰 수 있는 효과적인 방법이나 수단이 부족하다.

청소년육성제도도 이러한 시각에서 바라보아야 한다. 청소년전문가는 청소년육성제도를 이용하여 청소년들이 능동적으로 자신의 삶의 주인이 되도록 해야 하는 사명과 역할을 담당해야 한다. 청소년육성제도는 청소년전문가들이 현장에서 활동할 수 있도록 시설이나 재원 등 기반을 제공한다. 청소년전문가들이 청소년육성제도에 대해서 잘 알면 알수록 청소년에게 제공하는 서비스의 질이 높아지며, 청소년들은 균형 있는 성장을 더 잘 이룰 수 있게 된다.

머리말

이 책은 청소년전문가가 되려고 하는 학부 학생들에게 청소년육성 관련 핵심 제도를 법률을 중심으로 소개하고자 한다. 청소년육성제도는 관련 법규만으로도 그 양이 매우 많기 때문에 핵심적인 법률을 중심으로 설명하고 있다.

총 6개의 Part를 통해서 I. 청소년육성제도 기초, II. 청소년기본법, III. 청소년활동 관련 제도, IV. 청소년복지 관련 제도, V. 청소년보호 관련 제도, VI. 청소년회복 관련 제도로 구분하였고, 각 Part 밑에 법률별로 장을 구분하였다.

청소년육성제도의 학습 및 현장강의 시에 학습 분량을 조절하기 쉽도록 각 장을 1시간 분량으로 구성된 주제로 다시 나누었다. 본 책은 총 42개의 주제로 구성되어 있다.

청소년육성제도는 청소년과 사회의 요구 및 환경의 변화에 따라 끊임없이 변화하고 있다. 법제처에서 운영하는 국가법령정보센터(http://www.law.go.kr/) 등에서 최신의 법률과 정책 등을 끊임없이 찾아볼 것을 권한다.

2021년 여름

본 교재의 개정판이 나온 지도 2년이 흘렀다. 그동안에 각종 법률이 개정되었고, 청소년정책 기본계획도 제6차에서 제7차로 변경되는 등 청소년육성제도에 변화가 있었다. 본 교재의 청소년육성제도의 분류에서 청소년정책 추진체계의 중요성이 갈수록 강조되는 것을 반영하여 기존의 청소년활동/청소년복지/청소년보호/청소년회복의 영역과 더불어 "청소년정책 추진체계"를 추가하였다. 다만, 청소년정책 추진체계의 내용은 각 영역에서 골고루 녹아들어 있기 때문에 이번에는 따로 별도의 장을 분류하지는 않았다. 본 교재를 읽는 모든 사람들이 청소년육성제도의 전체적인 윤곽을 파악하여 "청소년이 자기 삶의 주인"이 되도록 하는 청소년지도자가 되기를 기원한다.

2023년 여름
저자 기은광

Guide for Learning

【각종 법령 정보를 찾아보는 방법】

1. 법제처에서 운영하는 국가법령정보센터에 들어간다.

https://www.law.go.kr/

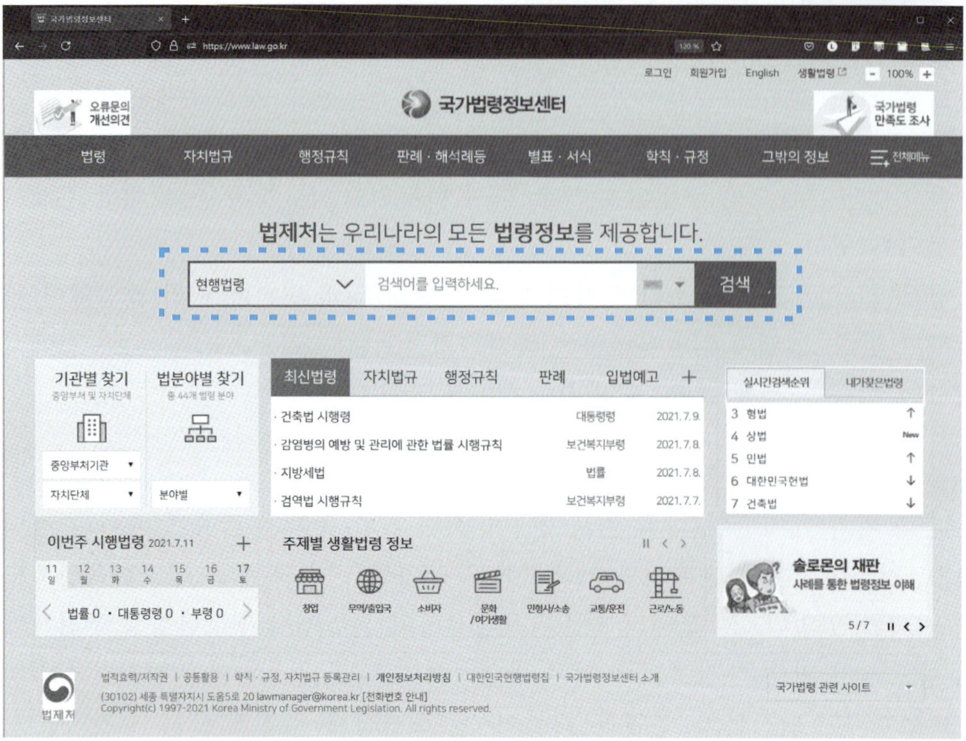

2. 현행법령에서 검색어를 입력하여 검색한다.

학습 안내

【시행령, 시행규칙, 대통령령, 여성가족부령/보건복지부령】

국가법령정보센터 및 본 교재에 시행령, 시행규칙, 대통령령, 여성가족부령/보건복지부령 등의 용어가 혼재되어 독자들이 혼란스러울 수 있다. 이들의 관계는 다음과 같다.

대통령령	=	시행령
여성가족부령/보건복지부령	=	시행규칙

【법령의 약칭】

법령의 약칭이 존재하는 경우에는 법령의 약칭과 줄이지 않은 명칭이 혼용되어 사용되었다. 아래는 주요 법령의 약칭이다.

법령명	약칭
청소년활동 진흥법	청소년활동법
청소년복지지원법	청소년복지법
학교 밖 청소년 지원에 관한 법률	학교밖청소년법
아동 · 청소년의 성보호에 관한 법률	청소년성보호법*
성폭력범죄의 처벌 등에 관한 특례법	성폭력처벌법
가정폭력범죄의 처벌 등에 관한 특례법	가정폭력처벌법
정보통신망 이용촉진 및 정보보호 등에 관한 법률	정보통신망법
학교폭력예방 및 대책에 관한 법률	학교폭력예방법

* 아동 · 청소년이 성보호에 관한 법률을 흔히 아청법이라고 부르는데 이는 잘못된 표현이다.

CONTENTS

차 례

Part Ⅲ. 청소년활동 관련 제도

Part Ⅳ. 청소년복지 관련 제도

CONTENTS

차 례

Part VI. 청소년회복 관련 제도

PART I

청소년육성제도 기초

CHAPTER 01

청소년기의 개념과 발달특성

주제 1-1 청소년의 개념과 청소년현장

1. 청소년의 개념

1.1 청소년 개념의 기원

국립국어원에 의하면 청소년은 청년과 소년을 합쳐놓은 말이며(국립국어원, 2021), 이에 따르면 청소년은 소년기에서부터 청년기에 이르는 장기간을 말하는 용어이다. 사람에 따라서는 청소년은 청년과 소년의 중간 지점에 있는 특별한 시기로 생각하기도 한다. 우리가 흔히 말하는 1318[1]은 소년과 청년의 중간 지점에 있는 개념이라고 할 수 있다.

청소년이 이렇게 구분되기 시작한 것은 유구한 역사에 비추어보면 최근의 일

1) 「1318」은 13세에서 18세를 이르는 말이다.

이다. 청소년(靑少年)은 영어로는 Adolescence 혹은 Youth로 번역된다. G. S. Hall(1904)은 Adolescence라는 의미를 심리학과 교육학적 측면에서 심도 있게 분석하여 청소년 시기를 대중에게 각인시켰다. Hall은 1천여 페이지가 넘는 저서를 통하여 청소년의 신체적 성장과 정신적, 성적 성장과 심리 및 교육 등을 최초로 체계적으로 분석하여 학문적 의미에서 '청소년' 시기를 발견한 사람으로 여겨지고 있다(Arnett & Cravens, 2006; 한국청소년개발원, 1993).

한국 내에서 사료를 보면 국사편찬위원회(2021)의 『조선왕조실록』 원문에는 소년과 청년은 등장하지만 청소년이라는 말은 등장하지 않는다. 조선시대에는 청소년이라는 말보다는 창적(蒼赤), 동치(童稚), 소년(少年) 등이 사용된 것으로 보인다(국사편찬위원회, 2021)[2]. 청소년이라는 용어가 본격적으로 사용된 것은 일제강점기로 보인다. 1921년 천도교 청년회에서 발간한 잡지인 개벽 제17호 "청소년 학생(靑少年學生)"(국사편찬위원회, 2021a), 조선일보(2021) 1923년 3월 13일 자의 "청소년체육법안(靑少年體育法案)", 동아일보 1923년 8월 20일 자의 "선천기청소년척후군조직(宣川基靑少年斥候軍組織)"(국사편찬위원회, 2021a) 등에서 '청소년'이 사용되고 있다.

1.2 청소년의 개념과 연령

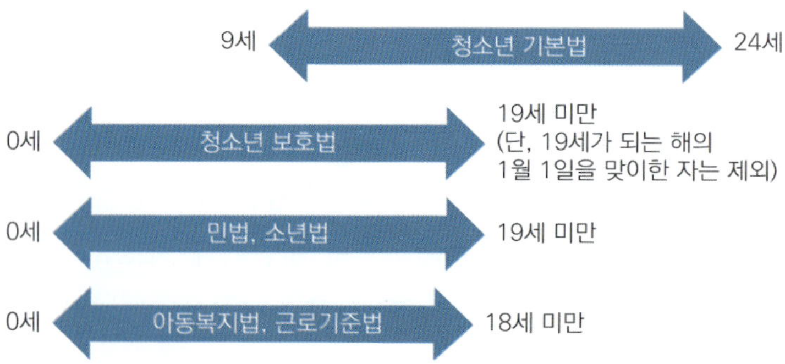

그림 1.1 **청소년육성제도에서 청소년 연령의 범위**

2) 국역에서 '청소년'은 네 군데 등장하며 세종실록 42권 세종에 창적(蒼赤), 68권에 소년(妙年), 103권에 동치(童稚), 선조실록 39권에 소년(少年) 등이다.

청소년이라는 용어가 역사적으로도 짧은 기원을 가지고 있어서, 통일된 의미로 사용될 것 같지만, 사람들은 청소년을 매우 다양한 의미로 사용하고 있다. 청소년은 특정 나이대의 개념일 수도 있고 특정 발달 단계 혹은 특정한 속성을 가지고 있는 집단을 의미하는 것일 수도 있다. 청소년을 특정 발달 단계를 의미하는 것으로 사용할 때도 그 폭은 사람마다 매우 다르다. 인간의 발달은 연속적으로 일어는 것이 대부분이기 때문에 청소년을 명확하게 언제부터 언제까지라고 정의하는 데 어려움을 겪는다.

청소년에서 '년(年)'이 해 또는 나이를 뜻하는 한자인 것처럼 청소년은 일정한 나이 혹은 시기의 개념으로 사용되는 경우가 많다. 일반적으로도 청소년기는 보통 사춘기를 기준으로 11~12세 정도에 시작하여 성인으로 기능하기 시작하는 20대 중반에 종료된다고 본다(한국청소년개발원, 1993; 허혜경 · 김혜수, 2010).

청소년육성제도에서 청소년의 범위는 표 1.1에 나와 있는 것처럼 다양하다.

표 1.1 청소년 관련 법률 상의 청소년 연령

법률	연령	비고
청소년기본법 청소년활동진흥법 청소년복지지원법 학교 밖 청소년 지원에 관한 법률	9~24세	청소년 연령에 관하여 가장 일반적으로 적용되는 연령
청소년보호법 아동 · 청소년의 성보호에 관한 법률	19세 미만 (19세가 되는 해의 1월 1일이 지난 자는 제외)	아동 · 청소년의 성보호에 관한 법률은 아동 · 청소년으로 표현
아동복지법 근로기준법	18세 미만	아동기준법은 아동, 근로기준법은 연소자로 표현
소년법 민법	19세 미만	소년법은 소년, 민법은 미성년자로 표현
학교폭력예방 및 대책에 관한 법률	(별도 규정 없음)	학교는 초등학교/중학교/고등학교 등임
(청년기본법)	(19세 이상 34세 이하)	청년기본법의 청소년과 청소년기본법은 19세에서 24세 이하의 5세가 중첩됨

청소년육성제도의 중심이 되는 청소년기본법에서는 청소년의 나이를 만 9세에서 만 24세로 규정하고 있다. 청소년활동진흥법, 청소년복지지원법, 학교 밖

청소년지원에 관한 법률도 청소년기본법과 동일하게 청소년의 나이를 규정한다. 청소년기본법이 9세로부터 시작한 것은 청소년연맹의 아람단 등 청소년단체가 회원을 초등학교 3학년부터 모집하는 것과 관련이 있다(전동일 외, 2016). 또한 청소년기본법은 청소년을 지원하는 것이 목적이기 때문에 아직 사회에서 자리를 확보하지 못한 일부 성년까지 포함하여 24세로 높게 잡고 있으며, 이는 UN 등의 기준과 비교하여 볼 때 합리적으로 보인다.

청소년보호법에서는 한국식 나이와 만 나이를 혼용하여 0세에서 만 19세 미만(단, 19세가 되는 해의 1월 1일을 맞이한 사람은 제외)으로 청소년을 규정하고 있다. 아동·청소년의 성보호에 관한 법률의 아동·청소년의 나이도 이와 같다.

UN 아동권리협약과 아동복지법의 '아동', 근로기준법의 '연소자'는 18세 미만을 말한다. 2017 청소년백서(여성가족부, 2018)에 따르면 UN 및 UN 기구에서는 청소년을 15~24세, 10~19세, 12~24세 등으로 규정하고 있다.

9세에서 18세의 청소년과 관련이 많은 학교폭력예방과 대책에 관한 법률에서는 연령을 별도로 지정하고 있지 않다.

요약하자면 청소년육성제도에서 청소년의 연령은 기본적으로 9세에서 24세로 규정되지만, 각 육성제도의 목적과 목표에 따라서 이와 다르게 규정되기도 한다.

이와는 별도로 청년을 지원하기 위하여 2020년 제정된 청년기본법에서는 청년을 19세 이상에서 34세 이하로 규정하고 있다. 후기 청소년인 19세 이상 24세 이하는 청년이자 청소년으로 보호를 받는다. 청소년기본법은 청소년육성이 중심이 되나 청년기본법은 청년의 직업, 주거 및 복지에 대한 지원 등이 중심이 된다.

청소년기본법 제3조 1. "청소년"이란 9세 이상 24세 이하인 사람을 말한다. 다만, 다른 법률에서 청소년에 대한 적용을 다르게 할 필요가 있는 경우에는 따로 정할 수 있다.
청소년보호법 제2조 1. "청소년"이란 만 19세 미만인 사람을 말한다. 다만, 만 19세가 되는 해의 1월 1일을 맞이한 사람은 제외한다.
아동·청소년의 성보호에 관한 법률 제2조 1. "아동·청소년"이란 19세 미만의 자를 말한다. 다만, 19세에 도달하는 연도의 1월 1일을 맞이한 자는 제외한다.

2. 청소년헌장

2.1 청소년헌장의 의의

청소년헌장은 청소년의 모습과 국가·지방자치단체와 사회, 가정이 청소년에 대하여 가져야 하는 책임과 태도에 대해서 규정하고 있다. 청소년헌장이 제시하는 청소년육성의 목적과 가치, 지향점은 청소년육성 전반을 하나로 묶는 역할을 하며 헌법이 제시하고 있는 "행복추구권"과 "인간다운 생활을 할 권리" 등을 보다 구체화하고 있다.

청소년헌장은 법률적 효력은 없지만, 국무회의를 거쳐 제정·개정된 것으로 행정부에 대한 지침이 된다. 청소년헌장은 청소년육성의 이념과 가치, 목표를 담고 있어 청소년육성제도의 근간이 된다. 법률적 효력이란 국민에게 권리 혹은 의무를 발생하게 하며, 이를 법적으로 강제할 수 있는 것을 말한다. 법률적 효력을 갖기 위해서는 국회가 법률로 의결하거나 국가 간 조약에 대해서 법률의 효력이 있도록 비준해야 한다[3].

2.2 청소년헌장의 제정 및 개정

1990년 5월 3일 국무회의에 상정된 청소년헌장제정안은 한국청소년단체협의회에서 조직한 청소년헌장제정위원회를 통하여 진행되었다. 청소년, 학부모, 청소년지도자 등 각계의 의견을 공청회를 통하여 취합하여 초안을 만들고, 1990년 5월 3일 국무회의의 의결을 거쳐(국가기록원, 2021), 1990년 5월 12일 관보에 게재됨으로써 제정되었다. 청소년헌장이 최초로 만들어졌기 때문에 이를 제정 청소년헌장이라고 부른다.

이후 몇 년이 지나지 않은 1998년에 제정 청소년헌장이 청소년의 주체적 측

3) UN아동권리협약은 법률이 아닌 국가 간 조약이지만 국회의 비준을 얻었기 때문에 대한민국에서 법적 효력을 가지고 있다.

면을 제대로 반영하지 못한다는 문제 제기 속에 청소년헌장이 개정되었다. 문화관광부[4]는 청소년정책자문위원회에서 개정 소위원회를 구성하고 공청회 등을 거쳐서 개정안을 마련하였으며, 국무회의를 거쳐서 개정되었다(국가기록원, 2021a). 개정 청소년헌장에서는 청소년을 "미래의 주역"이란 표현을 삭제하고, "자기 삶의 주인"이라는 표현을 사용하였다. 이는 청소년을 "자율과 참여"의 주체로 규정한 것이다. 개정 청소년헌장은 청소년의 권리와 책임을 보다 구체화했다.

2.3 청소년헌장의 구성과 내용

청소년헌장의 구성은 전문과 청소년의 권리, 청소년의 책임으로 구성된다.

전문은 청소년과 관련된 이념을 선언하고 있다. 전문에서는 청소년의 지위와 함께 청소년이 마땅히 누려야 할 권리와 책임에 대해 선언하고, 이를 뒷받침하기 위해 가정 · 학교 · 사회 그리고 국가의 책임을 선언하고 있다.

제정 청소년헌장에서는 청소년을 "청소년은 새 시대의 주역이다."라고 하였으나 개정 청소년헌장에서는 '자기 삶의 주인'으로 규정하였다. 이는 불과 8년 만에 일어난 엄청난 변화이다. 예를 들어, 가게에서 일하는 종업원의 경우에는 그 업무에서 주된 역할을 하는 주역이라고는 할 수 있지만, 가게의 주인이라고 할 수는 없다. 제정 청소년헌장은 청소년을 "조국 발전의 일꾼"으로 보았으나 개정 청소년헌장에서는 청소년을 "인격체"와 "시민"으로 인식한다. 개정 청소년헌장에 의하면, 청소년은 "존중 받을 권리"가 있는 인격체, "미래를 열어갈 권리"가 있는 시민 내지 공동체의 일원이다.

4) 청소년헌장 개정 당시인 1998년에는 문화관광부가 청소년정책을 담당하였다.

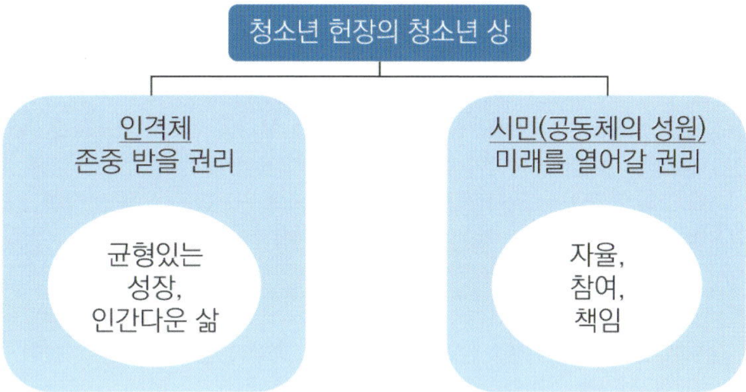

그림 1.2 청소년 헌장의 청소년의 상

청소년헌장은 전문에 이어, 청소년의 권리와 청소년의 책임을 자세하게 규정하고 있다.

참고

(舊) 제정 청소년헌장 (1990.05.12 제정. 관보 제11522호)

청소년은 새 시대의 주역이다.
뜨거운 정열을 가슴에 품고 자연과 학문을 사랑하며, 한마음으로 굳게 뭉쳐 조국 발전의 일꾼이 되어, 세계와 우주로 힘차게 나아가 인류의 자유와 행복을 이룩한다.
여기에 우리 모두가 나아갈 길을 밝힌다.

1. 청소년은 출생, 성별, 학력, 직업 그리고 신체적 조건에 따른 어떠한 차별도 받지 않는다. 모든 청소년은 적성과 능력을 갈고닦아 스스로 어려움을 헤쳐 나아가는 슬기와 용기를 갖춘다.
1. 가정은 청소년이 정서를 가꾸고 애정과 대화를 나누는 곳이다.
   어버이는 올바른 삶의 본을 보이며, 자녀는 어른을 공경하는 몸가짐과 밝은 성품을 익힌다.
1. 학교는 청소년이 조화로운 배움을 통하여 교양과 지식과 체력을 기르는 곳이다. 자질을 존중하고, 자아실현을 통하여 삶을 윤택하게 하는 길을 가르치며, 문화의식과 민주시민정신을 높인다.
1. 사회는 청소년이 즐겁게 일하며 보람있게 봉사하는 곳이다.
   성장과 발달을 도와주며, 더불어 사는 기쁨과 여가 선용의 마당을 제공하고, 건전한 환경을 만든다.
1. 국가는 청소년을 사랑하고, 이들을 위한 정책에 최대의 노력을 기울인다. 배움터와 일터를 고루 갖추고, 도움을 필요로 하는 청소년 개개인을 각별히 보호하여 적응하고 자립하도록 이끈다.

(現) 개정 청소년헌장 (1998.10.22 개정)

청소년은 자기 삶의 주인이다. 청소년은 인격체로써 존중받을 권리와 시민으로서 미래를 열어갈 권리를 가진다. 청소년은 스스로 생각하고 선택하며 활동하는 삶의 주체로서 자율과 참여의 기회를 누린다. 청소년은 생명의 가치를 존중하며 정의로운 공동체의 성원으로 책임있는 삶을 살아간다.
가정 · 학교 · 사회 그리고 국가는 위의 정신에 따라 청소년의 인간다운 삶을 보장하고 청소년 스스로 행복을 가꾸며 살아갈 수 있도록 여건과 환경을 조성한다.

청소년의 권리

1. 청소년은 생존에 필요한 기본적인 영양 · 주거 · 의료 · 교육 등을 보장받아 정신적 · 신체적으로 균형 있게 성장할 권리를 가진다.
1. 청소년은 출신 · 성별 · 종교 · 학력 · 연령 · 지역 등의 차이와 신체적 · 정신적 장애 등을 이유로 차별받지 않을 권리를 가진다.
1. 청소년은 물리적 폭력뿐만 아니라 공포와 억압을 포함하는 정신적인 폭력으로부터 보호받을 권리를 가진다.
1. 청소년은 사적인 삶의 영역을 침해받지 않을 권리를 가진다.
1. 청소년은 자신의 생각과 느낌을 자유롭게 펼칠 권리를 가진다.
1. 청소년은 자유로운 의사에 따라 건전한 모임을 만들고 올바른 신념에 따라 활동할 권리를 가진다.
1. 청소년은 배움을 통해 진리를 추구하고 자아를 실현해 갈 권리를 가진다.
1. 청소년은 일할 권리와 직업을 선택할 권리를 가진다.
1. 청소년은 여가를 누릴 권리를 가진다.
1. 청소년은 건전하고 다양한 문화 · 예술 활동에 자유롭게 참여할 권리를 가진다.
1. 청소년은 다양한 매체를 통하여 자신의 삶에 필요한 정보에 접근할 권리를 가진다.
1. 청소년은 자신의 삶과 관련된 정책결정 과정에 민주적 절차에 따라 참여할 권리를 가진다.

청소년의 책임

1. 청소년은 자신의 삶을 소중히 여기며 자신이 선택한 삶에 책임을 진다.
1. 청소년은 앞 세대가 물려준 지혜를 시대에 맞게 되살려 다음 세대에 물려줄 책임이 있다.
1. 청소년은 가정 · 학교 · 사회 · 국가 · 인류공동체의 성원으로서 자기와 다른 삶의 방식도 존중할 줄 알아야 한다.
1. 청소년은 삶의 터전인 자연을 소중히 여기고 모든 생명들과 더불어 살아간다.
1. 청소년의 통일 시대의 주역으로서 평화롭게 공존하는 방법을 익힌다.
1. 청소년의 남녀평등의 가치를 배우고 이를 모든 생활에서 실천한다.
1. 청소년은 가정에서 책임을 다하며 조화롭고 평등한 가족문화를 만들어 간다.
1. 청소년은 서로에게 정신적 · 신체적 폭력을 행사하지 않는다.
1. 청소년은 장애인을 비롯한 소외받기 쉬운 사람들과 더불어 살아간다.

주제 1-2 청소년육성과 청소년발달

1. 청소년육성

1.1 청소년육성의 개념과 구분

1) 청소년육성의 개념

육성의 사전적 정의는 “길러 자라게 함”(국립국어원, 2021)이라고 한다. 길러 자라게 한다는 것은 기본적으로 능동적 행위라고 할 수 있다. 즉 육성이라는 것은 소극적으로 지켜보는 것이 아니라 적극적으로 여건과 환경을 조성하는 행위이다. 청소년육성을 사전적 정의로 하면 청소년을 길러 자라게 함을 의미한다(청소년개발원, 2003). 여러 학자는 청소년육성이 학교교육이라는 공교육에 대비되는 개념으로부터 발달하였다고 말한다(임동호 외, 2017; 전희일 외, 2018; 천정웅, 김윤나, 2003, 한국청소년개발원, 2003). 청소년이 성장 · 발달하는 데 학교교육만으로는 한계가 있어서 청소년육성이라는 개념이 논의가 된 것이다. 청소년육성과 학교교육의 관계는 본 주제의 “3.청소년육성과 학교교육과의 관계”에서 자세히 다루고 있다.

수단	청소년 활동 지원 / 청소년 복지 증진 / 근로 청소년 보호 / 사회 여건 환경 개선 / 청소년 보호
목적	(교육 보완) 청소년의 균형 있는 성장을 돕는 것

그림 1.3 청소년기본법상의 청소년육성 개념과 구분

표 1.2 청소년기본법상 청소년육성 관련 개념

<table>
<tr><th>개념</th><th>정의</th><th>청소년상</th></tr>
<tr><td>구(舊) 1987년
청소년육성법
(목적)</td><td>청소년의 인격형성을 도모하고, 청소년의 보호 · 육성 · 선도 및 지원에 관한 사업을 효율적으로 추진함으로써 청소년이 국가 · 사회발전에 이바지할 수 있는 건실하고 유능한 국민으로 성장하도록 함</td><td>건실하고 유능한
국민</td></tr>
<tr><td>청소년육성
(구(舊) 1991년
청소년기본법)</td><td>청소년의 복지를 증진하고, 청소년의 수련활동을 지원하며, 청소년교류를 진흥하고, 사회여건과 환경을 청소년에게 유익하도록 개선하여 청소년에 대한 교육과 상호 보완함으로써 청소년의 균형 있는 성장을 돕는 것</td><td rowspan="3">청소년의 균형
있는 성장</td></tr>
<tr><td>청소년육성
(청소년기본법)</td><td>청소년활동을 지원하고 청소년의 복지를 증진하며 근로 청소년을 보호하는 한편, 사회 여건과 환경을 청소년에게 유익하도록 개선하고 청소년을 보호하여 청소년에 대한 교육을 보완함으로써 청소년의 균형 있는 성장을 돕는 것</td></tr>
<tr><td>청소년활동
(청소년기본법)</td><td>청소년의 균형 있는 성장을 위하여 필요한 활동과 이러한 활동을 소재로 하는 수련활동 · 교류활동 · 문화활동 등 다양한 형태의 활동</td></tr>
<tr><td>청소년복지
(청소년기본법)</td><td>청소년이 정상적인 삶을 누릴 수 있는 기본적인 여건을 조성하고 조화롭게 성장 · 발달할 수 있도록 제공되는 사회적 · 경제적 지원</td><td rowspan="2">조화로운
성장 · 발달
(정상적인 삶,
행복한 삶)</td></tr>
<tr><td>아동복지
(아동복지법)</td><td>아동이 행복한 삶을 누릴 수 있는 기본적인 여건을 조성하고 조화롭게 성장 · 발달할 수 있도록 하기 위한 경제적 · 사회적 · 정서적 지원</td></tr>
<tr><td>청소년보호
(청소년기본법)</td><td>청소년의 건전한 성장에 유해한 물질 · 물건 · 장소 · 행위 등 각종 청소년 유해 환경을 규제하거나 청소년의 접촉 또는 접근을 제한하는 것</td><td rowspan="3">청소년의 건전한
성장
(건전하게 성장,
건전한
사회구성원)</td></tr>
<tr><td>목적
(소년법)</td><td>반사회성(反社會性)이 있는 소년의 환경 조정과 품행 교정(矯正)을 위한 보호처분 등의 필요한 조치를 하고, 형사처분에 관한 특별조치를 함으로써 소년이 건전하게 성장하도록 돕는 것</td></tr>
<tr><td>목적
(학교폭력예방 및
대책에 관한 법률)</td><td>학교폭력의 예방과 대책에 필요한 사항을 규정함으로써 피해학생의 보호, 가해학생의 선도 · 교육 및 피해학생과 가해학생 간의 분쟁조정을 통하여 학생의 인권을 보호하고 학생을 건전한 사회구성원으로 육성함</td></tr>
<tr><td>목적
(학교 밖 청소년
지원에 관한 법률)</td><td>「청소년기본법」 제49조제4항에 따라 학교 밖 청소년 지원에 관한 사항을 규정함으로써 학교 밖 청소년이 건강한 사회구성원으로 성장할 수 있도록 함</td><td>건강한
사회구성원</td></tr>
</table>

청소년육성은 청소년기본법 제3조 제2호에 정의되어 있다. 청소년육성이란 "청소년활동을 지원하고 청소년의 복지를 증진하며 근로 청소년을 보호하는 한편, 사회 여건과 환경을 청소년에게 유익하도록 개선하고 청소년을 보호하여 청소년에 대한 교육을 보완함으로써 청소년의 균형 있는 성장을 돕는 것"을 의미한다.

2) 청소년육성 개념의 구분

청소년기본법상의 청소년육성은 그림 1.3에서 보듯이 수단 측면과 목적 측면으로 구분된다. 청소년육성의 목적 측면은 청소년의 균형 있는 성장을 돕는 것이며, 수단 측면은 1) 청소년활동 지원, 2) 청소년복지 증진, 3) 근로청소년 보호, 4) 사회여건 환경 개선, 5) 청소년보호로 구성된다(그림 1.3 참조).

청소년육성의 목적은 청소년정책의 지향점이라고 할 수 있다. 청소년육성의 수단은 청소년정책을 통해 청소년정책 사업이나 프로그램으로 나타난다.

3) 청소년육성 개념의 변천

청소년육성의 개념은 청소년기본법의 발전에 따라서 변천해왔으며, 구체적인 변천 내용은 표 1.2에 정리되어 있다. 구(舊) 청소년육성법에는 청소년육성을 "청소년의 인격형성을 도모하고, 청소년의 보호·육성·선도 및 지원에 관한 사업을 효율적으로 추진함으로써 청소년이 국가·사회발전에 이바지할 수 있는 건실하고 유능한 국민으로 성장하도록 함"으로 정의하고 있다. 구 청소년육성법의 청소년육성에서는 청소년의 성장·발달을 종합적 측면에서 파악하지 못하고, 청소년을 국가 혹은 체제의 발전을 위해 육성되어야 할 존재로 인식한다.

이러한 청소년에 대한 인식은 1991년 제정된 청소년기본법에서 변화된다. 제정 청소년기본법에서는 청소년을 수단적 존재가 아닌 목적적 존재로 파악한다. 제정 청소년기본법은 청소년의 "균형 있는 성장"이라는 표현을 통해, 청소년육성을 인격 형성이라는 제한된 영역에 국한하지 않고 있다. 청소년기본법이 수차례 개정되면서, 근로청소년 보호가 청소년육성에 추가된다. 이는 청소년육성에서 청소년을 사회구성원으로 인식하게 된 것이다.

청소년기본법 제3조 제2항. "청소년육성"이란 청소년활동을 지원하고 청소년의 복지를 증진하며 근로청소년을 보호하는 한편, 사회 여건과 환경을 청소년에게 유익하도록 개선하고 청소년을 보호하여 청소년에 대한 교육을 보완함으로써 청소년의 균형 있는 성장을 돕는 것을 말한다.

4) 청소년기본법상 청소년육성 개념의 한계

청소년기본법상 청소년육성 개념은 다음과 같은 한계를 가지고 있다.

첫째, "청소년 참여"가 청소년육성에 추가되어야 한다. 날이 갈수록 중요해지고 있지만 막상 청소년육성의 개념에는 이러한 측면이 반영되어 있지 않다. 청소년육성에 청소년참여의 개념을 반영하여 청소년참여를 보다 더 강화할 필요가 있다.

둘째, "청소년 회복"이 청소년육성 개념에 추가되어야 한다. 소년법이나 학교폭력예방법 등 청소년회복에 관한 법률이 청소년육성에서 매우 중요한 역할을 하고 있으나 청소년육성 개념에 이에 대한 인식이 약하다.

셋째, "근로 청소년의 보호"를 "청소년의 근로를 보호"하는 것 혹은 "청소년의 직업발달을 지원하는 것"으로 개념을 수정하여야 한다. 이는 이렇게 표현하는 것이 법의 체계상에서 보다 적합하며, "근로"와 "직업발달"을 보다 강조할 수 있기 때문이다.

넷째, "교육을 보완"이라는 용어는 시대의 변화에 따라 "교육과 함께"로 수정되어야 한다. 청소년육성은 청소년의 성장·발달과 관련하여 학교교육의 보충적 역할만을 하는 것이 아니라 독자적 영역이 있으며, 청소년육성과 학교교육은 상호보완적 역할을 한다.

1.2 청소년육성에서의 청소년상

표 1.2에서 볼 수 있듯이 청소년육성제도에서 나타나는 청소년상(청소년 모습)은 청소년육성 관련 법령에서 다소 차이를 보인다. 청소년육성에서 나타나는 청소년상은 청소년의 균형 있는 성장이며 이는 1991년 제정 당시부터 유지되어 온 것이다[5]. 구 청소년육성법은 그 목적에서 건실하고 유능한 국민이 청소년상임을 나타내고 있다. 청소년기본법과 구 청소년육성법은 청소년을 보는 시각에

5) 1991년 청소년기본법에 비해 현행 청소년기본법은 청소년육성 수단에 청소년 복지 증진과 근로 청소년보호, 청소년보호가 추가로 포함되어 있다.

서 큰 차이를 보이며 이는 청소년에 대한 청소년육성제도의 시각 변화와 관련이 있다. 청소년기본법은 청소년 스스로가 만들어가는 청소년의 모습을 강조한다면 구 청소년육성법은 국가에서 필요한 청소년의 모습을 강조하고 있다. 구 청소년육성법에서 청소년을 국가의 자원이자 수단으로 본 측면이 강하였다.

1.3 청소년육성의 주체

청소년기본법상의 청소년육성 개념에서는 "돕는"이라는 표현을 하였다. "성장을 돕는"과 "성장하도록"은 서로 유사하지만 매우 큰 차이가 있다. 이들 표현은 성장에 있어 주체를 누구로 보는가와 관련이 있는 것이다. 청소년헌장의 이념처럼 청소년이 자기 삶의 주인이라면, 청소년 성장의 주체 또한 청소년 자신이어야 한다. 청소년기본법상의 "돕는"이라는 문구는 이러한 측면에서 청소년을 주체적으로 표현한 것으로 볼 수 있다.

1.4 청소년육성의 목적

청소년기본법상의 청소년육성 최고의 목적은 청소년의 균형 있는 성장을 돕는 것이다. 균형 있는 성장은 신체발달/인지발달/정서발달/사회발달을 중심으로 하는 인격체로서의 발달과 더불어 시민으로서의 발달을 두루 포함한다. 청소년육성제도에서 청소년은 발달 단계상 아동기의 후반부와 제2차 성징이 나타나는 사춘기 그리고 성인 초기에 해당하는 발달의 과정에 걸쳐 있다. 청소년은 이들 시기에 신체적으로나 인지적으로 성장하게 되며, 정서발달과 사회발달 관련한 과업들을 수행한다.

1) 청소년육성의 목적으로서의 균형있는 성장

청소년육성제도에서 청소년상(청소년 모습)은 청소년육성 및 청소년육성의 수단 간에 차이가 있다. 청소년육성의 청소년상은 청소년의 균형 있는 성장이며 이는 1991년 제정 당시부터 유지되어 온 청소년상이다[6].

참고로 청소년기본법과 구(舊) 청소년육성법은 청소년을 보는 시각에서 큰 차이가 있다. 구(舊) 청소년육성법의 청소년상은 건실하고 유능한 국민이다. 청소년기본법은 청소년 스스로가 만들어가는 청소년의 모습을 강조한다면 구 청소년육성법은 국가에서 필요한 청소년의 모습을 강조한다. 구 청소년육성법에서 청소년을 국가의 자원이자 수단이라는 인식이 강하게 나타난다.

2) 청소년육성과 청소년 발달 영역

청소년육성에서 청소년의 발달은 그림 1.4와 같이 종합적으로 파악할 수 있다. 청소년의 발달은 인간 발달, 참여 발달, 직업 발달로 구분된다. 인간 발달은 다시 신체발달, 인지 · 언어 발달, 정서 · 사회 발달로 구분된다. 인간 발달은 청소년의 신체적, 인지적, 언어적, 정서적, 사회적 발달을 의미하며, 넓은 의미에서는 참여 발달과 직업 발달을 포함한다. 한국청소년개발원(2003)에서는 청소년정책 영역을

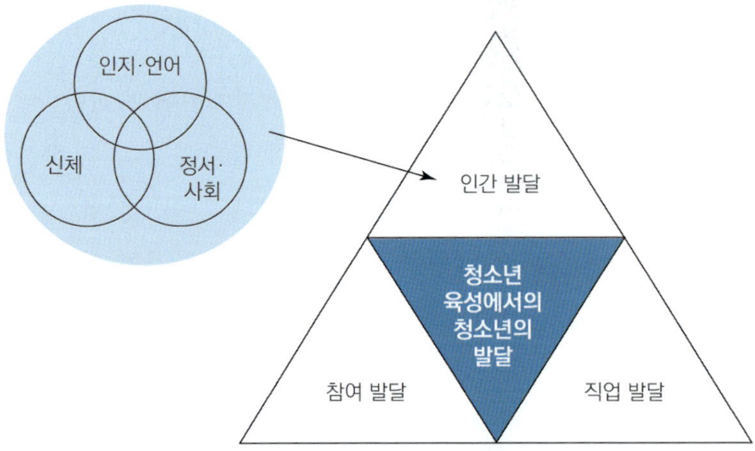

그림 1.4 청소년육성과 청소년 발달 영역

6) 다만, 1991년 청소년기본법에 비해 현행 청소년기본법은 청소년육성 수단에 청소년 복지 증진과 근로 청소년보호, 청소년보호가 추가로 포함되어 있다.

청소년노동, 청소년참여, 청소년교육, 청소년복지, 청소년보건으로 구분하였다.

1.5 청소년육성의 수단과 청소년상

청소년육성 수단과 관련해서 살펴보면 다음과 같다.

청소년활동의 청소년상은 청소년육성과 같은 균형 있는 성장을 하는 청소년인 반면, 청소년복지는 조화로운 성장 · 발달, 청소년보호는 건전한 성장을 하는 청소년이다. 청소년보호법과 학교폭력예방 및 대책에 관한 법률, 소년법은 건전한 성장을 지향하는 청소년상을 갖고 있다. 아동복지는 조화로운 성장발달이라는 측면은 청소년복지와 같으나, 청소년복지는 정상적인 삶을 강조하고, 아동복지는 행복한 삶을 강조한다. 학교 밖 청소년 지원에 관한 법률의 청소년상은 '건강한 사회구성원'이다.

2. 청소년의 참여발달과 직업발달

2.1 참여발달

한국청소년정책연구원의 2019 아동 · 청소년인권실태조사에 의하면(김영지 외, 2019) 2019년 초등학교 고학년과 중 · 고등학생의 88.3%는 청소년들의 사회참여 필요성을 느끼고 있는 것으로 나타났다.

이러한 청소년들의 요구에 맞추어서 최근 청소년육성제도에서 청소년의 참여 발달이 지속 강화되고 있다. 1993년 제정 청소년기본법은 청소년의 기본 인권은 인정하지만 이를 넘어 자신의 의견을 내는 적극적 존재로 파악하지 못했다.

청소년기본법이 2012년 2월 1일 개정되면서 제5조 제3항에 청소년의 의사표명 및 자기 결정 권리가 추가되고, 제5조의2 청소년의 자치권 확대 조항이 신설된다. 이는 청소년을 스스로 자신의 의견을 내고 스스로 결정하는 존재로 파악한 것이다. 이후 청소년기본법에 청소년참여위원회가 명시되는 등 청소년의 참여 발달 관련 규정이 지속해서 보완·강화되고 있다.

청소년기본법 제5조(청소년의 권리와 책임) ① 청소년의 기본적 인권은 청소년활동·청소년복지·청소년보호 등 청소년육성의 모든 영역에서 존중되어야 한다.
② 청소년은 인종·종교·성별·나이·학력·신체조건 등에 따른 어떠한 종류의 차별도 받지 아니한다.
③ 청소년은 외부적 영향에 구애받지 아니하면서 자기 의사를 자유롭게 밝히고 스스로 결정할 권리를 가진다.
④ 청소년은 안전하고 쾌적한 환경에서 자기발전을 추구하고 정신적·신체적 건강을 해치거나 해칠 우려가 있는 모든 형태의 환경으로부터 보호받을 권리를 가진다.
⑤ 청소년은 자신의 능력을 개발하고 건전한 가치관을 확립하며 가정·사회 및 국가의 구성원으로서의 책임을 다하도록 노력하여야 한다.

제5조의2(청소년의 자치권 확대) ① 청소년은 사회의 정당한 구성원으로서 본인과 관련된 의사결정에 참여할 권리를 가진다.
② 국가 및 지방자치단체는 청소년이 원활하게 관련 정보에 접근하고 그 의사를 밝힐 수 있도록 청소년 관련 정책에 대한 자문·심의 등의 절차에 청소년을 참여시키거나 그 의견을 수렴하여야 하며, 청소년 관련 정책의 심의·협의·조정 등을 위한 위원회·협의회 등에 청소년을 포함하여 구성·운영할 수 있다.
③ 국가 및 지방자치단체는 청소년과 관련된 정책 수립 절차에 청소년의 참여 또는 의견 수렴을 보장하는 조치를 하여야 한다.
④ 국가 및 지방자치단체는 청소년 관련 정책의 수립과 시행과정에 청소년의 의견을 수렴하고 참여를 촉진하기 위하여 청소년으로 구성되는 청소년참여위원회를 운영하여야 한다.
⑤ 국가 및 지방자치단체는 제4항에 따른 청소년참여위원회에서 제안된 내용이 청소년 관련 정책의 수립 및 시행과정에 반영될 수 있도록 적극 노력하여야 한다.
⑥ 제4항에 따른 청소년참여위원회의 구성과 운영에 필요한 사항은 대통령령으로 정한다.

2.2 직업발달

청소년기는 진로를 탐색하고, 진로 교육을 받으며, 직업에 진출하는 시기로 직업 발달에 매우 중요한 시기이다.

청소년 직업발달은 1991년 제정 청소년기본법에는 들어 있지 않던 내용이 2011년 5월 19일 개정을 통하여 포함된 내용이다. 또한 2016년 3월 2일 개정을 통하여 근로청소년 관련 교육 및 상담, 홍보를 국가의 의무로 규정하였고, 2016년 12월 20일 개정에서는 근로청소년의 보호를 위한 신고를 의무화했다. 2020년 5월 19일 개정을 통해서는 근로청소년의 부당처우 해결 사업 등을 국가나 지방자치단체가 실시할 수 있도록 했다.

청소년들의 상당수가 아르바이트를 하거나 직업을 가지고 있는 현실에서 근로 청소년을 보호할 필요가 높아지고 있다. 실제로 2020년 13세에서 24세의 청소년들 중 39.9%가 아르바이트를 경험하여, 2014년 31.2%에 비해서 8.7%p 높아졌다(여성가족부, 2021b)[7]. 근로 청소년의 경우 근로계약서 미작성 경험이 30.2%, 사회보험 미가입 경험이 8.4%로 나타나고 있다(여성가족부, 2021d). 사회적 관계뿐 아니라 직업 세계에서의 청소년의 발달 또한 현대를 살아가는 청소년들의 중요한 문제이다.

청소년기본법 제8조 ② 국가 및 지방자치단체는 근로 청소년을 특별히 보호하고 근로가 청소년의 균형 있는 성장과 발전에 도움이 되도록 필요한 시책을 마련하여야 한다.

제8조의2 ② 국가 및 지방자치단체는 근로 청소년의 권익보호를 위하여 「근로기준법」 등에서 정하는 근로 청소년의 권리 등에 필요한 교육 및 상담을 청소년에게 실시하여야 하며, 청소년 근로권익 보호 정책을 적극적으로 홍보하여야 한다.

제52조의2(근로 청소년의 보호를 위한 신고의무) ① 누구든지 청소년의 근로와 관련하여 「근로기준법」, 「최저임금법」 등 노동 관계 법령의 위반 사실을 알게 된 경우에는 그 사실을 고용노동부장관이

7) 2017년에서 2020년 사이의 변화는 2020년 코로나19의 영향으로 인한 아르바이트 기회 감소 때문일 것으로 보이나 추가적인 분석이 필요하다.

나 「근로기준법」 제101조에 따른 근로감독관에게 신고할 수 있다.
② 다음 각 호의 어느 하나에 해당하는 사람은 그 직무를 수행하면서 청소년의 근로와 관련하여 「근로기준법」, 「최저임금법」 등 노동 관계 법령의 위반 사실을 알게 된 경우에는 그 사실을 고용노동부장관이나 「근로기준법」 제101조에 따른 근로감독관에게 신고하여야 한다.

3. 청소년육성과 학교교육과의 관계

청소년육성 개념을 보다 잘 이해하기 위하여 1) 청소년육성과 학교교육의 관계와 2) 청소년육성과 학교교육의 차이점을 살펴보고자 한다. 청소년기본법상의 청소년육성 개념 중 가장 문제가 되는 것은 "교육을 보완"이라는 문구이다. 이 문구는 청소년육성을 청소년교육에 부수적인 개념으로 오인하게 하는 표현임과 동시에 청소년육성의 중요성을 가볍게 볼 수 있게 하는 표현이다.

청소년육성과 학교교육을 바라보는 관점은 그림 1.5에서 보듯이 학교교육 중심으로 보는 관점, 이를 상호보완으로 보는 관점, 그리고 청소년육성 중심으로 보는 관점으로 나눌 수 있다.

학교교육 중심적으로 보는 관점은 지식이 개방되어 가는 현대사회의 흐름과 맞지 않을 뿐만 아니라 학교교육이 성장이나 발달의 전제가 되어야 한다는 오해를 가져올 수 있다.

반면 청소년육성 중심으로 보는 관점은 청소년 성장의 다양한 가능성과 방법을 열어 놓고 있다는 장점이 있으나 상당수의 청소년이 학교교육을 받는 현실을 간과하게 할 위험이 있다.

상호보완 관점은 청소년육성과 학교교육의 차이점을 인정하고 이들이 유기적으로 작용하여야 한다는 점에서 합리적으로 보일 수 있으나, 학교교육 중심 입장이나 청소년육성 중심 입장에서 나타나는 문제를 모두 가질 수 있다.

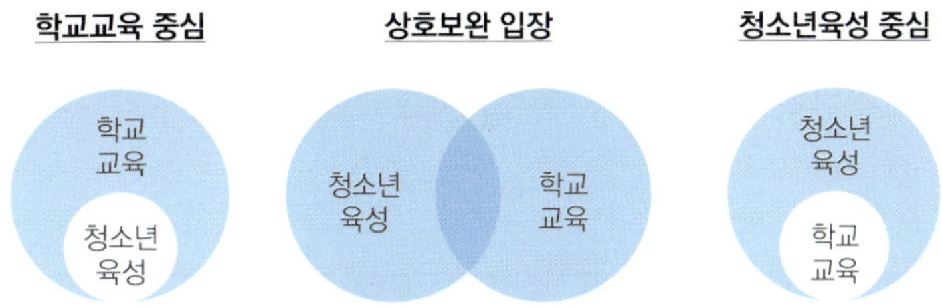

그림 1.5 청소년육성과 학교교육을 바라보는 관점

청소년기본법에서는 국가 및 지방자치단체가 청소년활동이 학교교육 및 평생교육과 연계하여 교육적 효과를 높일 수 있도록 정책을 수립 및 시행하여야 하고, 이를 위하여 관계기관과 협의하며 전문가의 의견을 듣도록 하고 있다.

이를 통해 볼 때, 청소년기본법은 청소년육성의 학교교육의 필요성을 인정하고 있으며, 상호보완적 관점 내지 학교교육 중심적 관점으로 보고 있음을 알 수 있다(천정웅, 김윤나, 2013; 전희일 외, 2018; 임동호 외, 2017). 청소년기본법 제48조에서는 청소년활동을 학교교육 · 평생교육과 연계할 것을 규정하고 있는 것도 청소년육성의 독자성과 상호보완성을 보여준다.

청소년기본법 제48조(학교교육 등과의 연계) ① 국가 및 지방자치단체는 청소년활동과 학교교육 · 평생교육을 연계하여 교육적 효과를 높일 수 있도록 하는 시책을 수립 · 시행하여야 한다.
② 여성가족부장관이 제1항에 따른 시책을 수립할 때에는 미리 관계 기관과 협의하여야 하며, 전문가의 의견을 들어야 한다.
③ 제2항에 따른 협의를 요청받은 관계 기관은 특별한 사유가 없으면 이에 따라야 한다.

임동호 외(2017)는 청소년육성과 학교교육의 차이점을 활동의 방법, 의무성 여부, 업무수행체계 및 근거법령상의 차이로 설명하고 있다. 활동의 목적 측면에서 청소년육성은 청소년수련활동 등을 통해 기량과 품성을 함양하는 것이지만, 학교교육은 학업 수행을 통한 지식 내지 기술 증진이다. 의무성 측면에서 청소년육성은 자발성에 기초하지만, 학교교육은 초등교육과 일부 중등교육 과정은 의무적이다[8]. 근거법령 측면을 보면, 청소년육성은 청소년기본법 등 청소년육성 관련 법령이며 학교교육은 교육기본법 등 교육 관련 법령이다. 담당 부처 측면에서 청소년육성은 여성가족부, 학교교육은 교육부와 각 시·도교육청으로 차이를 보인다.

> **교육기본법 제8조(의무교육)** ① 의무교육은 6년의 초등교육과 3년의 중등교육으로 한다.

8) 교육기본법 제8조 제1항 의무교육은 6년의 초등교육과 3년의 중등교육으로 한다.

주제 1-3 청소년육성제도

1. 청소년육성제도

1.1 청소년육성제도의 개념

청소년육성제도는 청소년의 육성을 위한 규범이나 체계 등을 말한다. 청소년육성제도는 구체적으로 청소년기본법이나 청소년활동진흥법과 같은 법률의 형태로 나타날 수도 있고(전세일, 2005), 청소년정책 기본계획처럼 정책이나 사업의 형태로 나타날 수도 있다. 또한 여성가족부에서 경기도나 서울특별시 등 시·도, 양주시나 연천군, 도봉구 등 시·군·구, 은현면이나 덕정동 등의 주민자치센터로 이어지는 행정전달체계 또한 청소년육성제도의 일환이다. 청소년육성제도는 이처럼 법적인 제도뿐 아니라 지역사회가 청소년의 성장·발달을 돕는 관습이나 기관 등 사회제도가 포함된다.

학자들의 청소년육성제도에 관한 논의를 살펴보면, 청소년육성제도가 이들 모두를 포함한다. 천정웅·김윤나(2013)는 청소년육성제도를 "청소년육성영역에서의 사회제도와 법적 제도를 의미"한다고 하면서 행정조직과 법제 및 정책 사업 등이 이에 포함된다고 정의하고 있고, 강병연·황수주(2016)는 청소년육성제도를 "청소년의 성장을 돕는 포괄적인 사회적 기능과 지속적이고 공인된 사회구성원을 규제하는 제도적 장치"라고 규정하고 있다. 임동호 외(2017)도 이와 유사하게 청소년육성제도를 "청소년육성을 지원하고자 하는 청소년 관련 사회제도와 법적 제도"라고 하며, 주경필·김진호(2017)의 경우는 "청소년을 건전하게 육성하기 위하여 사회적으로 필요한 사항을 법률이나 정책, 행정 등과 같은 제도적 형태로 규정한 것"이라고 말한다.

이러한 연구들을 종합해 보면 청소년육성제도는 청소년활동, 청소년복지, 청소년보호, 청소년회복 등의 영역에서 청소년의 균형 있는 성장·발달을 돕는 청소년육성을 목적으로 하는 사회적·법적 제도라고 할 수 있다. 이 책에서는 주로 공적 영역의 청소년육성제도에 집중하여, 청소년육성 관련 법령과 이들 법령을 기반으로 수립·시행되는 청소년정책과 청소년 사업을 살펴보고자 한다.

1.2 청소년육성제도의 요건

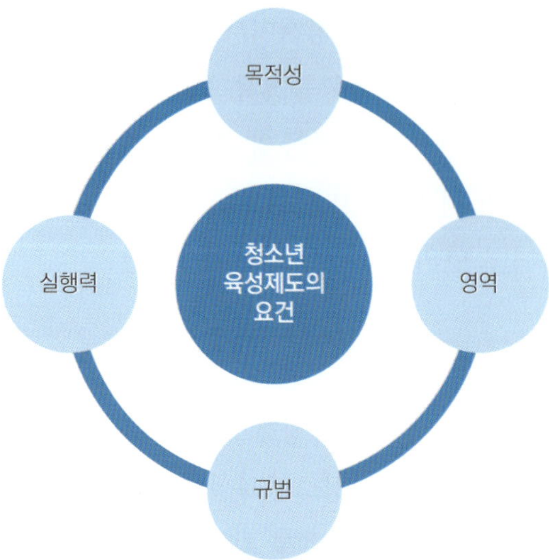

그림 1.6 **청소년육성제도의 요건**

천정웅과 김윤나(2017)에 의하면 제도는 "반복·계속적으로 시행되는 절차 규칙" 등을 포괄하는 것으로 법적 제도와 사회적 제도를 모두 포괄한다. 청소년육성제도도 이러한 성격을 가지고 있다.

청소년육성제도는 그림 1.6처럼 목적성, 영역, 규범, 실행력을 갖추고 있어야 한다. 이때 목적성이나 영역은 청소년육성제도가 추구하는 지향점 및 실제 동작하는 공간을 의미하며 청소년육성제도가 다른 제도와 차별성을 가지고 있는 부분이다. 규범과 실행력 측면은 일반적인 제도라면 갖추어야 하는 요소이다.

① 목적성: 청소년육성제도는 "청소년육성"이라는 목적을 가진 제도이다. 다만, 모든 청소년육성제도에서 청소년육성이 주된 목적은 아니다.

② 영역: 청소년육성제도는 청소년활동, 청소년복지, 청소년보호, 청소년회복 등 청소년의 균형 있는 성장·발달과 관련된 영역의 제도를 말한다.

③ 규범: 청소년육성제도는 사회적으로 합의된 규칙 또는 규준이어야 한다. 제도라면 개인적 차원을 벗어나 사회적으로도 인정을 받을 수 있어야 한다. 청소년육성제도도 사회적 합의라 할 수 있는 법령이나 국가 및 지방자치단체 등의 정책, 사업으로 이루어진다.

④ 실행력(수단): 청소년육성제도는 실행력을 갖추어야 한다. 청소년육성제도는 추상적 차원에 머무르는 것이 아니라 청소년의 삶에 영향을 끼칠 수 있는 수단을 가지고 있어야 한다. 청소년육성제도에서는 청소년활동, 청소년복지, 청소년보호, 청소년회복과 관련된 정책, 사업, 전달체계, 기금(基金), 행정적 제재, 형사적 제재, 민사적 제재 등을 통해서 실행력이 담보된다.

1.3 청소년육성제도의 구성

청소년육성제도는 그림 1.7처럼 규범 차원과 실행 차원으로 나누어 살펴볼 수 있다. 규범의 차원은 헌법, 법률, 명령 등을 통해 목적과 규칙을 설정하는 차원이다. 실행체계는 육성제도의 목표 및 사업 등을 설정하고 이를 실행하며, 규칙에 따라 실행이 잘 되어 있는지를 감독 및 평가하는 차원이다.

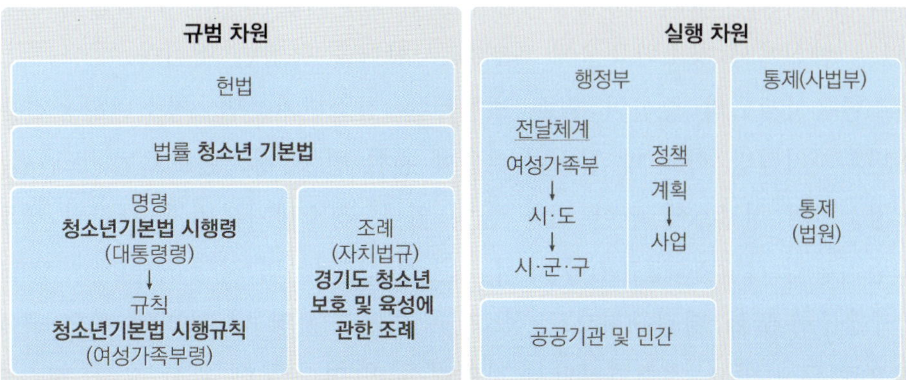

그림 1.7 청소년육성제도의 구성

1) 청소년육성제도의 규범 차원

먼저 규범의 차원은 법령의 구조를 통해서 살펴볼 수 있다. 법령의 가장 상위 차원은 헌법으로 법률이나 명령, 규칙, 조례 등은 헌법과 어긋나서는 안 된다. 법률은 헌법 정신을 바탕으로 만들어져야 한다. 법률에 정하지 못하는 세세한 부분이나 현실에 맞추어야 하는 부분들은 명령이나 규칙 등에 위임된다. 지방자치단체는 법률의 위임이나 혹은 지방자치제도의 틀 안에서 스스로 조례를 만들 수 있다.

청소년육성제도는 헌법에 뿌리를 두고 있다. 헌법 전문에 기록된 기회균등, 능력 발휘, 자유와 권리에 따르는 책임과 의무, 국민 생활의 균등한 향상 등이 청소년육성이 추구하는 기본적 정신이다. 제10조 행복추구권, 제34조 인간다운 생활을 할 권리 등 헌법은 청소년육성제도를 통해서 구현되어야 한다.

청소년육성제도는 법령을 통해서 본격적으로 구현된다. 법률, 명령, 규칙, 조례 등이 법령에 포함된다. 법률은 청소년육성의 기본 방침을 정할 뿐만 아니라 국민에게 권리와 의무를 부과할 수 있다. 명령 및 규칙은 각각 대통령령 혹은 행정부령으로 불리며 법률의 위임을 받아서 운영이나 지침 등에 관한 자세한 내용을 규정한다. 조례는 지방자치단체는 법률이 위임한 범위나 법률에 저촉되지 않는 범위에서 청소년육성에 관련한 사항들을 규정한 것이다.

청소년육성제도의 중심이 되는 법률로는 청소년기본법, 청소년활동진흥법, 청소년복지지원법, 학교 밖 청소년 지원에 관한 법률, 청소년보호법, 소년법, 아동·청소년의 성보호에 관한 법률 등이 있다. 청소년기본법과 관련된 명령은 청소년기본법 시행령(대통령령)이며, 규칙은 청소년기본법 시행규칙(여성가족부령)이다. 시행규칙 밑에 행정규칙으로 청소년자격제도 운영 및 관리에 관한 규정을 훈령으로 두고 있고, 청소년상담사 자격검정 및 연수 등에 관한 고시, 청소년지도사 보수교육 대상기관, 청소년지도사 자격검정 및 연수 규정을 고시로 두고 있다. 청소년육성제도 관련 조례의 예로는 대구광역시 북구 청소년육성재단 설립 및 운영조례를 들 수 있다.

법률은 기본적으로 국민의 위임을 받은 국회만이 만들 수 있다. 법률이 다른 규범과 다른 점은 국민에게 법적인 권리와 의무를 부과할 수 있다는 점이다. 도덕적으로 손가락질을 받는 행위라고 하더라도, 법률에 그 행위가 범죄라고 명시되어 있지 않으면 벌을 받지 않는 것도 이 때문이다[9]. 대통령을 중심으로 하는 행정부 등은 법률의 위임을 받아 명령으로 법률에서 부가된 국민의 권리와 의무를 좀 더 명확하게 하고 구체화하는 작업을 할 수 있으며, 실무적으로 필요한 내용들을 규정할 수 있다. 또한 지방자치단체는 조례를 제·개정하여 자신들만의 규칙을 만들 수 있다[10].

2) 청소년육성제도의 실행차원

법령이 규범의 영역이라면, 이들 법령에 규정되어 있는 것을 계획과 사업을 통해서 실행하는 것은 행정이라고 할 수 있다. 법원으로 대표되는 사법은 행정에서의 행위들이 규범을 준수하였는지를 판단하는 것이다. 이 책에서는 행정과 사법을 실행 차원으로 분류하고자 한다. 실행 차원에서 행정부서는 행정전달체계에 따라서 실제적인 서비스를 국민에게 제공하게 된다. 청소년육성제도와 관련해서는 여성가족부와 지방자치단체의 청소년 관련 부서, 여성가족부 및 지방자치단체의 산하기관, 민간의 협력 기관 등이 청소년육성 서비스를 전달하는 체계를 구성하게 된다. 이러한 체계는 '행정 전달체계' 혹은 '서비스 전달체계'로 불리기도 한다.

운동경기에 비유하면, 법령은 운동경기의 규칙이라 할 수 있고, 정책은 감독

9) 이를 죄형법정주의라고 한다. 자세한 내용은 한국민족문화대백과사전을 참고하기를 바란다. http://encykorea.aks.ac.kr/Contents/Item/E0053167
10) 국회에서 모든 사항을 정하지 않고 행정부에 일부를 위임하는 것은 국회의 의사결정 과정의 특성 때문이기도 하다. 국회는 300명 내외의 소수의 국회의원이 의사결정을 하며 그 결정과정이 복잡하고 절차 진행에도 시간이 오래 걸린다.

과 운동선수들이 경기를 위하여 만드는 전략과 유사하다. 정부와 지방자치단체는 법령에 기반하여 나름의 방향성과 목적, 목표를 설정하고 실행 방안을 만드는데, 이를 포괄하여 정책이라고 한다. 법률은 한 번 만들어 놓으면 폐지하기 전까지 효력을 가지지만, 정책은 일정 기간만 유효한 경우가 많으며, 현실 변화에 맞추어 변경된다. 청소년육성제도의 중심 정책인 청소년육성에 관한 기본계획(청소년정책 기본계획)은 5년마다 새로 수립된다. 여성가족부와 중앙부처 및 지방자치단체는 청소년정책 기본계획을 실천할 연차별 계획을 수립하여 시행한다. 현재 시행되는 청소년정책 기본계획은 제6차 청소년정책기본계획(2018~2022년)이다.

2. 청소년육성제도의 분류

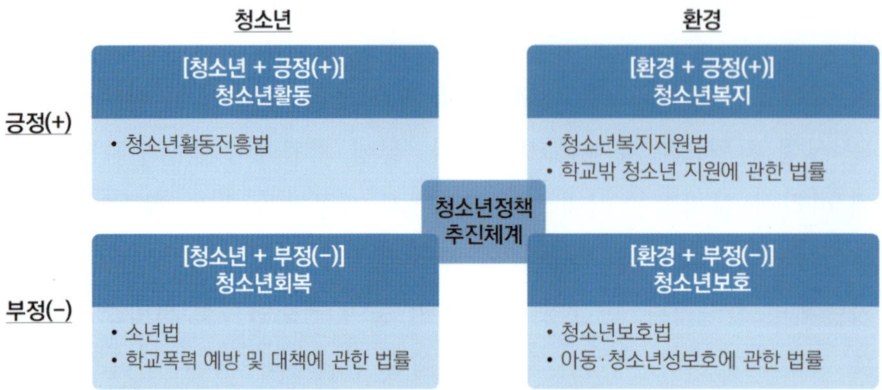

그림 1.8 **청소년육성제도의 분류**

2.1 청소년육성제도의 분류 방법

청소년육성제도는 다양한 방법으로 분류할 수 있다. 우선 기능에 의한 구분을 보면, 한국청소년개발원(2003)은 청소년육성을 적극적 기능과 보완적 기능으로 나누고 있다. 적극적 기능으로는 청소년수련활동, 청소년교류활동, 청소년문화활동이 있으며, 보완적 기능으로는 청소년복지증진, 청소년환경개선, 청소년상담 등이 있다. 조영승(2004)은 청소년육성제도를 수단에 따라 청소년활동, 청소년보호, 청소년보호의 영역으로 구분하였고, 강병연과 황수주(2016)는 육성관련법, 복지관련법, 보호관련법, 기타로 구분하였다. 최윤진(1990)은 목적, 관련조항, 적용범위 등을 통해 청소년육성제도를 구분하였다. 이를 종합하면 청소년육성의 수단인 활동, 복지, 보호를 중심으로 기능이나 적용 범위 등을 통하여 청소년육성제도를 분류해왔음을 알 수 있다.

이 책에서는 청소년육성제도를 청소년 vs. 환경 그리고 긍정(+) vs 부정(-)이라는 축을 통해 네 가지로 구분하고자 한다. 긍정 측면은 조성 측면으로 행위자가 어떤 행위를 더 할 수 있도록 도와주는 차원의 정책이 포함되며, 여기에는 청소년활동과 청소년복지 정책 대부분이 여기에 포함된다. 부정 측면은 규제 또는 제재의 측면으로 행위자로 하여금 어떠한 행위를 하지 못하도록 강제하거나 유도하는 차원의 정책이 포함된다. 이러한 내용을 간단히 표현하면 그림 1.8처럼 나타낼 수 있다.

2.2 청소년육성제도의 각 영역

1) 청소년활동 영역

청소년활동 영역은 청소년 자신의 긍정적인 변화를 추구하는 영역이다.

청소년활동 영역의 대표 청소년육성제도는 청소년활동진흥법이다. 청소년활동진흥법은 청소년수련활동, 청소년문화활동, 청소년교류활동 등 다양한 청소년활동을 지원하는 규정을 가지고 있다.

"넓게는 만18세 이상 청소년의 정치 참여(선거권/피선거권)를 보장하는 공직선거법도 자신의 참여 발달과 관련하여 긍정적인 변화를 할 수 있도록 하는 제도이기 때문에 청소년활동 영역에 속한다고 할 수 있다."

2) 청소년복지 영역

청소년복지 영역은 청소년을 둘러싼 환경의 긍정적 변화를 추구하는 영역이다.

청소년복지 영역의 대표 청소년육성제도는 청소년복지지원법과 학교 밖 청소년지원법이다. 청소년복지지원법은 청소년을 둘러싼 환경의 변화를 청소년 스스로를 향하기보다는 청소년을 둘러싼 환경의 변화를 추구한다는 점에서 청소년활동진흥법과 차이가 있지만 긍정적인 측면이라는 점에서는 공통점을 가진다.

3) 청소년보호 영역

청소년보호 영역은 청소년에게 부정적 영향을 줄 수 있는 환경을 규제하는 영역이다.

청소년보호 영역의 대표 청소년육성제도는 청소년보호법, 아동·청소년 성보호에 관한 법률이다. 소년법이나 학교폭력예방 및 대책에 관한 법률은 청소년 스스로에 관한 것이지만 범죄나 비행 등을 다룬다는 점에서 차이를 가지고 있다.

4) 청소년회복 영역

청소년회복 영역은 청소년이 부정적 상태에서 회복되도록 돕는 영역이다.

청소년보호 영역의 대표 청소년육성제도는 소년법과 학교폭력예방과 처벌에 관한 법률이다. 청소년복지지원법이나 아동·청소년 성보호에 관한 법률에도 청소년회복에 관한 규정[11)]이 있다.

청소년기본법은 청소년과 환경의 긍정 및 부정 영역을 모두 포괄해야 마땅하지만, 현재는 청소년회복의 영역(청소년+부정(-))에 관해서는 명시적 언급이 없다.

---

11) 청소년복지지원법 제19조(예방적 · 회복적 보호지원의 실시 등), 아동 · 청소년 성보호에 관한 법률 제38조(성매매 피해아동 · 청소년에 대한 조치 등)

5) 청소년정책 추진체계

청소년정책 추진체계는 청소년활동 / 청소년복지 / 청소년보호 / 청소년복지 영역을 뒷받침하기 위한 영역이다. 이 영역의 제도는 행정 조직의 구성이나 운영 등 정책 환경을 구성하는 것으로 정부조직법 등을 들 수 있다.

3. 한국 청소년육성제도의 변천

표 1.3에는 한국 청소년육성제도의 변천이 나와 있다. 2016 청소년백서(여성가

표 1.3 청소년육성제도의 변천(출처: 여성가족부, 2016. 일부 보완)

단계	시기	특성	명칭	주무부처(기구)	주요 관계 법령
1단계	1948.8.~ 1964.9.	부처별 별도추진	부처별 관련 업무 추진	각 부처	「소년법」 제정 「아동복리법」 제정 「아동복지법」 제정
2단계	1964.10.~ 1977.8.	부처차원의 조정	청소년보호 대책위원회	내무부 무임소장관실	
3단계	1977.8.~ 1988.6.	정부차원의 조정	청소년대책위원회	국무총리실 문교부	「청소년육성법」 제정
4단계	1988.6.~ 2005.4.	정부차원의 조정, 부처차원의 총괄 집행	청소년육성위원회	체육부/체육청소년부/ 문화체육부/문화관광부/ 문화관광부-국무총리실 (청소년보호위원회)	「청소년기본법」 제정 「청소년보호법」 제정 「청소년성보호법」 제정 「청소년활동진흥법」 제정 「청소년복지지원법」 제정
5단계	2005.4.~ 2008.2	청소년조직 통합, 단일청소년 전담 조직 출범	청소년위원회/ 국가청소년위원회	국무총리실	
6단계	2008.3.~ 2010.2.	아동정책과 청소년정책의 통합	보건복지가족부	보건복지가족부	
7단계	2010.3.~ 현재	여성가족부 개편 및 이관	여성가족부	여성가족부	「학교 밖 청소년 지원에 관한 법률」 제정

족부, 2017)에 의하면 한국청소년정책은 담당부처를 중심으로 6단계로 나뉜다.

1단계는 주무 부처 없이 각 행정부처 개별적으로 관련 업무를 추진하던 1948년에서 1964년의 시기이다. 주요 법률은 소년법 및 아동복지법 제정을 들 수 있다.

2단계는 청소년보호대책위원회가 내무부 및 무임소장관실에 설치된 시기로 청소년 비행 등 문제를 규제하고 청소년을 보호하는 데 중점이 맞추어졌던 1964년에서 1977년까지의 시기이다.

3단계는 정부 차원의 조정이 청소년대책위원회를 중심으로 이루어지고 청소년육성법이 제정된 1977년에서 1988년까지의 시기이다.

4단계는 청소년육성위원회가 청소년정책을 주관하고 청소년기본법, 청소년보호법, 청소년 진흥법 등이 제정된 1988년에서 2005년까지의 시기이다.

5단계는 청소년위원회/국가청소년위원회 등 청소년 전담 조직이 출범되고 청소년 조직이 통합되는 시기로 2005년에서 2008년까지의 시기이다.

6단계는 보건복지부가 청소년 업무를 주관하며 아동정책과 청소년정책을 통합적으로 운영하는 시기로 2008년 이후의 시기를 말한다. 7단계는 2010년 이후의 시기로 청소년육성제도의 기능이 여성가족부로 이관된다. 이 시기에는 학교 밖 청소년 등 청소년 정책의 대상이 확대되고 이를 여성가족부가 총괄하게 된다.

4. 청소년육성제도의 주무부서로서의 여성가족부

여성가족부는 청소년육성제도를 담당하는 중추적인 기관이다. 청소년육성제도의 핵심을 이루는 법률 대부분을 여성가족부에서 담당하고 있으며, 청소년정책위원회의 위원장도 여성가족부장관이 맡고 있다. 여성가족부는 매해 청소년백서를 발간하여 청소년정책의 진행 상황 또한 정리하고 있으며 청소년종합실태조사도 진행하고 있다.

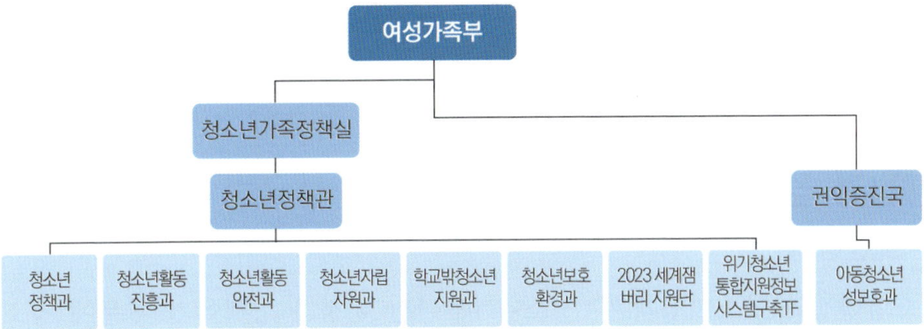

그림 1.9 여성가족부 내 청소년 관련 조직(출처: 여성가족부 홈페이지)

여성가족부는 기획조정실과 청소년가족정책실, 여성정책국을 두고 있다. 청소년가족정책실에는 청소년정책관과 가족정책관이 있으며, 이 중 청소년정책관이 청소년정책을 담당하고 있다. 청소년정책관 아래에는 청소년정책과, 청소년활동진흥과, 청소년활동안전과, 청소년자립지원과, 학교밖청소년지원과, 청소년보호환경과가 있고, 세계 잼버리 대회 준비를 위한 2023 세계 잼버리 지원단, 위기청소년통합지원정보시스템구축TF가 있다(그림 1.9 참조). 그 외에 권익증진국 아래에 아동청소년성보호과가 있다.

청소년백서

주제 1-4 청소년 행정과 정책

1. 행정과 정책의 개념과 차이

청소년행정과 청소년정책은 "청소년"에 관한 행정과 정책이기 때문에 청소년행정과 청소년정책을 이해하기 위해 행정과 정책이 무엇인지를 먼저 살펴보려 한다.

1.1 행정

행정은 한자로는 行政이라고 쓰며, 영어로는 Administration이라고 적는다. 국립국어원(2021)은 행정을 "정치나 사무를 행함", "법 아래에서 법의 규제를 받으면서 국가 목적 또는 공익을 실현하기 위하여 행하는 능동적이고 적극적인 국가 작용"으로 규정한다. 김학만과 권정만(2017)에 의하면 한국에서 행정은 "국가적 차원의 행정행위"로 사용됐다고 한다. 또한 권기헌(2009)에 의하면 행정은 "정책을 형성하고 이를 합리적으로 집행하는 협동적 집단행동"이라고 정의하고 있다.

이를 종합하자면, 행정이란 국가 혹은 공익 차원에서 정책을 실현하기 위한 행동이라고 간략하게 말할 수 있을 것이다. 행정은 원래 국가차원, 공익차원에서 주로 사용되는 단어이며, 민간의 행동에는 관리나 경영을 주로 사용한다.[12] 예를 들어, 사람을 관리하는 것을 공공기관에서는 인사행정이라고 한다면, 일반기업에서는 인사관리, 인사경영으로 부른다. 행정, 관리, 경영 모두는 "행동"과 행동을 뒷받침하기 위한 "체계"를 의미한다.

12) 행정과 경영은 서로 유사하지만 구분되는 개념이기도 하지만 본 책에서는 분량상 이를 설명하지 않았다. 행정과 경영의 유사성과 차이성에 대해서 관심 있는 독자는 행정학 교과서를 참고하길 바란다.

행정을 더 쉽게 말하면 행동을 하는 데 필요한 인적 체계, 물적 체계와 더불어 행정이 전달되는 과정 전반을 원활하게 하기 위한 과정으로 볼 수 있다. 이러한 이유로 행정에서는 조직적 측면이나 방법적 측면, 사업의 전달체계 등이 중요한 쟁점이 된다.

1.2 정책

정책은 한자로는 政策, 영어로는 Policy라고 적는다. 국립국어원에 의하면, 정책은 "정치적 목적을 실현하기 위한 방책"(국립국어원, 2021)이라고 한다. T. Dye(1972; 김성준(2018)에서 재인용)는 행정을 "정부가 무엇을 해야 할지 선택하는 것"이라 하였고, 권기헌(2008)은 "미래의 바람직한 상태를 실현하기 위한 정책목표와 이를 달성하기 위해 강구된 과학적 정책수단에 대하여 권위 있는 정부기관이 내린 미래의 활동지침"이라 하였다.

이를 종합하자면 정책은 무언가를 "선택"하는 의사결정 과정이자, "원칙" 혹은 "가치"가 무엇인지를 확인하거나 결정하는 과정이며, 미래에 일어날 일에 관한 결정이라 할 수 있다. 원래 공공영역에서 사용되던 용어인 정책은 종종 사적 영역에서도 사용된다. 회사의 방침을 회사의 정책이라고 부르거나, 학교의 의사결정 사항을 학교의 정책이라고 말하기도 한다. 정책은 기본적으로 선택과정이자 의사결정과정이기 때문에 정책 과정이 중시되며, 방침의 방향성을 살펴보기 위하여 정책의 유형이 중시된다.

1.3 정책과 행정의 관계

행정을 정책을 포함하는 넓은 의미로 사용하기도 하지만, 행정과 정책을 구분하여 사용하기도 한다. 행정과 정책을 구분할 때, 정책은 정부나 기관의 행동지침 즉 방향성이나 원칙을 결정하는 것이라면, 행정은 정책이라는 의사결정을 실현하기 위하여 인적·물적 체계 등 집합적 행위를 결정하는 것이다. 정책이 개발의 영역이라면, 행정은 실행의 영역이다(김희순, 2003).

예를 들면 다음과 같다. 청소년복지지원법에는 위기청소년 지원을 규정하고 있으며 이는 규범의 영역이다. 여성가족부에서는 위기청소년에 대한 지원 "정책"을 결정하고, 이를 효과적으로 집행하기 위하여 공무원과 민간기관 등을 동원하고 예산을 투입하여 실제 사업을 수행하는 "행정"을 한다. 정책과 행정을 구분해서 사용할 때는, 정책을 방향성으로 생각하고, 행정을 이를 뒷받침할 수 있는 추진력이자 행동이라고 생각할 수 있다. 일반적으로 정책에서는 가치나 방향성이 중요시된다면, 행정에서는 효율성이나 효과성이 더 강조된다.

김희순(2003)이 진행한 청소년정책과 청소년행정 연구는 정책과 행정의 차이를 잘 보여준다. 김희순은 청소년정책은 목적과 방향 정책의 내용을 중심으로 분석을 진행한 반면, 청소년행정은 청소년정책을 구현하는 데 필요한 청소년 전담 조직과 예산을 중심으로 분석을 진행하였다.

2. 청소년행정

2.1 청소년행정의 개념

청소년행정은 "청소년을 대상으로 하는 행정 또는 청소년을 위한 행정"을 말한다(천정웅, 김윤나, 2013: 26).

행정 작용이 미치는 대상이 청소년이며, 행정을 하는 목적이 청소년의 균형 있는 성장·발달인 경우에 청소년행정이라고 볼 수 있다. 즉 청소년행정은 대상과 목적에서 "청소년"이란 특수성을 갖지만, 청소년육성의 제반 조건을 조성하고 청소년육성을 수행할 담당 조직을 만들고 담당 인력을 배치하며(강병연, 황수주, 2016), 예산을 투입하고 정보체계를 만드는 등 행정의 성격을 가진다. 청소년행정은 개인의 노력이 아니라 공적 조직인 정부 또는 지방자치단체 NGO 등 민간단체가 어우러져 청소년육성 업무를 수행하는 집합적 노력의 형태를 띤다.

2.2 청소년행정 주무부서

청소년행정의 주무부서의 연혁을 살펴보면 1964년 청소년보호대책위원회(위원장: 내무부장관)가 처음으로 생긴 이래로, 1977년과 1988년 국무총리 산하의 청소년대책위원회와 청소년육성위원회를 거쳐서 1991년 체육부, 1993년 문화체육부, 1998년 문화관광부, 2005년 국가청소년위원회, 2008년 보건복지부 등으로 다양한 조직을 거쳐왔다(김희순, 2003; 여성가족부, 2021c).

2010년부터 현재에 이르기까지는 여성가족부 내의 청소년가족정책실에서 청소년정책을 담당하고 있으며, 여성가족부 내의 관련 조직과 주요 업무는 표 1.4와 같다. 여성가족부는 청소년정책 전반을 관장할 뿐 아니라, 청소년활동, 청소년복지, 청소년보호와 관련된 개별 사업을 진행하며, 아동·청소년 성보호 업무도 담당한다. 한시적으로 2023년 새만금 세계 잼버리 대회 준비도 담당하고 있다.

2.3 청소년 예산

여성가족부(2021a)에 의하면 청소년 예산은 1995년 581억 원 수준이었던 것이 2020년 2,288억 원 수준으로 확대되었다. 2020년을 기준으로 주로 세금으로 조달되는 일반회계는 1,022억 원 정도이며, 청소년육성기금이 1,266억 원 정도이다. 이들 예산은 청소년방과후아카데미 등 청소년활동, 청소년유해환경개선 및 피해예방 등 청소년보호, 청소년복지시설 운영 등 청소년복지 등에 사용된다.

여성가족부의 청소년예산은 청소년 관련 예산이 대부분 학교교육 차원에서 집행된다는 점을 고려해도 턱없이 부족한 실정이다. 참고로 2020년 대한민국 정부의 예산은 약 512조 원이다.

표 1.4 여성가족부 내 청소년육성 관련 부서와 주요 업무(출처: 여성가족부 홈페이지)

영역	부서	주요 업무
공통	청소년정책과	청소년정책, 청소년의 달, 청소년 통계, 한국청소년활동진흥원, 청소년지도자, 청소년 정책참여기구, 청소년증, 여성청소년 생리대(보건위생물품) 지원
청소년활동	청소년활동진흥과	청소년수련활동, 청소년문화활동, 청소년국제활동, 청소년 축제(어울림마당)/동아리/자원봉사 활동활성화, 청소년활동정보 제공지원, 청소년지도사 자격검정 및 연수, 청소년방과후아카데미, 청소년활동진흥, 지방청소년활동진흥센터
	청소년활동안전과	청소년수련활동 안전, 청소년수련활동신고제, 온라인 종합정보제공시스템, 청소년수련활동 인증제, 청소년수련시설 운영관리/종합안전점검/종합평가, 국·공립청소년수련시설, 한국청소년수련시설협회 및 국립청소년수련원 지도·감독
	2023 세계잼버리 지원단	세계 잼버리 준비, 세계잼버리 홍보 및 붐업 조성, 프로그램 개발·지원
청소년복지	청소년자립지원과	지역사회청소년통합지원체계(청소년안전망) 운영, 청소년전화, 가출 등 청소년 보호 및 지원, 청소년 비행·폭력 예방 및 선도, 한국청소년상담복지개발원, 청소년상담사 자격검정·연수, 청소년상담복지센터 지도·지원
	학교밖청소년지원과	학교 밖 청소년 지원을 위한 상담/교육제원, 취업 및 자립지원, 학교 밖 청소년 지원센터, 특별지원 대상 청소년 지원, 학교 밖 청소년 지원 프로그램 개발, 학교 밖 청소년지원 실태조사
	위기청소년 통합지원정보시스템 구축 TF[13]	위기청소년 통합지원정보시스템 구축
청소년보호	청소년보호환경과	청소년보호, 매체물·업소·약물·물건 등의 청소년 유해성 심의·결정, 청소년 유해환경 점검·단속·규제·개선, 인터넷 중독 등 매체 역기능 피해 예방·치료 및 재활, 청소년 대상 인터넷 게임 제공시간 제한, 청소년 유해환경 감시단, 국립청소년인터넷드림마을 및 국립중앙청소년치료재활센터 운영
	아동청소년성보호과	아동청소년 성보호, 아동청소년 대상 성범죄자 신상정보의 열람 및 취업제한 제도 운영, 아동청소년 대상 성범죄자에 대한 재범방지대책, 성범죄 가해아동청소년의 치료·재활 및 지원, 성보호, 아동청소년 대상 성매수 등 신고포상금, 청소년 성문화센터

2.4 청소년행정 전달체계

청소년정책이 수립되면, 이를 사업화하여 중앙정부 혹은 지방정부 차원에서 예산과 인력이 배정된다. 중앙정부는 지방정부에 사업과 예산을 전달하면, 지방정부는 인력과 예산을 배정하고 주민자치센터 등을 통해 자신이 직접 사업을

13) TF는 Task Force의 약자로 특정 과제를 담당하는 과업 조직을 뜻하며 임시적인 경우가 많다. TF를 조직하고 운영하는 것은 청소년행정 작용에 해당한다.

수행하거나, 다른 공공기관이나 민간기관에 사업과 예산을 전달한다. 지방정부로부터 예산과 사업을 전달받은 공공기관이나 민간기관은 예산을 수립하고, 담당조직 및 담당자를 배정한 후에 사업을 집행하고, 중앙정부나 지방정부에 진행/결과 보고를 한다.

청소년행정은 일반적으로는 여성가족부를 정점으로 하여 사업이 내려오지만, 아동복지 등은 복건복지부를 정점으로 사업이 내려오는 경우가 많다. 청소년을 만나는 현장은 청소년수련관, 청소년수련원 등 청소년시설이 중심이 되며, 이는 다른 행정 전달체계와는 구분되는 점이다. 청소년행정은 다양한 기관이 서로 협력하는 등 고도의 협력성을 갖고 있기 때문에(강병연, 황수주, 2016), 행정전달체계에 특히 유의할 필요가 있다.

3. 청소년정책

3.1 청소년정책의 개념

청소년정책은 학자에 따라 다양하게 정의되고 있다. 임동호 외(2017: 21)에 의하면 청소년정책은 "청소년을 위한", "청소년에 관한", "청소년에 의한 정책"이라고 한다. 한국청소년개발원(2003: 75)은 청소년정책을 "청소년에 관한 모든 공정 정책"으로 파악한다. 천정웅과 김윤나(2013: 25-26)는 청소년정책을 "청소년들이 그 본래 역할과 사명을 다할 수 있도록 육성 · 지원하기 위한 정책과제와 재정운용의 기본방침과 청소년활동의 지침을 국가가 제시한 것"으로 보고 있다. 임동호 등과 한국청소년개발원은 청소년과 관련성이 있으면 모두 청소년정책으로 파악하여 청소년정책을 넓게 보는 입장이라면, 천정웅과 김윤나는 청소년의 육성 · 지원, 청소년활동과 관련한 것으로 청소년정책을 좁게 보는 입장이다.

이를 종합하면, 청소년정책이란 정책의 대상이나 정책의 수혜집단이 청소년이라는 특징을 가지고 있으며, 국가가 권위를 부여한 공공적인 성격을 가진 의사결정이다.

청소년정책의 대표적인 형태가 청소년기본법에서 다룰 “청소년정책 기본계획”으로 5년 단위로 청소년정책의 전반을 다루고 있으며, 여성가족부뿐 아니라 관계부처 모두가 참여하는 범부처적 성격을 갖는다.

3.2 청소년정책 과정

청소년정책은 의사결정 과정이라고 볼 수 있다. 청소년정책과정은 일반적으로 정책의제설정, 정책결정, 정책집행, 정책평가로 나누거나(한국청소년개발원, 2003), 정책평가 후에 결과 피드백을 추가하는 식으로 구성된다(권기헌, 2008; 주경필, 김진호, 2017). 때로는 정책결정과정을 보다 자세하게 나누어 문제 정의, 목표 설정, 대안 탐색, 대안결과 예측, 대안 비교평가, 대안선택 등으로 정책과정을 구성하는 경우도 있다(최봉기, 2008). 여기서는 청소년정책 과정을 정책의제설정, 정책결정, 정책집행, 정책평가의 4단계로 간략하게 살펴보기로 한다.

1) 정책의제설정 단계

정책의제설정 단계란 정책으로 고민할 사회문제를 도출하는 과정이다. 정책의제란 개인이나 사회가 겪고 있는 많은 문제 중에서 공공의 관심을 받아 정부의제가 된 것을 말한다(김성준, 2018; 주경필, 김진호, 2017). 예를 들어 청소년활동 안전의 문제는 과거에도 있었지만, 잘못된 환경과 지시로 인해 청소년이 희생된 사건이 발발한 이후에 청소년안전에 대한 사회적 경각심이 높아지고 이를 해결하는 것이 정부의 정책의제가 되는 것이 정책의제설정 단계이다. 또 다른 예로, 과거에도 빈곤 여성청소년이 생리대를 구입하지 못해 등교를 못하거나 학교에서 곤란한 경우를 당하는 문제를 겪고 있었으나 사회적으로 논의가 이루어지지 않아 지원대상이 되지 못하였다. 그러나 이와 관련한 사건이 불거지면서 공중의 관심을 받게 되고 정책의제화하였다.

2) 정책결정 단계

정책결정 단계는 정책의제를 해결하기 위한 대안을 찾고, 대안들 중에 실행한 대안을 선택하는 과정이다(김성준, 2018; 주경필, 김진호, 2017). 청소년활동 안전의 경우 해결 방안으로 청소년활동 지도자의 자격조건 등 전문성을 높이는 방안도 있고, 지도자의 숫자를 늘리는 방안, 사전·사후 점검을 의무화하는 방법 등 다양한 방안이 있을 수 있다.

정책의제를 해결할 수 있는 가능성을 가진 방법을 정책대안이라고 하며 정책결정 단계에서는 다양한 대안 중에서 하나 혹은 여러 대안을 선택한다. 예를 들면, 여성청소년 생리대 문제의 경우에, 생리대를 비치하거나 여성 단체에서 주기적으로 공급하는 방법, 생리대 바우처를 지급하는 방법 등 다양한 대안이 있을 수 있다. 또한 여성청소년의 범위를 소득에 따라 구분할지, 구분한다면 어느 계층까지 대상으로 할지를 결정하는 것이 모두 정책결정 단계에서 이루어지는 행동이다.

정책결정 단계에서는 정책 대안을 비교하기 위한 다양한 기준이 논의된다. 예를 들어, 정책목표는 100% 달성할 수 있지만, 비용이 많이 들어가는 대안 A와 비용 소모는 적정하나 정책목표는 85% 정도만 달성할 수 있는 대안 B를 비교하여 정책을 결정하는 것이다. 이때, 효과성이나 효율성 측면 등을 고려하여 정책을 비교한다.[14] 효과성이란 목표를 달성하는 정도로 평가를 하는 기준이며, 효율성은 투입되는 비용 대비 효과를 고려한 것이다. 대안 A는 효과성이 높고, 대안 B는 효율성이 높다고 볼 수 있다.

---

14) 정책대안 선택 기준으로 주경필과 김진호(2017)는 효과성, 능률성, 공평성, 실현가능성 등을 들고 있으며, 김성준(2018)은 공익성, 소망성(효과성, 능률성, 공평성, 민주성 등), 실현가능성 등을 들고 있다.

3) 정책집행 단계

정책집행 단계는 정책결정 단계에서 도출된 대안을 집행하는 실천적 단계이다(권기헌, 2008; 주경필, 김진호, 2017). 정책집행 단계에서는 사업 혹은 프로그램 등에 예산과 담당 조직, 담당 인력을 배정하고 사업을 수행하는 행정적 노력을 하게 된다. 정책집행 단계에서는 구체적인 사업계획과 함께 예산의 배정, 관리와 집행, 인사 관리, 시설 관리 등이 이루어진다. 예를 들면, 청소년활동 안전을 확보하기 위하여 청소년수련활동 인증제를 실행하기로 하였다면, 청소년수련활동 인증제 사업과 관련한 예산과 인원을 확보하고 실천계획을 수립한 후에 청소년수련활동 인증 사업을 시행한다. 여성청소년 생리대 사업의 경우, 바우처 관련 예산을 확보하고 이를 실행할 인력을 배치하여 사업을 진행하게 된다.

4) 정책평가 단계

정책평가 단계에서는 당초 정책의제설정 단계 혹은 정책결정 단계의 "의도나 목표"의 달성 정도를 평가하는 단계이다(권기헌, 2008). 정책평가 단계에서는 정책집행과정의 합리성이나 결과의 목표 달성 정도 등을 평가한다. 정책평가의 기준으로는 앞서 정책결정 단계의 기준인 효율성이나 효과성, 공평성 등이 활용된다(주경필, 김진호, 2017). 예를 들면, 청소년수련활동 인증제 정책을 시행한 후에, 청소년 안전사고 발생이나 중대 사고 비율 혹은 참여 청소년의 만족도를 통해서 정책의 성과를 평가할 수 있다. 여성청소년 생리대 바우처 사업의 경우에도 참여 청소년의 만족도 등을 통해서 정책의 성과를 판단할 수 있다.

PART

II

청소년기본법

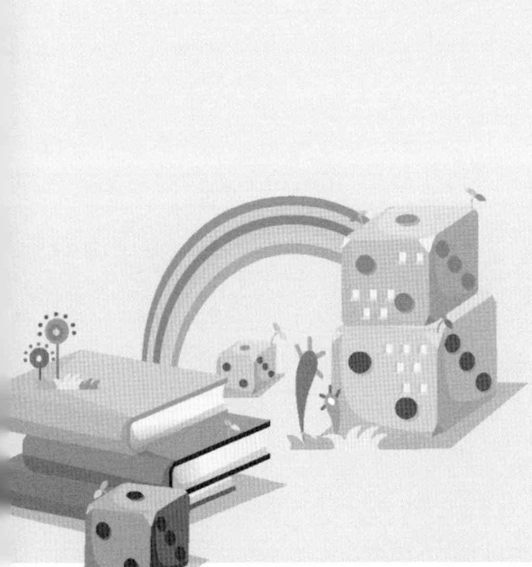

CHAPTER 02

청소년기본법

주제 2-1 청소년기본법 제정 배경, 연혁, 총칙

1. 청소년기본법 제정 배경

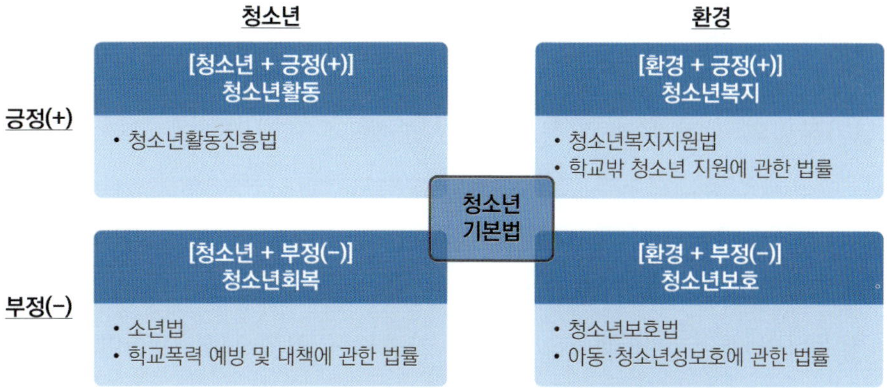

그림 2.1 청소년육성제도 분류 관련 청소년기본법의 위치

청소년기본법

청소년기본법은 그림 2.1에서도 볼 수 있듯이 청소년활동, 청소년복지, 청소년보호를 아우르는 청소년육성제도의 중심 법률이다.

청소년헌장이 청소년육성제도의 이념을 선언한 것이라면, 청소년기본법은 청소년육성제도의 중추가 되는 내용을 입법화한 것이라고 할 수 있다. 청소년기본법은 구(舊) 청소년육성법을 토대로 만들어졌는데, 청소년육성뿐 아니라 청소년 관련 제반 정책 및 사업의 토대가 될 수 있도록 법의 이름(법명, 法名)을 청소년기본법이라고 하였다. 특정 발달 단계의 사람을 대상으로 한 "기본법"은 청소년기본법이 최초였으며, 청년기본법이 2020년 제정되기 전까지는 유일한 발달 단계 기준 기본법이었다[1].

청소년기본법의 제정 목적을 청소년기본법(법제처, 2019)에서는 다음과 같이 밝히고 있다.

> 미래사회의 주역이 될 청소년들이 지식을 바탕으로 건강하고 정서와 용기가 충만하며, 예절과 협동을 바탕으로 공동체적 삶을 실천하고, 자유민주주의 원칙에 대한 신념과 조국에 대한 긍지를 가지고 인류공영에 이바지할 줄 아는 밝고 능동적인 모습으로 자랄 수 있도록 하기 위하여 가정·사회 및 국가의 책임과 의무를 정하고 이를 실천하기 위한 기본적인 사항을 정하려는 것임.

제정 청소년기본법에 담긴 제정 목적은 다소 감성적인 용어를 사용하는 특징을 가지고 있으며, 당시 사회가 바라는 청소년의 모습을 묘사하고 있다. 제정 청소년기본법의 제정 목적은 청소년기본법 제2조 기본이념에 그대로 반영되어 있다.

청소년기본법의 이념은 시대별로 청소년을 바라보는 시각이 달라지면서 지속적 변경되었다. 청소년기본법의 이념은 표 2.1에 제시되어 있듯이 제정 초기에는 청소년의 책임과 방향성을 위주로 기술되어 있었으나, 1999년 1월 개정을 통해 사회구성원 및 민주시민의 역할을 강조함과 동시에 '창의성'을 도입하였

1) 청년기본법에 대해서는 본 장 끝의 쉬어가기를 참고하기 바란다.

다. 또한 가장 최근 개정인 2004년 개정을 통해서 청소년복지와 청소년보호를 기본이념에 포함하는 한편, 청소년의 참여보장을 별도의 추진 방향으로 명시하였다. 청소년기본법의 이념은 2004년 개정을 통해서 청소년육성제도의 전반을 포괄하는 방향으로 개정되었다.

청소년기본법의 기본이념 변화를 요약하면 다음과 같다. 제정 청소년기본법의 기본이념은 청소년의 존재를 사회에 이바지하여야 하는 의무를 진 존재, 혹은 수단적 존재로 파악하여 기성세대의 청소년에 대한 시각을 그대로 반영하였다. 그러나 1999년, 2004년 개정을 통해 청소년의 기본이념에서 청소년을 사회구성원 혹은 시민이라는 "주체"적 존재로 파악하게 되었다.

표 2.1 청소년기본법 제2조 (기본이념) 시기별 내용 변천

제정/ 개정 시기	청소년기본법 제2조 기본이념의 내용
1991년 12월 제정	① 미래사회의 주역이 될 청소년이 풍부한 지식을 바탕으로 개인적으로는 건강하고 정서와 용기가 충만하며, 이웃과는 예절과 협동을 바탕으로 공동체적 삶을 실천하며, 자유민주주의 원칙에 대한 신념과 조국에 대한 무한한 긍지를 가지고 인류공영에 이바지할 줄 아는 밝고 능동적인 모습으로 자랄 수 있도록 함을 이 법의 기본이념으로 한다. ② 제1항의 기본이념을 구현하기 위한 장기적 · 종합적 청소년육성정책을 추진함에 있어서 다음 각호의 사항을 그 추진방향으로 한다. 1. 청소년의 자율성에 기초한 능동적 삶의 실현 2. 청소년의 성장여건과 사회환경의 개선 3. 민주 · 복지 · 통일조국에 대비하는 청소년의 자질향상
1999년 1월 개정	① **<u>청소년이 사회구성원으로서 정당하게 대우받고 권익을 보장받으며, 스스로 생각하고 자유롭게 활동할 수 있도록 함과 아울러 미래사회의 주역으로서 국가와 사회가 필요로 하는 건전한 민주시민으로 자랄 수 있도록 함</u>**을 이 법의 기본이념으로 한다. 〈개정 1999. 1. 18.〉 ② ...다음 각호의 사항을 그 추진방향으로 한다. 1. 청소년의 **창의성**과 자율성에 기초한 능동적 삶의 실현 2. 청소년의 성장여건과 사회환경의 개선 3. 민주 · 복지 · 통일조국에 대비하는 청소년의 자질향상
2004년 2월 개정	① 청소년이 사회구성원으로서 정당한 대우와 권익을 보장받음과 아울러 스스로 생각하고 자유롭게 활동할 수 있도록 하며 **<u>보다 나은 삶을 누리고 유해한 환경으로부터 보호될 수 있도록 함</u>**으로써 국가와 사회가 필요로 하는 건전한 민주시민으로 자랄 수 있도록 함을 이 법의 기본이념으로 한다. ② ...다음 각호의 사항을 그 추진방향으로 한다. **<u>1. 청소년의 참여보장</u>** 2. 청소년의 창의성과 자율성에 기초한 능동적 삶의 실현 3. 청소년의 성장여건과 사회환경의 개선 4. 민주 · 복지 · 통일조국에 대비하는 청소년의 자질향상

청소년기본법은 제정 당시에는 청소년활동 및 청소년복지에 관한 사항도 상당부분 포함하고 있었으나 청소년육성정책이 강화되면서 하나의 법률로 감당할 수 없는 상황에 이르렀다. 이제 2004년 청소년기본법을 기본법적 요소를 위주로 개편하였고, 청소년활동진흥법과 청소년복지지원법을 새로 제정하여 청소년활동과 청소년복지 분야의 청소년육성제도를 강화하였다. 청소년활동진흥법, 청소년복지지원법, 청소년보호법 등 하위법률로 인해 청소년기본법의 '기본법'적 성격은 더욱 강화되었다.

2. 청소년기본법의 연혁

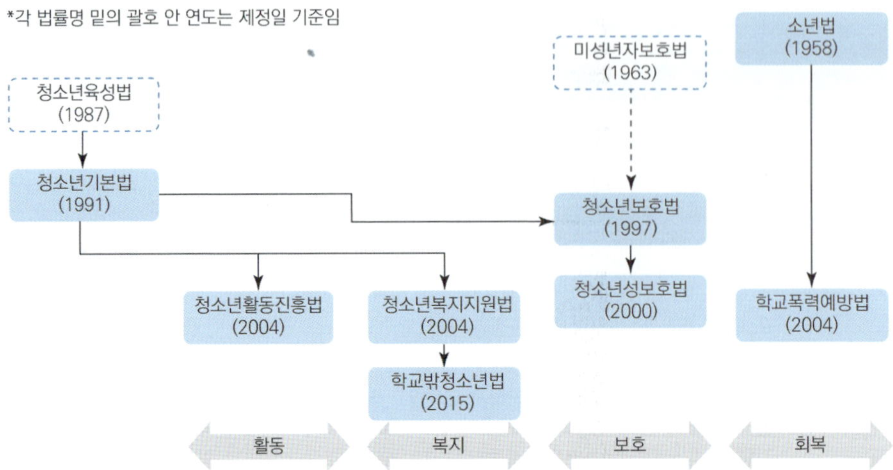

그림 2.2 청소년 주요 법률의 전개 과정

청소년기본법은 1991년 제정된 이후, 청소년보호법, 청소년활동진흥법, 청소년복지지원법을 파생시키면서 기본법적 성격을 더욱 강화하고 있다. 청소년 관련 주요 법률의 전개는 그림 2.2와 같다.

2.1 모태가 된 청소년육성법

(출처: 국가법령정보. 관련 정보 발췌 및 요약)

청소년기본법은 1987년 청소년육성법을 모태로 하여 제정되었다. 청소년육성법은 청소년기본법의 뼈대를 이루면서 청소년육성제도 관련 기본법적 성격을 가진 최초의 법률이었으나, 1993년 제정 청소년기본법이 시행되면서 폐지되었다.

1987. 11. 28. 청소년육성법(법률 제3973호) 제정(1988. 05. 29. 시행) - 청소년육성위원회, 청소년지도위원, 청소년육성 종합계획, 청소년의 달, 청소년시설, 청소년단체, 한국청소년연구원, 청소년육성기금, 청소년시설 및 청소년단체에 국 · 공유재산의 대부 및 조세감면 등 규정을 규정함. 청소년육성법은 1991년 청소년기본법 제정으로 폐지됨

2.2 청소년기본법 주요 변천과정과 연혁

1) 청소년 주요 법률의 전개 과정

청소년기본법은 1991년 제정되어 1993년 시행되었다. 청소년기본법이 제정된 이후 청소년 관련 법률은 활동, 복지, 보호, 회복 관련 법률들이 제정되면서 청소년육성의 전 영역을 아우르는 종합적인 법체계로 발전하게 되었다. 청소년 주요 법률의 전개 과정은 그림 2.2에 나와 있다. 청소년 관련법은 청소년기본법 제정 이전에도 청소년보호의 영역에 해당되는 미성년자보호법, 청소년회복 영역에 해당되는 소년법이 존재하였다. 이후 미성년자보호법은 청소년보호법이 제정되면서 폐지되었다. 청소년회복 영역에서는 학교폭력이 심각하다는 인식 속에 학교폭력예방법이 2004년 제정되었다.

토막상식 제정일 · 개정일과 시행일

법률의 제정일, 개정일, 시행일의 개념이 혼란스러울 때가 많이 있어 이를 일목요연하게 정리해보려 한다.

제정일 – 법률이 만들어진 날
개정일 – 법률이 고쳐진 날
시행일 – 법률이 효력을 가지게 된 날

법률이 제정되거나 개정되었을 때, 바로 효력을 가지는 경우도 있지만 대부분의 경우에는 국민들이 법률의 제정이나 개정에 대비할 시간을 두기 위해서 시행일을 별도로 두는 경우가 많이 있다. 예를 들어 청소년기본법의 경우에 1991년 12월 31일에 제정 즉 만들어졌지만, 실제 법률로 효력을 갖게 된 것은 시행일인 1993년 1월 1일부터이다.

2) 청소년기본법의 연혁

(출처: 국가법령정보. 관련 정보 발췌 및 요약)

1991. 12. 31. 청소년기본법(법률 제4477호) 제정(1993.01.01, 시행) – 총칙, 청소년육성정책의 총괄, 청소년수련활동의 지원, 청소년수련시설, 청소년수련지역의 지정, 청소년복지, 한국청소년개발원 · 한국청소년상담원, 청소년육성기금, 보칙 및 벌칙으로 구성됨. 한국청소년연구원은 한국청소년개발원으로 명칭을 변경함.

1995. 12. 29. (시행 1996.06.30, 법률 제5076호) 지방자치제 실시에 따른 지방자치 관련 조항 신설. 청소년지도사 신설 및 청소년단체협의회 및 청소년개발원, 청소년상담원의 사업 범위 확대 실시. 지역사회중심의 청소년육성기반 조성을 위해 청소년수련시설의 허가권을 시 · 도지사에게 이양, 청소년수련시설에 일정한 자격요건을 갖춘 운영책임자를 두도록 함. 청소년수련시설의 정의에서 "학교시설 외에"를 제외함. 청소년지도자 관련 조항에 청소년지도사를 명시하고, 수련시설 및 청소년단체에 청소년지도사 배치를 의무화함. 지방청소년단체협의회 조항을 신설함. 민간에 의한 청소년육성을 활성화하기 위하여 국가와 지방자치단체는 한국청소년단체협

의회, 지방청소년단체협의회, 청소년수련시설위탁운영단체 및 청소년이용시설등에 필요한 경비를 지원할 수 있도록 함.

1999. 1. 18. (시행 1999.7.19, 법률 제5635호) 청소년지도자의 자격부여 제도의 개편 및 청소년 수련 시설 관련 행정규제를 폐지 또는 완화하여 청소년 시설 및 운영을 활성화. 청소년지도사 양성기관 제도 폐지.

1999. 1. 29. (시행 1999.1.29, 법률 제5733호) 한국청소년개발원 관련 조항을 본법에서 삭제하여 타법(정부출연연구기관 등의 설립 · 운영 및 육성에 관한 법률)으로 이관. 한국청소년상담원의 설립.

2001.12.31. (시행 2001.12.31, 법률 제6569호) 청소년기본계획 수립 주기를 매 5년마다로 변경. 청소년지도사와 상담사의 취득 요건에 자격연수를 의무화. 수련시설 운영자에 대한 손해보험 가입 의무화. 가출 청소년을 위한 청소년쉼터 설치 및 운영조항 신설.

2004. 2. 9. (시행 2005.2.10, 법률 제7162호 전부개정) 청소년활동진흥법과 청소년복지지원법 제정으로 청소년 관련법을 체계화하면서 관련 조항들을 조정함. 청소년육성정책 추진에 청소년 참여 보장. 청소년특별회의 조항 신설. 한국청소년진흥센터를 법인으로 설립. 청소년단체협의회 규정 신설

2005. 3. 24. (시행 2005.6.25, 법률 제7421호) 청소년육성 정책의 총괄 조정을 국무총리 산하의 청소년위원회가 맡게 하고, 청소년육성위원회를 청소년정책 관계기관 협의회로 변경.

2005. 12. 29. (시행 2006.3.30, 법률 제7799호) 가정의 청소년의 책임 및 보호 의무를 명확화 · 구체화함. 청소년위원회의 명칭을 국가청소년위원회로 변경하고 현행 지방청소년종합상담센터를 청소년 상담 외의 긴급 구조 등의 기능을 수행하는 기관과 그 외에 지원 기능까지 담당하는 기관으로 확대

2010. 5. 17. (시행 2010.8.18, 법률 제10298호) 한국청소년활동진흥센터와 청소년수련원을 통합하여 청소년활동진흥법에 청소년활동진흥원으로 설치하면서 청소년기본법상에 한국청소년진흥센터 관련 조항을 삭제하는 등 규정 정비. 한국청소년상담원의 성격을 법인으로 명확하게 함.

2011. 5. 19. (시행 2011.11.20, 법률 제10658호) 청소년육성의 정의에 근로 청소년

의 보호를 삽입. 청소년지도사 및 청소년상담사의 자격을 취소하는 규정을 신설. 청소년 방과 후 활동의 지원 조항 신설.

2012. 2. 1. (시행 2012.2.1, 법률 제11289호) 청소년의 권리와 책임에 차별금지 조항을 신설하고, 자기의사 표명 및 결정권, 자신들과 관련된 의사결정에의 참여 등 자치권 확대 등을 규정. 청소년지도사 및 청소년상담사의 보수교육 규정 신설. 학교 및 평생교육시설이 청소년 단체에 청소년활동 활성화를 위한 지원과 협력을 할 수 있도록 규정.

2013. 5. 28. (시행 2013.5.28, 법률 제11835호) 청소년단체 임원의 결격사유를 신설.

2015. 2. 3. (시행 2015.5.4, 법률 제13180호) 제2조 기본이념과 제9조 청소년육성 정책의 총괄 · 조정에서 청소년육성정책을 청소년정책으로 용어를 변경. 청소년정책관계기관협의회를 여성가족부 산하 청소년정책위원회로 변경. 청소년정책위원회의 심의 조정 사항을 명시. 여성가족부장관 및 관계 중앙행정기관의 장과 지방자치단체의 장은 기본계획에 따라 연도별 시행계획을 수립 · 시행하도록 하되, 여성가족부장관은 전년도 시행계획에 따른 추진실적을 분석 · 평가하도록 함

2015. 6. 22. (시행 2015.9.23, 법률 제13370호) 청소년상담사와 청소년지도사의 자격요건을 강화. 청소년지도사와 청소년상담사 자격시험 부정행위자 제재 규정 신설.

2016. 3. 2. (시행 2016.3.2, 법률 제14066호) 국가 및 지방자치단체로 하여금 근로 청소년의 권익보호를 위하여 「근로기준법」등에서 정하는 근로 청소년의 권리 등 필요한 교육 및 상담을 실시.

2016. 12. 20. (시행 2017.6.21, 법률 제14445호) 한국청소년상담복지개발원, 청소년상담복지센터 등 청소년 상담 · 복지 관련 기관의 장 및 그 종사자로 하여금 그 직무를 수행하면서 청소년의 근로와 관련하여 「근로기준법」 등 노동관계 법령의 위반 사실을 알게 된 경우에는 그 사실을 고용노동부장관이나 근로감독관에게 신고하도록 의무화

2017. 12. 12. (시행 2018.6.13, 법률 제15208호) 국가 및 지방자치단체의 청소년 관련 정책을 심의 · 협의 · 조정하는 기구에 청소년을 포함하여 구성 · 운영할 수 있도록 하고, 청소년참여위원회를 구성 · 운영하여 청

소년들의 제안이 정책과정에 반영

2018. 4. 17. (시행 2018.4.17, 법률 제15592호) 청소년단체 임원의 범죄 관련 조항 변경.

2018. 12. 18. (시행 2019.6.19, 법률 제15986호) 청소년정책위원회 위원 구성 시 청소년을 일정 비율 이상 반드시 포함하도록 함으로써 청소년들의 권익을 보다 실질적으로 보장

2020. 5. 19. (시행 2020.11.20, 법률 제17285호). 여성가족부에서 실시하고 있는 청소년 근로권익 보호를 위한 사업 실시 및 지원에 대한 법적 근거를 마련하고, 청소년지도사의 및 청소년상담사의 자격증 대여 행위 등을 금지하고, 청소년지도위원의 결격사유를 신설함.

2022. 12. 27. (시행 2023.6.28, 법률 제19130호) 「청소년복지 지원법」에서 규정하고 있는 청소년 실태에 관한 일반적인 조사에 관한 사항을 청소년정책에 관한 기본적인 사항을 규정하고 있는 이 법으로 이관하여 정비함. 실태조사는 3년마다 청소년의 의식 · 태도 · 생활 등에 관한 내용을 실시함.

3. 청소년기본법의 목적과 기본이념

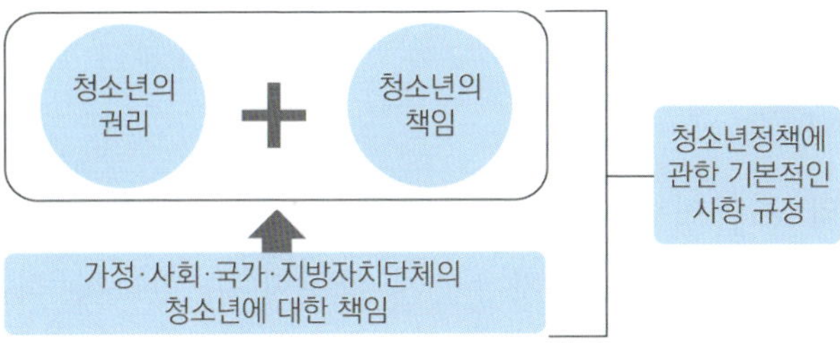

그림 2.3 **청소년기본법의 목적**

청소년기본법의 목적은 그림 2.3처럼 청소년의 권리와 책임은 물론 청소년을 둘러싼 가정 · 사회 · 국가 · 지방자치단체의 청소년에 대한 책임을 설정하며, 이

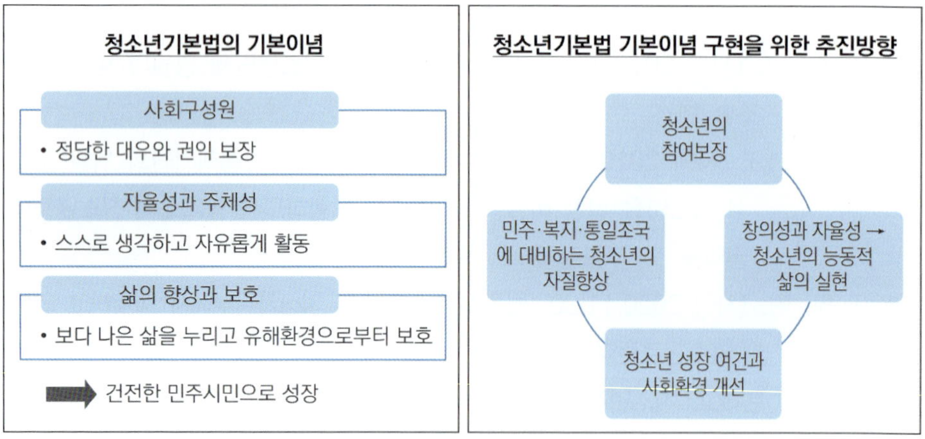

그림 2.4 청소년기본법의 기본이념 및 기본이념 구현을 위한 추진 방향

를 실현하기 위한 청소년정책에 관한 기본적인 사항을 설정하는 것이다(제1조). 청소년기본법의 목적은 청소년의 권리뿐 아니라 책임을 동시에 언급함으로써 청소년이 자율적인 존재이며 공동체의 구성원임을 보여주고 있다. 만약 청소년이 권리만 있고 책임이 있지 않다면 청소년은 스스로 공동체 구성원으로서의 책임을 회피하는 것이며, 반대로 청소년이 책임만 있고 권리는 없다면 청소년은 노예로 살아가는 것과 다를 바 없을 것이다. 청소년에게 권리와 책임이 모두 있음을 규정한 것은 청소년이 자율적인 존재이자 공동체의 구성원임을 확인한 것이다. 청소년이 권리와 책임을 잘 행사하면서 성장 · 발달을 하려면, 청소년 자신의 노력과 더불어 가정 · 사회 · 국가 · 지방자치단체의 지지가 필요하다.

청소년기본법의 기본이념은 "사회구성원으로서 정당한 대우와 권익을 보장받음과 아울러 스스로 생각하고 자유롭게 활동할 수 있도록 하며 보다 나은 삶을 누리고 유해한 환경으로부터 보호될 수 있도록 함으로써 국가와 사회가 필요로 하는 건전한 민주시민으로 자랄 수 있도록 하는 것"이며, 추진 방향은 ① 청소년의 참여 보장, ② 창의성과 자율성을 바탕으로 한 청소년의 능동적 삶의 실현, ③ 청소년의 성장여건과 사회환경의 개선, ④ 민주 · 복지 · 통일조국[2)]에

2) "민주 · 복지 · 통일조국에 대비"는 개정되어야 할 필요가 있는 문구이다. 우선 민주, 복지와 통일조

대비하는 청소년의 자질향상이다(제2조 제2항). 이를 도식화한 것이 그림 2.4이다. 청소년기본법의 기본이념에서 '청소년의 참여보장'과 '창의성'이 비교적 최근 추가되었다. 과거 산업사회와 달리 정보통신기술이 발달하고 사회가 전 세계적으로 연결된 사회에서는 청소년의 창의성은 향후 국가의 명운을 좌우할 수 있을 정도로 중요하다. 청소년이 사회의 각 분야에 참여하는 것은 청소년이 능동적으로 삶을 실현하고 자율성을 키워나가는 것이자, 청소년 시기의 발달과업을 수행하는 일이다.

4. 청소년의 권리와 책임

청소년기본법의 기본이념에도 나와 있듯이 청소년은 사회구성원으로서 정당한 대우와 권익을 보장받을 필요가 있고 자유와 행복한 삶을 누리며 보호받을 필요가 있다. 청소년은 이러한 권리를 보장받음으로써 건전한 민주시민으로 자랄 수 있게 될 것이다.

청소년기본법 제5조는 청소년의 권리와 책임을 규정하고 있으며 제5조의2는 청소년의 자치권 확대를 규정하고 있다. 법에 명시된 청소년의 권리는 ① 청소년의 기본적 인권, ② 인종 · 종교 · 성별 · 나이 · 학력 · 신체조건 등에 따른 차별을 당하지 않을 권리, ③ 외부적 영향에 구애받지 아니하면서 자기 의사를 자유롭게 밝히고 스스로 결정할 권리(자기의사 표현권 및 자기결정권), ④ 안전하고 쾌적한 환경에서 자기발전을 추구하고(자기발전권) 정신적 · 신체적 건강을 해치거나 해칠 우려가 있는 모든 형태의 환경으로부터 보호받을 권리로 구성되어 있다(청소년보호권). 이를 도식화한 것이 그림 2.5이다.

국은 서로 동질적인 관계가 아니기 때문이다. 굳이 쓰려면 통일조국이 아니라 통일로 기술해야 한다. 다음으로 문구의 문제인데 '대비'가 아니라 이를 '실천' 혹은 '실현'이라는 문구를 쓰는 것이 바람직하겠다. 청소년 참여는 미래가 아니라 현재이기 때문이다.

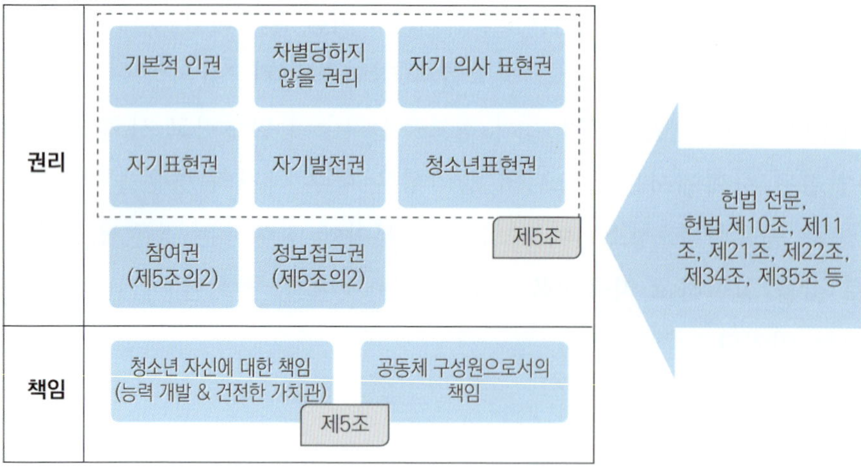

그림 2.5 **청소년기본법상 청소년의 권리와 책임**

청소년기본법 제5조는 청소년의 권리 중 가장 중요하다고 생각하는 것을 예를 들어 설명한 것이다. 실제 청소년의 권리는 청소년기본법 제5조의 범위보다 훨씬 넓다. 청소년의 기본적 인권은 헌법의 전문과 제2장 국민의 권리와 의무에 명시된 권리(존엄권, 행복추구권, 평등권, 신체의 자유 등)를 포함한다. 헌법 제10조에서는 "개인이 가지는 불가침의 기본적 인권"에 대해서 규정하고 있다. 불가침의 기본적 인권이라는 것은 누구도 해쳐서는 안 되는 인권으로 인간이라면 당연한 권리를 말한다.

청소년의 차별당하지 않을 권리는 헌법 제11조의 평등권 및 차별을 당하지 않을 권리를 확장한 것이며, 청소년의 자기의사표현권은 헌법 제21조의 언론 출판의 자유 및 헌법 제22조의 학문과 예술의 자유와 연관성이 깊다. 청소년의 자기발전권과 자기결정권은 헌법 제10조의 인간의 존엄권 및 행복추구권, 제34조의 인간다운 생활을 할 권리 등을 포함하여 헌법 전반에 걸친 권리라고 할 수 있다. 청소년의 보호권은 헌법 제10조의 행복추구권, 제32조의 연소자의 근로에 대한 특별한 보호, 제34조의 인간다운 생활을 할 권리, 제35조의 환경권, 제36조의 가족생활권 및 보건권 등에 기반한 것으로 청소년이 청소년답게, 인간답게 살아갈 권리를 포함한다.

청소년기본법 제5조 제4항에서는 청소년의 책임을 자신의 능력을 개발하고 건전한 가치관을 확립하며 가정 · 사회 · 국가의 구성원으로 책임을 다하도록 노력하는 것이라고 규정하고 있다. 이는 청소년 자신에 관한 책임과 공동체의 구성원으로서 가지는 책임을 동시에 밝힌 것이다.

청소년이 자신의 능력을 개발한다는 것은 청소년이 스스로 역량을 개발하는 것이다. 청소년이 건전한 가치관을 확립한다는 것은 스스로 삶의 방향성을 설정하고 더불어 살아가기 위한 마음가짐을 가지는 것이다. 이는 인성을 갖추는 것이라 볼 수 있다.

청소년은 자신에 대한 의무뿐 아니라 자신이 속한 공동체(가정, 사회, 국가)의 구성원으로서 역할을 감당할 책임이 있다. 청소년은 민주사회(民主社會)의 구성원으로 권리를 주장함과 동시에 스스로 책임을 감당하는 주인의식(主人意識)을 가져야 한다. 청소년의 책임은 헌법 전문에 규정된 헌법의 정신인 "정치 · 경제 · 사회 · 문화의 모든 영역에 있어서 각인의 기회를 균등히 하고, 능력을 최고도로 발휘하게 하며, 자유와 권리에 따르는 책임과 의무를 완수"에 기반을 둔 것으로 볼 수 있다.

제5조(청소년의 권리와 책임) ① 청소년의 기본적 인권은 청소년활동 · 청소년복지 · 청소년보호 등 청소년육성의 모든 영역에서 존중되어야 한다.
② 청소년은 인종 · 종교 · 성별 · 나이 · 학력 · 신체조건 등에 따른 어떠한 종류의 차별도 받지 아니한다.
③ 청소년은 외부적 영향에 구애받지 아니하면서 자기 의사를 자유롭게 밝히고 스스로 결정할 권리를 가진다.
④ 청소년은 안전하고 쾌적한 환경에서 자기발전을 추구하고 정신적 · 신체적 건강을 해치거나 해칠 우려가 있는 모든 형태의 환경으로부터 보호받을 권리를 가진다.
⑤ 청소년은 자신의 능력을 개발하고 건전한 가치관을 확립하며 가정 · 사회 및 국가의 구성원으로서의 책임을 다하도록 노력하여야 한다. [전문개정 2014. 3. 24.]
제5조의2(청소년의 자치권 확대) ① 청소년은 사회의 정당한 구성원으로서 본인과 관련된 의사결정에 참여할 권리를 가진다.

5. 청소년의 참여 및 자치

5.1 청소년의 자치권 확대

청소년의 권리가 실질적으로 보장받기 위해서는 청소년이 자신과 관련된 의사결정에 참여할 필요성이 있다. 가정 · 사회 · 국가의 의사결정 과정에 청소년이 참여할 수 있어야 하는 것이다. 청소년은 과거와 비교해서 정신 및 신체가 발달한 상태이지만 청소년의 공동체에 대한 의사결정 과정에 대한 참여는 여전히 제한받고 있다. 이러한 문제를 해결하기 위하여 청소년기본법은 제5조의2 청소년의 자치권 확대 조항을 2012년 신설하였다. 본 조항은 청소년의 자치권을 선언함과 동시에 이를 실현할 수 있는 기구를 규정하고 있다.

청소년의 자치권 확대는 첫째, 청소년의 의사결정에 관한 권리에 대한 선언(제5조의2 제1항), 둘째, 청소년의 정보접근권과 청소년의 의사결정 참여권(제2항), 셋째, 청소년의 정책결정과정 참여권과 의사표현권에 대한 규정(제3항), 넷째 국가와 지방자치단체의 청소년참여위원회 구성과 활동(제4항에서 제6항)으로 이루어진다.

토막상식 ○ '할 수 있다'와 '하여야 한다'의 차이

법률 용어는 우리가 일상생활에서 쓰는 용어와 다소 차이가 있어 법률용어를 해석할 때 많은 혼란을 불러일으킨다. '할 수 있다'와 '하여야 한다'는 몇 글자 차이지만 그 의미는 엄청나게 다르다.

할 수 있다 - 노력은 해보지만, 안돼도 괜찮다. 해도 좋고 안 해도 좋다.
노력하여야 한다 - 반드시 그렇게 해야 하는 것은 아니지만, 될 수 있는 한 가능하도록 노력해야 한다
하여야 한다 - 이러한 문구가 있으면, 이 규정은 반드시 지켜야 하는 규정이다.

'할 수 있다'는 말하자면 해도 되고 안 해도 되는 규정이다. 주로 행정기관의 재량권을 넓혀주기 위해서 사용된다. 행정기관은 어떤 행위를 하든 법령에 근거가 있어야 한다. '할 수 있다'는 반드시 해야 하는 것은 아니지만 행정기관이 적극적으로 할 수 있는 영역에 사용되는 용어이다.
'할 수 있다'와 대비되는 '하여야 한다'는 반드시 해야 하는 규정이다. 형사 처벌 규정이 없다면 '하여야 한다'는 규정을 어겨도 형사처벌을 받지는 않지만, 징계를 받을 수도 있고, 이 규정 위반을 근거로 손해배상을 청구받을 수도 있다.
이중 국가와 지방자치단체에 부여한 청소년의 참여 및 의견수렴을 보장하는 조치와 청소년참여위원회 운영 의무는 "하여야 한다"라는 표현에서 볼 수 있듯이 단순한 권고 사항이 아닌 강제 사항이라 할 수 있다.

5.2 청소년참여위원회

청소년참여위원회는 2017년 청소년기본법 제5조의2의 하위 조항으로 신설되었다. 청소년참여위원회는 청소년특별회의, 청소년운영위원회와 함께 청소년 참여의 중심이 되는 기관이다. 청소년참여위원회는 청소년이 국가 및 지방자치단체의 정책 결정과정에 참여할 수 있도록 제도화한 것이다.

청소년참여위원회의 구성과 운영은 청소년기본법 시행령에 자세히 규정되어 있다. 청소년참여위원회의 위원장은 위원 중에서 호선[3])으로 선출되며 참여위원회 회의를 주재하게 된다. 청소년참여위원회는 분과위원회를 둘 수 있으며, 설문조사나 토론회를 통하여 여론을 수렴할 수도 있다. 전문적 · 기술적 사항에 관해서 자문을 얻기 위하여 관계 전문가 등으로 구성된 자문단도 둘 수 있다(시행령 제2조의2).

청소년참여위원회는 시 · 군 · 구 청소년참여위원회와 시 · 도 청소년참여위원회, 중앙청소년참여위원회로 구분된다(한국청소년활동진흥원, 2019). 별도 운영되는 중앙청소년참여위원회를 제외한 시 · 도 및 시 · 군 · 구 단위의 청소년참여위원회는 전국 188개소에서 운영되고 있다. 표 2.2에는 2020년 지역 청소년참여위원회 현황이 나와 있다.

표 2.2 2020년 지역 청소년참여위원회 현황(출처: 여성가족부, 2021)

서울	부산	대구	인천	광주	대전	울산	세종	경기	강원	충북	충남	전북	전남	경북	경남	제주
24	17	9	10	6	6	6	1	32	19	9	16	15	23	24	20	1

3) 호선(互選)이란 청소년참여위원회 위원 등 간에 서로 투표하여 위원장을 뽑는 것을 말한다.

제5조의2(청소년의 자치권 확대) ① 청소년은 사회의 정당한 구성원으로서 본인과 관련된 의사결정에 참여할 권리를 가진다.
② 국가 및 지방자치단체는 청소년이 원활하게 관련 정보에 접근하고 그 의사를 밝힐 수 있도록 청소년 관련 정책에 대한 자문·심의 등의 절차에 청소년을 참여시키거나 그 의견을 수렴하여야 하며, 청소년 관련 정책의 심의·협의·조정 등을 위한 위원회·협의회 등에 청소년을 포함하여 구성·운영할 수 있다. <개정 2017.12.12.>
③ 국가 및 지방자치단체는 청소년과 관련된 정책 수립 절차에 청소년의 참여 또는 의견 수렴을 보장하는 조치를 하여야 한다.
④ 국가 및 지방자치단체는 청소년 관련 정책의 수립과 시행과정에 청소년의 의견을 수렴하고 참여를 촉진하기 위하여 청소년으로 구성되는 청소년참여위원회를 운영하여야 한다. <신설 2017.12.12.>
⑤ 국가 및 지방자치단체는 제4항에 따른 청소년참여위원회에서 제안된 내용이 청소년 관련 정책의 수립 및 시행과정에 반영될 수 있도록 적극 노력하여야 한다. <신설 2017. 12. 12.>
⑥ 제4항에 따른 청소년참여위원회의 구성과 운영에 필요한 사항은 대통령령으로 정한다. <신설 2017.12.12.>

청소년기본법 시행령 제2조의2(청소년참여위원회의 구성 및 운영) ① 법 제5조의2제4항에 따른 청소년참여위원회(이하 "참여위원회"라 한다)의 위원은 성별·연령·지역 등을 고려하여 구성하여야 한다.
② 참여위원회의 위원장은 위원 중에서 호선(互選)하며, 참여위원회의 회의를 주재한다.
③ 참여위원회는 효율적인 정책 제안 등을 위하여 필요한 경우에는 분과위원회를 둘 수 있다.
④ 참여위원회는 청소년 관련 정책에 관한 의견 제안을 위하여 필요한 경우에는 설문조사, 토론회 등을 통하여 여론을 수렴할 수 있다.
⑤ 국가 및 지방자치단체는 참여위원회가 청소년 관련 정책의 전문적·기술적인 사항에 관하여 자문할 수 있도록 관계 전문가 등으로 구성된 자문단을 둘 수 있다. [본조신설 2018. 6. 5.]

5.3 청소년특별회의

청소년특별회의는 국가에서 범정부 차원의 청소년 정책과제의 설정·추진·점검을 위하여 개최된다(제12조 제1항). 참석 대상자는 시행령 제13조의 시·도 단위의 지역회의에서 추천하는 청소년과 청소년 관련 기관·단체에서 추천하는 청소년, 청소년 관련 단체·시설·학계의 관계자, 여성가족부장관이 공개모집을 통하여 선정한 청소년, 그 밖에 여성가족부장관이 필요하다고 인정하는 사람이 된다(시행령 제12조).

청소년특별회의의 운영은 시 · 도 단위의 지역회의를 개최한 후에 전국 단위의 회의를 개최하며 청소년 관련 토론회 및 문화예술행사와 병행할 수 있다(시행령 제13조). 여성가족부(2021) 2021년 청소년사업 안내에 따르면, 지역회의는 17개 청소년 시 · 도 청소년참여위원회 위원이 구성원이 된다. 여성가족부장관은 특별회의의 의제를 선정하여 관계 행정기관의 장에게 알려야 한다(시행령 제14조). 여성가족부장관은 특별회의 의제 선정 및 연구 등을 관계 공무원 및 관계 전문가에 요청할 수 있고, 의제와 관련된 중앙행정기관의 장이나 지방자치단체의 장에게 회의에 참석하도록 협조를 요청할 수도 있다(시행령 제15조).

제12조(청소년특별회의의 개최) ① 국가는 범정부적 차원의 청소년정책과제의 설정 · 추진 및 점검을 위하여 청소년 분야의 전문가와 청소년이 참여하는 청소년특별회의를 해마다 개최하여야 한다. <개정 2015. 2. 3.>

② 청소년특별회의의 참석대상 · 운영방법 등 세부적인 사항은 대통령령으로 정한다.

청소년기본법 시행령 제12조(청소년특별회의의 참석 대상) ① 법 제12조에 따른 청소년특별회의(이하 "특별회의"라 한다)에 참석하는 사람은 다음 각 호와 같다.

1. 제13조에 따른 지역회의에서 추천하는 청소년
2. 청소년 관련 기관 · 단체에서 추천하는 청소년
3. 청소년 관련 단체 · 시설 · 학계의 관계자
4. 여성가족부장관이 공개모집을 통하여 선정한 청소년
5. 그 밖에 여성가족부장관이 필요하다고 인정하는 사람

② 여성가족부장관은 제1항에 따른 참석 대상을 정할 때에는 성별 · 연령별 · 지역별로 각각 전체 청소년을 대표할 수 있도록 노력하여야 한다. [전문개정 2011. 11. 18.]

제13조(운영방법 등) 특별회의는 매년 특별시 · 광역시 · 특별자치시 · 도 · 특별자치도(이하 "시 · 도"라 한다) 단위의 지역회의를 개최한 후에 전국 단위의 회의를 개최하며, 청소년 관련 토론회 및 문화예술행사 등과 병행할 수 있다. <개정 2018.6.5.>[전문개정 2011.11.18]

제14조(의제의 통지) 여성가족부장관은 특별회의의 의제(議題)를 선정하여 해당 연도의 최종 회의 개최 1개월 전까지 관계 행정기관의 장에게 알려야 한다.[전문개정 2011. 11. 18.]

제15조(관계 기관 등의 협조) ① 여성가족부장관은 특별회의의 의제 선정 및 연구 등을 위하여 관계 공무원 또는 관계 전문가에게 협조를 요청할 수 있다.

② 여성가족부장관은 특별회의의 의제와 관련된 중앙행정기관의 장 또는 지방자치단체의 장이 회의에 참석하도록 협조를 요청할 수 있다. [전문개정 2011. 11. 18.]

5.4 청소년 참여 제도 비교

청소년참여포털

청소년 참여와 관련한 주요 제도는 청소년참여위원회와 청소년특별회의, 청소년운영위원회이다. 청소년참여위원회는 국가 및 지방자치단체에 고르게 설치된다. 반면, 청소년특별회의는 기본적으로 범정부적 차원에서 진행되지만, 지역회의는 시 · 도 단위에서 진행된다. 청소년운영위원회는 국가나 지방자치단체가 아닌 청소년수련시설에 설치 운영된다. 청소년 참여 제도와 관련하여 청소년참여포털이 운영되고 있다.

이들 청소년 참여 제도 간의 비교는 표 2.3에 나와 있다. 청소년참여위원회와 청소년특별회의는 근거 법률이 청소년기본법이지만, 청소년운영위원회는 청소년활동진흥법이 근거 법률이다.

청소년참여위원회나 청소년특별회의는 국가 또는 지방자치단체처럼 공공 정책 결정에 청소년들이 참여하도록 보장하는 것이지만, 청소년운영위원회는 청소년수련관, 청소년수련원, 청소년특화시설 등 청소년수련시설의 운영에 청소년들의 참여를 보장하기 위한 것이다.

표 2.3 **청소년 참여 제도 비교**

제도	청소년참여위원회	청소년특별회의*	청소년운영위원회
근거	청소년기본법 제5조의2	청소년기본법 제12조	청소년활동진흥법 제4조
특성	국가 및 지방자치단체는 청소년 관련 정책의 수립과 시행과정에 청소년의 의견을 수렴하고 참여를 촉진	범정부차원의 청소년정책과정 설정 · 추진 · 점검	청소년수련시설에서 운영에 있어 청소년활동을 활성화하고 청소년의 참여를 보장
설치 단위	국가, 시 · 도, 시 · 군 · 구	국가, 지역(시 · 도)	청소년수련시설

*청소년특별회의에는 청소년뿐만 아니라 청소년분야의 전문가도 참여한다.

청소년참여위원회나 청소년특별회의는 청소년의 참여를 보장하는 긍정적 기능을 하지만 한계도 뚜렷하다. 청소년들의 인지적 발달 수준을 고려하면, 청소년도 선거 참여나 투표 등 정책 참여가 충분히 가능하다. 한국의 투표 연령은 만 18세 이상으로 규정되어 있어 만 18세 미만의 청소년은 선거운동에 참여할 수도 없고, 지방의원 등이 될 수도 없다(공직선거법 제15호 제1항). 만 18세 미만의 청소년은 '일반적 수준'에서 정책 참여가 어려운 것이다. 청소년참여위원회나 청소년특별회의처럼 청소년만의 고유 참여기구가 있는 것은 바람직하지만, 투표연령을 하향하여 청소년의 참여 범위를 넓히는 것을 고려할 필요가 있다.

6. 가정 · 사회 · 국가 · 지방자치단체의 청소년육성 책임

청소년의 성장 · 발달을 돕고, 청소년을 둘러싼 환경을 청소년의 성장 · 발달을 지원하기 위해서는 가정 · 사회 · 국가 · 지방자치단체의 책임 있는 행동이 필요하다. 이에 청소년기본법에서는 제1조 법의 목적에서 규정한 이들의 책임을 보다 자세히 규정하고 있다.

6.1 가정의 책임(제6조)

청소년기본법에 의하면, 가정은 청소년육성에 관해 1차적 책임이 있고 청소년의 성장과 발달을 위해서 노력을 해야 한다(제1항). 또한 청소년을 위한 교육 참여, 청소년을 유해환경으로부터 보호할 책임이 있다(제1항 및 제2항). 친권자가 아니더라도 청소년을 보호하는 사람은 보호 의무를 진다(제3항).

본 법에서 가정에 청소년육성의 1차 책임이 있다는 규정은 심도 있게 살펴볼 필요가 있다. 우선 이 법에서 말하는 가정의 범위가 모호하며 또한 1차적 책임의 의미 또한 모호하다. 이는 자칫 사회 및 국가가 감당해야 하는 책임을 가정에 떠넘기는 것으로 받아들여질 수도 있으므로 법 개정 시에 본 조항의 수정을 검토할 필요가 있다.

> **제6조(가정의 책임)** ① 가정은 청소년육성에 관하여 1차적 책임이 있음을 인식하여야 하며, 따뜻한 사랑과 관심을 통하여 청소년이 개성과 자질을 바탕으로 자기발전을 실현하고 국가와 사회의 구성원으로서의 책임을 다하는 다음 세대로 성장할 수 있도록 노력하여야 한다.
> ② 가정은 학교 및 청소년 관련 기관 등에서 실시하는 교육프로그램에 청소년과 함께 참여하는 등 청소년을 바르게 육성하기 위하여 적극적으로 노력하여야 한다.
> ③ 가정은 정보통신망을 이용한 유해매체물 접촉을 차단하는 등 청소년 유해환경으로부터 청소년을 보호하기 위하여 필요한 노력을 하여야 한다.
> ④ 가정의 무관심·방치·억압 또는 폭력 등이 원인이 되어 청소년이 가출하거나 비행(非行)을 저지르는 경우 친권자 또는 친권자를 대신하여 청소년을 보호하는 자는 보호의무의 책임을 진다.

6.2 사회의 책임(제7조)

청소년육성에 사회의 책임을 규정한 제7조는 각항이 모두 "모든 국민"으로 시작한다. 청소년육성에 관한 사회의 책임은 모든 국민의 책임이며, 이는 국민 모두가 사회생활에서 지켜야 할 책임이다.

모든 국민은 청소년이 일상생활에서 즐겁게 활동하고 더불어 사는 기쁨을 누리도록 도와주어야 한다(제1항). 청소년은 과다한 학습과 제약된 활동으로 어려움을 겪고 있다. 청소년에게 스스로 활용할 수 있는 시간을 부여하고, 균형 잡힌 생활시간을 갖도록 노력해야 한다.

모든 국민은 청소년의 사고와 행동양식의 특성을 인식하고 사랑과 대화를 통하여 청소년을 이해하고 지도하여야 하며, 청소년의 비행을 바로잡는 등 그 선도에 최선을 다하여야 한다(제2항). 본 조항도 개선될 필요가 있는 조항이다. 본 조항은 청소년이 문제를 일으키고 있는 존재라는 인식이 저변에 깔려 있기 때문이다. 소년법이 소년의 성장과 발달을 돕는 법이 아니라 범죄를 저지르거나 저지를 우려가 있는 청소년에 관한 법이라는 점도 이러한 인식에 기반한다.

모든 국민은 청소년을 대상으로 하거나 청소년이 쉽게 접할 수 있는 장소에서 청소년의 정신적·신체적 건강에 해를 끼치는 행위를 하여서는 아니 되며, 청소년에게 유해한 환경을 정화하고 유익한 환경이 조성되도록 노력하여야 한다(제3항). 일부 환경은 청소년에게 유해하며, 이들 환경이 청소년에게 접근하여 청소년에게 해를 끼치지 않기 위해서는 모두의 노력이 필요하다. 유해환경의 청소년 접근 제한은 한국만의 고유한 제도가 아니라 세계 주요 국가에서 실시하는 제도이다.

모든 국민은 경제적·사회적·문화적·정신적으로 어려운 상태에 있는 청소년들에게 특별한 관심을 가지고 이들이 더 나은 삶을 누릴 수 있도록 노력하여야 한다(제4항). 청소년 빈곤이나 청소년 정신건강 문제는 청소년기는 물론 그 이후의 삶까지 지속적인 영향을 끼친다. 어려운 상태에 있는 청소년들에 대한 지원은 생애 전체로 볼 때는 예방적 성격이 강한 지원이라 할 수 있다.

제7조(사회의 책임) ① 모든 국민은 청소년이 일상생활에서 즐겁게 활동하고 더불어 사는 기쁨을 누리도록 도와주어야 한다.
② 모든 국민은 청소년의 사고와 행동양식의 특성을 인식하고 사랑과 대화를 통하여 청소년을 이해하고 지도하여야 하며, 청소년의 비행을 바로잡는 등 그 선도에 최선을 다하여야 한다.
③ 모든 국민은 청소년을 대상으로 하거나 청소년이 쉽게 접할 수 있는 장소에서 청소년의 정신적·신체적 건강에 해를 끼치는 행위를 하여서는 아니 되며, 청소년에게 유해한 환경을 정화하고 유익한 환경이 조성되도록 노력하여야 한다.
④ 모든 국민은 경제적·사회적·문화적·정신적으로 어려운 상태에 있는 청소년들에게 특별한 관심을 가지고 이들이 보다 나은 삶을 누릴 수 있도록 노력하여야 한다.

6.3 국가 및 지방자치단체의 책임(제8조)

국가와 지방자치단체는 청소년육성과 관련한 법적·제도적 장치를 마련하고 이를 시행해야 한다(제1항). 국가와 지방자치단체는 청소년정책의 1차적 책임자로 청소년 관련 법령의 제정과 개정을 위하여 노력하여야 하며, 이를 효과적이고 효율적으로 시행되도록 해야 한다.

국가와 지방자치단체는 근로 청소년을 "특별히" 보호하고, 근로가 청소년의 성장 · 발달에 도움이 되도록 필요한 시책을 마련해야 한다(제2항). 근로 청소년에 대한 책무는 비교적 최근에 청소년육성제도에서 부각되고 있다. 그러나 구(舊) 근로기준법이 1953년부터 18세 미만의 청소년을 뜻하는 소년 · 연소년 개념을 두고 있지만 수십 년이 지난 지금까지도 근로 청소년에 대한 보호가 여전히 충분치 않은 점은 국가와 지방자치단체가 이 영역에 대해서 책임 있는 행정활동을 하지 않은 것으로 볼 수 있다. 최근 근로 청소년 보호를 위한 제도의 실효성을 강화하고 있는 점은 바람직하다.

국가 및 지방자치단체는 청소년에 대한 가정과 사회의 책임 수행에 필요한 여건을 조성하여야 한다(제3항). 국가 및 지방자치단체만으로 청소년육성의 책임을 완성할 수 없으므로 가정과 민간과의 협력은 필수적이다.

국가 및 지방자치단체는 이 법에 따른 업무 수행에 필요한 재원을 안정적으로 확보하기 위한 시책을 수립 · 실시하여야 한다(제4항). 국가 및 지방자치단체의 청소년육성을 위한 재원 확보는 가장 실천이 안 되는 조항이라 할 수 있다. 국가와 지방자치단체의 재원 확보는 "안정적"이기는 하지만 충분하지 않다. 여성가족부는 2017년 7월 15일 보도자료를 통하여 2021년 기준 여성가족부 전체 예산이 1.2조 원으로 정부 전체 예산의 0.2%에 불과하다고 밝히고 있다.

제8조(국가 및 지방자치단체의 책임) ① 국가 및 지방자치단체는 청소년육성에 필요한 법적 · 제도적 장치를 마련하여 시행하여야 한다.

② 국가 및 지방자치단체는 근로 청소년을 특별히 보호하고 근로가 청소년의 균형 있는 성장과 발전에 도움이 되도록 필요한 시책을 마련하여야 한다.

③ 국가 및 지방자치단체는 청소년에 대한 가정과 사회의 책임 수행에 필요한 여건을 조성하여야 한다.

④ 국가 및 지방자치단체는 이 법에 따른 업무 수행에 필요한 재원을 안정적으로 확보하기 위한 시책을 수립 · 실시하여야 한다.

7. 교육 및 홍보

청소년의 권리를 교육하고 홍보하는 조항은 비교적 최신에 도입된 조항이다. 청소년이 자신의 권리를 알아야 이를 행사할 수 있으므로 청소년권리에 대한 교육 및 홍보는 매우 중요하다.

7.1 청소년 권리 홍보와 교육 – 청소년기본법 유엔아동권리협약

국가와 지방자치단체는 청소년기본법 및 「아동의 권리에 관한 협약」에서 규정한 청소년의 권리와 관련된 내용을 널리 홍보하고 교육하여야 한다(제1항). 아동의 권리에 관한 협약은 흔히 유엔아동권리협약이라고 하는 것으로 유엔(United Nations; UN)에 속한 국가들이 아동의 권리를 보장하기 위하여 체결한 조약이다. 유엔아동권리협약은 국회 비준을 통하여 법률의 효력을 가진 조약이다.

국가인권위원회의 유엔아동권리협약의 이해

7.2 근로 청소년 권익보호 교육, 상담 및 홍보

국가 및 지방자치단체는 근로 청소년의 권익보호를 위하여 근로기준법 등에서 정하는 근로 청소년의 권리 등에 필요한 교육 및 상담을 청소년에게 실시하여야 하며, 청소년 근로권익 보호정책을 적극적으로 홍보하여야 한다(제2항). 근로기준법의 실효성을 높이기 위해서는 청소년이 자신의 권리와 행사 방법을 제대로 할 수 있도록 하는 것이 필요하다.

7.3 청소년 관련 기관과 청소년단체의 교육적 조치

청소년 관련 기관과 청소년단체는 청소년을 대상으로 청소년의 권리에 관한 교육적 조치를 시행하여야 한다(제3항). 청소년이 자신의 권리에 대해 알도록 하기 위해서 청소년 관련 기관과 청소년단체에게 청소년을 대상으로 한 청소년 권리에 관한 교육적 조치를 의무적으로 시행하도록 했다.

제8조의2(교육 및 홍보 등) ① 국가 및 지방자치단체는 이 법 및 「아동의 권리에 관한 협약」에서 규정한 청소년의 권리와 관련된 내용을 널리 홍보하고 교육하여야 한다.
② 국가 및 지방자치단체는 근로 청소년의 권익보호를 위하여 「근로기준법」 등에서 정하는 근로 청소년의 권리 등에 필요한 교육 및 상담을 청소년에게 실시하여야 하며, 청소년 근로권익 보호정책을 적극적으로 홍보하여야 한다. <신설 2016.3.2.>
③ 청소년 관련 기관과 청소년단체는 청소년을 대상으로 청소년의 권리에 관한 교육적 조치를 시행하여야 한다. <개정 2016.3.2.>
[본조신설 2012.2.1.] [제목개정 2016.3.2.]

8. 청소년기본법과 다른 법률과의 관계: 청소년기본법의 기본법 성격

청소년기본법은 청소년육성에 관해서는 다른 법률에 우선 적용이 된다. 청소년기본법은 청소년육성에 관해서 다른 법률에 비해 특별법이 된다. 청소년기본법의 각 규정들은 청소년육성에 관한 사항이라면 일반적인 사항을 정한 다른 법률에 우선 적용된다. 또한 청소년육성에 관한 법률을 제정하거나 개정할 때 청소년기본법에서 설정한 취지에 맞게 법률을 제정하거나 개정해야 한다. 청소년기본법 제4조를 통해서 청소년기본법은 실질적으로 "기본법"적인 지위를 갖게 된다.

제4조(다른 법률과의 관계) ① 이 법은 청소년육성에 관하여 다른 법률보다 우선하여 적용한다.
② 청소년육성에 관한 법률을 제정하거나 개정할 때에는 이 법의 취지에 맞도록 하여야 한다.

9. 청소년의 달

청소년기본법에서는 청소년들이 자신의 권리와 책임에 관한 의식을 높이고 국민이 청소년육성에 참여하도록 분위기를 조성하기 위하여 매년 5월을 청소년의 달로 지정하고 있다(제16조).

청소년기본법 시행령에 따르면, 청소년의 달을 기념하기 위하여 청소년의 문화 · 예술 · 수련 · 체육에 관한 행사 및 청소년의 인권증진 및 육성 등에 관한 연구 발표 행사를 개최하며, 모범청소년, 청소년지도자 및 우수청소년단체 등에 대한 포상, 대중매체 등을 이용한 홍보 행사, 그 밖에 청소년육성에 관하여 범국민적인 관심을 높이기 위하여 필요한 행사를 개최하도록 노력해야 한다(제17조).

다만 5월의 경우는 어린이나 가정에 관한 기념일이나 기념월이 밀집되어 있고 관련 행사도 집중되기 때문에 청소년육성 그 자체에 대한 의식을 높이기 위해서는 청소년의 달의 조정도 검토할 필요가 있다.

제16조(청소년의 달) 청소년의 능동적이고 자주적인 주인의식을 드높이고 모든 국민이 청소년육성에 참여하는 분위기를 조성하기 위하여 매년 5월을 청소년의 달로 한다.

청소년기본법 시행령 제17조(청소년의 달 행사) 여성가족부장관은 법 제16조에 따른 청소년의 달을 기념하기 위하여 국가, 지방자치단체, 공공단체, 청소년단체 등이 다음 각 호의 행사를 개최할 수 있도록 노력하여야 한다.

1. 청소년의 문화 · 예술 · 수련 · 체육에 관한 행사
2. 청소년의 인권증진 및 육성 등에 관한 연구 발표 행사
3. 모범청소년, 청소년지도자 및 우수청소년단체 등에 대한 포상
4. 대중매체 등을 이용한 홍보 행사
5. 그 밖에 청소년육성에 관하여 범국민적인 관심을 높이기 위하여 필요한 행사 [전문개정 2011. 11. 18.]

주제 2-2 청소년기본법상 정의 및 청소년정책의 총괄 및 조정

1. 청소년기본법상의 정의(제3조)

1.1 청소년

청소년기본법에 의하면 청소년은 9세 이상 24세 이하인 사람을 말하며 다른 법률에 달리 규정하는 경우 그 법을 따르게 되어 있다(제3조 제1호). 여기서 9세 이상 24세 이하는 만 9세에서 만 24세를 의미한다. "만"이라는 표현이 청소년 육성제도를 처음 접하는 사람들이 혼란을 가져올 수 있다. 법률적으로 따로 명시되어 있지 않은 경우에는 "만"이라는 표현이 붙어 있지 않더라도 모두 만 나이이다.

청소년보호법과 청소년의 범위를 다르게 규정하는 경우에는 이에 따른다. 예를 들어, 청소년보호법 제2조 제1호는 청소년을 만 19세 미만인 사람 청소년기본법상의 청소년의 나이와 차이가 있다. 만 0세에서 19세 미만까지는 청소년보호법상의 청소년이기는 하지만 청소년기본법상의 청소년은 아니며, 만 19세 이상에서 만 24세 이하는 청소년기본법상에서는 청소년에 포함되지만, 청소년보호법상에서는 청소년이 아니다.

제3조(정의) 1. "청소년"이란 9세 이상 24세 이하인 사람을 말한다. 다만, 다른 법률에서 청소년에 대한 적용을 다르게 할 필요가 있는 경우에는 따로 정할 수 있다.

1.2 청소년육성

청소년기본법상 청소년육성은 "청소년활동을 지원하고 청소년의 복지를 증진하며 근로 청소년을 보호하는 한편, 사회 여건과 환경을 청소년에게 유익하도록 개선하고 청소년을 보호하여 청소년에 대한 교육을 보완함으로써 청소년의 균형 있는 성장을 돕는 것"을 말한다(제3조 제2호).

> **제3조(정의)** 2. "청소년육성"이란 청소년활동을 지원하고 청소년의 복지를 증진하며 근로 청소년을 보호하는 한편, 사회 여건과 환경을 청소년에게 유익하도록 개선하고 청소년을 보호하여 청소년에 대한 교육을 보완함으로써 청소년의 균형 있는 성장을 돕는 것을 말한다.

1.3 청소년활동

청소년활동은 "청소년의 균형 있는 성장을 위하여 필요한 활동과 이러한 활동을 소재로 하는 수련활동 · 교류활동 · 문화활동 등 다양한 형태의 활동"을 말한다(제3조 제3호).

청소년의 균형 있는 성장을 위해 필요한 활동을 넘어 이와 관련된 다양한 형태의 활동까지 청소년활동의 범위에 속한다. 이러한 정의는 청소년활동의 범위를 매우 크게 확대시키는 것으로 생각될 수도 있다. 청소년을 위해 진행되는 학교교육도 청소년활동의 일부라고 해석될 수 있고, 실제로도 학교교육 일부는 청소년활동과 매우 흡사하다. 다만, 청소년육성의 정의에 들어 있는 '교육을 보완하여'라는 문구는 학교교육이 청소년활동에 포함되지 않음을 시사한다.

> **제3조(정의)** 3. "청소년활동"이란 청소년의 균형 있는 성장을 위하여 필요한 활동과 이러한 활동을 소재로 하는 수련활동 · 교류활동 · 문화활동 등 다양한 형태의 활동을 말한다.

1.4 청소년복지

청소년복지는 "청소년이 정상적인 삶을 누릴 수 있는 기본적인 여건을 조성하고 조화롭게 성장 · 발달할 수 있도록 제공되는 사회적 · 경제적 지원"을 말한다(제3조 제4항). 사회적 · 경제적으로 빈곤에 시달리는 청소년들은 정상적인 삶을 누리기 어려우며 성장 · 발달이 제한받는다. 빈곤 청소년뿐만 아니라 모든 청소년에게도 청소년복지는 중요하다. 예를 들어, 초 · 중 · 고등학교의 수업을 9시에 실시하여 학생들의 수면권을 일부 보장한 것은 청소년복지의 증진이라고 할 수 있다.

제3조(정의) 4. "청소년복지"란 청소년이 정상적인 삶을 누릴 수 있는 기본적인 여건을 조성하고 조화롭게 성장 · 발달할 수 있도록 제공되는 사회적 · 경제적 지원을 말한다.

1.5 청소년보호

청소년보호는 환경적인 측면에서 청소년의 건전한 성장에 유해한 물질 · 물건 · 장소 · 행위 등을 규제하거나 청소년이 유해한 환경에 접촉하거나 접근하는 것을 제한하는 것이다. 청소년보호는 기본적으로 청소년이 아니라 청소년을 둘러싼 환경을 규제하는 것이다.

제3조(정의) 5. "청소년보호"란 청소년의 건전한 성장에 유해한 물질 · 물건 · 장소 · 행위 등 각종 청소년 유해 환경을 규제하거나 청소년의 접촉 또는 접근을 제한하는 것을 말한다.

1.6 청소년시설

청소년시설은 청소년육성 즉 청소년활동 · 청소년복지 · 청소년보호를 위하여 제공되는 시설을 말한다. 청소년시설에 관한 사항은 [3.3 청소년시설]에 기본적인 사항이 설명되어 있다. 이들 시설의 자세한 사항은 2004년 2월 청소년기본법 개정 이후에는 개별법에 규정되어 있다.

제3조(정의) 6. "청소년시설"이란 청소년활동 · 청소년복지 및 청소년보호에 제공되는 시설을 말한다.

1.7 청소년지도자

청소년지도자는 청소년지도자와 청소년상담사 그리고 청소년시설, 청소년단체 및 청소년 관련 기관에서 청소년육성에 필요한 업무에 종사하는 사람을 통틀어 말한다. 청소년지도사의 자격기준이나 배치기준에 관해서는 '3. 청소년지도자'를 참고하면 된다.

제3조(정의) 7. "청소년지도자"란 다음 각 목의 사람을 말한다.
가. 제21조에 따른 청소년지도사
나. 제22조에 따른 청소년상담사
다. 청소년시설, 청소년단체 및 청소년 관련 기관에서 청소년육성에 필요한 업무에 종사하는 사람

청소년기본법 제21조(청소년지도사) ① 여성가족부장관은 청소년지도사 자격검정에 합격하고 청소년지도사 연수기관에서 실시하는 연수과정을 마친 사람에게 청소년지도사의 자격을 부여한다.
제22조(청소년상담사) ① 여성가족부장관은 청소년상담사 자격검정에 합격하고 청소년상담사 연수기관에서 실시하는 연수과정을 마친 사람에게 청소년상담사의 자격을 부여한다.

1.8 청소년단체

청소년단체는 청소년육성을 주된 목적으로 설립된 법인이나 대통령령으로 정하는 단체를 말한다. 여성가족부고시에서는 청소년단체를 청소년활동, 청소년복지 또는 청소년보호를 주요 사업으로 하는 단체로 여성가족부고시에는 이를 다시 설립목적이 청소년육성이며 청소년관련 활동실적이 있는 비영리 법인이거나 청소년육성을 주요 사업으로 하는 단체로 비영리민간단체지원법에 따

라 등록된 단체, 청소년 관련학과가 개설되어 있고 청소년활동 실적이 있는 대학으로 구체화하고 있다.

제3조(정의) 8. “청소년단체”란 청소년육성을 주된 목적으로 설립된 법인이나 대통령령[4]으로 정하는 단체를 말한다.

청소년기본법 시행령 제2조(청소년단체의 범위) 「청소년기본법」(이하 “법”이라 한다) 제3조제8호에서 “대통령령으로 정하는 단체”란 법 제3조제3호부터 제5호까지의 규정에 따른 청소년활동, 청소년복지 또는 청소년보호를 주요 사업으로 하는 단체로서 여성가족부장관이 인정하는 단체를 말한다. <개정 2015. 5. 1.> [전문개정 2011. 11. 18.]

청소년단체의 정의[시행 2005. 4. 8.] [여성가족부고시, 2005. 4. 8., 제정]
아래 각항중 하나에 해당되는 경우는 청소년기본법 시행령 제2조에 따라 “여성가족부장관이 인정하는 청소년단체”로 본다.
① 정관의 설립목적 또는 목적사업에 청소년활동, 청소년복지, 청소년보호를 주요사업으로 하고 청소년관련 활동실적이 있는 비영리 법인
② 청소년활동, 청소년복지, 청소년보호를 주요사업으로 하는 단체로서 비영리민간단체지원법에 따라 등록된 단체
③ 청소년학과 · 교육학과 등 청소년 관련 학과가 개설되어 있고 청소년활동 실적이 있는 대학(학교법인을 포함한다)

2. 청소년정책의 총괄 및 조정

2.1 청소년정책의 총괄 · 조정: 여성가족부

청소년정책을 총괄 조정하는 기관은 여성가족부장관으로 여성가족부장관은 관계 행정기관의 장과 청소년 정책을 협의하며 총괄 · 조정할 권한을 가지고 있다. 여성가족부는 아래에서 살펴볼 청소년정책위원회를 산하에 두며, 청소년정책위원회의 위원장도 당연직으로 여성가족부 장관이 된다.

4) 여기서 대통령령은 청소년기본법 시행령을 말한다.

제9조(청소년정책의 총괄 · 조정) 청소년정책은 여성가족부장관이 관계 행정기관의 장과 협의하여 총괄 · 조정한다.

2.2 청소년정책의 심의 · 조정: 청소년정책위원회

청소년정책위원회는 청소년정책에 관한 주요 사항을 심의 조정하기 위해 기관으로 청소년정책 전반에 관하여 심의 및 조정을 하는 기관이다. 청소년정책위원회의 주요 심의 사항은 우선 청소년정책 기본계획을 들 수 있다. 또한 분야별 주요 시책과 제도개선 사항, 청소년정책의 분석 및 평가에 관한 사항은 물론 청소년정책의 조정에 관한 사항도 심의 · 조정한다. 청소년정책위원회의 구성은 여성가족부장관으로 임명되는 위원장을 포함하여 30명 이내의 위원으로 구성되며 청소년정책과 관련하여 "학식과 경험이 풍부"한 학계 인원과 청소년활동 실적이 풍부한 청소년이 각각 5분의 1 이상으로 구성되어야 한다. 이때 청소년 위원의 경우에는 청소년기본법 시행령 제3조의2에 따라 청소년참여위원회, 청소년특별회의, 청소년운영위원회 등의 참여나 청소년 관련 정책의 수립에 참여한 실적 등을 고려하여 선발하게 된다.

청소년기본법 시행령 제3조 제3항에 따라 청소년정책 관련 조사 · 연구를 위해 5명 이내의 전문위원을 둘 수 있고, 제3조 5항에 따라 관계 기관의 직원 및 전문가로부터 의견을 들을 수 있다. 청소년정책위원회에는 여성가족부 공무원으로 임명되는 간사를 두게 되어 있다.

청소년정책위원회의 회의는 위원장이 소집하여 재적위원 과반수가 출석할 때 개의(開議)[5]할 수 있다. 청소년정책위원회 내에 청소년정책실무위원회를 둘 수 있고, 그 위원장은 여성가족부차관이 되며, 위원은 위원회 위원이 소속된 중앙행정기관의 고위공무원단에 속하는 일반공무원 중에서 지명된다.

---

5) 개의(開議)란 회의를 여는 것을 말한다.

제10조(청소년정책위원회) ① 청소년정책에 관한 주요 사항을 심의 · 조정하기 위하여 여성가족부에 청소년정책위원회를 둔다.
② 청소년정책위원회는 다음 각 호의 사항을 심의 · 조정한다.
1. 제13조제1항에 따른 청소년육성에 관한 기본계획의 수립에 관한 사항
2. 청소년정책의 분야별 주요 시책에 관한 사항
3. 청소년정책의 제도개선에 관한 사항
4. 청소년정책의 분석 · 평가에 관한 사항
5. 둘 이상의 행정기관에 관련되는 청소년정책의 조정에 관한 사항
6. 그 밖에 청소년정책의 수립 · 시행에 필요한 사항으로서 대통령령으로 정하는 사항
③ 청소년정책위원회는 위원장 1명을 포함하여 30명 이내의 위원으로 구성한다. 이 경우 제4항제15호 및 제16호에 따라 위촉되는 위원이 각각 전체 위원의 5분의 1 이상이어야 한다. <개정 2018. 12. 18.>
④ 위원장은 여성가족부장관이 되고, 위원은 다음 각 호의 사람이 된다. 이 경우 복수 차관이 있는 기관은 해당 기관의 장이 지명하는 차관으로 한다. <개정 2017. 7. 26., 2018. 12. 18.>
1. 기획재정부차관, 2. 교육부차관, 3. 과학기술정보통신부차관, 4. 통일부차관,
5. 법무부차관, 6. 행정안전부차관, 7. 문화체육관광부차관, 8. 산업통상자원부차관, 9. 보건복지부차관, 10. 고용노동부차관, 11. 중소벤처기업부차관, 12. 방송통신위원회부위원장, 13. 경찰청장, 14. 그 밖에 대통령령으로 정하는 관계 중앙행정기관의 차관 또는 차관급 공무원
15. 청소년정책에 관하여 학식과 경험이 풍부한 사람 중에서 여성가족부장관이 위촉하는 사람
16. 청소년정책과 관련된 활동실적 등이 풍부한 청소년 중에서 여성가족부장관이 위촉하는 청소년
⑤ 제4항제15호 및 제16호에 따른 위원의 임기는 2년으로 한다. <개정 2018. 12. 18.>
⑥ 청소년정책위원회에서 심의 · 조정할 사항을 미리 검토하거나 위임된 사항을 처리하는 등 청소년정책위원회의 운영을 지원하기 위하여 청소년정책위원회에 청소년정책실무위원회를 둔다.
⑦ 제1항부터 제6항까지에서 규정한 사항 외에 청소년정책위원회 및 청소년정책실무위원회의 구성, 운영 및 위촉기준 등에 필요한 사항은 대통령령으로 정한다. <개정 2018. 12. 18.>

2.3 청소년육성에 관한 기본계획과 시행계획

청소년육성에 관한 기본계획은 매 5년마다 수립되며, 수립 전에 관계중앙행정기관과 협의 진행 및 청소년정책위원회 심의를 거치게 된다. 기본계획에는 이전 기본계획에 관한 분석 및 평가, 청소년육성에 관한 기본방향, 청소년육성에 관한 추진목표, 청소년육성에 관한 기능의 조정, 청소년육성의 분야별 주요 시책, 청소년육성에 필요한 재원의 조달방법, 그 밖에 청소년육성을 위하여 특

히 필요하다고 인정되는 사항을 포함하여야 한다. 또한 여성가족부장관이 기본계획을 마련한 경우에는 지체 없이 이를 국회 소관 상임위원회, 즉 여성가족위원회에 보고하여야 한다.

2019년 현재에 적용되는 기본계획은 제6차 청소년정책기본계획으로 2018년에서 2022년까지 적용된다. 제6차 청소년정책기본계획의 비전은 “현재를 즐기는 청소년, 미래를 여는 청소년, 청소년을 존중하는 사회”로 4대 정책목표와 12대 중점과제로 구성되어 있다.

제13조(청소년육성에 관한 기본계획의 수립) ① 여성가족부장관은 관계 중앙행정기관의 장과 협의한 후 제10조에 따른 청소년정책위원회의 심의를 거쳐 청소년육성에 관한 기본계획(이하 “본계획”이라 한다)을 5년마다 수립하여야 한다. <개정 2015. 2. 3.>

② 기본계획에는 다음 각 호의 사항이 포함되어야 한다.

1. 이전의 기본계획에 관한 분석 · 평가
2. 청소년육성에 관한 기본방향
3. 청소년육성에 관한 추진목표
4. 청소년육성에 관한 기능의 조정
5. 청소년육성의 분야별 주요 시책
6. 청소년육성에 필요한 재원의 조달방법
7. 그 밖에 청소년육성을 위하여 특히 필요하다고 인정되는 사항

③ 여성가족부장관은 기본계획을 수립한 때에는 지체 없이 이를 국회 소관 상임위원회에 보고하여야 한다. <신설 2020. 5. 19.>

청소년육성에 관한 기본계획에 따라서 여성가족부장관 및 관계중앙행정기관의 장과 지방자치단체의 장은 연도별 시행계획을 수립하고 시행하여야 한다. 관계 중앙행정기관의 장과 지방자치단체의 장은 연도별 시행계획 및 추진실적을 매년 여성가족부장관에게 제출하며, 여성가족부장관은 이를 분석 · 평가하여 그 결과를 통보한다. 여성가족부장관 및 관계중앙행정기관의 장과 지방자치단체의 장은 시행계획 추진실적에 대한 분석 · 평가 결과를 다음 연도 시행계획에 반영하여야 한다. 추진실적의 분석 평가 등에 관해서는 정부출연연구기관 등의 지원을 받을 수 있다.

또한 여성가족부장관 및 관계 중앙행정기관의 장과 지방자치단체의 장은 기본계획 및 시행계획을 수립·시행하기 위하여 필요하면 기관·법인 및 단체의 장에게 협조를 요청할 수도 있다.

제14조(연도별 시행계획의 수립 등) ① 여성가족부장관 및 관계 중앙행정기관의 장과 지방자치단체의 장은 기본계획에 따라 연도별 시행계획(이하 "시행계획"이라 한다)을 수립·시행하여야 한다.
② 관계 중앙행정기관의 장과 지방자치단체의 장은 다음 연도 시행계획 및 전년도 시행계획에 따른 추진실적을 대통령령으로 정하는 바에 따라 매년 여성가족부장관에게 제출하여야 한다.
③ 여성가족부장관은 전년도 시행계획에 따른 추진실적을 분석·평가하고, 그 결과를 관계 중앙행정기관의 장과 지방자치단체의 장에게 통보한다.
④ 여성가족부장관 및 관계 중앙행정기관의 장과 지방자치단체의 장은 제3항에 따른 분석·평가 결과를 다음 연도 시행계획에 반영하여야 한다.
⑤ 여성가족부장관은 제3항에 따른 추진실적의 분석·평가를 위하여 필요한 경우에는 국공립 연구기관 또는 「정부출연연구기관 등의 설립·운영 및 육성에 관한 법률」에 따른 정부출연연구기관을 청소년정책 분석·평가에 관한 전문지원기관으로 지정하여 분석·평가 업무를 지원하게 할 수 있다.
⑥ 시행계획의 수립, 추진실적의 분석·평가 및 제5항에 따른 전문지원기관의 지정 등에 필요한 사항은 대통령령으로 정한다. [전문개정 2015. 2. 3.]
제15조(계획 수립의 협조) ① 여성가족부장관 및 관계 중앙행정기관의 장과 지방자치단체의 장은 기본계획 및 시행계획을 수립·시행하기 위하여 필요한 때에는 관련 기관·법인 및 단체의 장에게 협조를 요청할 수 있다. <개정 2015. 2. 3.>
② 제1항에 따른 협조 요청을 받은 자는 특별한 사정이 없으면 협조하여야 한다.

2.4 청소년 정책 수립을 위한 실태조사

청소년기본법에서는 청소년 정책 수립을 위하여 청소년과 청소년을 둘러싼 환경에 대한 실태조사를 3년마다 실시하도록 하고 있다. 청소년 실태조사는 "청소년의 의식·태도·생활 등"에 관해 실시하며, 여성가족부장관은 청소년 실태조사를 위하여 관계 중앙행정기관의 장, 지방자치단체의 자에게 자료 제출 또는 의견 진술을 요청할 수 있다. 청소년 실태조사는 「청소년복지지원법」에 규정되어 있었으나 2022년 법 개정을 통하여 청소년기본법으로 이관 정비되었다.

3. 지방청소년육성위원회

지방청소년육성위원회는 시·도 및 시·군·구 소속으로 설치되며 지방자치단체의 청소년육성에 관한 주요 시책을 심의하기 위한 위원회이다. 청소년정책위원회가 국가 단위의 기구인데 반해 지방청소년육성위원회는 지방 단위의 기구이다. 지방청소년육성위원회의 구성 및 조직, 운영은 각 지방자치단체가 조례로 규정하게 되어 있다.

제11조(지방청소년육성위원회의 설치) ① 청소년육성에 관한 지방자치단체의 주요 시책을 심의하기 위하여 특별시장·광역시장·특별자치시장·도지사·특별자치도지사(이하 "시·도지사"라 한다) 및 시장·군수·구청장(자치구의 구청장을 말한다. 이하 같다)의 소속으로 지방청소년육성위원회를 둔다.
② 지방청소년육성위원회의 구성·조직 및 운영 등에 필요한 사항은 조례로 정한다.

주제 2-3 청소년정책기본계획

1. 청소년정책 기본계획의 의의와 추진과정

제7차
청소년정책기본계획

청소년정책기본계획은 청소년기본법 제13조에 따라 여성가족부장관이 매 5년마다 수립하도록 되어 있다. 청소년정책기본계획은 청소년육성 관련 법제들에서 규정한 제도들을 정책으로 실현하는 데에 그 의의가 있다. 청소년기본법 등 청소년육성법들에 나와 있는 각종 제도를 이용하기 위해서는 구체적으로 재정과 인력, 시설이 수반된 사업으로 재편성되어야 한다. 즉 제도에서 행정으로의 전환의 시작이 바로 청소년정책기본계획이라고 할 수 있다. 현재는 제7차 청소년정책기본계획이 추진 중이다.

본 주제는 관계부처 합동으로 발간한 여성가족부 제7차 청소년정책 기본계획의 내용을 발췌 및 요약한 것이다.

제7차 청소년정책 기본계획 추진과정

제7차 청소년정책 기본계획을 수립은 다음과 같이 수행되었다(관계기관합동, 2023 발췌수록).

1) 연구, 대책 및 계획수립

청소년정책 기본계획 수립을 위한 연구는 2022년 4월에서 12월 사이에 진행되었다. 분과별 TF를 구성하고 이를 통하여 과제 발굴, 간담회 · 토론회 등을 통해 이해관계자를 대상으로 의견을 수렴하였다. 2022년 4월에는 제4차 청소년보호종합대책, 2022년 10월에는 '학교안팎 청소년 지원강화대책', 2022년 11월에는 '고위기청소년 지원 강화방안', 2022년 12월에는 '학교 밖 청소년 지원 강화대책'을 수립 발표하였다.

2) 의견 수렴

청소년정책 기본계획 수립을 위한 의견수렴은 관계기관 의견수렴(2022년 12월), 공청회(2022년 12월), 중앙행정기관, 지방자치단체 등 의견수렴(2023년 1월) 순의 3단계로 진행되었다.

3) 청소년정책 기본계획 발표

청소년정책 기본계획은 청소년정책위원회의 심의와 의결을 거쳐서 2023년 2월에 발표되었다.

2. 제7차 청소년정책 기본계획

(관계기관 합동, 2023 발췌수록)

제7차 청소년정책 기본계획은 청소년 인구 감소와 새로운 유형의 위기 · 취약 청소년 발생, 청소년의 디지털 친화도 증가 및 청소년활동에 대한 수요의 다양화, 코로나19 등에 따라 청소년의 신체적 건강 및 정신 · 건강 지표의 악화, 근로청소년에 대한 부당처우 등의 문제 여전히 잔존 등을 배경으로 하고 있다.

제6차 청소년정책 기본계획은 다양하고 안전한 청소년활동 기반 마련, 위기청소년 및 학교 밖 청소년에 대한 맞춤형 지원체계 구축, 청소년 보호환경 조성 및 치유인프라 확충, 지역단위 청소년 참여 기반 확대 및 권익증진 제고, 유관기관 협업체계 강화 및 지역중심 전달체계 확대 등의 성과를 달성했다. 그러나 청소년활동과 학교와의 연계 미흡, 디지털 전환에 따른 대응 필요, 정책대상 간 지원 편차 발생, 정책 사각지대 존재, 디지털 기반 유해요인 · 행위 증가, 근로

시장 변화 등의 한계 또한 존재하였다.

이에 제7차 청소년정책 기본계획은 청소년의 삶에 있어 가장 큰 변화 중 하나인 디지털과 글로벌을 핵심주제로 삼아서 청소년의 성장기회를 제공하고 청소년이 안전한 보호 환경을 조성하는 것을 목표로 삼았다. 제7차 청소년정책 기본계획의 비전은 '디지털 시대를 선도하는 글로벌 K-청소년'이다. 청소년육성제도의 영역으로 정책과제를 살펴보면, 청소년활동 영역에는 '플랫폼 기반 청소년활동 활성화'와 '청소년의 참여·권리 보장 강화'를, 청소년복지 영역으로는 '데이터 활용 청소년 지원망 구축'을, 청소년보호 영역으로는 '청소년 유해환경 차단 및 보호 확대'를, 이를 추진할 수 있는 전달체계로는 '청소년정책 총괄 조정 강화'를 대과제로 선정하였다.

2.1 비전 및 목표

1) 비전

제7차 청소년정책 기본계획의 비전은 "디지털 시대를 선도하는 글로벌 K-청소년"이다. 그동안의 비전은 주체에 "사회"가 포함되어 있으나 제7차에서는 사회가 빠지고 청소년이 들어가 있다. 이는 제7차 청소년정책 기본계획이 기존 계획들에 비해서 청소년 중심성을 강화한 결과로 해석할 수 있다. 제7차 청소년정책 기본계획의 비전은 현재 급속도로 진행되는 "디지털 전화" 속에 살아가는 청소년이 스스로의 주인이 될 수 있도록 지원하겠다는 정책 의지를 강하게 표현한다고 할 수 있다.

표 2.4 청소년정책 기본계획의 비전

차수	해당 년도	비전
제7차	2023-2027	디지털 시대를 선도하는 글로벌 K-청소년
제6차	2018-2022	현재를 즐기는 청소년, 미래를 여는 청소년, 청소년을 존중하는 사회

차수	해당 년도	비전
제5차	2013-2017	청소년이 행복한 세상, 청소년이 꿈꾸는 밝은 미래
제4차	2008-2012	꿈을 키우는 청소년, 희망을 더하는 가족, 밝은 미래사회
제3차	2003-2007	도전하는 청소년, 꿈이 있는 사회

(참고. 제3차 명칭은 청소년육성기본계획)

비전	디지털 시대를 선도하는 글로벌 K-청소년	
목표	청소년 성장기회 제공	안전한 보호 환경 조성
정책과제	대과제(5개)	중과제(14개)
	플랫폼 기반 청소년활동 활성화	1-1. 청소년 디지털역량 활동 강화 1-2. 청소년 미래역량 제고 1-3. 다양한 체험활동 확대 1-4. 학교안팎 청소년활동 지원 강화
	데이터 활용 청소년 지원망 구축	2-1. 위기청소년 복지지원체계 강화 2-2. 청소년 자립 지원 강화 2-3. 청소년 유형별 맞춤형 지원
	청소년 유해환경 차단 및 보호 확대	3-1. 청소년이 안전한 온-오프라인 환경 조성 3-2. 청소년 범죄 예방 및 회복지원 3-3. 청소년 근로보호 강화
	청소년의 참여·권리 보장 강화	4-1. 청소년 참여 활동 강화 4-2. 청소년 권익 증진
	청소년정책 총괄 조정 강화	5-1. 청소년정책 인프라 개선 5-2. 지역 맞춤형 청소년정책 추진체계 구축

그림 2.6 **제7차 청소년정책의 비전과 목표, 정책과제**

2) 목표와 정책과제

제7차 청소년정책은 2대 목표 아래, 5개 대과제 14개 중과제 39개 소과제, 108개 세과제로 구성된다.

청소년정책 기본계획의 목표는 크게 “청소년 성장기회 제공”과 “안전한 보호환경 조성”의 두 가지로 나뉜다. 청소년 육성을 위해서는 청소년이 스스로 성장할 수 있는 다양한 기회를 제공하는 것이 필요하다. 또한 청소년을 둘러싼 환경이 청소년에게 위협이 되지 않도록 청소년을 보호하는 것도 필요하다. 청소년에게 안전한 환경은 저절로 이루어지는 것이 아니라 적극적으로 만들어가야 할 필요성이 있으며, 청소년정책 기본계획의 목표에는 이를 ‘조성’으로 표현하고 있다.

청소년정책 기본계획의 정책과제는 첫째, ‘플랫폼 기반 청소년활동 활성화’, 둘째, ‘데이터 활용 청소년 지원망 구축’, 셋째, ‘청소년 유해환경 차단 및 보호 확대’, 넷째, ‘청소년의 참여 · 권리 보장 강화’, 다섯째, ‘청소년정책 총괄 조정 강화’이다.

3) 대과제와 중과제

대과제를 청소년육성제도와 관련해서 구분하면 다음과 같다.

첫째, 플랫폼 기반 청소년활동 활성화는 청소년의 긍정적인 측면을 청소년의 주체적인 활동을 통해서 강화하고자 하는 것으로 ‘청소년활동’ 영역에 해당한다. 중과제로는 “청소년 디지털 역량 활동 강화”, “청소년 미래역량 제고”, “다양한 체험활동 확대”, “학교안팎 청소년활동 지원 강화” 등이 있다.

둘째, 데이터 활용 청소년 지원망 구축은 청소년에게 긍정적이고 유익한 환경을 조성하는 것을 목적으로 하는 것으로 ‘청소년복지’ 영역에 해당한다. 중과제로는 “위기청소년 복지지원체계 강화”, “청소년 자립 지원 강화”, “청소년 유형별 맞춤형 지원”이 있다.

셋째, 청소년 유해환경 차단 및 보호 확대는 청소년에게 유해한 환경이 청소년에게 해를 끼치지 못하도록 차단하는 '청소년보호' 영역과 청소년이 청소년 범죄 등 부정적인 영역에서 벗어나 회복을 하는 "청소년회복" 영역에 해당한다. 중과제로는 "청소년이 안전한 온·오프라인 환경 조성", "청소년 범죄 예방 및 회복 지원", "청소년 근로보호 강화"가 있다.

넷째, 청소년 참여·권리 보장 강화는 청소년의 긍정적인 측면을 참여 활동을 통해서 강화하는 측면은 '청소년활동' 영역에 해당하며, 청소년의 권익을 증진시키는 환경을 제공하는 측면은 '청소년복지' 영역에 해당한다. 중과제로는 "청소년 참여 활동 강화"와 "청소년 권익 증진"이 있다.

다섯째, 청소년정책 총괄 조정강화는 청소년정책을 효과적으로 추진하기 위하여 정책 추진과 정책 전달체계를 강화하는 것으로 '청소년 정책 체계' 영역에 해당한다. 중과제로는 "청소년정책 인프라 개선"과 "지역 맞춤형 청소년정책 추진체계 구축"이 여기에 해당한다.

2.2 연도별 시행계획

청소년정책 기본계획이 시행되기 위해서는 국가와 지방자치단체의 시행계획을 통해서 추진되어야 한다. 중앙정부와 지방자치단체는 청소년정책 기본계획을 토대로 매해 추진성과를 분석하고 이를 기반으로 연차별 시행계획을 수립하여 추진하고 있다.

1) 연도별 시행계획의 수립 주체

여성가족부 및 관계 중앙행정기관의 장과 지방자치단체의 장이 연도별 시행계획의 수립 주체가 된다(제14조 제1항). 관계 중앙행정기관의 장과 지방자치단체의 장은 다음 연도 시행계획 및 전년도 시행계획에 따른 추진실적을 대통령령으로 정하는 바에 따라 매년 여성가족부장관에게 제출하여야 한다(제14조 제2항).

〈시행계획 수립주체(중앙행정기관)〉(출처: 여성가족부, 2021b)
여성가족부, 고용노동부, 과학기술정보통신부, 교육부, 국방부, 국토교통부, 농림축산식품부, 문화체육관광부, 법무부, 보건복지부, 산업통상자원부, 외교부, 중소벤처기업부, 통일부, 해양수산부, 행정안전부, 경찰청, 농촌진흥청, 문화재청, 산림청, 특허청, 법제처, 식품의약품안전처, 금융위원회, 방송통신위원회(방송통신심의위원회)

주제 2-4 청소년시설 및 청소년지도사

1. 청소년시설

청소년시설의 종류는 청소년 활동 시설, 청소년 복지 시설, 청소년 보호 시설로 청소년기본법과 관련된 각 법률에서 자세한 내용을 따로 정한다. 국가 및 지방자치단체는 청소년시설을 의무적으로 설치 · 운영해야 하며, 국가 및 지방자치단체가 아니더라도 법률이 정하는 바에 따라서 청소년시설을 설치 · 운영할 수 있다. 국가 및 지방자치단체는 청소년시설의 적합성 · 공공성 · 안전성에 대하여 국민 신뢰를 확보하고 설치와 운영을 지원하기 위하여 지도 및 감독을 할 수 있다.

> **제17조(청소년시설의 종류)** 청소년활동에 제공되는 시설, 청소년복지에 제공되는 시설, 청소년보호에 제공되는 시설에 관한 사항은 따로 법률로 정한다.
> **제18조(청소년시설의 설치 · 운영)** ① 국가 및 지방자치단체는 청소년시설을 설치 · 운영하여야 한다.
> ② 국가 및 지방자치단체 외의 자는 따로 법률에서 정하는 바에 따라 청소년시설을 설치 · 운영할 수 있다.
> ③ 국가 및 지방자치단체는 제1항에 따라 설치한 청소년시설을 청소년단체에 위탁하여 운영할 수 있다.
> **제19조(청소년시설의 지도 · 감독)** 국가 및 지방자치단체는 청소년시설의 적합성 · 공공성 · 안전성에 대한 국민의 신뢰를 확보하고, 그 설치와 운영을 지원하기 위하여 필요한 지도 · 감독을 할 수 있다.

2. 청소년지도자의 양성

청소년지도자는 청소년지도사, 청소년상담사, 그리고 청소년시설, 청소년단체 및 청소년 관련 기관에서 청소년육성에 필요한 업무에 종사하는 사람을 말한다. 청소년지도사와 청소년상담사가 되기 위해서는 자격검정에 합격하고 연수를 이수하여야 한다.

청소년지도사는 청소년육성이라는 공적 목표를 가지고 있는 전문가이다. 국가와 지방자치단체는 청소년지도사의 자질 향상을 위하여 여러 가지 노력을 할 의무가 있다. 국가 및 지방자치단체는 청소년지도자의 양성과 자질 향상을 위하여 필요한 시책을 마련해야 한다. 이를 위하여 국가와 지방자치단체는 청소년 업무를 담당하는 소속 공무원이 청소년업무에 관한 자질을 갖추도록 하여야 한다(법 제20조).

여성가족부장관은 청소년 관련 단체 및 기관, 대학 등에 청소년지도자 연수과정의 경비 일부를 지원한다. 지원 대상인 연수과정은 연수시간이 40시간 이상인 경우이다. 지원을 받고자 하는 단체, 기관 및 대학에서는 연구개시 30일 전까지 연구목적 및 과목, 교과 과정표 및 그 설명서, 연수기간 및 장소, 연수인원 및 강사, 연수에 소용되는 예산명세서와 기타 연수 참고사항을 여성가족부장관에게 제출하여야 한다(시행령 제18조).

제20조(청소년지도자의 양성) ① 국가 및 지방자치단체는 청소년지도자의 양성과 자질 향상을 위하여 필요한 시책을 마련하여야 한다.
② 제1항에 따른 청소년지도자의 양성과 자질 향상을 위한 연수 등에 관한 기본방향과 내용은 대통령령으로 정한다.

3. 청소년지도사

3.1 청소년지도사 자격

청소년지도사는 청소년기본법 제21조에 따라서 청소년지도사 자격검정에 합격하고 청소년지도사 연구기관에서 실시하는 연수 과정을 마친 사람으로 여성가족부 장관에게 자격을 부여받은 사람이다. 즉 청소년지도사 자격 취득을 위해서는 1) 자격검정 시험 합격, 2) 자격 연수 이수, 3) 여성가족부 장관의 자격 부여의 3단계를 완료하여야 한다(제21조 제1항). 청소년지도사는 자격증을 다른 사람에게 빌려주어서는 안 되며, 누구든지 청소년지도사 자격증을 빌려서도 안 되며 이를 알선해서도 안 된다(제21조 제2항). 이를 위반하면 청소년지도사 자격이 취소된다.

3.2 청소년지도사 결격사유

청소년지도사의 결격사유는 미성년자, 피성년후견인 또는 피한정후견인 등인 경우와 파산선고를 받고 복권되지 아니한 사람, 금고 이상의 형을 선고받고 그 집행이 끝나거나 집행을 받지 아니하기로 확정된 후 3년이 지나지 아니한 사람, 금고 이상의 형을 선고받고 그 집행유예의 기간이 끝나지 아니한 사람, 법원의 판결 또는 법률에 따라 자격이 상실되거나 정지된 사람이다. 이들은 다른 법률에서도 유사하게 청소년지도사와 같은 국가자격의 취득이 금지되는 경우가 많다. 청소년기본법에서는 청소년들을 아동·청소년 성범죄자들로부터 보호하기 위하여 다른 법률과 달리 성범죄 경력자들을 청소년지도사의 결격사유로 규정하였다. 구체적으로 살펴보면, 아동복지법 제71조 제1항의 죄, 성폭력범죄의 처벌 등에 관한 특례법 제2조의 성폭력범죄, 아동·청소년의 성보호에 관한 법률 제2조 제2호의 아동·청소년대상 성범죄를 저지른 사람으로서 형 또는 치료감호를 선고받고 확정된 후 그 형 또는 치료감호의 전부 또는 일부의 집행이 끝나거나(집행이 끝난 것으로 보는 경우를 포함한다) 집행이 유예·면제된 날부터 10년이 지나지 아니한 경우가 청소년지도사의 결격사유가 된다(법 제21조 제4항). 청소년지도사 자격검정의 최종 합격 발표일을 기준으로 청소년기본법 제21조 제4항의 결격 사유에 해당하는 사람은 청소년지도사 자격검정에 응시할 수 없다(법 제21조 제5항).

제21조(청소년지도사) ① 여성가족부장관은 청소년지도사 자격검정에 합격하고 청소년지도사 연수기관에서 실시하는 연수과정을 마친 사람에게 청소년지도사의 자격을 부여한다.
② 누구든지 제1항에 따라 발급받은 자격증을 다른 사람에게 빌려주거나 빌려서는 아니 되며, 이를 알선하여서도 아니 된다. <신설 2020. 5. 19.>
④ 다음 각 호의 어느 하나에 해당하는 사람은 청소년지도사가 될 수 없다. <개정 2015. 6. 22., 2020. 5. 19.>
<각호 생략>

청소년지도사 결격사유가 되는 금지행위들은 표 2.5를 참고하기를 바란다.

표 2.5 청소년지도사 결격사유가 되는 아동복지법, 성폭력 범죄의 처벌에 관한 특례법, 아동·청소년의 성보호에 관한 법률 관련 조항

아동복지법 제17조 금지행위
누구든지 다음 각 호의 어느 하나에 해당하는 행위를 하여서는 아니 된다. 1. 아동을 매매하는 행위 2. 아동에게 음란한 행위를 시키거나 이를 매개하는 행위 또는 아동에게 성적 수치심을 주는 성희롱 등의 성적 학대행위 3. 아동의 신체에 손상을 주거나 신체의 건강 및 발달을 해치는 신체적 학대행위 5. 아동의 정신건강 및 발달에 해를 끼치는 정서적 학대행위 6. 자신의 보호·감독을 받는 아동을 유기하거나 의식주를 포함한 기본적 보호·양육·치료 및 교육을 소홀히 하는 방임행위 7. 장애를 가진 아동을 공중에 관람시키는 행위 8. 아동에게 구걸을 시키거나 아동을 이용하여 구걸하는 행위 9. 공중의 오락 또는 흥행을 목적으로 아동의 건강 또는 안전에 유해한 곡예를 시키는 행위 또는 이를 위하여 아동을 제3자에게 인도하는 행위 10. 정당한 권한을 가진 알선기관 외의 자가 아동의 양육을 알선하고 금품을 취득하거나 금품을 요구 또는 약속하는 행위 11. 아동을 위하여 증여 또는 급여된 금품을 그 목적 외의 용도로 사용하는 행위
성폭력 범죄의 처벌에 관한 특례법 제2조
① 이 법에서 "성폭력범죄"란 다음 각 호의 어느 하나에 해당하는 죄를 말한다. 〈개정 2013. 4. 5., 2016. 12. 20.〉 1. 「형법」 제2편제22장 성풍속에 관한 죄 중 제242조(음행매개), 제243조(음화반포등), 제244조(음화제조등) 및 제245조(공연음란)의 죄 2. 「형법」 제2편제31장 약취(略取), 유인(誘引) 및 인신매매의 죄 중 추행, 간음 또는 성매매와 성적 착취를 목적으로 범한 제288조 또는 추행, 간음 또는 성매매와 성적 착취를 목적으로 범한 제289조, 제290조(추행, 간음 또는 성매매와 성적 착취를 목적으로 제288조 또는 추행, 간음 또는 성매매와 성적 착취를 목적으로 제289조의 죄를 범하여 약취, 유인, 매매된 사람을 상해하거나 상해에 이르게 한 경우에 한정한다), 제291조(추행, 간음 또는 성매매와 성적 착취를 목적으로 제288조 또는 추행, 간음 또는 성매매와 성적 착취를 목적으로 제289조의 죄를 범하여 약취, 유인, 매매된 사람을 살해하거나 사망에 이르게 한 경우에 한정한다), 제292조[추행, 간음 또는 성매매와 성적 착취를 목적으로 한 제288조 또는 추행, 간음 또는 성매매와

성적 착취를 목적으로 한 제289조의 죄로 약취, 유인, 매매된 사람을 수수(授受) 또는 은닉한 죄, 추행, 간음 또는 성매매와 성적 착취를 목적으로 한 제288조 또는 추행, 간음 또는 성매매와 성적 착취를 목적으로 한 제289조의 죄를 범할 목적으로 사람을 모집, 운송, 전달한 경우에 한정한다] 및 제294조(추행, 간음 또는 성매매와 성적 착취를 목적으로 범한 제288조의 미수범 또는 추행, 간음 또는 성매매와 성적 착취를 목적으로 범한 제289조의 미수범, 추행, 간음 또는 성매매와 성적 착취를 목적으로 제288조 또는 추행, 간음 또는 성매매와 성적 착취를 목적으로 제289조의 죄를 범하여 발생한 제290조제1항의 미수범 또는 추행, 간음 또는 성매매와 성적 착취를 목적으로 제288조 또는 추행, 간음 또는 성매매와 성적 착취를 목적으로 제289조의 죄를 범하여 발생한 제291조제1항의 미수범 및 제292조제1항의 미수범 중 추행, 간음 또는 성매매와 성적 착취를 목적으로 약취, 유인, 매매된 사람을 수수, 은닉한 죄의 미수범으로 한정한다)의 죄

3. 「형법」 제2편제32장 강간과 추행의 죄 중 제297조(강간), 제297조의2(유사강간), 제298조(강제추행), 제299조(준강간, 준강제추행), 제300조(미수범), 제301조(강간등 상해 · 치상), 제301조의2(강간등 살인 · 치사), 제302조(미성년자등에 대한 간음), 제303조(업무상위력등에 의한 간음) 및 제305조(미성년자에 대한 간음, 추행)의 죄
4. 「형법」 제339조(강도강간)의 죄 및 제342조(제339조의 미수범으로 한정한다)의 죄
5. 이 법 제3조(특수강도강간 등)부터 제15조(미수범)까지의 죄

② 제1항 각 호의 범죄로서 다른 법률에 따라 가중처벌되는 죄는 성폭력범죄로 본다.

아동 · 청소년의 성보호에 관한 법률 제2조(정의)

2. "아동 · 청소년대상 성범죄"란 다음 각 목의 어느 하나에 해당하는 죄를 말한다.
  가. 제7조부터 제15조까지의 죄
  나. 아동 · 청소년에 대한 「성폭력범죄의 처벌 등에 관한 특례법」 제3조부터 제15조까지의 죄
  다. 아동 · 청소년에 대한 「형법」 제297조, 제297조의2 및 제298조부터 제301조까지, 제301조의2, 제302조, 제303조, 제305조, 제339조 및 제342조(제339조의 미수범에 한정한다)의 죄
  라. 아동 · 청소년에 대한 「아동복지법」 제17조제2호의 죄

3.3 청소년지도사 자격취소

청소년지도사가 제21조에 의하여 자격을 취득하더라도 자격이 취소되는 경우가 있다. 청소년지도사가 제21조 제3항의 결격사유에 해당하게 된 경우나 거짓이나 그 밖의 부정한 방법으로 자격을 취득한 경우, 자격증을 다른 사람에게 빌려주거나 양도한 경우에는 청소년지도사 자격을 박탈당한다. 여성가족부장관은 청소년지도사가 결격사유에 해당하는 경우에는 반드시 자격을 취소해야 한다. 다만, 여성가족부장관은 청소년지도사 자격을 취소할 때 청문 절차를 진행해야 한다(제21조의2 제2항).

3.4 청소년지도사 자격검정

1) 청소년지도사 등급 및 응시자격

큐넷 청소년지도사

청소년지도사는 청소년기본법 시행령 제19조에 따라서 1급, 2급, 3급으로 구분된다. 청소년기본법 시행령에서는 [별표 1] 청소년지도사 자격검정의 등급별 응시자격 기준을 규정하고 있다. 표 2.6에서 볼 수 있듯이, 1급 청소년지도사 응시자격은 2급 청소년지도사 자격 취득 후 청소년활동 등 청소년육성업무에 3년 이상 종사한 경력이며, 2급 청소년지도사 응시자격은 대학졸업(예정)자 또는 이와 같은 수준 이상의 학력을 가지고 있으며, 2급 청소년지도사 자격검정에 필요한 과목 모두를 전공과목으로 이수하거나 그 외 학력과 경력에 관한 규정을 충족한 경우이다.

표 2.6 청소년지도사 자격검정의 등급별 응시자격 기준(청소년기본법 시행령 별표1)

등급	응시자격 기준
1급 청소년지도사	2급 청소년지도사 자격 취득 후 청소년활동 등 청소년육성업무에 종사한 경력이 3년 이상인 사람
2급 청소년지도사	1. 대학 졸업(예정)자 또는 이와 같은 수준 이상의 학력이 있는 사람으로서 2급 청소년지도사 자격검정에 필요한 과목 모두를 전공과목으로 이수한 사람 2. 2005년 12월 31일 이전에 대학을 졸업하였거나 이와 같은 수준 이상의 학력을 취득한 사람으로서 별표 1의2에 따른 과목을 이수한 사람 3. 대학원의 학위과정 수료(예정)자로서 2급 청소년지도사 자격검정에 필요한 과목 모두를 전공과목으로 이수한 사람 4. 2005년 12월 31일 이전에 대학원의 학위과정을 수료한 사람으로서 별표 1의2에 따른 과목 중 필수영역 과목을 이수한 사람 5. 대학 졸업 또는 이와 같은 수준 이상의 학력이 있다고 다른 법령에서 인정받은 후 청소년활동 등 청소년육성업무에 종사한 경력이 2년 이상인 사람 6. 전문대학 졸업 또는 이와 같은 수준 이상의 학력이 있다고 다른 법령에서 인정받은 후 청소년활동 등 청소년육성업무에 종사한 경력이 3년 이상인 사람 7. 3급 청소년지도사 자격 취득 후 청소년활동 등 청소년육성업무에 종사한 경력이 2년 이상인 사람 8. 고등학교 졸업 또는 이와 같은 수준 이상의 학력을 인정받은 후 청소년활동 등 청소년육성업무에 종사한 경력이 8년 이상인 사람

등급	응시자격 기준
3급 청소년 지도사	1. 전문대학 졸업(예정)자 또는 이와 같은 수준 이상의 학력이 있는 사람으로서 3급 청소년지도사 자격검정에 필요한 과목 모두를 전공과목으로 이수한 사람 2. 2005년 12월 31일 이전에 전문대학을 졸업하였거나 이와 같은 수준 이상의 학력을 취득한 사람으로서 별표 1의2에 따른 과목을 이수한 사람 3. 전문대학 졸업 또는 이와 같은 수준 이상의 학력이 있다고 다른 법령에서 인정받은 후 청소년활동 등 청소년육성업무에 종사한 경력이 2년 이상인 사람 4. 고등학교 졸업 또는 이와 같은 수준 이상의 학력이 있다고 다른 법령에서 인정받은 후 청소년활동 등 청소년육성업무에 종사한 경력이 3년 이상인 사람

※비고

1. 청소년활동 등 청소년육성업무 종사경력의 인정 범위와 내용은 여성가족부장관이 별도로 정하여 고시한다.
2. 2급 청소년지도사 자격증을 소지하고 대학원에서 1급 자격검정에 필요한 과목을 전공과목으로 이수한 석사학위 소지자 또는 박사학위 소지자는 각각 2년 또는 3년의 경력을 가진 것으로 인정한다.
3. 제18조에 따른 청소년지도자 연수 등 청소년육성 관련 연수 또는 교육을 받은 경우 그 내용에 따라 점수로 환산하여 청소년지도사 자격 취득에 필요한 청소년활동 등 청소년육성업무 종사경력으로 인정할 수 있다. 이 경우 연수 및 교육을 받은 사람의 경력환산 점수는 여성가족부장관이 별도로 정하여 고시한다.
4. 고등학교, 대학, 전문대학 및 대학원이란 각각 「초·중등교육법」 제2조제4호에 따른 고등학교, 「고등교육법」 제2조 제1호·제4호에 따른 대학·전문대학, 「고등교육법」 제29조에 따른 대학원을 말한다.

2) 청소년지도사 자격검정

3급 청소년지도사의 경우에도 학력 및 전공과목 이수, 경력 등을 자격요건으로 제시하고 있다. 청소년지도사는 각급별로 검정과목과 검정방법이 상이하다. 청소년지도사 3급이 되기 위해서는 청소년유성제도론, 청소년활동, 청소년심리 및 상담, 청소년문화, 청소년지도방법론, 청소년문제와 보호, 청소년 프로그램 개발과 평가를 객관식 필기시험과 면접을 치러야 한다. 표 2.7에 나와 있듯이 청소년지도사 2급과 3급 검정에서 객관식 시험은 청소년기본법 시행령 제20조 제4항에 따라 시행령 [별표 1]의 청소년지도사 자격검정 응시자격 기준에서 2급 청소년지도사의 응시자격 기준 제1호 및 제3호와 3급 청소년지도사의 응시자격 기준 제1호에 해당하는 경우에는 면제가 된다.

표 2.7 **청소년지도사 자격검정의 과목 및 방법(청소년기본법 시행령 별표2)**

구분	검정과목	검정방법	
1급	청소년연구방법론, 청소년 인권과 참여, 청소년정책론, 청소년기관 운영, 청소년지도자론	주관식 · 객관식 필기시험	
2급	청소년육성제도론, 청소년지도방법론, 청소년심리 및 상담, 청소년문화, 청소년활동, 청소년복지, 청소년프로그램 개발과 평가, 청소년문제와 보호	객관식필기시험	면접 (3급 청소년지도사 자격증 소지자는 면접시험 면제)
3급	청소년육성제도론, 청소년활동, 청소년심리 및 상담, 청소년문화, 청소년지도방법론, 청소년문제와 보호, 청소년프로그램 개발과 평가	객관식필기시험	면접

※비고: 청소년지도사 자격검정 과목과 관련된 전공과목의 인정 범위는 여성가족부장관이 별도로 정하여 고시한다.

3) 청소년지도사 부정행위자에 대한 제재(제21조의3)

청소년지도사 자격검정의 엄정성을 위하여 부정행위자는 그 자격검정을 정지시키거나 무효로 할 수 있고 그 처분을 받은 날로부터 3년간 자격검정 응시자격이 정지된다.

제21조의3(부정행위자에 대한 제재) 여성가족부장관은 청소년지도사 자격검정에서 부정행위를 한 사람에 대하여는 그 자격검정을 정지시키거나 무효로 하고, 그 처분을 받은 날부터 3년간 자격검정 응시자격을 정지한다. [본조신설 2015. 6. 22.]

4) 청소년지도사 자격검정 위탁

청소년지도사의 자격검정은 청소년기본법 제21조 제6항 및 동법 시행령 제20조에 따라서 청소년단체와 한국산업인력공단에서 시행할 수 있다. 현재는 한국산업인력공단에서 시행하고 있다.

시행령 제20조(청소년지도사의 자격검정) ① 여성가족부장관은 법 제21조제4항[6]에 따라 청소년지도사 자격검정 업무를 다음 각 호의 기관에 위탁할 수 있다. <개정 2015. 5. 1.>

1. 「청소년활동 진흥법」 제6조에 따른 한국청소년활동진흥원
2. 「한국산업인력공단법」에 따른 한국산업인력공단

② 여성가족부장관은 제1항에 따라 청소년지도사 자격검정 업무를 위탁하는 경우에는 위탁업무의 내용과 수탁기관을 고시하여야 한다. <신설 2015. 5. 1.>
③ 청소년지도사 자격검정의 등급별 응시자격 기준과 자격검정의 과목 및 방법은 각각 별표 1 및 별표 2와 같다. <개정 2015. 5. 1.>
④ 별표 1의 청소년지도사 자격검정 응시자격 기준에서 2급 청소년지도사의 응시자격 기준 제1호 및 제3호와 3급 청소년지도사의 응시자격 기준 제1호에 해당하는 사람에 대해서는 해당 등급의 청소년지도사 자격검정 필기시험을 면제한다. <개정 2015. 5. 1.>
⑤ 제1항부터 제4항까지에서 규정한 사항 외에 청소년지도사의 등급별 자격검정에 필요한 사항은 여성가족부령으로 정한다. <개정 2015. 5. 1.>[전문개정 2011. 11. 18.]

5) 청소년지도사 자격검정 관련 벌칙 적용에서 공무원의 의제(제62조의2)

여성가족부장관은 청소년지도사 및 청소년상담사 자격검정을 한국산업인력공단에 위임하고 있다. 이때 한국산업인력공단의 직원은 실제로는 공무원이 아니나 청소년기본법 제63조의2에 따라서 형법 제129조에서 제132조까지의 규정에 관해서는 공무원으로 본다.

3.5 청소년지도사 자격연수

청소년지도사에 자격검정에 합격한 경우에 청소년기본법 제21조 및 시행령 제21조에 따라서 청소년지도사 연수를 이수하여야 한다. 청소년지도사 연수는 등급별 또는 대상 특성별로 나누어 실시하고 경우에 따라 통합하여 실시할 수 있다. 청소년지도사 연수는 30시간 이상으로 구성되며 청소년지도사로서의 자질과 전문성을 함양할 수 있는 내용으로 실시되며, 한국청소년활동진흥원이 연수의 실시를 주관한다. 청소년지도사 연수는 청소년지도사 자격을 발급 받기 위한 필수요건이다. 청소년지도사 연수와 관련된 구체적인

청소년지도사
종합정보시스템

6) 청소년기본법 2020년 5월 19일 개정 내용이 2020년 11월 20일 시행으로 책 집필일 기준 대통령령이 개정되지 않아 제21조 제4조는 개정 후 제21조 제6조에 해당된다. 최신 법령은 법제처 홈페이지 www.law.go.kr에서 확인하면 된다.

내용은 청소년지도사 종합정보시스템(http://www.youth.go.kr/yworker/usr/index.do)에서 확인하면 된다.

청소년기본법 시행령 제21조(청소년지도사 연수 및 자격증 발급) ① 제20조에 따른 청소년지도사의 자격검정에 합격한 사람에 대한 연수는 청소년지도사의 등급별 또는 대상 특성별로 나누어 실시한다. 다만, 등급별 또는 대상 특성별 인원과 연수 내용 등을 고려하여 통합하여 실시하는 것이 효율적이라고 인정되는 경우에는 통합하여 실시할 수 있다.

② 제1항에 따른 연수는 30시간 이상으로 하며, 청소년지도사로서의 자질과 전문성을 함양할 수 있는 내용으로 실시한다.

③ 청소년지도사 연수 실시기관의 장은 연수의 기간 · 장소 · 내용 · 방법과 그 밖에 연수에 필요한 사항을 연수 실시 40일 이전에 공고하여야 한다. <개정 2020. 1. 29.>

④ 여성가족부장관은 제1항에 따른 연수를 마친 사람에게 등급별로 청소년지도사 자격증을 발급한다.

⑤ 법 제21조제2항에 따른 청소년지도사 연수기관은 「청소년활동진흥법」 제6조에 따른 한국청소년활동진흥원으로 한다.

⑥ 여성가족부장관은 예산의 범위에서 제5항에 따른 한국청소년활동진흥원에 연수에 필요한 경비의 일부를 지원할 수 있다. [전문개정 2011. 11. 18.]

③ 여성가족부장관은 청소년지도사 자격검정에 합격한 사람의 연수를 위하여 필요한 경우에는 대통령령으로 정하는 바에 따라 청소년지도사 연수기관을 지정할 수 있다. <개정 2020. 5. 19.>

⑥ 여성가족부장관은 제1항에 따른 자격검정을 대통령령으로 정하는 바에 따라 청소년단체 또는 「한국산업인력공단법」에 따른 한국산업인력공단에 위탁할 수 있다. <신설 2015. 2. 3., 2020. 5. 19.>

⑦ 제1항에 따른 청소년지도사의 등급, 자격검정, 연수 및 자격증 발급 절차 등에 필요한 사항은 대통령령으로 정한다. <개정 2015. 2. 3., 2020. 5. 19.>

주제 2-5 청소년상담사와 그 외 청소년지도자

청소년기본법상 청소년지도자와 전담기구 개요는 그림 2.7과 같다.

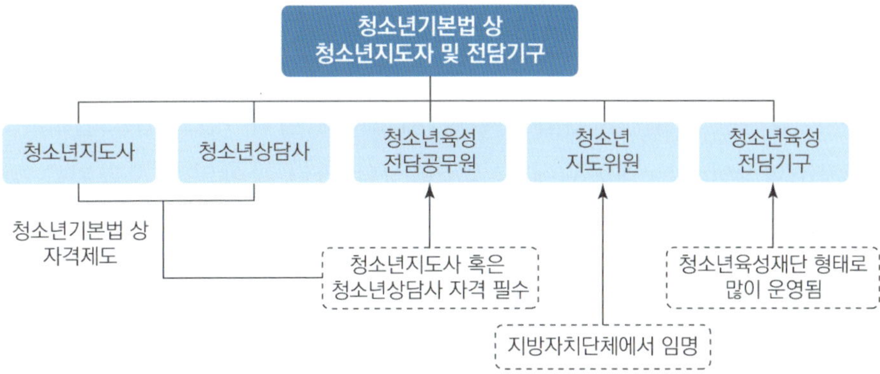

그림 2.7 **청소년기본법상 청소년지도자와 전담기구**

1. 청소년상담사

1.1 청소년상담사 자격

청소년상담사는 청소년기본법 제22조에 따라서 자격검정에 합격하고 청소년상담사 연수기관에서 실시하는 연구과정을 마친 사람에게 자격을 부여한다. 청소년상담사의 자격검정, 연수 및 결격사유 등에 관해서는 청소년지도사의 관련 조항(제21조 제2항부터 제5항까지, 제21조의2 및 제21조의3)이 준용[7]된다.

**큐넷
청소년상담사**

7) 준용이라는 말은 기준으로 사용한다는 것으로 청소년상담사 자격검정에 관한 규정을 별도로 규정하지 않고 청소년지도사 자격검정에서 규정한 것을 그대로 사용함을 뜻한다.

제22조(청소년상담사) ① 여성가족부장관은 청소년상담사 자격검정에 합격하고 청소년상담사 연수기관에서 실시하는 연수과정을 마친 사람에게 청소년상담사의 자격을 부여한다.
② 제1항에 따른 청소년상담사의 자격검정, 연수 및 결격사유 등에 관하여는 제21조제2항부터 제7항까지, 제21조의2 및 제21조의3을 준용한다. <개정 2015. 2. 3., 2015. 6. 22., 2020. 5. 19.>

1.2 청소년상담사 자격검정

청소년상담사는 청소년기본법 시행령 제22조에 따라 1급, 2급, 3급으로 나뉜다. 1급청소년상담사는 대학원에서 청소년상담 관련 분야의 박사학위를 취득하거나 상담 관련 분야의 석사학위를 취득 후 상담 실무경력이 4년 이상인 경우, 2급 청소년상담사로서 상담 실무경력이 3년 이상인 사람, 기타 여성가족부령으로 정한 경우가 응시자격이 된다. 2급과 3급 청소년상담사도 학력과 실무에 따라서 응시자격이 주어진다.

청소년상담사 자격검정과 관련한 응시자격기준과 자격검정의 과목 및 방법은 표 2.8 및 표 2.9와 같다.

표 2.8 **청소년상담사 자격검정의 과목 및 방법(청소년기본법 시행령 별표4)**

등급	검정과목		검정방법	
	구분	과목		
1급 청소년상담사	필수	○ 상담사 교육 및 사례지도 ○ 청소년 관련 법과 행정 ○ 상담연구방법론의 실제	필기시험	면접
	선택	비행상담 · 성상담 · 약물상담 · 위기상담 중 2과목		
2급 청소년상담사	필수	○ 청소년 상담의 이론과 실제 ○ 상담연구방법론의 기초 ○ 심리측정 평가의 활용 ○ 이상심리	필기시험	면접
	선택	진로상담 · 집단상담 · 가족상담 · 학업상담 중 2과목		
3급 청소년상담사	필수	○ 발달심리 ○ 집단상담의 기초 ○ 심리측정 및 평가 ○ 상담이론 ○ 학습이론	필기시험	면접
	선택	청소년이해론 · 청소년수련활동론 중 1과목		

※비고: “청소년 관련 법” 이란 「청소년기본법」, 「청소년복지지원법」, 「청소년보호법」, 「아동 · 청소년의 성보호에 관한 법률」, 「청소년활동진흥법」, 「학교폭력예방 및 대책에 관한 법률」, 「소년법」을 말하며, 그 밖의 법령을 포함하는 경우 여성가족부장관이 고시한다.

표 2.9 청소년상담사 자격검정의 등급별 응시자격 기준(청소년기본법 시행령 별표3)

등급	응시자격 기준
1급 청소년 상담사	1. 대학원에서 청소년(지도)학 · 교육학 · 심리학 · 사회사업(복지)학 · 정신의학 · 아동(복지)학 분야 또는 그 밖에 여성가족부령으로 정하는 상담 관련 분야(이하 “상담관련분야”라 한다)의 박사학위를 취득한 사람 2. 대학원에서 상담관련분야의 석사학위를 취득한 후 상담 실무경력이 4년 이상인 사람 3. 2급 청소년상담사로서 상담 실무경력이 3년 이상인 사람 4. 제1호 및 제2호에 규정된 사람과 같은 수준 이상의 자격이 있다고 여성가족부령으로 정하는 사람
2급 청소년 상담사	1. 대학원에서 상담관련분야의 석사학위를 취득한 사람 2. 대학 또는 다른 법령에 따라 이와 동등한 학력을 인정받는 기관에서 상담관련분야 학사학위를 취득한 후 상담 실무경력이 3년 이상인 사람 3. 3급 청소년상담사로서 상담 실무경력이 2년 이상인 사람 4. 제1호부터 제3호까지에 규정된 사람과 같은 수준 이상의 자격이 있다고 여성가족부령으로 정하는 사람
3급 청소년 상담사	1. 대학 및 「평생교육법」에 따른 학력이 인정되는 평생교육시설의 상담 관련 분야의 학사학위를 취득한 사람 2. 전문대학 또는 다른 법령에 따라 이와 동등한 학력을 인정받는 기관에서 상담관련분야 전문학사를 취득한 사람으로서 상담 실무경력이 2년 이상인 사람 3. 대학 또는 다른 법령에 따라 이와 동등한 학력을 인정받는 기관에서 학사학위를 취득한 후 상담 실무경력이 2년 이상인 사람 4. 전문대학 또는 다른 법령에 따라 이와 동등한 학력을 인정받는 기관에서 전문학사학위를 취득한 후 상담 실무경력이 4년 이상인 사람 5. 고등학교를 졸업하고 상담 실무경력이 5년 이상인 사람 6. 제1호부터 제4호까지에 규정된 사람과 같은 수준 이상의 자격이 있다고 여성가족부령으로 정하는 사람

1. 상담 실무경력의 인정 범위와 내용은 여성가족부장관이 별도로 정하여 고시한다.
2. 고등학교, 대학, 전문대학 및 대학원은 별표 1의 비고 제4호와 같다.
3. 응시자격을 갖추었는지 여부는 자격검정 공고에서 정하는 서류제출 마감일을 기준으로 판단한다.

1.3 청소년상담사 자격 연수

청소년상담사 홈페이지

청소년 상담사의 자격연수는 청소년상담사 자격증을 받기 위한 필수 조건으로 연수 시간은 100시간 이상이며 연수 내용은 이론 강의와 실습으로 구성된다. 청소년상담사 연수 실시기관의 장은 실시 30일 이전에 기간 · 장소 · 내용 · 방법 · 평가기준과 그 밖에 연수에 필요한 사항을 공고하여야 한다. 현재 청소년상담사 자격연수는 한국청소년상담복지개발원에서 위탁 운영하고 있다.

제24조(청소년상담사 연수 및 자격증 발급) ① 제23조에 따른 청소년상담사 자격검정에 합격한 사람에 대한 연수는 여성가족부령으로 정하는 바에 따라 실시한다.
② 제1항에 따른 연수는 청소년상담사의 등급별로 나누어 실시한다. 다만, 등급별 대상 인원과 연수 내용 등을 고려하여 통합하여 실시하는 것이 효율적이라고 인정되는 경우에는 통합하여 실시할 수 있다.
③ 제1항에 따른 연수는 100시간 이상으로 하며, 연수 내용은 이론 강의와 실습 등으로 한다.
④ 청소년상담사 연수 실시기관의 장은 연수의 기간·장소·내용·방법·평가기준과 그 밖에 연수에 필요한 사항을 연수 실시 40일 이전에 공고하여야 한다. <개정 2020. 1. 29.>
⑤ 여성가족부장관은 제1항에 따른 연수를 마친 사람에게 등급별로 청소년상담사 자격증을 발급한다.
⑥ 여성가족부장관은 제1항에 따른 연수에 관한 업무를 「청소년복지 지원법」 제22조에 따른 한국청소년상담복지개발원에 위탁하여 실시한다. <개정 2012. 7. 31.>
⑦ 여성가족부장관은 예산의 범위에서 제6항에 따른 한국청소년상담복지개발원에 연수에 필요한 경비의 일부를 지원할 수 있다. <개정 2012. 7. 31.>[전문개정 2011. 11. 18.]

2. 청소년지도사와 청소년상담사의 배치·채용 및 보수교육

2.1 청소년지도사와 청소년상담사의 배치·채용(제23조, 제24조)

청소년시설과 청소년단체는 대통령령이 정하는 바에 따라서 청소년지도사와 청소년상담사를 배치하여야 하고 국가 및 지방자치단체는 청소년단체와 청소년시설에 배치된 청소년지도사와 청소년상담사에게 그 활동비의 전부 또는 일부를 보조할 수 있어야 한다. 또한 청소년지도사와 청소년상담사의 처우가 낮을 것을 개선하기 위하여 청소년육성 전담공무원의 보수 수준에 도달하도록 노력하여야 한다고 규정하고 있다.

교육기본법 제9조에 따른 학교에서는 청소년육성과 관련되는 업무를 수행할 때 필요시 청소년지도사나 청소년상담사를 채용할 수 있고, 국가 및 지방자치단체가 보수 등 채용에 필요한 경비의 전부 또는 일부를 보조할 수 있다.

제23조(청소년지도사 · 청소년상담사의 배치 등) ① 청소년시설과 청소년단체는 대통령령으로 정하는 바에 따라 청소년육성을 담당하는 청소년지도사나 청소년상담사를 배치하여야 한다.
② 국가 및 지방자치단체는 제1항에 따라 청소년단체나 청소년시설에 배치된 청소년지도사와 청소년상담사에게 예산의 범위에서 그 활동비의 전부 또는 일부를 보조할 수 있다.
③ 국가와 지방자치단체는 제1항에 따른 청소년지도사 및 청소년상담사의 보수가 제25조에 따른 청소년육성 전담공무원의 보수 수준에 도달하도록 노력하여야 한다. <신설 2015. 2. 3.>
제24조(청소년지도사 · 청소년상담사의 채용 등) ① 「교육기본법」 제9조에 따른 학교(이하 "학교"라 한다)는 청소년육성에 관련되는 업무를 수행할 때에 필요하면 청소년지도사나 청소년상담사를 채용할 수 있다.
② 국가 및 지방자치단체는 제1항에 따라 채용된 청소년지도사나 청소년상담사의 보수 등 채용에 필요한 경비의 전부 또는 일부를 보조할 수 있다.

2.2 청소년지도사와 청소년상담사의 배치 기준

청소년지도사와 청소년상담사의 배치대상 및 배치기준은 표 2.10과 같다.

표 2.10 청소년지도사 · 청소년상담사의 배치대상 및 배치기준(청소년기본법 시행령 별표5)

1. 청소년지도사의 배치기준

가. 청소년수련시설

배치대상	배치기준
청소년수련관	1급 청소년지도사 1명, 2급 청소년지도사 1명, 3급 청소년지도사 2명 이상을 두되, 수용인원이 500명을 초과하는 경우에는 500명을 초과하는 250명당 1급, 2급 또는 3급 청소년지도사 중 1명 이상을 추가로 둔다.
청소년수련원	1) 2급 청소년지도사 및 3급 청소년지도사를 각각 1명 이상 두되, 수용정원이 500명을 초과하는 경우에는 1급 청소년지도사 1명 이상과 500명을 초과하는 250명당 1급, 2급 또는 3급 청소년지도사 중 1명 이상을 추가로 둔다. 2) 지방자치단체에서 폐교시설을 이용하여 설치한 시설로서 특정 계절에만 운영하는 시설의 경우에는 청소년지도사를 두지 않을 수 있다.
유스호스텔	청소년지도사를 1명 이상 두되, 숙박정원이 500명을 초과하는 경우에는 2급 청소년지도사 1명 이상을 추가로 둔다.
청소년야영장	1) 청소년지도사를 1명 이상 둔다. 다만, 설치 · 운영자가 동일한 시 · 도 안에 다른 수련시설을

	운영하면서 청소년야영장을 운영하는 경우로서 다른 수련시설에 청소년지도사를 둔 경우에는 그 청소년야영장에 청소년지도사를 별도로 두지 않을 수 있다. 2) 국가, 지방자치단체, 그 밖에 공공법인이 설치·운영하는 청소년야영장으로서 청소년수련거리의 실시 없이 이용 편의만 제공하는 경우에는 청소년지도사를 두지 않을 수 있다.
청소년문화의집	청소년지도사를 1명 이상 둔다.
청소년특화시설	2급 청소년지도사 및 3급 청소년지도사를 각각 1명 이상 둔다.

※비고: 청소년수련시설은 「청소년활동진흥법」 제10조 제1호에 따른 청소년수련시설을 말한다.

나. 청소년단체

청소년단체	청소년회원 수가 2천 명 이하인 경우에는 1급 청소년지도사 또는 2급 청소년지도사 1명 이상을 두되, 청소년회원 수가 2천 명을 초과하는 경우에는 그 초과하는 2천 명마다 1급 청소년지도사 또는 2급 청소년지도사 1명 이상을 추가로 두며, 청소년회원 수가 1만명 이상인 경우에는 청소년지도사의 5분의 1 이상은 1급 청소년지도사로 두어야 한다.

2. 청소년상담사의 배치기준

배치대상 청소년시설	배치기준
가. 「청소년복지 지원법」 제29조에 따라 특별시·광역시·도 및 특별자치도에 설치된 청소년상담복지센터	청소년상담사 3명 이상을 둔다.
나. 「청소년복지 지원법」 제29조에 따라 시·군·구에 설치된 청소년상담복지센터	청소년상담사 1명 이상을 둔다.
다. 「청소년복지 지원법」 제31조제1호부터 제3호까지의 규정에 따른 청소년복지시설	청소년상담사 1명 이상을 둔다.

2.3 청소년지도사와 청소년상담사의 보수교육(제24조의2)

청소년시설, 청소년단체 및 학교 등에서 각각 그 업무에 종사하는 청소년지도사와 청소년상담사는 자질 향상을 위한 보수교육을 정기적으로 받아야 하며(제1항), 이를 받지 않을 경우 청소년기본법 제66조에 따라 100만 원 이하의 과태료를 부과받을 수 있다. 청소년시설 등은 청소년지도사와 청소년상담사에게 보수교육을 이유로 불리한 처우를 해서는 안 된다(제2항). 불리한 처분을 한 경우에는 청소년기본법 제66조에 의거하여 100만 원 이하의 과태료를 부과받을 수 있다. 보수교육은 여성가족부령으로 정하는 바에 따라 관계 기관 또는 단체에 위탁할 수 있고(제3항), 보수교육의 대상·기간·내용·방법 및 절차 등은 여성가족부령으로 정한다(제4항).

제24조의2(청소년지도사 · 청소년상담사의 보수교육) ① 청소년시설, 청소년단체 및 학교 등에서 각각 그 업무에 종사하는 청소년지도사와 청소년상담사는 자질 향상을 위하여 정기적으로 보수교육을 받아야 한다.
② 청소년시설, 청소년단체 및 학교 등을 운영하는 자는 해당 시설, 단체 및 학교 등에 종사하는 청소년지도사와 청소년상담사에 대하여 제1항에 따른 보수교육을 이유로 불리한 처우를 하여서는 아니 된다.
③ 여성가족부장관은 제1항에 따른 보수교육을 여성가족부령으로 정하는 바에 따라 관계 기관 또는 단체에 위탁할 수 있다.
④ 제1항에 따른 보수교육의 대상 · 기간 · 내용 · 방법 및 절차와 제3항에 따른 위탁 등에 필요한 사항은 여성가족부령으로 정한다.
제66조(과태료) ② 제24조의2 제1항 및 제2항을 위반한 자에게는 100만 원 이하의 과태료를 부과한다.

3. 그 외 청소년지도자

3.1 청소년육성 전담공무원(제25조)

청소년육성 전담공무원은 시 · 도 및 시 · 군 · 구 그리고 읍 · 면 · 동 또는 청소년육성전담기구에서에 배치하는 전담공무원으로 관할구역의 청소년과 청소년지도자 등에 대하여 그 실태를 파악하고 필요한 지도를 하는 것을 임무로 한다. 청소년육성 전담공무원의 자격기준은 청소년지도사 또는 청소년상담사 자격증 소지자이다. 청소년육성 전담공무원의 배치와 관련한 내용은 조례로 정한다.

표 2.11 **조례에 나타난 청소년육성 전담공무원의 업무**

지방자치단체	청소년육성 전담공무원의 업무
광주광역시	1. 청소년활동 지원 및 청소년복지 증진 2. 청소년의 유익환경 조성 및 유해환경의 규제 3. 학교 등과의 연계를 통한 청소년정책의 보완 4. 그 밖에 청소년육성을 위하여 시장이 필요하다고 인정하는 사항
대구광역시 수성구	1. 청소년활동의 지원 2. 청소년의 복지증진 3. 근로 청소년의 보호 4. 청소년의 유익환경 조성 5. 청소년의 유해환경의 규제 6. 청소년의 가출 및 비행 예방 7. 학교 등과의 연계를 통한 청소년 교육의 보완

광주광역시와 대구광역시 수성구 등이 조례를 통하여 청소년육성 전담공무원을 규정하고 있다. 이들 지방자치단체의 청소년육성 전담공무원의 업무는 청소년활동, 청소년보호, 청소년복지와 학교 등과의 연계를 통한 청소년교육의 보완 등이다.

청소년육성 전담공무원은 꾸준히 증가하고 있으며, 청소년지도사의 직업 안정성도 높이고 있다(김현철, 2015). 그러나 아직 제도가 완전히 정착되지 못하여 청소년육성 전담공무원의 배치 미흡 등 우려의 목소리가 나오고 있다(오마이 뉴스, 2108.10.22.).

제25조(청소년육성 전담공무원) ① 특별시 · 광역시 · 특별자치시 · 도 · 특별자치도(이하 "시 · 도"라 한다), 시 · 군 · 구(자치구를 말한다. 이하 같다) 및 읍 · 면 · 동 또는 제26조에 따른 청소년육성 전담기구에 청소년육성 전담공무원을 둘 수 있다.
② 제1항에 따른 청소년육성 전담공무원은 청소년지도사 또는 청소년상담사의 자격을 가진 사람으로 한다.
③ 청소년육성 전담공무원은 관할구역의 청소년과 청소년지도자 등에 대하여 그 실태를 파악하고 필요한 지도를 하여야 한다.
④ 관계 행정기관, 청소년단체 및 청소년시설의 설치 · 운영자는 청소년육성 전담공무원의 업무 수행에 협조하여야 한다.
⑤ 제1항에 따른 청소년육성 전담공무원의 임용 등에 필요한 사항은 조례로 정한다.

3.2 청소년육성전담기구(제26조)

청소년육성전담기구는 청소년육성 업무를 효율적으로 운영하기 위하여 시 · 도 및 시 · 군 · 구에 설치하는 기구이며, 관련 사무범위, 조직 등에 관한 사항은 조례로 정한다. 청소년육성전담기구로는 주로 청소년재단이 설립되어 운영되고 있다. 고양시 · 구리시 · 김포시 · 시흥시 · 파주시 · 아산시 · 포항시 청소년재단이 청소년육성전담기구에 속한다. 대구광역시 수성구는 청소년육성전담기구를 조례로 설치할 수 있게 하고 있다.

제26조(청소년육성 전담기구의 설치) ① 청소년육성에 관한 업무를 효율적으로 운영하기 위하여 시·도 및 시·군·구에 청소년육성에 관한 업무를 전담하는 기구를 따로 설치할 수 있다.
② 제1항에 따른 청소년육성 전담기구의 사무 범위, 조직 등에 필요한 사항은 조례로 정한다.

3.3 청소년지도위원(제27조)

청소년지도위원은 청소년육성 관련 업무를 담당한다. 의정부시 조례를 예로 들면 청소년지도위원은 청소년보호·선도 및 건전생활 지도를 하며, 청소년 보호 및 청소년 복지증진, 청소년 단체의 육성 및 활동 지원, 저소득 청소년 가정의 지원 등의 역할을 수행하도록 되어 있다. 최근 법 개정을 통해서 청소년지도위원의 결격사유를 청소년지도사와 동일하게 명시하였다.

청소년지도위원의 결격사유는 청소년지도사와 동일하며, 자격·위촉절차 등에 필요한 사항은 조례로 정한다. 제주특별자치도, 세종특별자치시 등 많은 지방자치단체에서 청소년지도사에 관한 조례를 두고 있다.

제27조(청소년지도위원) ① 특별자치시장·특별자치도지사·시장·군수·구청장은 청소년육성을 담당하게 하기 위하여 청소년지도위원을 위촉하여야 한다.
② 제21조 제4항 각 호의 어느 하나에 해당하는 사람은 청소년지도위원이 될 수 없다. <신설 2020. 5. 19.>
③ 청소년지도위원이 제21조제4항 각 호의 어느 하나에 해당하게 되는 경우 위원 자격을 상실한다. <신설 2020. 5. 19.>
④ 제1항에 따른 청소년지도위원의 자격·위촉절차 등에 필요한 사항은 조례로 정한다. <개정 2020. 5. 19.>[전문개정 2014. 3. 24.]

의정부시 청소년지도위원 위촉 및 운영에 관한 조례
제5조(지도위원의 임무) ① 지도위원은 다음 각 호의 임무를 행한다.
1. 청소년보호·선도 및 건전생활의 지도
2. 유해환경으로부터 청소년을 보호하기 위한 환경조성 및 유해환경 정화활동
3. 청소년복지증진을 통한 청소년의 삶의 질 향상
4. 청소년단체의 육성 및 활동 지원
5. 저소득 청소년 가정의 지원활동

6. 지도위원으로서의 원활한 임무수행과 전문성 확보 등
② 지도위원은 그 임무수행 중에 알게 된 청소년 및 그 가족이나 그 밖에 관계인의 비밀을 엄수하고 명예를 존중해야 하며 청소년지도위원으로서의 품위를 유지하여야 한다.

주제 2-6 청소년단체

1. 청소년단체의 역할

청소년단체는 청소년육성 업무를 주된 목적으로 설립된 법인이나 대통령령으로 정하는 단체를 말한다(청소년기본법 제3조). 청소년단체는 학교교육과 서로 보완할 수 있는 청소년활동을 통한 청소년의 기량과 품성함양, 청소년복지 증진을 통한 청소년의 삶의 질 향상, 유해환경으로부터 청소년을 보호하기 위한 청소년보호 업무 수행 등의 업무를 수행하여야 하며, 그 역할 수행에 있어 청소년의 의견을 적극 반영하여야 한다. 청소년단체는 학교와 함께 업무를 추진하여 왔으나 서울특별시교육청에서 학교업무정상화 이행계획의 일환으로 청소년단체 관련 업무를 단위학교 업무분장에서 제외하여 이슈가 되고 있다(오마이뉴스, 2019).

제28조(청소년단체의 역할) ① 청소년단체는 다음 각 호의 역할을 수행하기 위하여 최선의 노력을 하여야 한다.
1. 학교교육과 서로 보완할 수 있는 청소년활동을 통한 청소년의 기량과 품성 함양
2. 청소년복지 증진을 통한 청소년의 삶의 질 향상
3. 유해환경으로부터 청소년을 보호하기 위한 청소년보호 업무 수행
② 청소년단체는 제1항에 따른 역할을 수행할 때에 청소년의 의견을 적극 반영하여야 한다.

2. 청소년단체 임원의 범위 및 결격사유

청소년단체의 임원은 여성가족부장관으로부터 설립허가를 받은 법인의 임원과 비영리민간단체지원법에 따라 등록된 비영리민간단체의 대표자, 관리인 또

는 그 밖에 회칙으로 정한 임원이며, 청소년 단체 임원의 결격사유는 청소년지도사와 유사하나 범죄 관련 결격사유에서 일부 차이가 있다.

제28조의2(청소년단체 임원의 결격사유) ① 청소년단체의 임원은 여성가족부장관으로부터 설립허가를 받은 법인의 임원과 「비영리민간단체지원법」에 따라 등록된 비영리민간단체의 대표자, 관리인 또는 그 밖에 회칙으로 정한 임원으로 한다.

② 다음 각 호의 어느 하나에 해당하는 사람은 청소년단체의 임원이 될 수 없다. <개정 2015. 6. 22.>

1. 제21조제3항 각 호(제4호의2는 제외한다)의 어느 하나에 해당하는 사람
3. 제1호 및 제2호에도 불구하고 「아동복지법」 제71조, 「보조금 관리에 관한 법률」 제40조부터 제42조까지 또는 「형법」 제28장 · 제40장(제360조는 제외한다)의 죄를 범하거나 이 법을 위반하여 다음 각 목의 어느 하나에 해당하는 사람
   가. 100만 원 이상의 벌금형을 선고받고 그 형이 확정된 후 5년이 지나지 아니한 사람
   나. 형의 집행유예를 선고받고 그 형이 확정된 후 7년이 지나지 아니한 사람
   다. 징역형을 선고받고 그 집행이 끝나거나(집행이 끝난 것으로 보는 경우를 포함한다) 집행이 면제된 날부터 7년이 지나지 아니한 사람
4. 제1호부터 제3호까지의 규정에도 불구하고 「성폭력범죄의 처벌 등에 관한 특례법」 제2조(제1항 제1호는 제외한다)의 성폭력범죄 또는 「아동 · 청소년의 성보호에 관한 법률」 제2조제2호의 아동 · 청소년대상 성범죄를 저지른 사람으로서 형 또는 치료감호를 선고받고 확정된 후 그 형 또는 치료감호의 전부 또는 일부의 집행이 끝나거나(집행이 끝난 것으로 보는 경우를 포함한다) 집행이 유예 · 면제된 날부터 10년이 지나지 아니한 사람

③ 임원이 제2항 각 호의 어느 하나에 해당하게 되었을 때에는 그 자격을 상실한다.

3. 청소년단체에 대한 지원과 청소년단체의 수익 사업

3.1 청소년단체에 대한 지원(제29조)

국가 및 지방자치단체는 청소년단체의 조직과 활동에 필요한 행정지원을 할 수 있으며, 예산의 범위에서 그 운영 · 활동 등에 필요한 경비의 일부를 보조할 수 있다(제1항). 학교 및 평생교육기관은 청소년단체의 청소년활동에 필요한 지

원과 협력을 할 수 있다(제2항). 또한 개인 · 법인 또는 단체는 청소년단체의 시설과 운영을 지원하기 위하여 금전이나 그 밖의 재산을 출연할 수 있다(제3항).

국가나 지방자치단체가 보조할 수 있는 청소년단체의 활동범위는 청소년활동, 청소년복지 및 청소년보호에 관한 사업, 국내외 주요 청소년 관련 국제행사, 청소년활동진흥법 제2조 제6호에 따른 청소년수련거리의 개발 및 보급, 청소년지도자의 연수 및 국제교류, 그 밖에 중앙행정기관의 장이나 지방자치단체의 장이 청소년단체의 육성 또는 활성화를 위하여 필요하다고 인정하는 사업이다(시행령 제27조).

3.2 청소년단체의 수익사업(제30조)

청소년단체는 정관에 따라 청소년육성과 관련한 수익사업을 할 수 있다(제1항). 수익사업의 범위, 수익금의 사용 등에 필요한 사항은 대통령령으로 정한다(제2항). 대통령령에 의하면 수익사업은 설립 · 운영 목적에 어긋나지 아니하는 범위에서 할 수 있으며(시행령 제28조 제1항), 수익사업의 수익금은 목적사업의 수행을 위하여 사용하여야 한다(시행령 제28조 제2항).

제29조(청소년단체에 대한 지원 등) ① 국가 및 지방자치단체는 청소년단체의 조직과 활동에 필요한 행정적인 지원을 할 수 있으며, 예산의 범위에서 그 운영 · 활동 등에 필요한 경비의 일부를 보조할 수 있다.

② 학교 및 「평생교육법」 제2조제2호의 평생교육기관은 청소년단체의 청소년활동에 필요한 지원과 협력을 할 수 있다.

③ 개인 · 법인 또는 단체는 청소년단체의 시설과 운영을 지원하기 위하여 금전이나 그 밖의 재산을 출연할 수 있다.

④ 제1항에 따른 지원 및 보조의 범위 등에 필요한 사항은 대통령령으로 정한다.

제30조(수익사업) ① 청소년단체는 정관에서 정하는 바에 따라 청소년육성과 관련한 수익사업을 할 수 있다.

② 제1항에 따른 수익사업의 범위, 수익금의 사용 등에 필요한 사항은 대통령령으로 정한다.

청소년기본법 시행령 제27조(청소년단체에 대한 지원 및 보조의 범위) 국가나 지방자치단체가 법 제29조에 따라 청소년단체에 지원하거나 보조할 수 있는 활동의 범위는 다음 각 호와 같다. <개정 2012. 12. 20.>

1. 청소년활동, 청소년복지 및 청소년보호에 관한 사업
2. 국내외 주요 청소년 관련 국제행사
3. 「청소년활동진흥법」 제2조제6호에 따른 청소년수련거리의 개발 및 보급
4. 청소년지도자의 연수 및 국제교류
5. 그 밖에 중앙행정기관의 장이나 지방자치단체의 장이 청소년단체의 육성 또는 활성화를 위하여 필요하다고 인정하는 사업 [전문개정 2011. 11. 18.]

제28조(수익사업의 범위 등) ① 청소년단체는 설립·운영 목적에 어긋나지 아니하는 범위에서 수익사업을 할 수 있다. <개정 2014. 12. 9.>

② 제1항에 따른 수익사업의 수익금은 목적사업의 수행을 위하여 사용하여야 한다.

③ 제1항에 따른 수익사업은 일반회계와 구분하여 회계처리하여야 한다. [전문개정 2011. 11. 18.]

4. 한국청소년단체협의회와 지방청소년단체협의회

4.1 한국청소년단체협의회(제40조)

한국청소년단체협의회
The National Council of Youth Organizations in Korea

그림 2.8 한국청소년단체협의회 CI

한국청소년단체협의회는 청소년기본법 제40조에 의한 법정 단체이다. 청소년단체의 출범은 1965년으로 유네스코 총회에서 각국에 청소년 관련 특별기구 설치 요청으로 15개 청소년단체로 협회를 구성한 것에서 시작된다(이용교, 1996). 청소년단체협의회의 활동 회원단체의 사업과 활동에 대한 협조·지원, 청소년지도자의 연수와 권익 증진, 청소년 관련 분야의 국제기구활동, 외국 청소년단체와의 교류 및 지원, 남·북청소년 및 해외교포청소년과의 교류·지원, 청소년활동에 관한 조사·연구·지원, 청소년 관련 도서 출판 및 정보 지원, 청소년육성을 위한 홍보 및 실천 운동, 제41조에 따른 지방청소년단체협의회에 대한 협조 및 지원, 그 밖에 청소년

육성을 위하여 필요한 사업으로 청소년단체 혼자서는 할 수 없는 사업을 중심으로 활동을 하고 있다. 한국청소년단체협의회가 아닌 자가 한국청소년단체협의회 또는 이와 유사한 명칭을 사용할 수가 없고(청소년기본법 제61조), 이를 어길 경우 청소년기본법 제66조에 의하여 처벌된다.

제40조(한국청소년단체협의회) ① 청소년단체는 청소년육성을 위한 다음 각 호의 활동을 하기 위하여 여성가족부장관의 인가를 받아 한국청소년단체협의회를 설립할 수 있다.
1. 회원단체의 사업과 활동에 대한 협조 · 지원
2. 청소년지도자의 연수와 권익 증진
3. 청소년 관련 분야의 국제기구활동
4. 외국 청소년단체와의 교류 및 지원
5. 남 · 북청소년 및 해외교포청소년과의 교류 · 지원
6. 청소년활동에 관한 조사 · 연구 · 지원
7. 청소년 관련 도서 출판 및 정보 지원
8. 청소년육성을 위한 홍보 및 실천 운동
9. 제41조에 따른 지방청소년단체협의회에 대한 협조 및 지원
10. 그 밖에 청소년육성을 위하여 필요한 사업

② 한국청소년단체협의회는 법인으로 한다.
③ 한국청소년단체협의회는 주된 사무소의 소재지에서 설립등기를 함으로써 성립한다.
④ 한국청소년단체협의회에 관하여 이 법에 규정된 것을 제외하고는 「민법」 중 사단법인에 관한 규정을 준용한다.
⑤ 국가는 한국청소년단체협의회의 운영과 활동에 필요한 경비를 지원할 수 있다.
⑥ 한국청소년단체협의회는 설립 목적에 지장이 없는 범위에서 수익사업을 할 수 있으며, 발생한 수익은 한국청소년단체협의회의 운영 또는 한국청소년단체협의회의 시설 운영 외의 목적에 사용할 수 없다.
⑦ 개인 · 법인 또는 단체는 한국청소년단체협의회의 운영과 사업 등을 지원하기 위하여 금전이나 그 밖의 재산을 출연하거나 기부할 수 있다.
⑧ 한국청소년단체협의회는 제1항에 따른 활동의 일부를 정관에서 정하는 바에 따라 회원단체에 위탁할 수 있다.

표 2.12 **한국청소년단체협의회 회원단체 현황[65개 단체](한국청소년단체협의회, 2019)**

가톨릭아동청소년재단, 광주광역시청소년단체협의회, 국제교류문화진흥원, 국제청소년연합, 기독교청소년협회(CYA), 대건청소년회, 대구청소년단체협의회, 대전청소년단체협의회, 대한불교청년회, 대한안전연합, 대한적십자사청소년적십자(RCY), 대한청소년성경구락부, 대한청소년충효단연맹, 부산청소년단체협의회, 비로자나청소년협회, 빅드림, 삼동청소년회, 서울가톨릭청소년회, 성산청소년효재단, 세계도덕재무장(MRA/IC)한국본부, 세계화교육문화재단, 아르미청소년문화재단, 아이섹코리아, 어린이재단, 울산청소년단체협의회, 울산청소년선도지도회, 인구보건복지협회, 인천청소년단체협의회, 전북청소년단체협의회, 진주시청소년단체협의회, 청소년과사람사랑, 청소년교육전략21, 청소년교화연합회, 탁틴내일, 파라미타청소년연합회, 푸른나무 청예단, 한국119소년단연맹, 한국4-H본부, 한국B.B.S중앙연맹, 한국YMCA전국연맹, 한국YWCA연합회, 한국걸스카우트연맹, 한국과학우주청소년단, 한국라보, 한국로타리청소년연합, 한국숲사랑청소년단, 한국스카우트연맹, 한국유스호스텔연맹, 한국청소년골프협회, 한국청소년발명영재단, 한국청소년복지진흥회, 한국청소년봉사단연맹, 한국청소년순결운동본부, 한국청소년스킨스쿠버협회, 한국청소년연맹, 한국청소년육성회, 한국청소년인권센터, 한국청소년재단, 한국항공소년단, 한국해양소년단연맹, 한국향토사랑청소년봉사단, 한국화랑청소년육성회, 한국환경청소년단, 행복함께나누는재단, 흥사단

1) 한국청소년단체협의회 유사명칭 사용 금지

청소년기본법 제61조에 따라서 한국청소년단체협의회가 아닌 자는 한국청소년단체협의회 또는 이와 유사한 명칭을 사용해서는 안 된다. 예를 들어, “한국청소년단체협회”라는 명칭을 사용하면 안 되는 것이다.

제61조를 위반하면 제66조에 따라서 500만 원 이하의 과태료를 부과 받을 수 있다.

제61조(유사명칭의 사용금지) 이 법에 따른 한국청소년단체협의회가 아닌 자는 한국청소년단체협의회 또는 이와 유사한 명칭을 사용하지 못한다.

제66조(과태료) ① 다음 각 호의 어느 하나에 해당하는 자에게는 500만 원 이하의 과태료를 부과한다.
2. 제61조를 위반한 자
③ 제1항과 제2항에 따른 과태료는 대통령령으로 정하는 바에 따라 여성가족부장관 또는 지방자치단체의 장이 부과 · 징수한다.

4.2 지방청소년단체협의회(제41조)

지방청소년단체협의회는 지방자치단체의 조례로 시·도지사의 인가를 받아서 설립되며, 지방자치단체가 그 운영 경비를 일부 보조할 수 있다.

제41조(지방청소년단체협의회) ① 특정지역을 활동 범위로 하는 청소년단체는 청소년육성을 위하여 그 지역을 관할하는 시·도의 조례로 정하는 바에 따라 시·도지사의 인가를 받아 지방청소년단체협의회를 설립할 수 있다.
② 지방자치단체는 예산의 범위에서 해당 지방청소년단체협의회의 운영경비의 전부 또는 일부를 지원할 수 있다.

주제 2-7 청소년활동 및 청소년복지, 청소년보호

1. 청소년활동의 지원(제47조, 제48조)

국가 및 지방자치단체는 청소년활동을 지원하여야 한다(제47조 제1항). 청소년활동의 지원에 관해서는 별도의 법률인 청소년활동진흥법을 따로 정하여 체계화하였다(제47조 제2항).

청소년들의 대부분은 학교교육이나 평생교육을 받고 있다. 청소년활동과 학교교육 및 평생교육과 연계하여 효과를 낼 수 있도록 국가와 지방자치단체가 관련 시책을 수립하여야 한다(제48조 제1항). 여성가족부장관은 관련 시책 수립에 있어 관계 기관과 전문가들의 의견을 들어야 한다(제48조 제2항).

제47조(청소년활동의 지원) ① 국가 및 지방자치단체는 청소년활동을 지원하여야 한다.
② 제1항에 따른 청소년활동의 지원에 관한 사항은 따로 법률로 정한다.
제48조(학교교육 등과의 연계) ① 국가 및 지방자치단체는 청소년활동과 학교교육 · 평생교육을 연계하여 교육적 효과를 높일 수 있도록 하는 시책을 수립 · 시행하여야 한다.
② 여성가족부장관이 제1항에 따른 시책을 수립할 때에는 미리 관계 기관과 협의하여야 하며, 전문가의 의견을 들어야 한다.
③ 제2항에 따른 협의를 요청받은 관계 기관은 특별한 사유가 없으면 이에 따라야 한다.

2. 청소년 방과 후 활동의 지원(제48조의2)

국가 및 지방자치단체는 학교의 정규교육으로 보호할 수 없는 시간 동안 청소년의 전인적(全人的) 성장 · 발달을 지원하기 위하여 다양한 교육 및 활동 프로그램 등을 제공하는 종합적인 지원 방안을 마련하여야 한다(제1항). 종합적인 지원

방안 마련에 필요한 사항은 대통령령으로 정한다(제2항).

청소년 방과 후 활동에 관해서 여성가족부장관과 시·도지사는 매년 청소년 방과 후 활동 종합지원계획을 수립·시행해야 한다(시행령 제33조의3 제1항). 청소년 방과 후 활동 종합지원계획에는 시행령 제33조의3 제2항 각호의 사항이 포함되어야 한다.

그림 2.9 청소년 방과 후 아카데미 로고

청소년 방과 후 활동은 실제 현장에서 "청소년 방과 후 아카데미" 사업으로 활발하게 진행되고 있다.

2.1 청소년 방과 후 활동 종합지원계획의 수립(시행령 33조의3)

방과 후 활동의 수요 및 현황 조사, 방과 후 교육 및 활동 프로그램의 개발 및 보급, 방과 후 활동에 필요한 시설의 확보, 전문인력의 선발 및 배치, 제33조의4에 따른 방과 후 활동 종합지원사업의 운영 및 평가, 그 밖에 관할 구역의 학교와 청소년의 방과 후 활동을 지원하는 기관 및 단체 등과의 연계 등에 관한 사항이 포함되어 있어야 한다.

청소년 방과 후 활동 종합지원계획 포함 사항
1. 방과 후 활동의 수요 및 현황 조사 2. 방과 후 교육 및 활동 프로그램의 개발 및 보급 3. 방과 후 활동에 필요한 시설의 확보, 전문인력의 선발 및 배치 4. 제33조의4에 따른 방과 후 활동 종합지원사업의 운영 및 평가 5. 그 밖에 관할 구역의 학교와 청소년의 방과 후 활동을 지원하는 기관 및 단체 등과의 연계 등에 관한 사항

2.2 방과 후 활동 종합지원사업 실시(시행령 33조의4)

여성가족부장관과 시·도지사 및 시·군·구청장은 청소년 방과 후 활동을 지원하는 청소년 방과 후 활동 종합지원사업을 실시할 수 있고, 사업의 내용으로는 청소년의 역량 개발 지원, 청소년의 기본학습 및 보충학습 지원, 청소년의 안전하고 건강한 방과 후 활동을 위한 급식, 시설 지원 및 상담, 청소년의 안전하고 건강한 방과 후 활동을 위한 학부모 교육, 청소년의 방과 후 활동을 지원하는 기관 및 단체 등의 개발 및 연계, 그 밖에 청소년의 방과 후 활동을 지원하기 위해 필요한 활동이 포함될 수 있다. 사업을 실시할 때 장애청소년과 다문화청소년 등 특별한 교육 및 활동이 필요한 청소년을 대상으로 할 수 있다. 또한 여성가족부장관과 시 · 도지사는 청소년 방과 후 활동을 지원하기 위하여 청소년 방과 후 활동 지원센터를 설치하여 운영할 수 있다.

방과 후 사업 포함 활동
1. 청소년의 역량 개발 지원 2. 청소년의 기본학습 및 보충학습 지원 3. 청소년의 안전하고 건강한 방과 후 활동을 위한 급식, 시설 지원 및 상담 4. 청소년의 안전하고 건강한 방과 후 활동을 위한 학부모 교육, 청소년의 방과 후 활동을 지원하는 기관 및 단체 등의 개발 및 연계 5. 그 밖에 청소년의 방과 후 활동을 지원하기 위해 필요한 활동

2.3 청소년 방과 후 활동 지원센터의 운영(시행령 제33조의5)

여성가족부장관과 시 · 도지사는 청소년의 방과 후 활동을 종합적으로 지원하기 위하여 청소년 방과 후 활동 지원센터를 설치 · 운영할 수 있다(제1항). 여성가족부장관과 시 · 도지사는 지원센터를 방과 후 사업운영에 관한 전문성이 있는 법인 또는 단체에 위탁하여 운영할 수 있다(제2항).

청소년 방과 후 활동 지원센터에서는 방과후종합지원계획의 수립 · 시행, 방과후사업의 운영 관리, 컨설팅 및 평가, 청소년의 방과 후 활동 지원을 위한 국내외 자료조사, 방과후사업의 업무 종사자를 위한 교육 · 연수, 방과후사업의 운영모형 개발, 그 밖에 청소년의 방과 후 활동을 종합적으로 지원하기 위하여 필요한 사업을 수행한다(제3항).

청소년 방과 후 활동 지원센터의 사업(제33조의5 제3항)

1. 방과후종합지원계획의 수립 · 시행
2. 방과후사업의 운영 관리, 컨설팅 및 평가
3. 청소년의 방과 후 활동 지원을 위한 국내외 자료조사
4. 방과후사업의 업무 종사자를 위한 교육 · 연수(여성가족부장관이 설치하는 지원센터만 해당한다)
5. 방과후사업의 운영모형 개발(여성가족부장관이 설치하는 지원센터만 해당한다)
6. 그 밖에 청소년의 방과 후 활동을 종합적으로 지원하기 위하여 필요한 사업

제48조의2(청소년 방과 후 활동의 지원) ① 국가 및 지방자치단체는 학교의 정규교육으로 보호할 수 없는 시간 동안 청소년의 전인적(全人的) 성장 · 발달을 지원하기 위하여 다양한 교육 및 활동 프로그램 등을 제공하는 종합적인 지원 방안을 마련하여야 한다.
② 제1항의 종합적인 지원 방안 마련에 필요한 사항은 대통령령으로 정한다.

3. 청소년복지(제49조)

청소년 복지와 관련하여 국가는 청소년의 복지 관련 사항을 조사하고 이를 개선하기 위한 복지향상 정책을 수립하여야 한다(제1항). 또한 국가와 지방자치단체에서 기초생활 보장, 직업재활훈련, 청소년활동 지원 등 시책을 추진할 때 정신적 · 신체적 · 경제적 · 사회적으로 특별한 지원이 필요한 청소년을 우선적으로 배려하여야 하며(제2항), 청소년의 삶의 질 향상을 위하여 구체적인 시책을 마련해야 한다(제3항). 청소년복지와 관련한 내용은 청소년복지지원법 등 별도의 법을 통하여 규정하도록 하고 있다(제4항).

제49조(청소년복지의 향상) ① 국가는 청소년들의 의식 · 태도 · 생활 등에 관한 사항을 정기적으로 조사하고, 이를 개선하기 위하여 청소년의 복지향상 정책을 수립 · 시행하여야 한다.
② 국가 및 지방자치단체는 기초생활 보장, 직업재활훈련, 청소년활동 지원 등의 시책을 추진할 때에는 정신적 · 신체적 · 경제적 · 사회적으로 특별한 지원이 필요한 청소년을 우선적으로 배려하여야 한다.
③ 국가 및 지방자치단체는 청소년의 삶의 질을 향상하기 위하여 구체적인 시책을 마련하여야 한다.
④ 제1항부터 제3항까지의 규정에 관하여는 따로 법률로 정한다.

4. 청소년 유익환경 조성(제51조)

정보화 사회에서 청소년이 역량을 키우기 위하여는 관련 환경의 조성이 필요하기 때문에 국가 및 지방자치단체가 이를 조성하기 위하여 노력해야 함을 규정하고 있다(제1항). 또한 국가는 주택단지의 청소년 시설 배치 등 청소년을 위한 사회환경과 자연환경조성을 위해 노력해야 한다(제2항). 청소년에게 유익한 매체물의 제작 · 보급을 장려하기 위하여 관련 매체물을 제작 · 보급 등을 하는 자에게 경비 등을 지원할 수 있다(제3항).

청소년 유익환경 조성은 청소년을 둘러싼 사회환경을 다룬다는 점에서 바람직하나 그 환경이 정보환경과 청소년시설 배치 등에 국한되어 있고, 청소년 유익 매체물은 그 범위나 내용의 논란이 있을 수 있어 관련 내용에 대한 검토 및 보강이 필요하다.

제51조(청소년 유익환경의 조성) ① 국가 및 지방자치단체는 청소년이 정보화 능력을 키울 수 있는 환경을 조성하기 위하여 노력하여야 한다.
② 국가 및 지방자치단체는 청소년에게 유익한 매체물의 제작 · 보급 등을 장려하여야 하며 매체물의 제작 · 보급 등을 하는 자에게 그 제작 · 보급 등에 관한 경비 등을 지원할 수 있다.
③ 국가 및 지방자치단체는 주택단지의 청소년시설 배치 등 청소년을 위한 사회환경과 자연환경을 조성하기 위하여 노력하여야 한다.

5. 청소년 유해환경 규제(제52조)

청소년의 유해환경은 청소년에게 유해한 물질 · 물건 · 장소 · 행위 등을 들 수 있다. 제52조 제1항은 유해물질 및 유해물건, 제2항은 유해장소, 제3항은 유해행위를 규정하고 있다. 청소년기본법 제52조에는 국가 및 지방자치단체가 청소년에게 유해한 매체물과 약물 등이 유통되지 않도록 노력해야 하며(제1항), 청소년들이 유해한 업소에 출입하거나 고용되지 않도록 하고(제2항), 폭력 · 학대 · 성매매 등 유해한 행위로부터 청소년을 보호 · 규제하도록 되어 있다(제3항).

청소년 유해환경 규제와 관련해서 청소년보호법 등 별도의 법률을 통해서 따로 규정하며(제4항), 청소년기본법에는 그 체계만을 담고 있다.

제52조(청소년 유해환경의 규제) ① 국가 및 지방자치단체는 청소년에게 유해한 매체물과 약물 등이 유통되지 아니하도록 하여야 한다.
② 국가 및 지방자치단체는 청소년이 유해한 업소에 출입하거나 고용되지 아니하도록 하여야 한다.
③ 국가 및 지방자치단체는 폭력 · 학대 · 성매매 등 유해한 행위로부터 청소년을 보호 · 구제하여야 한다.
④ 제1항부터 제3항까지의 규정에 따른 청소년에게 유해한 매체물 · 약물 · 업소 · 행위 등의 규제에 관하여는 따로 법률로 정한다.

6. 근로 청소년의 보호

근로 청소년보호는 청소년기본법이 비교적 최근에 관심을 갖기 시작한 분야이다. 근로 청소년보호는 제6장 기타 청소년복지 관련 법률과 깊이 연관되어 있다. 기본적인 근로 청소년보호를 위한 조항은 근로기준법이나 최저임금법 등에 규정되어 있다. 청소년기본법의 근로 청소년보호 조항은 근로 청소년보호를 위한 신고의무와 청소년 근로권익 보호를 위한 사업을 규정하여, 노동 관련 법령이 청소년보호를 제대로 할 수 있도록 도와주는 역할을 한다. 그림 2.10을 이러한 사항을 나타내고 있다.

2020 청소년매체이용 및 유해환경실태조사(여성가족부, 2021)에 의하면 최저임금 이하로 급여를 지급 받은 비율이 29.9%로 매우 높고[8], 근로계약서를 작성하지 않은 경우도 53.1%나 되었다. 또한 초과근무를 요구 받았거나(14.7%), 임금을 날짜보다 늦게 받거나(15.7%), 일을 하면서 휴게시간을 보장 받지 못한 경우

8) 2018년 34.9%에서 개선된 수치이다.

(13.2%)도 여전히 많았다. 이러한 현실 속에서 근로 청소년의 보호는 보다 강화될 필요성이 있다. 근로 청소년의 보호를 위한 근로기준법의 주요 내용은 제6장의 주제 6-1 근로기준법을 참조하면 된다.

청소년기본법 상의 지원과 노동관계법과의 관계

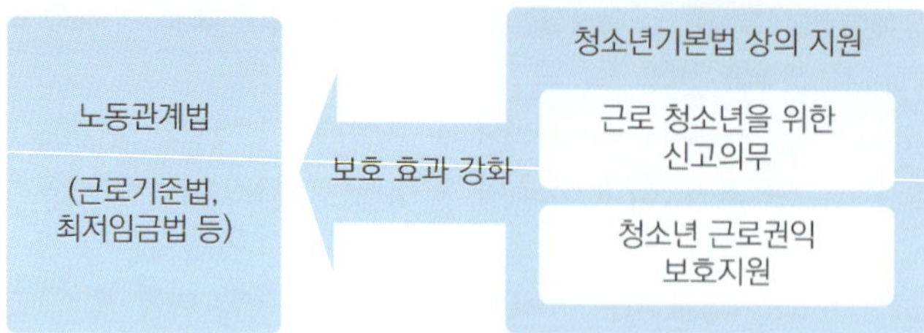

그림 2.10 **청소년기본법과 노동관계법과의 관계**

6.1 근로 청소년보호를 위한 신고의무(제52조의2)

청소년의 경우, 법적 지식이 약할 뿐만 아니라 근로계약에 있어서 열악한 처지에 있는 경우가 많아 근로청소년의 보호가 특별히 요구되고 있다.

누구나 청소년의 근로와 관련하여 근로기준법이나 최저임금법 등 노동 관계 법령의 위반 사실을 알게 되면 고용노동부장관이나 근로감독관에게 신고할 수 있다(제1항). 또한 청소년복지지원법의 상담전화, 한국청소년상담복지개발원, 청소년상담복지센터, 이주배경청소년지원센터, 청소년복지시설의 장과 그 종사자들, 학교 밖 청소년지원센터의 장, 아동복지시설의 장과 그 종사자들은 그 직무를 수행하면서 노동 관계법령의 위반 사실을 알게 된 경우 의무적으로 신고를 하게 되어 있다(제2항). 이러한 신고 의무를 위반하였을 경우의 처벌조항은 마련되어 있지 않기 때문에 과태료나 형사처벌은 불가능하다.

또한 근로 청소년의 보호를 위한 신고에서 신고인의 인적 사항이나 신고인임을 알 수 있는 사실을 다른 사람에게 알려 주거나 공개 또는 보도해서는 안 되며(제3항), 이를 어길 경우 청소년기본법 제64조의2에 따라 1년 이하의 징역 또는 1천만 원 이하의 벌금에 처해질 수 있다(제64조의2).

6.2 청소년 근로권익 보호 지원(제52조의3)

제52조의3을 신설하면서 근로 청소년보호를 더욱 강화하였다. 국가나 지방자치단체가 근로 청소년보호를 위하여 근로 청소년의 부당처우에 대한 해결 등의 청소년 근로권익 보호 사업을 실시하거나 지원할 수 있게 되었다(제52조의3).

근로 청소년과 관련하여 청소년기본법은 여러 규정을 가지고 있다. 먼저 제8조 제2항에 근로 청소년에 대한 특별한 보호와 근로 청소년의 균형 있는 성장·발달을 위한 시책을 마련할 것을 규정하고 있다. 또한 제8조의2에서는 근로 청소년의 권리 등에 필요한 교육 및 상담을 실시하고 청소년 근로권익 보호정책을 적극 홍보할 것을 규정하고 있다.

제52조의3(청소년 근로권익 보호 지원) 국가나 지방자치단체는 근로청소년의 부당처우에 대한 해결을 돕는 등 청소년의 근로권익 보호를 위한 사업을 실시하거나 지원할 수 있다.

제64조의2(벌칙) 제52조의2제3항을 위반하여 신고인의 인적 사항 또는 신고인임을 미루어 알 수 있는 사실을 다른 사람에게 알려주거나 공개 또는 보도한 자는 1년 이하의 징역 또는 1천만 원 이하의 벌금에 처한다.[본조신설 2016. 12. 20.]

6.3 청소년근로보호센터

청소년근로보호센터는 근로 청소년이 근로 중 부당처우를 받거나 자신의 권리를 제대로 주장하지 못하는 문제를 해결하기 위하여 청소년기본법 제8조, 제8조의2, 제52조의3을 근거로 하여 설립되었다.

청소년근로보호센터

1) 청소년근로보호센터의 이용 방법

청소년근로센터는 근로 청소년을 위하여 다양한 이용 방법을 열어 놓고 있다. 대표전화 1600-1729로 전화하거나 #1388로 문자 및 카카오톡 상담을 할 수도 있다.

청소년근로보호센터 이용 방법(출처: 청소년근로보호센터)	
전화 상담	대표전화 1600 - 1729
문자 및 카카오톡 상담	#1388

청소년근로보호센터의 업무는 1) 근로 청소년 상담 및 문제해결, 2) 노동인권교육 실시, 3) 청소년 노동인권 교육강사 양성, 4) 청소년 근로 권익 홍보 실시 등이다.

2) 근로보호상담 및 노동인권교육

시 · 도에 설치된 청소년근로보호센터에서는 근로청소년을 위하여 전화 및 현장지원, 네이버 지식in, 메일/게시판 등을 통해 근로 상담을 진행하고 있다. 또한 중고등 연령 청소년을 위하여 전문인권강사를 통해 찾아가는 청소년 노동인권 교육도 실시하고 있다.

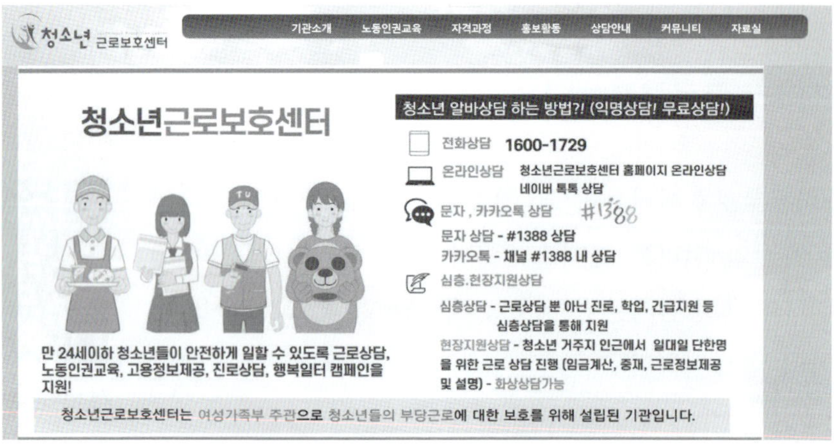

그림 2.11 청소년근로보호센터 홈페이지(https://youthlabor.kr)

주제 2-8 청소년육성기금, 보칙 및 벌칙, 청소년기본법의 과제

1. 청소년육성기금

2022 청소년백서에 의하면 2022년 여성가족부 청소년예산은 일반회계 1,289억 원과 청소년육성기금 1,433억 원으로 구성되어 있어서 청소년육성기금의 비중이 일반회계보다 더 높다(여성가족부, 2023). 2020년 청소년정책 예산은 2,290억 원이며 이중 1,266억 원이 청소년육성기금으로 조성되었다.

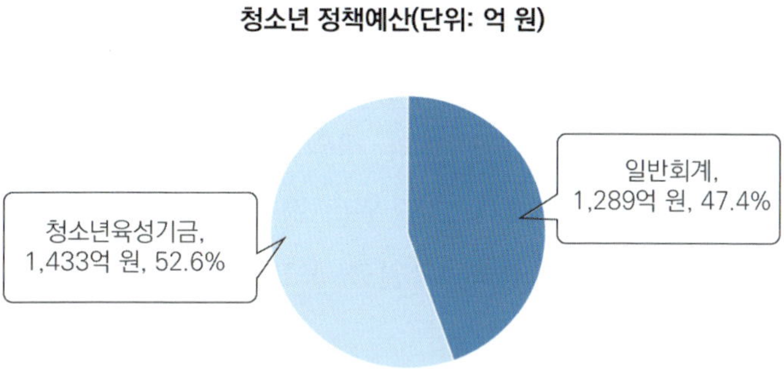

그림 2.12 **2022년 청소년정책예산**(출처: 2022 청소년백서, 여성가족부)

1.1 청소년육성기금의 설치(제53조)

청소년육성기금은 1987년 청소년육성법 제정으로 조성되었다.

청소년육성기금은 청소년육성에 필요한 재원을 확보하기 위하여 설치하며(제1항), 여성가족부장관이 관리 · 운용한다(제2항). 여성가족부장관은 기금의 관리 · 운용에 관한 사무의 전부 또는 일부를 한국청소년단체협회의회 · 한국청소년활동진흥원 · 한국청소년정책연구원 · 서울올림픽기념국민체육진흥공단 중에서 선정하여 위탁할 수 있다(제3항). 현재는 여성가족부장관이 직접 청소년육성기금을 관리하고 있다.

제53조(기금의 설치 등) ① 청소년육성에 필요한 재원을 확보하기 위하여 청소년육성기금(이하 "기금"이라 한다)을 설치한다.
② 기금은 여성가족부장관이 관리 · 운용한다.
③ 여성가족부장관은 기금의 관리 · 운용에 관한 사무의 전부 또는 일부를 다음 각 호의 기관 중에서 선정하여 위탁할 수 있다.

1.2 청소년육성기금의 조성(제54조)

청소년육성기금의 조성은 정부의 출연금, 국민체육진흥법 제22조 제4항 제1호 및 경륜 · 경정법 제18조 제1항 제1호에 따른 출연금, 개인 · 법인 또는 단체가 출연하는 금전 · 물품이나 그 밖의 재산, 기금의 운용으로 생기는 수익금, 그 밖에 대통령령으로 정하는 수입금 등의 재원으로 이루어진다(제1항).

개인 · 법인 또는 단체가 출연하는 경우는 용도를 지정하여 출연할 수 있다. 다만, 특정 단체 또는 개인에 대한 지원을 용도로 지정할 수 없다(제2항).

1.3 청소년육성기금의 사용(제55조)

청소년활동의 지원, 청소년시설의 설치와 운영을 위한 지원, 청소년지도자의 양성을 위한 지원, 청소년단체의 운영과 활동을 위한 지원, 청소년복지 증진을 위한 지원, 청소년보호를 위한 지원, 청소년정책의 수행 과정에 관한 과학적 연구의 지원, 기금 조성 사업을 위한 지원, 그 밖에 청소년육성을 위하여 대통령령으로 정하는 사업의 용도에 사용할 수 있다(여성가족부, 2019). 그 밖에 청소년육성을 위하여 대통령령으로 정한 사업의 용도는 1. 청소년육성에 관한 홍보, 2. 청소년의 포상 및 격려, 3. 기금의 운용 및 관리, 4. 그 밖에 여성가족부장관이 청소년육성 등을 위하여 필요하다고 인정하는 사업이다(청소년기본법 시행령 제37조).

청소년육성기금의 관리 및 운용은 여성가족부장관이 하며, 이를 한국청소년단체협의회, 한국청소년활동진흥원, 한국청소년정책연구원, 서울올림픽기념국민체육진흥공단에 위탁할 수 있다. 현재는 여성가족부에서 직접 기금을 운용하고 있으며, 2022년도 계획기준으로 복권기금 전입금 1,376억 원과 이자 등을 포함하여 총 1,488억 원을 조성할 예정이다. 청소년육성기금의 사용은 2023년 사업계획 기준으로 청소년 참여 및 활동지원에 406억 원, 청소년사회안전망 강화에 1,142억 원, 아동·청소년 성보호활동에 606억 원 등 1,609억 원을 사용할 예정이다(여성가족부, 2023).

표 2.13 **청소년육성기금 2023년도 사업계획**(출처: 여성가족부, 2023)

주요항목	세부사업내용	계획액 (백만원)
청소년 참여 및 활동지원	청소년정책 참여지원	2,693
	청소년방과후활동 지원	31,729
	청소년수련시설 운영지원	6,154
	소계	40,576
청소년사회 안전망 강화	청소년 매체활용 역기능 해소	2,193
	청소년 사회안전망 구축	72,596
	청소년복지시설 운영지원	29,506
	청소년치료재활센터 운영	9,930
	소계	114,225
아동·청소년 성보호 활동	아동·청소년 성범죄 예방교육 및 피해자 치료재활	6,056
	소계	6,056
기금운영비	기금관리비	42
	소계	42
총계		160,899

2. 지방청소년육성기금

시·도지사는 지방청소년육성기금을 관할구역의 청소년활동 지원 등 청소년육성을 위한 사업 지원에 필요한 재원 확보를 위하여 설치할 수 있고, 그 조성·용도 등 필요한 사항은 조례로 정하게 되어 있다. 대전광역시, 광주광역시, 경기도, 충청남도, 충청북도, 강원도, 제주특별자치도 등이 지방청소년육성기금을 조례로 정하고 있다.

제56조(지방청소년육성기금의 조성) ① 시·도지사는 관할구역의 청소년활동 지원 등 청소년육성을 위한 사업 지원에 필요한 재원을 확보하기 위하여 지방청소년육성기금을 설치할 수 있다.
② 제1항에 따른 지방청소년육성기금의 조성·용도 등에 필요한 사항은 조례로 정한다.

3. 청소년시설 및 청소년단체에 대한 특례와 감독

보칙에서는 청소년기본법상의 주된 내용은 아니지만 청소년시설 등 기관에 대한 재산적 측면의 특례와 함께 청소년기관들에 대한 국가와 지방자치단체의 감독, 포상, 수수료, (한국청소년단체협의회) 유사명칭사용금지, 수수료, 권한위임 등 청소년육성 업무를 원활하게 하기 위한 조항들이 규정되어 있다.

3.1 청소년시설 및 청소년단체에의 특례

청소년기본법 보칙에서는 청소년육성의 중추적인 역할을 담당하는 청소년시설과 청소년단체를 활성화하기 위하여 여러 특례를 규정하고 있다.

1) 국유 · 공유 재산의 대부(제57조)

주로 청소년시설이나 청소년단체의 운영을 용이하게 하기 위하여 국유 · 공유재산을 특별히 빌려 주거나 사용 · 수익할 수 있도록 하는 특례를 인정하고 있다. 이는 국유재산법이나 공유재산 및 물품 관리법의 특례로, 그 용도에 지장을 주지 않는 범위 내에서 무상 대여 내지 사용 · 수익할 수 있다(제1항).

2) 조세 감면의 특례(제58조)

청소년단체협의회나 지방청소년단체협의회, 한국청소년상담복지개발원, 청소년상담복지센터, 이주배경청소년지원센터, 한국청소년정책연구원 그 밖의 청소년단체는 조세특례제한법에서 정하는 바에 따라 조세를 감면 받을 수도 있고, 부가가치세법에서 의거하여 부가가치세를 감면 받을 수도 있다. 이때 위에 적시된 기관뿐만 아니라 그 기관에서 운영하는 청소년 시설에 대해서도 감면 조치가 가능하다(제1항). 또한 이들 기관과 그 기관에서 운영하는 청소년시설에 출연되거나 기부된 재산, 청소년육성기금에 출연한 재산에 대해서는 소득 계산의 특례를 적용받을 수 있다(제2항). 이들 기관 및 그 청소년시설이 청소년활동에 사용하기 위하여 수입하는 용품들 중 청소년기본법 제58조 제3항의 요건인 실험 · 실습 · 시청각 기자재와 그 밖에 필요한 용품 및 고도의 정밀성 등으로 수입이 불가피한 청소년 시설 · 설비는 관세를 감면 받을 수 있다(제3항).

청소년관련 단체 및 기관, 시설의 조세감면의 특례
1. 부가가치세 감면 2. 소득계산의 특례 3. 관세 감면

3.2 청소년 시설 및 청소년단체 등에 대한 감독 등

국가 및 지방자치단체는 청소년시설, 한국청소년단체협의회, 지방청소년단체협의회 및 그 밖의 청소년단체로 하여금 청소년육성을 위하여 필요한 경우 업무·회계 및 재산에 관한 사항을 보고하게 할 수 있다. 또한 소속 공무원을 통해 장부나 서류, 그 밖의 물건을 검사할 수도 있다. 이때 검사를 하는 공무원은 그 권한을 표시하는 증표를 지니고 이를 관계인에게 보여주어야 한다.

청소년기관에서 국가 및 지방자치단체의 감독을 거부한 경우에는 청소년기본법 제66조 과태료의 규정에 따라 500만 원 이하의 과태료를 부과한다. 이때 과태료는 여성가족부장관 또는 지방자치단체의 장이 부과·징수한다.

제59조(감독 등) ① 국가 및 지방자치단체는 청소년육성을 위하여 필요하면 다음 각 호의 기관에 대하여 업무·회계 및 재산에 관한 사항을 보고하게 하거나 소속 공무원으로 하여금 그 장부·서류나 그 밖의 물건을 검사하게 할 수 있다.
1. 청소년시설
2. 제40조에 따른 한국청소년단체협의회
3. 제41조에 따른 지방청소년단체협의회
4. 그 밖의 청소년단체

② 제1항에 따라 검사를 하는 공무원은 그 권한을 표시하는 증표를 지니고 이를 관계인에게 보여주어야 한다.

제66조(과태료) ① 다음 각 호의 어느 하나에 해당하는 자에게는 500만 원 이하의 과태료를 부과한다.
1. 제59조제1항에 따른 보고를 하지 아니하거나 검사를 거부·방해 또는 기피한 자

③ 제1항과 제2항에 따른 과태료는 대통령령으로 정하는 바에 따라 여성가족부장관 또는 지방자치단체의 장이 부과·징수한다.

4. 포상(제60조)

청소년기본법은 청소년육성과 관련하여 현저한 공로가 있거나 다른 청소년에게 모범이 되는 자에게는 포상을 할 수 있도록 규정하고 있다(제60조).

제60조(포상) 정부는 청소년육성에 관하여 현저한 공로가 있거나 다른 청소년에게 모범이 되는 자에게 포상을 할 수 있다.

5. 수수료 등(제62조)

청소년지도사 자격검정에 응시하거나 연수과정을 이수하는 사람 또는 청소년상담사 자격검정에 응시하거나 연수과정을 이수하는 사람은 여성가족부령에 정하는 바에 따라 수수료를 내야 한다(제1항).

또한 청소년시설을 설치·운영하는 자 및 위탁운영을 하는 단체는 청소년시설을 이용하는 자로부터 이용료를 받을 수 있다(제2항).

제62조(수수료 등) ① 다음 각 호의 어느 하나에 해당하는 사람은 여성가족부령으로 정하는 바에 따라 수수료를 내야 한다.
1. 청소년지도사 자격검정에 응시하거나 연수과정을 이수하는 사람
2. 청소년상담사 자격검정에 응시하거나 연수과정을 이수하는 사람
② 청소년시설을 설치·운영하는 자 및 위탁운영을 하는 단체는 청소년시설을 이용하는 자로부터 이용료를 받을 수 있다.

6. 권한의 위임·위탁(제63조)

여성가족부장관은 청소년기본법에 따른 권한의 일부를 대통령령에 의해서 시·도지사에게 위임하거나 청소년단체에게 위탁할 수 있다. 이러한 권한의 위임·위탁은 업무를 효율화하고 서비스의 질을 높이기 위한 것이다.

제63조(권한의 위임·위탁) 여성가족부장관은 이 법에 따른 권한의 일부를 대통령령으로 정하는 바에 따라 시·도지사에게 위임하거나 청소년단체에 위탁할 수 있다.

이에 따라 청소년지도사 자격검정은 한국청소년활동진흥원에 자격 연수 및 자격증 교부 등을 위탁하고 있으며, 한국산업인력공단에는 자격시험 출제 및 시행 등을 위탁하고 있다(시행령, 제20조; 여성가족부고시 제2021-4호). 청소년 상담사 자격검정의 경우에는 한국청소년상담복지개발원과 한국산업인력공단에 위탁하고 있다(시행령 제23조; 여성가족부고시 제2021-19호).

7. 벌칙

7.1 청소년단체의 수익사업과 관련한 벌칙(제64조)

청소년단체는 청소년기본법 제30조에 따라 정관에 정하는 수익사업 이외의 수익사업을 하지 못하도록 하고 있다. 이를 어길 경우 청소년기본법 제64조에 따라서 2년 이하의 징역 또는 2천만 원 이하의 벌금에 처해진다.

> **제64조(벌칙)** 제30조에 따라 정관에서 정하는 사업 외의 수익사업을 한 자는 2년 이하의 징역 또는 2천만 원 이하의 벌금에 처한다.

7.2 근로청소년의 보호 관련 신고인 노출 금지 위반에 대한 벌칙(제64조의2)

청소년의 근로에 관하여 근로기준법 또는 최저임금법 등 노동관계법령의 위반 사항에 대해서 누구라도 신고할 수 있고 상담전화 등 청소년기관의 장과 종사자는 신고 의무를 가지고 있다. 이들 신고인들의 인적사항이 보호되지 않는다면 근로청소년의 보호를 위한 신고는 꺼려질 수밖에 없다. 이를 방지하기 위하여 청소년기본법 제64조의2에서는 신고인의 인적 사항 또는 신고인임을 미루어 알 수 있는 사실을 다른 사람에게 알려주거나 공개 또는 보도한 자에게 1년 이하의 징역 또는 1천만 원 이하의 벌금에 처한다.

> **제64조의2(벌칙)** 제52조의2 제3항을 위반하여 신고인의 인적 사항 또는 신고인임을 미루어 알 수 있는 사실을 다른 사람에게 알려주거나 공개 또는 보도한 자는 1년 이하의 징역 또는 1천만 원 이하의 벌금에 처한다. [본조신설 2016. 12. 20.]

7.3 양벌규정(제65조)

법인의 대표자나 법인 또는 개인의 대리인, 사용인, 그 밖의 종업원이 정관에서 정하는 사업 외의 수익사업을 한 경우, 이들 대리인, 사용인 그 밖의 종업원만 처벌하게 되면 법인의 대표자나 법인 또는 개인은 불리한 위치에 있는 대리인, 사용인 그 밖의 종업원에게 압력을 행사하거나 방치함으로써 법을 위반할 가능성이 있다. 이를 방지하기 위해서 대리인, 사용인 그 밖의 종업원이 범죄를 저질렀을 경우에도 법인의 대표자나 법인 또는 개인을 같이 처벌하는 조항을 두었다(제65조).

> **제65조(양벌규정)** 법인의 대표자나 법인 또는 개인의 대리인, 사용인, 그 밖의 종업원이 그 법인 또는 개인의 업무에 관하여 제64조의 위반행위를 하면 그 행위자를 벌하는 외에 그 법인 또는 개인에게도 해당 조문의 벌금형을 과(科)한다. 다만, 법인 또는 개인이 그 위반행위를 방지하기 위하여 해당 업무에 관하여 상당한 주의와 감독을 게을리하지 아니한 경우에는 그러하지 아니하다. [전문개정 2010.5.17.]

7.4 과태료(제66조)

청소년기본법상의 과태료는 500만 원 이하의 과태료와 100만 원 이하의 과태료로 나뉜다. 청소년기본법상의 과태료는 대통령령의 부과기준에 따르도록 되어 있다. 부과기준은 청소년기본법 시행령 [별표 6]이며 표 2.14를 참조하면 된다.

제66조(과태료) ① 다음 각 호의 어느 하나에 해당하는 자에게는 500만 원 이하의 과태료를 부과한다.
1. 제59조제1항에 따른 보고를 하지 아니하거나 검사를 거부 · 방해 또는 기피한 자
2. 제61조를 위반한 자

② 제24조의2제1항 및 제2항을 위반한 자에게는 100만 원 이하의 과태료를 부과한다.

③ 제1항과 제2항에 따른 과태료는 대통령령으로 정하는 바에 따라 여성가족부장관 또는 지방자치단체의 장이 부과 · 징수한다.

표 2.14 **청소년기본법 시행령 [별표 6] 과태료의 부과기준**

1. 일반기준

가. 위반행위의 횟수에 따른 과태료 부과기준은 최근 1년간(제2호가목은 제외한다) 같은 위반행위를 한 경우에 적용한다. 이 경우 위반횟수는 위반사항에 대하여 과태료 부과처분을 한 날과 다시 같은 위반사항을 적발한 날을 각각 기준으로 하여 계산한다.

나. 부과권자는 위반행위자가 다음의 어느 하나에 해당하는 경우에는 제2호에 따른 과태료 금액의 2분의 1의 범위에서 그 금액을 감경할 수 있다.
1) 위반행위자가 「질서위반행위규제법 시행령」 제2조의2제1항 각 호의 어느 하나에 해당하는 경우
2) 위반행위가 사소한 부주의나 오류 등 과실로 인한 것으로 인정되는 경우
3) 위반의 내용 · 정도가 경미하여 사회적 피해가 적다고 인정되는 경우
4) 법 위반상태를 시정하거나 해소하기 위한 노력이 인정되는 경우
5) 그 밖에 위반행위의 정도, 동기와 그 결과 등을 고려하여 감경할 필요가 있다고 인정되는 경우

2. 개별기준 (단위: 만 원)

위반행위	근거 법조문	과태료 금액	
		1차 위반	2차 이상 위반
가. 법 제24조의2제1항에 따른 보수교육을 받지 않은 경우	법 제66조제2항	30	50
나. 법 제24조의2제2항을 위반하여 보수교육을 이유로 불리한 처우를 한 경우	법 제66조제2항	50	100
다. 법 제59조제1항에 따른 보고를 하지 않은 경우	법 제66조제1항제1호	100	200
라. 법 제59조제1항에 따른 검사를 거부 · 방해 또는 기피한 경우	법 제66조제1항제1호	200	300
마. 법 제61조를 위반한 경우	법 제66조제1항제2호	150	300

8. 청소년기본법의 과제

청소년기본법은 청소년 관련 법의 가장 중추적인 법이며 청소년육성제도의 발전에 많은 기여를 해왔다. 그러나 청소년기본법이 청소년의 균형 있는 성장과 발달을 도모하기 위해서는 아래의 측면에서 보완이 필요하다.

8.1 청소년육성 개념의 변경과 청소년육성의 역할 확대

청소년육성이 "교육을 보완"하여야만 성립하는 것처럼 법의 문구가 구성되어 있지만, 청소년육성은 오히려 교육을 포함하는 개념이라고 할 수 있다. 또한 4차 산업혁명으로 사회가 급격히 변화하고 있으며, 학생별 개별적 수준별 학습이 가능하고 학습의 형태가 집체 강의를 통한 방법을 넘어서 체험이나 실습 등 다양해지는 점을 반영하여 청소년육성의 개념에는 "교육을 보완하여"를 삭제하고 청소년육성의 범위와 역할을 확대하여야 할 필요가 있다.

8.2 청소년의 시민으로서 참여 확대

청소년의 자치권 확대는 2018년 12월 이루어진 청소년기본법 개정에서도 가장 중심적인 부분이었다. 그럼에도 불구하고 청소년의 시민으로서의 참여는 그 기회나 범위에서 여전히 부족한 것이 사실이다. 청소년기본법 개정을 비판적인 시각에서 보자면 청소년 영역에서조차 청소년의 참여가 매우 제한적이었으며, 기성세대가 만들어 놓은 틀 안에서 청소년들이 움직이기를 바라는 제도의 성격이 강했다고 볼 수 있는 것이다. 청소년의 정치적 행동은 과거 일제강점기에도 3 · 1운동이나 광주학생 항일운동, 그 이후 대한민국에 이르기까지 줄기차게 진행되어 왔으나 이에 대한 제도적 뒷받침은 매우 부족한 상황이다. 기성세대의 결정의 결과를 수십 년 후 현재의 청소년 세대가 감수해야 하는 불합리성을 해소하기 위해서라도 청소년의 시민으로서의 참여가 보다 명확하게 규정되어야 한다.

8.3 청소년 근로의 보호 관련 법률의 법제화

수많은 청소년들이 아르바이트나 현장실습을 통해서 근로하고 있으나 이들에 대한 보호 관련 법제는 아직 체계화되어 있지 않고 청소년기본법이나 근로기준법에 단편적으로 나와 있는 것이 사실이다. 청소년의 근로를 보호하고 미래의 직업 선택을 보호하기 위한 지원이나 환경으로부터의 보호를 보다 체계화하기 위하여 같이 청소년근로보호법 등에 대한 입법에 대해서 진지한 고민과 모색이 필요한 시점이다.

쉬어가기 청년기본법

2020년 2월 4일 청년기본법이 제정되어 2020년 8월 5일에 시행되었다. 청년기본법은 법률명 그대로 "청년"을 위한 법이지만 그 대상이나 영역이 청소년기본법과 일부 겹친다. 청소년기본법은 청소년육성제도 관련 영역을 모두 포괄하는 내용으로 이루어져 있지만, 청년기본법은 청년이 겪고 있는 어려움을 해결하는 것으로 아직 "기본법"이라기보다는 "복지지원법"에 가까운 성격이다.

1) 제정 목적

[청년기본법 제정이유]
대한민국 발전의 근간인 청년은 최근의 정치 · 경제 · 사회 · 문화적 환경 변화로 인해 취업난이나 주거불안정 등 많은 어려움을 겪고 있어 청년에 대한 체계적이고 종합적인 지원이 필요한 실정임.
이에 이 법을 제정하여 청년발전을 위한 국가와 지방자치단체의 기본적인 책무를 규정하고, 청년의 권리와 책임을 선언하며, 청년발전을 도모하기 위한 종합계획의 수립 · 시행을 통해 청년정책이 체계적으로 추진되도록 함으로써 정치 · 경제 · 사회 · 문화 등 모든 영역에서 청년의 권리를 보장하고, 건전한 민주시민으로서의 책무를 다할 수 있도록 하는 데 기여하려는 것임. (출처: 법제처)

청년기본법은 청년이 겪고 있는 여러 가지 어려움에 대해서 사회적으로 지원을 하기 위하여 만들어진 법이다. 청소년기본법은 "청소년의 균형있는 성장 · 발달"이라는 일반 목표를 달성하기 위한 목적으로 청소년의 육성 측면이 법률의 관심사라면 청년기본법은 청년이 겪고 있는 "많은 어려움"이 법률의 주된 관심사이다.

2) 대상

[청년기본법 제3조 제1호] "청년"이란 19세 이상 34세 이하인 사람을 말한다. 다만, 다른 법령과 조례에서 청년에 대한 연령을 다르게 적용하는 경우에는 그에 따를 수 있다. (출처. 법제처)

청년기본법에서 청년은 19세 이상 34세 이하로 규정하고 있어서 청소년기본법의 청소년과는 19세 이상 24세 이하에서 중첩되고 있다. 19세 이상 24세 이하인 사람은 청소년이자 청년인 것이다. 이는 법의 목적이 다르기 때문이다. 청소년기본법은 청소년육성에 목적을 두고 청소년의 균형 있는 성장을 돕기 위한 각종 정책을 포함하고 있다면 청년기본법은 사회생활을 막 시작한 청년들이 당면한 여러 어려움을 헤쳐나가기 위한 정책을 담고 있다는 측면에서 차이가 있다. 이렇게 법률에서 연령이 중첩되는 현상은 아동복지법과 청소년기본법의 아동과 청소년에서도 볼 수 있는 현상으로 아동과 청소년을 여러 법률에 의해 이중 삼중으로 두텁게 보호를 하려는 의도 때문에 나온 것이라 할 수 있다.

PART

III

청소년활동 관련 제도

CHAPTER 03

청소년활동진흥법

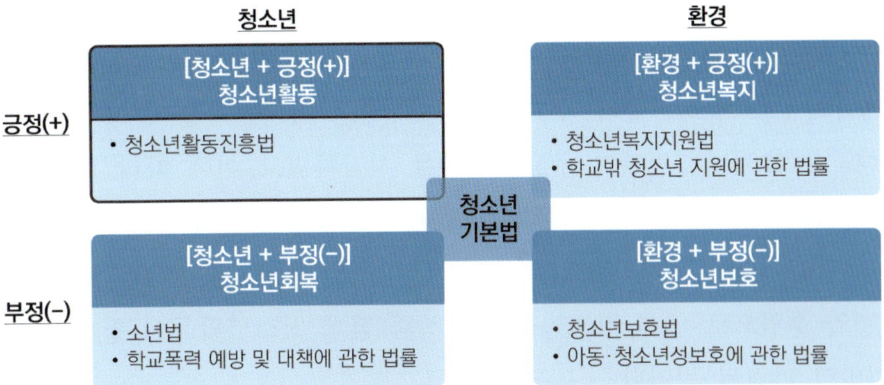

그림 3.1 **청소년활동진흥법의 청소년육성제도에서의 위치**

청소년활동진흥법의 청소년육성제도에서의 위치는 청소년 자신을 성장 · 발전시키기 위한 청소년활동 영역에 해당한다. 청소년활동은 청소년이 직접 참여하여 체험하면서 기량과 품성을 함양하는 활동이다. 청소년의 욕구만큼 청소년활동도 다양하며, 청소년활동의 질을 높이고, 안전한 청소년활동을 보장하기 위하여 큰 노력이 필요하다. 청소년활동진흥법은 청소년활동을 진흥하기 위한 다양한 정책을 담고 있다.

청소년활동진흥법

주제 3-1 청소년활동진흥법 제정 배경, 연혁, 총칙

1. 청소년활동진흥법 제정 배경과 의의

1.1 청소년활동진흥법의 제정 배경

2003년 6월 12일 청소년 관련 법 정비를 위한 청소년기관단체 합동위원회에서 청소년활동진흥법 제정이 논의되었다(박부근 · 이일용, 2004). 논의의 배경으로는 주5일 근무 등으로 인한 근로시간 단축 등 일-생활 균형을 들 수 있다.

심재권 의원 외 41인은 2003년 10월 4일 청소년활동진흥법안을 발의하면서 주요 제안이유로 청소년들의 주5일 수업에 따른 시대변화를 들고 있다(국회, 2019). 한국은 2004년 7월부터 주5일 근무를 시작하였고 이에 따라 학교 또한 2004년 월 1회 토요일 휴무에 이어 2006년에서 2011년 월 2회 토요일에 휴무를 실시하고 2012년에는 전면 주5일 수업을 실시하였다(나무위키, 2019). 주5일 근무제와 주5일 수업으로 인해 청소년들이 가족과 함께 청소년활동이 활성화될 수 있는 기반이 마련된 것이다.

법 체계적 측면도 청소년활동진흥법이 필요한 이유였다. 기존 청소년기본법만으로는 청소년활동에 대한 정책적 지원을 하기에 한계가 있었기 때문이다(현성수, 2003). 청소년활동에 관한 사항을 기본법적 성격을 갖는 청소년기본법에서 일일이 규정하는 데는 여러 측면에서 곤란한 점이 많았다. 청소년활동 현장에서 청소년 관련 정책이 활성화되기 위해서는 청소년활동진흥법을 별도로 운영하는 것이 더 유리한 측면이 있다.

제정 목적
미래사회의 주역이 될 청소년이 수련활동을 비롯한 문화활동, 교류활동 등 다양한 청소년활동을 통하여 자신의 기량과 품성을 함양하고 꿈과 희망을 마음껏 펼칠 수 있도록 하기 위한 제도적 기반을 마련하려는 것임(법제처, 2019).

법안 제안 이유
주 5일 수업 시대의 도래 등 새로운 사회·제도적 환경에 대응하여 미래사회의 주역이 될 청소년이 수련활동을 비롯한 문화활동, 교류활동 등 다양한 청소년활동을 통해 자신의 기량과 품성을 함양하고 꿈과 희망을 마음껏 펼칠 수 있도록 하기 위한 제도적 기반을 마련하려는 것임(국회, 2019).

1.2 청소년활동진흥법의 의의

청소년활동진흥법은 청소년의 자발적 참여로 이루어지는 체험인 청소년활동에 관한 내용을 담고 있는 청소년육성제도라는 점에서 그 의의가 있다.

청소년복지지원법이나 청소년보호법은 청소년의 성장에 필요한 환경을 지원하거나, 청소년을 유해환경으로부터 보호하는 등 환경을 다루고 있지만, 청소년활동진흥법은 청소년이 스스로 하는 체험을 다루고 있다. 청소년활동진흥법은 청소년이 스스로 참여하고 활동하여 청소년이 원하는 성장·발달이 이루어질 때 법의 제정 목적을 다하는 것이다. 청소년활동진흥법은 이를 위하여 청소년활동의 질을 높이고 안전을 보장하며, 다양한 청소년활동을 지원하기 위한 규정 등을 가지고 있다.

2. 청소년활동진흥법의 연혁

(출처: 국가법령정보. 관련 정보 발췌 및 요약)

2004. 2. 9. 청소년활동진흥법(법률 제7163호) 제정(2005. 2. 10. 시행) 청소년수련활동을 청소년수련활동, 청소년교류활동, 청소년문화활동으로 범주화.

국가는 청소년활동지원본부, 지방자치단체는 지방청소년활동지원센터를 설치 · 운영. 국립청소년수련시설을 설치 · 운영. 시 · 도 및 시 · 군 · 구는 청소년수련관 및 청소년문화의집을 의무적으로 설치 · 운영. 운영대표자의 수련시설 관련 정기 및 수시 안전점검과 조사자에 대한 운영 · 안전 · 위생 등에 관한 교육실시. 청소년수련활동인증제도를 운영.

2005. 3. 24. (시행 2005.9.25, 법률 제7420호) 청소년수련지구의 지정 및 고시와 수련지구조성계획의 수립 등에 관한 사무를 시 · 도에서 시 · 군 · 구로 이양

2007. 7. 27. (시행 2008.1.28, 법률 제8570호) 청소년활동지원본부와 지방청소년활동지원센터를 각각 한국청소년진흥센터와 지방청소년활동진흥센터로 변경. 국가청소년위원회가 시장 · 군수 · 구청장 등으로부터 청소년수련시설과 청소년이용시설 등의 실제적인 운영현황 등에 관한 자료를 정기적으로 보고 또는 제출받을 수 있는 법적 근거를 마련. 청소년수련활동인증의 사후관리에 관한 사항을 정함.

2010. 5. 17. (시행 2010.8.18, 법률 제10299호) 청소년 분야 유사 공공기관인 한국청소년진흥센터와 한국청소년수련원을 통합하여 한국청소년활동진흥원을 설치. 양벌규정에 책임주의가 적용되도록 영업주가 종업원 등에 대한 관리 · 감독상 주의의무를 다한 경우에는 처벌을 면하게 함.

2011. 5. 19. (시행 2011.5.19, 법률 제10660호) 청소년수련시설의 설치 · 운영 등에 관하여 대통령령으로 정하는 중요 사항에 "대규모의 부지변경, 건축연면적의 증감 등"으로 명확하게 하여 기존의 죄형법정주의 원칙 위배 소지를 없앰.

2013. 5. 28. (시행 2013.11.29, 법률 제11837호) 청소년 사고의 우려가 높은 이동 · 숙박형 청소년활동에 대한 관할기관 신고를 의무화하고, 아동학대 전력자 등 부적합자에 대한 이동 · 숙박형 청소년 활동 참여를 제한. '이동 · 숙박형 청소년활동' 계획의 신고를 한 자는 참가 청소년에게 응급상황이 발생한 경우 응급조치를 하도록 함. '이동 · 숙박형 청소년활동' 계획의 신고 내용은 인터넷을 통하여 공개. 수련시설의 안전을 위하여 국가나 지방자치단체가 수련시설에 대한 종합 안전점검을 실시할 수 있게 함. '이동 · 숙박형 청소년활동'을 주최하는 자의 보험가입을 의무화.

'이동 · 숙박형 청소년활동' 계획 신고의무 등을 위반한 경우 과태료를 부과.

2014. 1. 21. (시행 2014.7.22, 법률 제12329호) 사설 해병대 캠프에서 청소년이 목숨을 잃는 사건으로 인해 관련 규정을 개정. 신고대상 청소년수련활동을 숙박형 청소년수련활동과 비숙박형 청소년수련활동으로 구분하고, 이러한 수련활동은 시장 · 군수 · 구청장 등에게 신고하도록 함. 숙박형 등 청소년수련활동 중 참가 인원이 많거나 위험을 수반하는 활동의 경우에는 사전에 인증을 받도록 함. 숙박형등 청소년수련활동의 안전관리 강화 및 정보제공 확대. 수련활동, 시설운영 등을 포함한 청소년수련시설 전반에 대한 종합평가를 실시하고 결과 공개를 의무화 함.

2015. 2. 3. (시행 2015.8.4, 법률 제13182호) 감독기관으로 하여금 청소년수련시설에 대한 종합 안전점검 실시 결과를 공개하도록 함. 시행령에 규정되어 있는 청소년수련활동 인증위원회 구성을 법률로 정함.

2016. 3. 2. (시행 2016.3.2, 법률 제14068호) 한국청소년활동진흥원의 사업에 숙박형 등 청소년수련활동 계획의 신고 지원에 대한 컨설팅 및 교육을 추가. 한국청소년활동진흥원의 사업에 안전교육의 지원을 추가. 여성가족부 장관이 청소년수련시설 운영대표자 및 종사자를 대상으로 안전교육을 실시할 수 있도록 함.

2016. 5. 29. (시행 2016.5.29, 법률 제14238호) 일정규모 이상의 주택건설사업 또는 대지조성사업 시행 시 청소년수련시설을 설치하도록 한 규정을 삭제함(현행 제29조 삭제).

2017. 3. 21. (시행 2017.9.22, 법률 제14705호) 청소년수련시설에 대한 종합 안전점검을 "종합 안전 · 위생점검"으로 그 명칭을 변경. 청소년수련시설의 허가 또는 청소년수련지구 조성계획 승인과 관련하여 의견회신 기간을 정함.

2017. 12. 12. (시행 2018.6.13, 법률 제15211호) 청소년수련시설의 종합 안전 · 위생점검 및 종합평가를 실시하려면 미리 수련시설의 운영대표자에게 종합 안전 · 위생점검 및 종합평가의 절차, 방법 및 기간 등을 통보하도록 하고, 수련시설의 운영대표자에게 필요한 자료의 제출을 요구할 수 있도록 함.

2018. 3. 13. (시행 2018.9.14, 법률 제15453호) 숙박형 또는 비숙박형 청소년수련활동 계획의 신고를 받은 경우 14일 이내에, 청소년수련시설 운영의 휴지·폐지신고를 받은 경우 7일 이내에 신고수리 여부를 신고인에게 통지하도록 하고, 그 기간 내에 신고수리 여부나 처리기간의 연장을 통지하지 아니한 경우에는 신고를 수리한 것으로 간주(看做)[1)]하도록 함.

2020. 5. 19. (시행 2020.11.20, 법률 제17286호) 한국청소년활동진흥원의 출연금에 대한 법적 근거를 규정하고, 청소년수련시설에 대한 시정명령 대상을 명확히 규정하며, 일반 국민의 청소년수련원 이용을 완화함.

3. 청소년활동진흥법의 목적(제1조)

청소년활동진흥법 제1조에는 이 법의 목적을 기술하고 있다. 이 법은 청소년기본법 제47조 제2항에 따라서 다양한 청소년활동을 적극적으로 진흥하는 데 필요한 사항을 정하는 것을 목적으로 한다(제1조).

청소년기본법 제47조 제2항은 청소년활동 지원에 관한 사항은 다른 법률로 정한다는 내용으로 이루어져 있다. 청소년활동진흥법 제1조는 청소년활동법이 청소년기본법 제47조 제2항에 의한 법률임을 명확히 하고 있다.

> **제1조(목적)** 이 법은 「청소년기본법」 제47조 제2항에 따라 다양한 청소년활동을 적극적으로 진흥하기 위하여 필요한 사항을 정함을 목적으로 한다.
>
> **청소년기본법 제47조(청소년활동의 지원)** ① 국가 및 지방자치단체는 청소년활동을 지원하여야 한다. ② 제1항에 따른 청소년활동의 지원에 관한 사항은 따로 법률로 정한다.

1) 간주(看做)란 그렇게 본다는 뜻으로 처리기간 내에 통지하지 못하였다면 행정관청에 설사 신고를 수리하지 않을 의사가 있다고 하더라도 수리가 된 것으로 처리한다는 것임.

4. 청소년활동진흥법에 사용되는 용어의 정의(제2조)

청소년활동진흥법 제2조 정의에서는 청소년활동진흥법에 사용되는 용어의 뜻을 명시하고 있다.

4.1 청소년활동

청소년활동의 정의에 관해서는 이 법에서 별도로 정하지 않고 청소년기본법을 따르도록 하고 있다(제1호). 청소년기본법 제3조 제3호에서는 청소년활동을 "청소년의 균형 있는 성장을 위하여 필요한 활동과 이러한 활동을 소재로 하는 수련활동 · 교류활동 · 문화활동 등 다양한 형태의 활동"으로 정의하고 있다(제3호).

제2조(정의) 이 법에서 사용하는 용어의 뜻은 다음과 같다.
1. "청소년활동"이란 「청소년기본법」 제3조제3호에 따른 청소년활동을 말한다.

청소년기본법 제3조(정의) 3. "청소년활동"이란 청소년의 균형 있는 성장을 위하여 필요한 활동과 이러한 활동을 소재로 하는 수련활동 · 교류활동 · 문화활동 등 다양한 형태의 활동을 말한다.

4.2 청소년활동시설

청소년활동시설은 "청소년수련활동, 청소년교류활동, 청소년문화활동에 제공되는 시설로 제10조에 따른 시설"을 말한다(제2호). 제10조에서는 청소년활동시설을 청소년수련시설과 청소년이용시설로 나누고, 청소년수련시설은 다시 가. 청소년수련관, 나. 청소년수련원, 다. 청소년문화의 집, 라. 청소년특화시설, 마. 청소년야영장, 바. 유스호스텔로 구분하고 있다.

제2조(정의) 2. "청소년활동시설"이란 청소년수련활동, 청소년교류활동, 청소년문화활동 등 청소년활동에 제공되는 시설로서 제10조에 따른 시설을 말한다.

4.3 청소년활동의 분류

청소년활동진흥법에서는 청소년활동을 청소년수련활동과 청소년교류활동, 청소년문화활동으로 구분하고 있다. 이러한 청소년활동 구분은 청소년활동을 체계화했다는 의의가 있다.

청소년수련활동과 청소년교류활동, 청소년문화활동은 표 3.1과 같이 목적과 종류에서 차이가 난다.

표 3.1 청소년활동의 종류와 구분

분류	청소년수련활동*	청소년교류활동	청소년문화활동
목적	청소년 시기에 필요한 기량과 품성을 함양	공동체 의식 등을 함양	문화적 감성과 더불어 살아가는 능력을 함양
종류	-	지역 간, 남북 간, 국가 간 교류	예술활동, 스포츠활동, 동아리활동, 봉사활동

*청소년수련활동에는 1) 청소년지도자와 함께하는 활동, 2) 청소년수련거리에 참여하는 활동의 요건이 있음

1) 청소년수련활동

청소년수련활동은 "청소년이 청소년활동에 자발적으로 참여하여 청소년 시기에 필요한 기량과 품성을 함양하는 교육적 활동으로서 청소년기본법 제3조 제7호에 따른 청소년지도자(이하 "청소년지도자"라 한다)와 함께 청소년수련거리에 참여하여 배움을 실천하는 체험활동"이다(제3호).

> **제2조(정의)** 3. "청소년수련활동"이란 청소년이 청소년활동에 자발적으로 참여하여 청소년 시기에 필요한 기량과 품성을 함양하는 교육적 활동으로서 「청소년기본법」 제3조제7호에 따른 청소년지도자(이하 "청소년지도자"라 한다)와 함께 청소년수련거리에 참여하여 배움을 실천하는 체험활동을 말한다.

청소년수련활동은 법적 관리 혹은 법적 규제의 주요 대상인 점이 다른 청소년교류활동이나 청소년문화활동과 구분되는 점이다(기은광, 2109). 예를 들어, 청

소년수련활동은 청소년수련활동인증제, 청소년수련활동신고제의 대상이다. 그림 3.2에 나와 있는 것처럼 청소년수련활동, 청소년교류활동, 청소년문화활동은 서로 배타적 개념이 아니다.

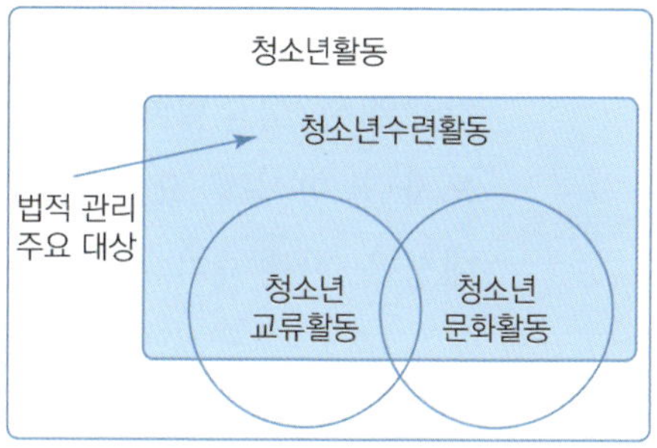

그림 3.2 **청소년활동의 구분**
(출처: 기은광, 2019)

청소년활동의 요건을 자세히 살펴보면 다음과 같다.

첫째, 자발적 참여로 청소년이 스스로 청소년활동에 참여해야 하는 것으로 의무적으로 참여하는 활동과는 구분된다. 예를 들어 이 조항에 따르면, 군(軍) 사회의 상당수의 연령이 24세 이하의 청소년이지만, 군에서 하는 활동의 상당 부분은 비자발적인 활동이기 때문에 청소년수련활동이 아니게 된다. 군에서 하는 활동도 자발성과 함께 다른 요건을 갖추면 청소년수련활동이 될 수 있다.

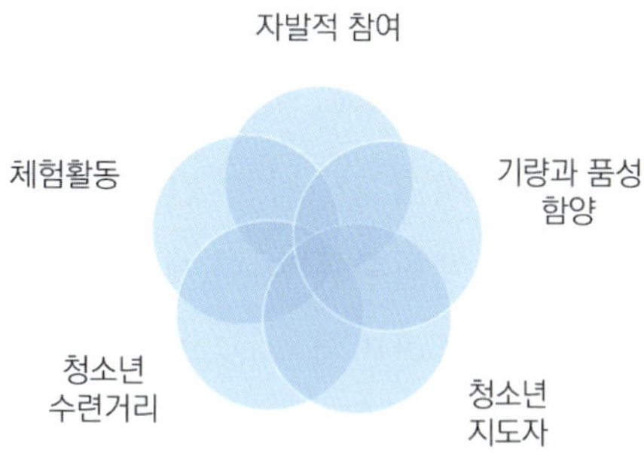

그림 3.3 **청소년수련활동 구성요소**

둘째, 청소년 시기에 필요한 기량과 품성을 함양하는 교육적 활동이라야 청소년수련활동이 된다. 청소년 시기에 필요한 기량과 품성을 함양하는 교육적 활동이 아니라면, 청소년수련활동이라 할 수 없다.

그러나 "청소년 시기"에 필요한 기량과 품성이라는 것은 시대적이고 사회적으로 변화하며, 지역과 계층, 문화에 따라 서로 다르게 받아들여질 수 있다. "교육적" 활동도 불분명 개념 중 하나이다. 과거 교육적이라고 여겨지지 않던 많은 활동이 교육적이라고 평가되고 있는 것을 보더라도 교육적이라는 말을 굳이 사용하여 오해와 혼란을 낳는 것은 바람직하지 않다고 판단된다.

셋째, 청소년수련활동은 청소년지도자와 함께하는 활동이다. 다만 청소년지도자가 청소년지도사, 청소년상담사와 청소년시설, 청소년단체 및 청소년 관련 기관에서 청소년육성에 필요한 업무에 종사하는 사람이라는 점에서 청소년지도자란 형식적 요건을 정한 것으로 보이며, 국가와 지방자치단체에서 지원의 대상을 한정하기 위한 문구로 판단된다.

넷째, 청소년수련활동은 청소년수련거리를 통하여 진행되는 활동이다. 청소년수련거리란 청소년수련활동에 필요한 청소년프로그램과 이와 관련되는 사업을 말하며, 이는 청소년수련활동이 체계적으로 진행되어야 함을 뜻한다.

다섯째, 청소년수련활동은 참여하고 배움을 실천하는 체험활동이다. 청소년수련활동에서는 청소년이 직접 참여하는 체험을 중시한다. 청소년 체험은 청소년활동을 청소년복지나 청소년보호와 구분 짓는 중요한 잣대이다.

2) 청소년교류활동

청소년교류활동은 "청소년이 주체가 되어 그 목적이 공동체 의식의 함양으로 지역 간, 남북 간, 국가 간 교류를 통하여 청소년의 공동체 의식 등을 함양하는 체험활동"이다(제4호). 청소년교류활동은 청소년활동에서 다양한 청소년들과 교류하면서 서로의 가치관과 문화를 이해하고 교류하는 데에 목적이 있다.

> **제2조(정의)** 4. "청소년교류활동"이란 청소년이 지역 간, 남북 간, 국가 간의 다양한 교류를 통하여 공동체의식 등을 함양하는 체험활동을 말한다.

3) 청소년문화활동

청소년문화활동은 청소년이 예술활동, 스포츠활동, 동아리활동, 봉사활동 등을 통하여 문화적 감성과 더불어 살아가는 능력을 함양하는 체험활동을 말한다. 청소년문화활동은 청소년수련활동이 다양한 형태의 활동으로 이루어진다.

조문에 명시된 대로 예술활동, 스포츠활동, 동아리활동, 봉사활동은 단순 예시로 그 외 다양한 문화활동이 있을 수 있다. 다만 이들 청소년문화활동으로 예시된 문화활동은 체계 측면에서 혼란한 점이 있다. 예술활동이나 스포츠활동은 그 내용을 이야기하는 데에 비해서 동아리활동은 활동의 형태, 봉사활동은 활동의 목적으로 구분되는 활동이다. 개념이 주는 혼란을 줄이기 위해서는 추후 청소년활동진흥법 개정이 필요하다.

제2조(정의) 4. "청소년교류활동"이란 청소년이 지역 간, 남북 간, 국가 간의 다양한 교류를 통하여 공동체의식 등을 함양하는 체험활동을 말한다.
5. "청소년문화활동"이란 청소년이 예술활동, 스포츠활동, 동아리활동, 봉사활동 등을 통하여 문화적 감성과 더불어 살아가는 능력을 함양하는 체험활동을 말한다.

4) 청소년수련거리

청소년수련거리는 "청소년수련활동에 필요한 프로그램과 이와 관련되는 사업"을 말한다(제5호). 청소년수련거리는 커리큘럼(curriculum) 혹은 교육과정과 혼동되기 쉬운 개념이다. 그러나 청소년활동진흥법을 보면 청소년수련거리는 교육내용이나 교육내용을 체계화한 과정 이상을 뜻한다. 청소년수련거리는 청소년프로그램을 포함하여 청소년프로그램을 실시하는 사업 등으로 그 범위가 넓다.

제2조(정의) 6. "청소년수련거리"란 청소년수련활동에 필요한 프로그램과 이와 관련되는 사업을 말한다.

청소년수련거리가 단순히 청소년수련활동에만 적용되는 것이 아닌지 의문이 있을 수 있다. 청소년수련활동에는 청소년수련거리가 필수적이다. 청소년수련활동이 아니더라도 참여 청소년이나 지도자의 역량이 있다면 청소년수련거리의 활용이 가능할 수도 있다. 요약하자면 청소년수련활동이 아닌 청소년활동에도 청소년수련거리의 적용이 가능할 수 있으나 특별한 주의가 필요하다.

4.4 숙박 여부에 따른 청소년활동

청소년수련활동은 9세에서 24세의 청소년을 대상으로 한다. 이 중 19세 미만을 대상(19세가 되는 해의 1월 1일을 맞이한 자 제외)으로 하는 청소년활동은 그림 3.4에 표현된 대로, 숙박 여부를 기준으로 숙박형 청소년수련활동과 비숙박형 청소년수련활동으로 나뉜다. 이들 숙박형 청소년수련활동과 비숙박형 청소년수련활동은 청소년수련활동 신고의 대상이 된다. 숙박형 청소년수련활동과 비숙박형 청소년수련활동을 함께 말할 때는 "숙박형등 청소년수련활동"이라고 표현한다(제9조의2).

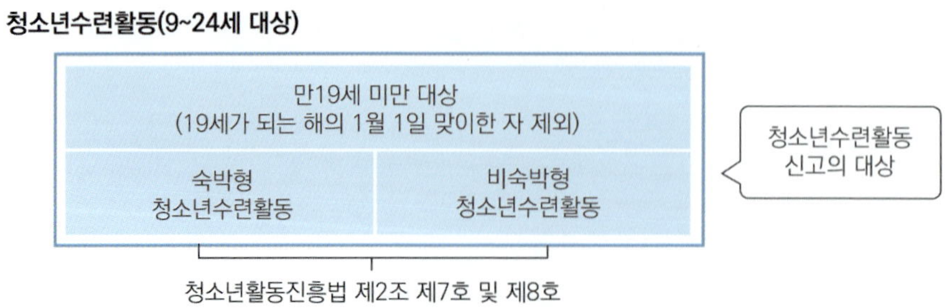

그림 3.4 **일반 청소년수련활동과 숙박형/비숙박형 청소년수련활동**

1) 숙박형 청소년수련활동

숙박형 청소년수련활동은 19세 미만의 청소년(19세가 되는 해의 1월 1일을 맞이한 사람은 제외한다. 이하 같다)을 대상으로 청소년이 자신의 주거지에서 떠나 제10조 제1호의 청소년수련시설 또는 그 외의 다른 장소에서 숙박·야영하거나 제10조 제1호의 청소년수련시설 또는 그 외의 다른 장소로 이동하면서 숙박·야영하는 청소년수련활동을 말한다(제7호). 숙박형 청소년수련활동에는 장소가 고정 숙박형으로 숙박·야영의 장소가 변경되지 않는 경우와 장소가 이동되면서 숙박·야영하는 이동 숙박형으로 구분된다.

2) 비숙박형 청소년수련활동

비숙박형 청소년수련활동은 19세 미만의 청소년을 대상으로 제10조 제1호의 청소년수련시설 또는 그 외의 다른 장소에서 실시하는 청소년수련활동으로서 실시하는 날에 끝나거나 숙박 없이 2회 이상 정기적으로 실시하는 청소년수련활동을 말한다(제8호).

> **제2조(정의)** 7. "숙박형 청소년수련활동"이란 19세 미만의 청소년(19세가 되는 해의 1월 1일을 맞이한 사람은 제외한다. 이하 같다)을 대상으로 청소년이 자신의 주거지에서 떠나 제10조제1호의 청소년수련시설 또는 그 외의 다른 장소에서 숙박·야영하거나 제10조제1호의 청소년수련시설 또는 그 외의 다른 장소로 이동하면서 숙박·야영하는 청소년수련활동을 말한다.
> 8. "비숙박형 청소년수련활동"이란 19세 미만의 청소년을 대상으로 제10조제1호의 청소년수련시설 또는 그 외의 다른 장소에서 실시하는 청소년수련활동으로서 실시하는 날에 끝나거나 숙박 없이 2회 이상 정기적으로 실시하는 청소년수련활동을 말한다.

5. 관계기관의 협조

여성가족부장관 및 지방자치단체의 장은 청소년활동의 진흥을 위하여 필요한 경우, 청소년기본법 제48조에 따라 교육부, 특별시·광역시·특별자치시·도·특별자치도 교육청 및 지역교육청과 협의를 할 수 있다.

> **제3조(관계 기관의 협조)** ① 여성가족부장관 및 지방자치단체의 장은 학생인 청소년의 청소년활동 진흥을 위하여 필요하면 「청소년기본법」 제48조에 따라 교육부, 특별시·광역시·특별자치시·도·특별자치도 교육청 및 지역교육청(이하 "교육청"이라 한다)과 협의를 할 수 있다.
> ② 제1항에 따른 협의를 요청받은 관계 기관은 특별한 사유가 없으면 그 요청에 따라야 한다.
> **청소년기본법 제48조(학교교육 등과의 연계)** ① 국가 및 지방자치단체는 청소년활동과 학교교육·평생교육을 연계하여 교육적 효과를 높일 수 있도록 하는 시책을 수립·시행하여야 한다.
> ② 여성가족부장관이 제1항에 따른 시책을 수립할 때에는 미리 관계 기관과 협의하여야 하며, 전문가의 의견을 들어야 한다.
> ③ 제2항에 따른 협의를 요청받은 관계 기관은 특별한 사유가 없으면 이에 따라야 한다.

주제 3-2 청소년활동의 보장

1. 청소년활동의 지원(제5조)

청소년활동진흥법에서는 청소년활동에서 청소년의 권리를 다시 한번 선언하고 국가와 지방자치단체 차원에서 관련 시책을 수립·시행할 것을 규정하고 있다.

청소년은 다양한 청소년활동에 주체적이고 자발적으로 참여하여 자신의 꿈과 희망을 실현할 충분한 기회와 지원을 받을 권리를 갖는다. 청소년활동진흥법 제5조 제1항은 "받아야 한다"라고 기술하여 국가와 지방자치단체의 청소년활동 지원이 법적 책무임을 명확히 하고 있다. 청소년활동진흥법 제5조는 청소년의 권리를 선언함과 동시에 국가와 지방자치단체의 분발을 촉구하는 조항이다.

청소년활동 지원과 관련하여 국가와 지방자치단체의 책임은 다음과 같다(제5조 제2항, 제3항). 첫째, 국가 및 지방자치단체는 청소년활동을 활성화하는 데 필요한 청소년활동시설, 청소년활동 프로그램, 청소년지도자 등을 위한 시책을 수립·시행해야 한다. 둘째, 국가 및 지방자치단체는 개인·법인 또는 단체가 청소년활동을 지원하려는 경우에 그에 필요한 행정적·재정적 지원을 할 수 있다. 시책 수립 및 시행은 "하여야 한다"라는 강력한 표현을 사용하였으나, 개인·법인 또는 단체의 청소년활동에 대한 행정적·재정적 지원은 "할 수 있다"라는 약한 표현을 사용하였다. 이는 개인·법인·단체의 모든 청소년활동이 국가와 지방자치단체의 행정적·재정적 지원 대상이라 할 수는 없기 때문이다.

제5조 청소년활동의 지원에는 사회적 차원의 선언은 생략되어 있다. 그러나 사회의 의무 또한 강조될 필요가 있으므로 추후 보완될 필요가 있다.

제5조(청소년활동의 지원) ① 청소년은 다양한 청소년활동에 주체적이고 자발적으로 참여하여 자신의 꿈과 희망을 실현할 충분한 기회와 지원을 받아야 한다.
② 국가 및 지방자치단체는 청소년활동을 활성화하는 데 필요한 청소년활동시설, 청소년활동 프로그램, 청소년지도자 등을 위한 시책을 수립 · 시행하여야 한다.
③ 국가 및 지방자치단체는 개인 · 법인 또는 단체가 청소년활동을 지원하려는 경우에는 그에 필요한 행정적 · 재정적 지원을 할 수 있다.

2. 한국청소년활동진흥원과 지방청소년활동진흥센터

청소년활동을 진흥하고자 설치되는 기관으로는 국가 차원의 한국청소년활동진흥원과 지방자치단체 차원의 지방청소년활동진흥센터를 들 수 있다.

2.1 한국청소년활동진흥원의 성격

한국청소년활동진흥원은 청소년활동진흥법에 의한 특수법인이다. 한국청소년활동진흥원은 청소년활동과 관련한 사업개발 및 지원업무를 수행한다. 구체적으로는 연구 및 프로그램 개발, 사업개발 및 운영, 전문가 양성, 정보 제공 및 관리, 시설 또는 기관 지원 관련, 인증 및 신고제도를 운영한다(제6조1항).

한국청소년활동진흥원에는 정책연구 기능이 없어 청소년활동에 대한 정책연구는 제한된다(최순종, 2015). 향후 입법 보완이 필요한 사안이다. 청소년활동진흥원과 청소년정책연구원, 한국청소년상담복지개발원의 비교는 표 3.2와 같다.

2.2 한국청소년활동진흥원의 성립과 구성

한국청소년활동진흥원은 "법인"의 성격을 가지며(제6조 제2항), 그 주된 사무소와 소재지에서 설립등기를 함으로써 성립한다(제3항). 한국청소년활동진흥원은 법률에 의하여 성립되었기 때문에 "특수법인"2)의 성격을 가진다(정부입법지원센터, 2021). 청소년활동진흥원에는 청소년활동진흥법과 공공기관 운영에 관한 법률이 우선 적용되며 그 외의 사항에는 민법이 적용된다(제6조의7).

표 3.2 청소년육성제도 관련 주요 지원기관 비교

구분	한국청소년 정책연구원	한국청소년활동진흥원	한국청소년상담 복지개발원
근거	• 정부출연 연구기관 등의 설립·운영 및 육성에 관한 법률	• 청소년활동진흥법	• 청소년복지지원법
성격	• 정책연구	(정책연구 기능 없음) • 사업개발 및 지원	• 정책연구 • 사업개발 및 지원
연구 및 프로그램 개발	• 청소년 정책 연구 및 학술 및 정책 교류	• 청소년활동 프로그램 개발과 보급	• 청소년 상담 및 복지와 관련된 정책의 연구 • 청소년 상담기법의 개발 및 상담자료의 제작·보급
사업개발 및 운영		• 국가 및 지방자치단체가 개발한 주요 청소년수련거리의 시범운영 • 청소년 자원봉사활동의 활성화	• 청소년 상담 및 복지 사업의 개발 및 운영 지원 • 청소년 가족에 대한 상담·교육
전문가양성		• 청소년지도자의 연수	• 청소년 상담·복지 인력의 양성 및 교육
정보 제공 및 관리		• 청소년활동, 청소년복지, 청소년보호에 관한 종합적 안내 및 서비스 제공 • 청소년육성에 필요한 정보 등의 종합적 관리 및 제공	• 청소년에 관한 상담·복지 정보체계의 구축·운영
시설 또는 기관 지원 관련		• 국가가 설치하는 수련시설의 유지·관리 및 운영업무의 수탁 • 청소년활동시설이 실시하는 국제교류 및 협력사업에 대한 지원 • 수련시설 종합 안전·위생점검에 대한 지원	• 청소년 상담·복지 관련 기관 간의 연계 및 지원 • 지방자치단체 청소년복지지원기관의 청소년 상담·복지 관련 사항에 대한 지도 및 지원
인증 및 신고 제도		• 청소년수련활동인증제 • 청소년수련활동신고제 운영	

2) 특수법인이란 민법이나 상법 이외의 특별법에 의하여 설립된 법인으로 국가의 지원을 받음과 동시에 국가의 지도 및 감독을 받으며, 그 업무의 상당부분도 공적 성격을 가지고 있다(정부입법지원센터, 2021).

한국청소년활동진흥원은 청소년육성을 위하여 설립되는 기관으로 법인으로 설립하며, 이사장을 포함한 15명 이내의 이사와 감사 1명을 둔다. 이사장의 임기는 3년이며, 이사와 감사의 임기는 각각 2년으로 하되 1년을 단위로 연임할 수 있다(제6조의3).

2.3 한국청소년활동진흥원의 사업 등

1) 수행사업(제6조 제1항)

한국청소년활동진흥원은 청소년활동의 진흥을 위하여 관련 프로그램의 개발, 청소년활동전문가로서 청소년지도사의 육성, 청소년활동의 안전 및 질 유지를 위한 청소년수련활동 인증제 및 청소년수련활동 신고제, 청소년수련시설의 안전을 위한 청소년수련시설 종합 안전·위생점검 등의 업무를 수행한다.

청소년활동진흥법 제6조 제1항에 의하여 한국청소년활동진흥원의 사업으로

표 3.3 **한국청소년활동진흥원의 사업(제6조 제1항)**

구분	사업 내용
종합안내	1. 청소년활동, 「청소년기본법」 제3조 제4호에 따른 청소년복지, 같은 법 제3조 제5호에 따른 청소년보호에 관한 종합적 안내 및 서비스 제공 2. 청소년육성에 필요한 정보 등의 종합적 관리 및 제공
청소년활동	3. 청소년수련활동 인증위원회 등 청소년수련활동 인증제도의 운영 4. 청소년 자원봉사활동의 활성화 5. 청소년활동 프로그램의 개발과 보급 6. 국가가 설치하는 수련시설의 유지·관리 및 운영업무의 수탁 7. 국가 및 지방자치단체가 개발한 주요 청소년수련거리의 시범운영 8. 청소년활동시설이 실시하는 국제교류 및 협력사업에 대한 지원
연수 및 교육	9. 청소년지도자의 연수 11의2. 제18조의2에 따른 안전교육의 지원
컨설팅 및 홍보	9의2. 제9조의2에 따른 숙박형등 청소년수련활동 계획의 신고 지원에 대한 컨설팅 및 교육 11. 수련시설의 안전에 관한 컨설팅 및 홍보
안전·위생 점검 지원	10. 제18조의3에 따른 수련시설 종합 안전·위생점검에 대한 지원
기타	12. 그 밖에 여성가족부장관이 지정하거나 활동진흥원의 목적을 수행하기 위하여 필요한 사업

규정된 사항은 종합안내, 청소년활동, 연수 및 교육, 컨설팅 및 홍보, 안전·위생점검 지원, 기타로 구분될 수 있으며 구체적인 내용은 표 3.3과 같다.

2) 공공기관 등에 간행물 및 자료 제공 요청(제6조의5)

한국청소년활동진흥원은 제6조 제1항 제2호 "청소년육성에 필요한 정보 등의 종합적 관리 및 제공의 사업"을 수행하기 위하여 필요할 때에는 공공기관 등에 대하여 간행물이나 자료의 제공을 요청할 수 있다. 이 경우 상당한 대가를 지급하여야 한다(제1항). 제출받은 자료는 당해 목적에만 사용하여야 하고(제2항), 임직원은 이에 대한 비밀을 지킬 의무가 있다(제3항). 비밀을 누설한 경우에는 제70조 제1항 제1호에 따라 2년 이하의 징역 또는 2천만 원 이하의 벌금에 처해진다.

3) 경비 조달(제6조의6)

한국청소년활동진흥원의 사업 및 운영에 드는 경비는 정부가 경비의 전부 또는 일부를 출연하거나 보조할 수 있으며(제1항), 개인·법인 또는 단체가 출연 또는 기부하는 것도 가능하다(제2항).

2.4 한국청소년활동진흥원 관련 벌칙 관련 조항(제6조의8)

1) 유사명칭 사용 금지

한국청소년활동진흥원은 일반인의 혼돈을 막기 위하여 이와 동일하거나 유사한 명칭을 사용하지 못하며, 이를 어길 경우에는 500만 원 이하의 과태료를 부과받는다.

제6조의8(유사명칭의 사용금지) 이 법에 따른 활동진흥원이 아닌 자는 한국청소년활동진흥원 또는 이와 유사한 명칭을 사용하지 못한다. [본조신설 2010. 5. 17.]

제72조(과태료) ① 다음 각 호의 어느 하나에 해당하는 자에게는 500만 원 이하의 과태료를 부과한다.
1. 제6조의8을 위반하여 한국청소년활동진흥원 또는 이와 유사한 명칭을 사용한 자

2) 벌칙 적용 시의 공무원 의제

한국청소년활동진흥원 사업 중 제6조 제1항 제2호 "청소년육성에 필요한 정보 등의 종합적 관리 및 제공"의 사업에 종사하는 사람은 공무원으로 보아 형법 제129조에서 제132조까지가 적용된다.

제6조의9(벌칙 적용 시의 공무원 의제) 제6조제1항제2호의 사업에 종사하는 사람은 「형법」 제129조부터 제132조까지의 규정에 따른 벌칙을 적용할 때에는 공무원으로 본다.

형법 제129조(수뢰, 사전수뢰), 제130조(제삼자뇌물제공), 제131조(수뢰후부정처사, 사후수뢰), 제132조(알선수뢰)

2.5 지방청소년활동진흥센터(제7조)

시 · 도 및 시 · 군 · 구는 해당 지역의 청소년활동을 진흥하기 위하여 지방청소년활동진흥센터를 설치 · 운영할 수 있다(제1항). 지방청소년활동진흥센터는 지방자치단체가 설립하여 지역 내의 청소년과 지역사회의 요구를 반영하여 청소년활동을 진흥할 수 있다. 2020 청소년백서(여성가족부, 2021)에 의하면 지방청소년활동진흥센터는 전국 시 · 도에 모두 17개소가 설치되어 있다. 시 · 군 · 구 단위에는 지방청소년활동진흥센터가 설립되고 있지 않다. 향후 지방청소년활동진흥센터가 시 · 군 · 구 단위에도 설립되어 청소년활동에 대한 자원을 보다 강화할 필요가 있다.

지방청소년활동진흥센터는 한국청소년활동진흥센터와 연계 협력하여 사업을 수행하며(제3항), 지방청소년활동진흥센터의 사업은 다음과 같다(제2항).

지방청소년활동진흥센터의 사업(제7조 제2항)
1. 지역 청소년활동의 요구에 관한 조사 2. 지역 청소년 자원봉사활동의 활성화 3. 청소년수련활동 인증제도의 지원 4. 인증받은 청소년수련활동의 홍보와 지원 5. 청소년활동 프로그램의 개발과 보급 6. 청소년활동에 대한 교육과 홍보 7. 제9조의2에 따른 숙박형등 청소년수련활동 계획의 신고에 대한 지원 8. 제9조의4에 따른 정보공개에 대한 지원 9. 그 밖에 청소년활동을 위하여 필요한 사업

국가 및 지방자치단체는 예산의 범위에서 지방청소년활동진흥센터의 운영에 필요한 경비의 전부 또는 일부를 지원할 수 있다(제4항).

다만, 지역사회에서 지방청소년활동진흥센터와 지방청소년상담복지센터를 동시에 운영하는 것이 연계성이 떨어지는 문제가 존재할 수 있다(최순종, 2015), 지역사회 역량 등으로 무리일 수 있어 이에 대한 보완이 필요하다. 제6차 청소년정책 기본계획에서는 청소년시설을 강화하기 위하여 청소년시설들을 청소년센터로 통합하여 운영하는 것을 고려하고 있다(관계기관합동, 2018).

2.6 청소년활동 정보의 제공(제8조)

한국청소년활동진흥원과 지방청소년활동진흥센터는 청소년의 요구를 수용하여 청소년의 발달단계와 여건에 맞는 프로그램과 정보를 상시 안내하고 제공하여야 한다. 정보의 제공과 안내에서 중점을 두는 사항은 1) 청소년의 요구를 수용하고, 2) 청소년의 발달단계에 적합해야 하며, 3) 청소년의 여건에 맞아야 한다는 점이다.

한국청소년활동진흥원과 지방청소년활동진흥센터는 정보 제공 사업을 시행하기 위하여 청소년의 활동 요구를 정기적으로 조사하고 이를 지역 청소년활동시설과 청소년단체에 제공해야 한다.

제8조(청소년활동 정보의 제공 등) ① 활동진흥원과 지방청소년활동진흥센터는 청소년의 요구를 수용하여 청소년의 발달단계와 여건에 맞는 프로그램과 정보를 상시 안내하고 제공하여야 한다.
② 활동진흥원과 지방청소년활동진흥센터는 제1항에 따른 사업을 시행하기 위하여 해당 지역 청소년의 활동 요구를 정기적으로 조사하고, 그 결과를 그 지역의 청소년활동시설과 「청소년기본법」 제3조제8호에 따른 청소년단체(이하 "청소년단체"라 한다)에 제공하여야 한다.

2.7 학교와의 협력(제9조)

한국청소년활동진흥원과 지방청소년활동진흥센터는 학교 및 평생교육시설과 협력 체계를 구축하여야 한다(제1항). 청소년기본법은 청소년활동이 교육과 연관성을 가지고 움직여야 함을 요구하고 있다. 이를 위하여 한국청소년활동진흥원과 지방청소년활동진흥센터는 해당 지역 각급 학교 및 평생교육시설에서 필요로 하는 청소년활동 관련 사항을 지원할 수 있고(제2항), 학생인 청소년을 위한 청소년수련거리를 개발할 때 필요하면 교육청 및 각급 학교에 관련 자료를 요청할 수 있다(제4항).

제9조(학교와의 협력 등) ① 활동진흥원과 지방청소년활동진흥센터는 「청소년기본법」 제48조에 따라 학교 및 평생교육시설과의 협력체제를 구축하여야 한다.
② 활동진흥원과 지방청소년활동진흥센터는 해당 지역 각급학교 및 평생교육시설에서 필요로 하는 청소년활동 관련 사항을 지원할 수 있다.
③ 활동진흥원과 지방청소년활동진흥센터는 제2항에 따라 매년 1회 이상 상호 협의하여 청소년수련거리를 개발하고, 해당 지역의 수련시설에 이를 보급하여야 한다.
④ 활동진흥원과 지방청소년활동진흥센터는 학생인 청소년을 위한 청소년수련거리를 개발할 때 필요하면 교육청 및 각급학교에 관련 자료를 요청할 수 있다. 이 경우 관계 기관은 특별한 사유가 없으면 그 요청에 적극 협조하여야 한다.

3. 청소년수련활동 신고제

3.1 청소년수련활동 계획의 신고(제9조의 2)

숙박형 청소년수련활동 및 비숙박형 청소년수련활동을 주최하려는 자는 여성가족부령으로 정하는 절차와 방법에 따라 시 · 도지사 또는 시 · 군 · 구청장에게 그 계획을 신고하여야 한다(제1항).

신고를 안 해도 되는 사항은 다음과 같다.

숙박형등 청소년수련활동 신고 예외(제9조의2 제1조)
1. 다른 법률에서 지도 · 감독 등을 받는 비영리 법인 또는 비영리 단체가 운영하는 경우 2. 청소년이 부모 등 보호자와 함께 참여하는 경우 3. 종교단체가 운영하는 경우 4. 비숙박형 청소년수련활동 중 제36조제2항에 따라 인증을 받아야하는 활동이 아닌 경우 (스카우트 주관단체나 한국청소년연맹 등의 단체가 회원을 대상으로 수련활동을 실시하는 경우)

청소년 참가인원이 150명 이상이거나 수상활동, 항공활동, 산악활동, 장거리 걷기활동 등 위험도가 높은 청소년수련활동인 경우에는 수련활동계획의 신고는 물론 여성가족부령인 청소년활동진흥법 시행규칙 제15조의2와 별표 7에 따라 "미리" 청소년수련활동인증위원회의 인증도 받아야 한다(제36조 제2항). 시행규칙 [별표 7]은 표 3.4에 나와 있다. 단, 스카우트 주관단체, 걸스카우트 주관단

표 3.4 청소년활동진흥법 시행규칙 [별표 7] 위험도가 높은 청소년수련활동

구분	프로그램
수상활동	래프팅, 모터보트, 동력요트, 수상오토바이, 고무보트, 수중스쿠터, 호버크래프트, 수상스키, 조정, 카약, 카누, 수상자전거, 서프보드, 스킨스쿠버
항공활동	패러글라이딩, 행글라이딩
산악활동	클라이밍(자연암벽, 빙벽), 산악스키, 야간등산(4시간 이상의 경우만 해당한다)
장거리걷기활동	10Km 이상 도보이동
그 밖의 활동	유해성 물질(발화성, 부식성, 독성 또는 환경유해성 등), 집라인(Zip-line), ATV탑승 등 사고위험이 높은 물질 · 기구 · 장비 등을 활용하여 이루어지는 청소년수련활동

체, 한국청소년연맹, 한국해양소년단연명, 4에이치활동 주관단체, 청소년적십자, 그 밖에 여성가족부령으로 정하는 단체가 회원을 대상으로 비숙박형 수련활동을 하는 경우는 청소년수련활동 계획의 신고는 물론 청소년수련활동 인증을 받지 않아도 된다(제9조의2 제1항, 제36조 제2항).

제9조의2(숙박형등 청소년수련활동 계획의 신고) ① 숙박형 청소년수련활동 및 비숙박형 청소년수련활동(이하 "숙박형등 청소년수련활동"이라 한다)을 주최하려는 자는 여성가족부령으로 정하는 절차와 방법에 따라 특별자치시장 · 특별자치도지사 · 시장 · 군수 · 구청장(자치구의 구청장을 말한다. 이하 같다)에게 그 계획을 신고하여야 한다. 다만, 다음 각 호의 경우는 제외한다.

1. 다른 법률에서 지도 · 감독 등을 받는 비영리 법인 또는 비영리 단체가 운영하는 경우
2. 청소년이 부모 등 보호자와 함께 참여하는 경우
3. 종교단체가 운영하는 경우
4. 비숙박형 청소년수련활동 중 제36조제2항에 따라 인증을 받아야하는 활동이 아닌 경우

② 특별자치시장 · 특별자치도지사 · 시장 · 군수 · 구청장은 제1항에 따른 신고를 받은 날부터 14일 이내에 신고수리 여부를 신고인에게 통지하여야 한다. <신설 2018. 3. 13.>

제36조(청소년수련활동의 인증 절차) ① 국가와 지방자치단체 또는 개인 · 법인 · 단체 등은 청소년수련활동에 필요한 프로그램을 개발하여 실시하려는 경우에는 인증위원회에 그 인증을 신청할 수 있다.

② 제1항에도 불구하고 위탁 · 재위탁을 포함하여 여성가족부령으로 정하는 바에 따라 참가 인원이 일정 규모 이상이거나 위험도가 높은 청소년수련활동을 주최하려는 자는 그 청소년수련활동에 대하여 미리 인증위원회의 인증을 받아야 한다. 다만, 다음 각 호의 어느 하나에 해당하는 단체가 회원을 대상으로 수련활동을 실시하는 경우에는 그러하지 아니하다.

청소년활동 진흥법 시행규칙 제15조의2(인증을 받아야 하는 청소년수련활동) 법 제36조제2항 각 호 외의 부분 본문에 따라 인증을 받아야 하는 청소년수련활동은 다음 각 호와 같다.

1. 청소년 참가인원이 150명 이상인 청소년수련활동
2. 별표 7의 위험도가 높은 청소년수련활동

3.2 건강상태 확인 및 의료조치 의무(제9조의3)

청소년활동진흥법 제9조의2에 따라 신고를 한 자는 여성가족부령으로 정하는 방법에 따라 해당 청소년활동에 참가하려는 청소년의 건강상태를 확인하여야 한다. 이 경우 해당 청소년활동에 참가하려는 청소년 및 친권자, 법정대리인

또는 사실상 청소년을 양육하는 사람인 보호자가 해당 청소년의 건강상태를 서면으로 보증한 때에는 신고자가 건강상태를 확인한 것으로 본다(제1항). 여성가족부령으로 정하는 방법이란 건강진단서와 개인이나 단체의 건강상태 확인서를 말하며 시행규칙에 별지 제6호와 별지 제6호의2 서식으로 규정되어 있다.

또한 신고자는 해당 청소년활동에 참가하는 청소년에게 질병·사고 또는 재해 등으로 인하여 의료조치가 필요하거나 참가자가 요청할 경우 응급의료기관, 의료기관, 약국에서 신속하고 적정한 치료를 받도록 하여야 한다(제2항).

제9조의3(건강상태 확인 및 의료조치 의무 등) ① 제9조의2에 따라 신고를 한 자(이하 "신고자"라 한다)는 여성가족부령으로 정하는 방법에 따라 해당 청소년활동에 참가하려는 청소년의 건강상태를 확인하여야 한다. 이 경우 해당 청소년활동에 참가하려는 청소년 및 보호자(친권자, 법정대리인 또는 사실상 청소년을 양육하는 사람을 말한다. 이하 같다)가 해당 청소년의 건강상태를 서면으로 보증한 때에는 신고자가 건강상태를 확인한 것으로 본다.

② 신고자는 해당 청소년활동에 참가하는 청소년에게 질병·사고 또는 재해 등으로 인하여 의료조치가 필요하거나 참가자가 요청할 경우 다음 각 호의 시설에서 신속하고 적정한 치료를 받도록 하여야 한다.

1. 「응급의료에 관한 법률」 제2조제5호에 따른 응급의료기관
2. 「의료법」 제3조에 따른 의료기관
3. 「약사법」 제2조제3호에 따른 약국 [본조신설 2013. 5. 28.]

청소년활동 진흥법 시행규칙 제1조의3(건강상태 확인 방법) 제1조의2에 따라 숙박형등 청소년수련활동 계획을 신고한 자는 법 제9조의3제1항에 따라 해당 청소년수련활동에 참가하려는 청소년의 건강상태를 확인하기 위하여 해당 프로그램 활동을 시작하기 전까지 다음 각 호의 서류 중 어느 하나를 제출받아 이를 확인하여야 한다.

1. 「건강검진기본법」 제14조에 따른 검진기관에서 발행한 건강진단서
2. 별지 제6호서식의 건강상태 확인서(개인)
3. 별지 제6호의2서식의 건강상태 확인서(단체)

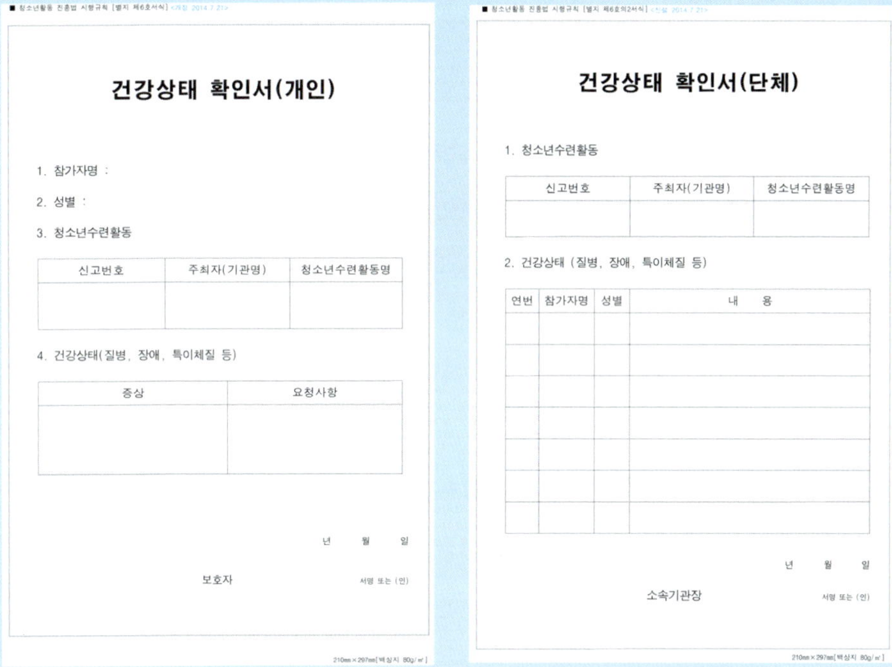

■ 청소년활동 진흥법 시행규칙 [별지 제6호서식] <개정 2014.7.21>

건강상태 확인서(개인)

1. 참가자명 :
2. 성별 :
3. 청소년수련활동

신고번호	주최자(기관명)	청소년수련활동명

4. 건강상태(질병, 장애, 특이체질 등)

증상	요청사항

년 월 일

보호자 서명 또는 (인)

210mm×297mm[백상지 80g/㎡]

■ 청소년활동 진흥법 시행규칙 [별지 제6호의2서식] <신설 2014.7.21>

건강상태 확인서(단체)

1. 청소년수련활동

신고번호	주최자(기관명)	청소년수련활동명

2. 건강상태 (질병, 장애, 특이체질 등)

연번	참가자명	성별	내 용

년 월 일

소속기관장 서명 또는 (인)

210mm×297mm[백상지 80g/㎡]

그림 3.5 **건강상태 확인서(개인 및 단체)**(출처: 법제처, 2019)

3.3 청소년수련활동 관련 정보의 공개 및 정보의 표시 · 고지(제9조의4, 제9조의5)

청소년활동진흥법 제9조의4와 제9조의5의 청소년수련활동의 홈페이지 공개와 종합정보제공시스템의 운영은 청소년 및 국민의 알 권리를 보장하고, 청소년수련활동을 홍보하고자 하는 목적으로 한다.

특별자치시장 · 특별자치도지사 · 시장 · 군수 · 구청장은 제9조의2에 따라 숙박형등 청소년수련활동 계획의 신고를 수리한 경우에는 여성가족부령으로 정하는 절차와 방법에 따라 해당 내용을 인터넷 홈페이지 등을 이용하여 공개하여야 한다(제9조의4 제1항). 또한 여성가족부장관은 제1항에 따른 공개를 위하여 온라인 종합정보제공시스템을 구축 · 운영하여야 하며(제9조의4 제2항) 여성가족부장관은 종합정보제공시스템의 운영을 한국청소년활동진흥원에 위탁할 수 있다(제9조의4 제3항).

제9조의2에 따라 숙박형등 청소년수련활동 계획의 신고가 수리된 자는 모집활동 및 계약을 할 경우 여성가족부령으로 정하는 바에 따라 1) 제36조에 따라 인증을 받은 청소년수련활동인지 여부, 2) 이 법 또는 다른 법률에 따른 안전관리 기준의 충족 여부, 3) 제25조에 따른 보험 등 관련 보험의 가입 여부 및 보험의 종류와 약관을 표시하고 고지하여야 한다(제9조의5).

3.4 자격 없는 자의 숙박형등 청소년수련활동 개최 제한 및 예외(제9조의6)

이 법 또는 다른 법률에 따라 신고·등록·인가·허가를 받지 아니한 단체 및 개인은 숙박형 청소년수련활동, 비숙박형 청소년수련활동 중 제36조 제2항에 따라 참가 인원이 일정 규모 이상이거나 위험도가 높은 청소년수련활동을 하여서는 아니 된다. 즉 자격이 없는 자는 인원이 많거나 위험도가 높은 숙박형 등 청소년수련활동을 하여서는 안 된다. 다만, 청소년이 부모 등 보호자와 함께 참여하는 경우 또는 종교단체가 운영하는 경우는 예외로 한다(제9조의6).

제9조의6(숙박형등 청소년수련활동의 제한) 이 법 또는 다른 법률에 따라 신고 · 등록 · 인가 · 허가를 받지 아니한 단체 및 개인은 숙박형 청소년수련활동, 비숙박형 청소년수련활동 중 제36조제2항에 따라 참가 인원이 일정 규모 이상이거나 위험도가 높은 청소년수련활동을 하여서는 아니 된다. 다만, 청소년이 부모 등 보호자와 함께 참여하는 경우 또는 종교단체가 운영하는 경우에는 그러하지 아니하다. [본조신설 2014. 1. 21.]

3.5 관계기관과의 협력(제9조의7)

이 조항은 청소년활동의 안전을 높이기 위하여 안전과 관련된 기관의 협력을 규정한 것이다.

특별자치시장 · 특별자치도지사 · 시장 · 군수 · 구청장은 제9조의2에 따라 숙박형등 청소년수련활동 계획의 신고를 수리한 후 필요할 경우에는 그 사실을 관계 기관에 알려 필요한 조치를 요청하여야 한다(제1항). 요청을 받은 관계기관은 특별한 사정이 없는 한, 1) 내수면, 해수면 등에서 이루어지는 청소년수련활동인 경우 수상레저안전법 제43조에 따른 안전점검, 2) 제36조 제2항 본문에 따른 청소년수련활동인 경우 119구조 · 구급에 관한 법률 제3조에 따른 구조 · 구급활동, 3) 제9조의2에 따라 신고 수리된 숙박형등 청소년수련활동인 경우 경찰관 직무집행법 제4조 및 제5조에 따른 보호조치 등과 위험발생의 방지, 4) 그 밖에 다른 법률에서 정하는 안전에 관련한 조치를 하여야 한다(제2항).

관계 기관의 준비(제9조의7 제2항)
1. 내수면, 해수면 등에서 이루어지는 청소년수련활동인 경우 「수상레저안전법」 제43조에 따른 안전점검 2. 제36조제2항 본문에 따른 청소년수련활동인 경우 「119구조 · 구급에 관한 법률」 제3조에 따른 구조 · 구급활동 3. 제9조의2에 따라 신고 수리된 숙박형등 청소년수련활동인 경우 「경찰관 직무집행법」 제4조 및 제5조에 따른 보호조치 등과 위험발생의 방지 4. 그 밖에 다른 법률에서 정하는 안전에 관련한 조치

주제 3-3 청소년활동시설

1. 청소년활동시설의 구분(제10조)

청소년활동시설은 청소년시설에 속하며(청소년기본법 제17조), 크게 청소년수련시설과 청소년 이용시설로 구분된다. 청소년활동시설의 전체적 모습은 그림 3.6과 같다.

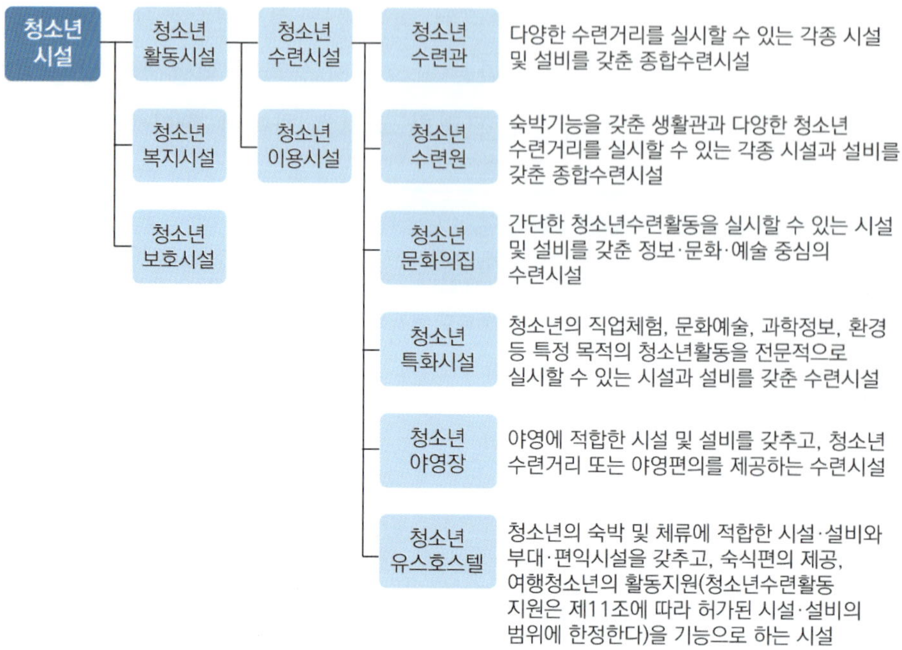

그림 3.6 **청소년활동시설의 체계**

제10조(청소년활동시설의 종류) 청소년활동시설의 종류는 다음 각 호와 같다.

1. 청소년수련시설

(생략)

2. 청소년이용시설: 수련시설이 아닌 시설로서 그 설치 목적의 범위에서 청소년활동의 실시와 청소년의 건전한 이용 등에 제공할 수 있는 시설

청소년기본법 제17조(청소년시설의 종류) 청소년활동에 제공되는 시설, 청소년복지에 제공되는 시설, 청소년보호에 제공되는 시설에 관한 사항은 따로 법률로 정한다.

1.1 청소년 수련시설(제1호)

청소년 수련시설에는 다음의 시설이 있다.

가. 청소년수련관: 다양한 청소년수련거리를 실시할 수 있는 각종 시설 및 설비를 갖춘 종합수련시설

나. 청소년수련원: 숙박기능을 갖춘 생활관과 다양한 청소년수련거리를 실시할 수 있는 각종 시설과 설비를 갖춘 종합수련시설

다. 청소년문화의 집: 간단한 청소년수련활동을 실시할 수 있는 시설 및 설비를 갖춘 정보·문화·예술 중심의 수련시설

라. 청소년특화시설: 청소년의 직업체험, 문화예술, 과학정보, 환경 등 특정 목적의 청소년활동을 전문적으로 실시할 수 있는 시설과 설비를 갖춘 수련시설

마. 청소년야영장: 야영에 적합한 시설 및 설비를 갖추고, 청소년수련거리 또는 야영편의를 제공하는 수련시설

바. 유스호스텔: 청소년의 숙박 및 체류에 적합한 시설·설비와 부대·편익시설을 갖추고, 숙식편의 제공, 여행청소년의 활동지원(청소년수련활동 지원은 제11조에 따라 허가된 시설·설비의 범위에 한정한다)을 기능으로 하는 시설

청소년수련관과 청소년수련원은 종합수련시설이라는 공통점이 있으나, 청소년수련관은 생활권에 주로 설치되고 숙박기능이 없으며, 청소년수련원은 자연권에 주로 설치되고, 숙박기능이 있다는 점이 다르다. 청소년문화의 집은 간단

한 청소년수련활동을 실시한다는 점에서 청소년수련관이나 청소년수련원과 차이가 있다. 청소년특화시설은 특정 목적에 맞는 특화시설을 설치해야 하고, 청소년야영장은 야영에 적합한 시설 및 설비를 갖추어야 한다. 유스호스텔은 숙박 및 체류에 적합한 시설과 설비, 부대·편익시설을 갖추고 여행청소년의 활동을 지원한다.

청소년수련시설의 현황을 보면, 2019년 청소년수련관이 186개소, 청소년수련원이 191개소, 청소년문화의집이 264개소, 청소년 야영장이 41개소, 유스호스텔이 117개소, 청소년 특화시설이 11개소가 있다(청소년수련시설포털, 2019).

표 3.5 청소년수련시설 현황(출처: 청소년수련시설포털, 2019)

시설유형	개소수	비율
청소년수련관	186	23%
청소년수련원	191	23.6%
청소년문화의 집	264	32.6%
청소년야영장	41	5.1%
유스호스텔	117	14.4%
청소년 특화시설	11	1.4%

1.2 청소년 이용시설(제2호)

청소년이용시설은 수련시설이 아닌 시설로서 그 설치 목적의 범위에서 청소년활동의 실시와 청소년의 건전한 이용 등에 제공할 수 있는 시설이다. 시행령 제17조에 의하면 청소년이용시설에는 문화시설, 과학관, 체육시설, 평생교육기관, 자연휴양림, 수목원 사회복지관, 시민회관, 어린이회관, 공원, 광장 둔치 등이 포함된다.

2. 청소년수련시설의 설치 및 운영

2.1 청소년수련시설의 설치 · 운영(제11조, 제12조, 제13조)

국가는 국립청소년수련시설을 설치 운영해야 하며, 시 · 도지사는 청소년수련관을 1개소 이상 설치 운영해야 하고, 시 · 도 및 시 · 군 · 구청장은 읍면동에 청소년문화의 집을 1개소 이상 설치 및 운영해야 한다. 이들 시설은 의무적으로 설치해야 하는 시설이지만 앞서 표 3.5의 청소년수련시설의 현황과 전국 시 · 도 및 시 · 군 · 구, 읍 · 면 · 동의 숫자를 비교해 보면 아직 수련시설이 의무적으로 설치되지 못한 경우가 많이 있음을 알 수 있다. 시 · 도지사 및 시 · 군 · 구청장은 청소년특화시설, 청소년야영장, 유스호스텔을 설치할 수도 있으나 법률적 의무는 아니다. 이들 시설에 대해서 국가나 지방자치단체에서 설치 및 운영경비의 전부 또는 일부를 보조할 수 있다(제11조).

개인이나 법인, 단체 또한 청소년활동진흥법 제11조 제3항의 규정에 따라 청소년수련시설을 설치할 수 있고, 제4항의 규정에 따라 국가나 지방자치단체의 보조 또한 받을 수 있다. 청소년수련시설을 설치하려는 자는 제12조에 따른 설치 기준을 충족해야 하며, 제13조에 따라 등록을 하여야 한다.

2.2 청소년수련시설의 운영대표자(제14조, 제15조)

1) 청소년수련시설 운영대표자의 자격 조건

청소년수련시설의 운영대표자는 대통령령으로 정하는 자격을 갖춘 사람을 선임해야 한다. 대통령령인 청소년활동진흥법 시행령 제8조에서는 자격을 갖춘 사람을 다음과 같이 규정하고 있다.

청소년수련시설의 운영 자격 조건(시행령 제8조 제1항)
1. 1급 청소년지도사 자격증 소지자 2. 2급 청소년지도사 자격증 취득 후 청소년육성업무에 3년 이상 종사한 사람 3. 3급 청소년지도사 자격증 취득 후 청소년육성업무에 5년 이상 종사한 사람 4. 「초 · 중등교육법」 제21조에 따른 정교사 자격증 소지자 중 청소년육성업무에 5년 이상 종사한 사람 5. 청소년육성업무에 8년 이상 종사한 사람 6. 7급 이상의 일반직공무원 또는 이에 상당하는 별정직공무원(고위공무원단에 속하는 일반직공무원 또는 별정직공무원을 포함한다)으로서 청소년육성업무에 3년 이상 종사한 사람 7. 제6호 외의 공무원 중 청소년육성업무에 5년 이상 종사한 사람

2) 청소년수련시설 운영대표자 결격사유

청소년활동진흥법 제15조에 따르면 청소년수련시설 운영대표자의 결격사유는 다음과 같다.

청소년수련시설 운영대표자의 결격사유(제15조)
1. 미성년자 · 피성년후견인 또는 피한정후견인 2. 파산선고를 받고 복권되지 아니한 사람 3. 금고 이상의 형을 선고받고 그 집행이 끝나거나 집행을 받지 아니하기로 확정된 후 2년이 지나지 아니한 사람 4. 금고 이상의 형의 집행유예를 선고받고 그 유예기간 중에 있는 사람 5. 법원의 판결 또는 법률에 따라 자격이 상실되거나 정지된 사람 6. 제22조에 따라 허가 또는 등록이 취소된 수련시설의 대표자로서 허가 또는 등록이 취소된 날부터 2년이 지나지 아니한 사람

청소년지도사나 청소년상담사의 결격사유와 청소년수련시설의 운영대표자의 결격사유가 다소 상이한 것은 향후 문제의 소지가 될 수 있다. 청소년수련시설 운영대표자의 결격사유를 청소년지도사와 통합하고 제8조 제1항 제6호를 추가하는 식으로 강화할 필요가 있다.

2.3 청소년수련 시설 운영의 위탁(제16조)

국가 또는 지방자치단체, 제11조 제3항에 따라 허가를 받은 수련시설 설치 · 운영자는 수련시설의 효율적 운영을 위하여 청소년단체에 그 운영을 위탁할 수 있으며 수련시설의 운영을 위탁받은 청소년단체에 예산의 범위에서 그 위탁된 수련시설의 운영에 필요한 경비를 지원할 수 있다(제16조 제1항, 제3항). 수련시설의 운영을 위탁할 때에는 위탁 업무의 내용, 위탁 계약의 기간 · 조건 · 해지 등에 관한 사항이 포함된 위탁계약서를 작성하여야 한다(제16조 제2항).

2.4 청소년수련시설 운영 위탁계약의 해지(제16조의2)

국가나 지방자치단체는 위탁운영단체가 1) 거짓이나 그 밖의 부정한 방법으로 위탁계약을 체결한 경우, 2) 제16조 제3항에 따라 지원받은 경비를 목적 외로 사용한 경우, 3) 제18조의3 제1항에 따른 종합 안전 · 위생점검 또는 제19조의2 제1항에 따른 종합평가를 정당한 사유 없이 거부 · 방해 또는 기피한 경우, 4) 고의 또는 중대한 과실로 제20조의2 제1항 각 호의 어느 하나에 해당하는 사유가 발생한 경우에는 위탁계약을 해지할 수 있다. 또한 위와 같은 사유로 위탁계약이 해지된 경우에는 해당 위탁운영단체는 2년 동안 해당 수련시설의 운영을 위탁하여서는 안 된다(제16조의2).

2.5 청소년수련시설의 시설기준과 안전 및 위생, 종합평가(제17조~제19조의2)

청소년수련시설은 청소년의 다양한 활동을 위해 적합한 시설 및 설비를 갖추어야 하고 이에 대한 종류별 시설 기준은 여성가족부령으로 정하게 되어 있다(제17조).

수련시설의 운영대표자는 정기 및 수시 안전점검을 실시하여야 하고(제18조), 이용자에게 안전교육을 실시하여야 하며(제18조의2), 그 종사자에 대해서 연 1회 이상 수련시설의 운영 · 안전 · 위생 등에 관한 교육을 실시하고 그 결과를 감독기관에 제출하여야 한다(제19조).

감독기관이 여성가족부장관 또는 시·도지사, 시·군·구청장은 종합 안전·위생점검을 실시하고 그 결과를 공개하여야 한다(제18조의3). 여성가족부장관은 수련시설의 운영대표자와 종사자에 대해서 안전교육을 실시할 수 있다(제18조의4). 여성가족부장관은 수련시설의 전문성 강화와 운영의 개선 등을 위하여 시설 운영 및 관리 체계, 활동프로그램 운영 등 수련시설 전반에 대한 종합평가를 정기적으로 실시하고 그 결과를 공개하여야 한다(제19조의2).

청소년수련시설의 안전기준과 종합 안전·위생점검의 내용은 표 3.6 및 표 3.7에 나와 있다.

표 3.6 청소년활동진흥법 시행령 [별표 1] 청소년수련시설 안전기준

1. 수련시설의 설치·운영자는 항상 안전사고 예방에 주의를 기울여야 하며, 특히 장애 청소년 및 미취학아동 등 특별한 보호를 필요로 하는 이용자에 대하여는 안전사고 발생에 대비하여 대피가 편리한 숙소를 배정하고, 안전사고 예방을 위한 인솔자 교육을 강화하는 등 특별한 주의를 기울여야 한다.
2. 상병자(傷病者)에 대하여 응급처치를 할 수 있는 구호설비·기구를 갖추어야 한다.
3. 비상연락장치를 유지하여야 한다.
4. 안전사고·응급환자 발생 등에 대비하여 긴급 후송대책 등의 방안을 마련하여야 한다.
5. 위험한 장소에는 방벽·방책(防柵)·위험표지물 등 안전시설을 설치하여야 하며, 이용자가 있을 때에는 안전요원 또는 긴급구조요원을 배치하여야 한다.
6. 자연체험시설 등을 설치한 경우에는 시설의 종류에 따라 안전모·안전띠·구명대 등 필요한 개인보호장구를 갖추고, 이를 이용자에게 착용하도록 하여야 한다.
7. 매월 1회 이상 시설물에 대한 안전점검(세부적인 점검사항은 여성가족부령으로 정하는 바에 따른다)을 실시하여야 하며, 점검결과를 시설물 안전점검기록대장에 기록·관리하여야 한다.
8. 시설물에 위험요인이 발견될 때에는 즉시 그 시설물의 이용을 중단시키고 보수 등의 조치를 취하여야 한다.
9. 수련시설의 종사자에 대하여 정기적으로 안전교육을 실시하여야 한다.
10. 시설의 이용방법, 유의사항, 비상시의 대피경로 등을 이용자들이 잘 볼 수 있는 장소에 게시하여야 한다.
11. 해당 시설이용 및 수련활동에 관한 안전교육 프로그램을 마련하여 이용자(인솔자를 포함한다)에 대하여 사전 안전교육을 실시하여야 한다.
12. 태풍·홍수·해일 등 재해발생의 우려가 있는 경우에는 이용자들을 신속히 대피시켜야 한다.
13. 해당 수련시설 안에 법 제33조제2항 각 호의 영업을 위한 시설 또는 그 밖에 다른 법령에 따른 시설이 설치된 경우에 이 기준에서 특별히 정한 경우를 제외하고는 그 법령에서 정한 안전기준 등을 준수하여야 한다.
14. 청소년수련시설의 숙박·집회시설 및 숙박·집회시설과 이어진 건축물에는 샌드위치 판넬 등 연소 시 유독가스가 발생되는 건축자재는 사용할 수 없다.

표 3.7 [별표 1의2] 종합 안전 · 위생점검의 분야 및 내용(제11조 제3항 관련)

점검대상분야		점검내용
1. 안전 · 위생 분야 공통		가. 안전 관련 보험 가입 여부 나. 설계도서 및 각종 서류 구비 여부 다. 법정 안전 · 위생관리자 선임 여부 라. 법정 안전 · 위생점검 실시 및 교육 이수 여부
2. 안전	건축	가. 지반상태, 구조체의 변형 · 균열상태 · 노후화 등 구조 안전성 나. 지붕마감, 내 · 외부마감, 창호 등 건축마감 상태 및 누수여부 다. 재난관리, 안전관리 등 건축물 관리 상태
	토목	가. 옹벽, 석축 및 담장의 구조부 침하, 균열, 전도 여부 나. 비탈면 유실 여부 등 관리 상태 다. 배수로, 집수정, 맨홀 등 청소 및 관리 상태
	기계	가. 급수 · 급탕설비, 오수설비, 우수설비, 위생기구 등 개별 설비의 누수, 부식, 균열, 파손 여부 나. 열원기기, 공조기기 등 공기조화 · 환기설비의 누수, 부식, 파손 여부 및 정상 작동 여부
	소방	가. 소화설비(소화기구, 소화전 등), 경보설비(자동화재탐지설비, 비상방송설비 등), 피난설비(유도등, 피난기구 등) 정상 작동 여부 나. 소화활동설비(연결송수관, 제연설비 등), 소화용수설비 및 피난 · 방화시설(피난계단, 방화문 등) 관리 상태 다. 위험물(인화성 또는 발화성 등) 관리 상태
	전기	가. 절연저항 측정 시 기준치 부합 여부 나. 누전차단기 및 배선용차단기의 설치 및 작동 여부 다. 전선의 규격품 사용, 피복 손상 여부, 콘센트의 적정 관리 상태
	가스	가. 가스 용기, 압력조정기, 가스계량기, 밸브, 호스 등 가스 설비 작동 상태 나. 배관 설치기준 준수 및 가스누출 여부 다. 연소기, 과압안전장치, 가스누출 차단장치 등 작동 상태
3. 위생		가. 급식 시설 위생관리, 식재료 보관 및 위생관리 상태 나. 조리장, 급수시설, 보관시설, 화장실 등 시설기준 준수 여부 다. 원료의 사용, 공정관리 및 보관기준 준수 여부 라. 수질검사 실시 여부

※ 비고: 종합 안전 · 위생점검은 관련 법령에 따른 각각의 해당 안전 · 위생기준을 준수하였는지를 확인하는 방법으로 이뤄져야 함.

2.6 청소년수련시설 시정명령 및 운영중지명령(제20조, 제20조의2)

특별자치시장 · 특별자치도지사 · 시장 · 군수 · 구청장은 수련시설 설치 · 운영자 또는 위탁운영단체가 제17조의 시설기준을 위반하거나, 제18조의 안전기준을 위반한 경우, 제18조의3 제4항에 따른 시설의 보완 또는 개수 · 보수, 위생상태의 개선요구에 따르지 아니한 경우, 제19조의 운영기준을 위반한 경우, 제19

조의2 제5항에 따른 미흡사항에 대한 개선이나 그 밖의 조치 요구에 따르지 아니한 경우에는 그 시정을 명할 수 있다(제20조).

시정 명령 사유(제20조 제1항)
1. 제17조의 시설기준을 위반한 경우 2. 제18조의 안전기준을 위반한 경우 3. 제18조의3제4항에 따른 시설의 보완 또는 개수 · 보수, 위생상태의 개선 요구에 따르지 아니한 경우 4. 제19조의 운영기준을 위반한 경우 5. 제19조의2제5항에 따른 미흡사항에 대한 개선이나 그 밖의 조치 요구에 따르지 아니한 경우

특별자치시장 · 특별자치도지사 · 시장 · 군수 · 구청장은 수련시설의 운영 또는 청소년활동 중에 다음의 어느 하나에 해당하는 사유가 발생한 경우에는 수련시설 설치 · 운영자 또는 위탁운영단체, 숙박형등 청소년수련활동 주최자에게 3개월 이내의 기간을 정하여 시설 운영 또는 활동의 중지를 명할 수 있다(제20조의2).

운영 중지 명령 사유(제20조의2 제1항)
1. 시설이 붕괴되거나 붕괴할 우려가 있는 등 안전 확보가 현저히 미흡한 경우 2. 숙박형등 청소년수련활동의 실시 중 참가자 또는 이용자의 생명 또는 신체에 심각한 피해를 입히는 사고가 발생한 경우 3. 「성폭력범죄의 처벌 등에 관한 특례법」 제2조의 성폭력범죄 또는 「아동 · 청소년의 성보호에 관한 법률」 제2조제2호 및 제3호의 아동 · 청소년대상 성범죄 및 아동 · 청소년대상 성폭력범죄가 발생한 경우 4. 「아동복지법」 제17조의 금지행위가 발생한 경우

2.7 청소년수련시설 금지행위 및 허가 또는 등록의 취소(제21조, 제22조)

1) 금지행위

수련시설 설치 · 운영자 또는 위탁운영단체는 다음의 행위를 하여서는 아니 된다(제21조).

청소년수련시설 금지행위(제21조)
1. 정당한 사유 없이 청소년의 수련시설 이용을 제한하는 행위 2. 청소년활동이 아닌 용도로 수련시설을 이용하는 행위. 다만, 대통령령으로 정하는 용도로 이용하는 경우는 제외한다. 3. 청소년단체가 아닌 자에게 수련시설을 위탁하여 운영하게 하는 행위

2) 허가 또는 등록의 취소

특별자치시장 · 특별자치도지사 · 시장 · 군수 · 구청장은 수련시설 설치 · 운영자가 다음의 어느 하나에 해당하는 경우에는 그 수련시설의 허가 또는 등록을 취소할 수 있다. 다만, 제1호 또는 제2호에 해당하는 경우에는 허가 또는 등록을 취소하여야 한다.

청소년수련시설 허가 및 등록 취소 사유(제22조)	
의무적 취소 사유	1. 거짓이나 그 밖의 부정한 방법으로 허가를 받거나 등록을 한 경우 2. 최근 2년 이내에 제72조제2항제8호에 따른 과태료처분을 2회 이상 받고 다시 같은 호에 따른 위반행위를 한 경우
의무 취소 미해당 사유	3. 정당한 사유 없이 수련시설의 허가를 받거나 등록을 한 후 1년 이내에 그 수련시설의 설치 착수 또는 운영을 시작하지 아니하거나 특별자치시장 · 특별자치도지사 · 시장 · 군수 · 구청장이 정하는 기간에 수련시설의 등록을 하지 아니한 경우 4. 고의 또는 중대한 과실로 제20조의2제1항 각 호의 사유가 발생한 경우 5. 제19조의2에 따른 종합평가에서 가장 낮은 등급을 연속하여 3회 이상 받은 경우

3) 허가 또는 등록 취소를 위한 청문

특별자치시장 · 특별자치도지사 · 시장 · 군수 · 구청장은 허가 또는 등록을 취소하려면 청문을 해야 한다(제23조). 본 절차는 권장사항이 아니라 반드시 해야 하는 의무사항이다.

2.8 청소년수련시설 이용료 및 수련비용, 보험 가입(제24조, 제25조)

수련시설 설치 · 운영자 및 위탁운영단체는 수련시설을 이용하는 자로부터 이용료를 받을 수 있으며, 제36조 제1항부터 제3항까지의 규정에 따라 인증받은 청소년수련활동을 실시하는 자는 그 청소년수련활동에 참여하는 청소년으로부터 수련비용을 받을 수 있다(제24조).

또한 제9조의2에 따라 숙박형등 청소년수련활동 계획을 신고하려는 자, 수련시설 설치 · 운영자 또는 위탁운영단체는 청소년활동의 운영 또는 수련시설의 설치·운영과 관련하여 청소년활동 참가자 및 수련시설의 이용자에게 발생한 생명·신체 등의 손해를 배상하기 위하여 보험에 가입하여야 하며, 수련시설의 종류 및 보험 금액은 대통령령으로 정한다(제25조). 시행령 제31조의 보험가입과 관련해서는 아래 법조문을 참고하면 된다.

> **청소년활동진흥법 시행령 제13조(보험가입)** ① 법 제25조에 따라 보험에 가입하여야 하는 수련시설은 법 제10조제1호에 따른 수련시설로 한다. 다만, 건축연면적이 1천 제곱미터 이하인 청소년문화의 집은 제외한다.
>
> ② 법 제25조제2항에 따른 보험금액은 다음 각 호의 기준에 해당하는 금액 이상의 것이어야 한다. 이 경우 지급보험금액은 실손해액으로 하되, 사망의 경우 실손해액이 2천만 원 미만인 경우에는 2천만 원으로 한다.
>
> 1. 사망의 경우에는 8천만 원
> 2. 부상의 경우에는 별표 2에서 정하는 금액
> 3. 부상의 경우 그 치료가 완료된 후 해당 부상이 원인이 되어 신체장해(이하 "후유장해"라 한다)가 생긴 경우에는 별표 3에서 정하는 금액
> 4. 부상자가 치료 중에 해당 부상이 원인이 되어 사망한 경우에는 제1호 및 제2호의 금액을 합산한 금액
> 5. 부상자에게 해당 부상이 원인이 되어 후유장해가 생긴 경우에는 제2호 및 제3호의 금액을 합산한 금액
> 6. 제3호의 금액을 지급한 후 해당 부상이 원인이 되어 사망한 경우에는 제1호의 금액에서 제3호에 따라 지급한 금액을 공제한 금액

2.9 청소년수련시설 설치의 민간인 참여 유도 및 수련시설의 이용(제30조, 제31조)

국가 및 지방자치단체는 개인·법인 또는 단체가 수련시설을 쉽게 설치할 수 있도록 토지·금융·세제 또는 그 밖의 행정절차상의 지원을 할 수 있다. 개인·법인 또는 단체는 국가 및 지방자치단체가 설치하는 수련시설에 대하여 토지·금전 등을 출연할 수 있다. 이 경우 출연자의 성명 등을 그 수련시설의 명칭으로 할 수 있다(제30조).

수련시설을 운영하는 자는 청소년단체가 청소년활동을 위하여 시설 이용을

요청할 때에는 특별한 사유가 없으면 그 요청에 따라야 한다. 수련시설을 운영하는 자는 청소년활동에 지장을 주지 아니하는 범위에서 수련시설을 제공할 수 있다(제31조). 이때 허용되는 용도는 1) 법인·단체 또는 직장 등에서 실시하는 단체연수활동 등에 제공하는 경우, 2) 평생교육법에 따른 평생교육의 실시를 위하여 제공하는 경우, 3) 청소년수련원, 유스호스텔 및 청소년야영장에서 개별적인 숙박·야영 편의 등을 제공하는 경우, 4) 해당 수련시설에 설치된 관리실·사무실 등을 청소년단체의 활동공간으로 제공하는 경우, 5) 그 밖에 여성가족부령으로 정하는 용도로 이용하는 경우이다(제31조).

3. 청소년이용시설(제32조)

3.1 청소년이용시설과 지원

청소년이용시설을 설치·운영하는 국가·지방자치단체 또는 그 밖의 공공기관 등은 그가 설치·운영하는 시설을 그 시설의 운영에 지장을 주지 아니하는 범위에서 청소년활동에 제공하여야 한다. 국가 또는 지방자치단체는 청소년이용시설을 설치·운영하는 개인·법인 또는 단체에 청소년활동 프로그램을 제공하거나 그 밖에 필요한 지원을 할 수 있다. 국가 또는 지방자치단체는 예산의 범위에서 청소년이용시설의 운영에 필요한 경비의 일부를 보조할 수 있다(제32조).

제32조(청소년이용시설) ① 제10조제2호의 청소년이용시설을 설치·운영하는 국가·지방자치단체 또는 그 밖의 공공기관 등은 그가 설치·운영하는 시설을 그 시설의 운영에 지장을 주지 아니하는 범위에서 청소년활동에 제공하여야 한다.
② 국가 또는 지방자치단체는 청소년이용시설을 설치·운영하는 개인·법인 또는 단체에 청소년활동 프로그램을 제공하거나 그 밖에 필요한 지원을 할 수 있다.
③ 국가 또는 지방자치단체는 예산의 범위에서 청소년이용시설의 운영에 필요한 경비의 일부를 보조할 수 있다.
④ 청소년이용시설의 종류 등에 관하여 필요한 사항은 대통령령으로 정한다.

3.2 청소년이용시설의 종류

청소년활동진흥법 시행령에 따르면 문화시설, 과학관, 체육시설, 평생교육기관, 자연휴양림, 수목원, 사회복지관, 시민회관 · 어린이회관 · 공원 · 광장 · 둔치, 그 밖에 이와 유사한 공공용시설로서 청소년활동 또는 청소년들이 이용하기에 적합한 시설, 그 밖에 다른 법령에 따라 청소년활동과 관련되어 설치된 시설 등이 청소년이용시설이 된다.

청소년이용시설의 종류(시행령 제17조 제1항)
1. 「문화예술진흥법」 제2조제1항제3호의 문화시설
2. 「과학관의 설립 · 운영 및 육성에 관한 법률」 제2조제1호의 과학관
3. 「체육시설의 설치 · 이용에 관한 법률」 제2조제1호의 체육시설
4. 「평생교육법」 제2조제2호의 평생교육기관
5. 「산림문화 · 휴양에 관한 법률」 제13조, 제14조 및 제19조에 따른 자연휴양림
6. 「수목원 · 정원의 조성 및 진흥에 관한 법률」 제2조제1호의 수목원
7. 「사회복지사업법」 제2조제5호의 사회복지관
8. 시민회관 · 어린이회관 · 공원 · 광장 · 둔치, 그 밖에 이와 유사한 공공용시설로서 청소년활동 또는 청소년들이 이용하기에 적합한 시설
9. 그 밖에 다른 법령에 따라 청소년활동과 관련되어 설치된 시설

3.3 청소년이용권장시설

청소년이용권장시설은 청소년이용시설 중에서 시 · 군 · 구청장이 청소년지도사를 배치한 시설에 대해 지정할 수 있다(시행령 제17조). 청소년이용권장시설에 대해서는 다른 청소년이용시설에 우선하여 국가 또는 지방자치단체로부터 운영 경비 일부를 지원받을 수 있다.

주제 3-4 청소년수련활동의 지원

1. 청소년수련거리의 개발 및 보급(제34조)

국가 및 지방자치단체는 청소년수련활동에 필요한 청소년수련거리를 그 이용대상 · 나이 · 이용장소 등을 종합적으로 고려하여 유형별로 균형 있게 개발 · 보급하여야 한다. 국가 및 지방자치단체는 청소년의 발달원리와 선호도에 근거하여 청소년수련거리를 전문적으로 개발하여야 한다(제34조). 청소년수련거리의 개발 및 보급에는 수요자의 요구와 청소년의 발달원리가 중요하며, 청소년지도자는 청소년 수요자의 요구 및 선호와 청소년의 발달을 이해하고 이를 업무에 적용해야 한다.

2. 청소년수련활동인증제(제35조)

청소년수련활동인증제는 국가가 청소년수련활동이 청소년의 균형 있는 성장에 기여할 수 있도록 그 내용과 수준을 향상시키기 위하여 운영하는 제도이다(제35조).

2.1 청소년수련활동인증제의 목적과 추진체계

한국청소년활동진흥원(2019)에 따르면, 청소년수련활동 인증제의 목적은 다음과 같다.

- 청소년이 안전하고 유익한 활동을 선택하여 참여할 수 있도록 양질의 프로그램 제공
- 청소년에게 안전하고 질적 수준이 담보된 다양한 청소년활동 정보 제공
- 참여한 활동내용을 국가가 기록 · 유지 · 관리하여 자기계발과 진로모색에 활용하도록 자료 제공
- 건전한 청소년활동 선택의 장을 조성하고 청소년활동 전반에 대한 국민적 신뢰 확보

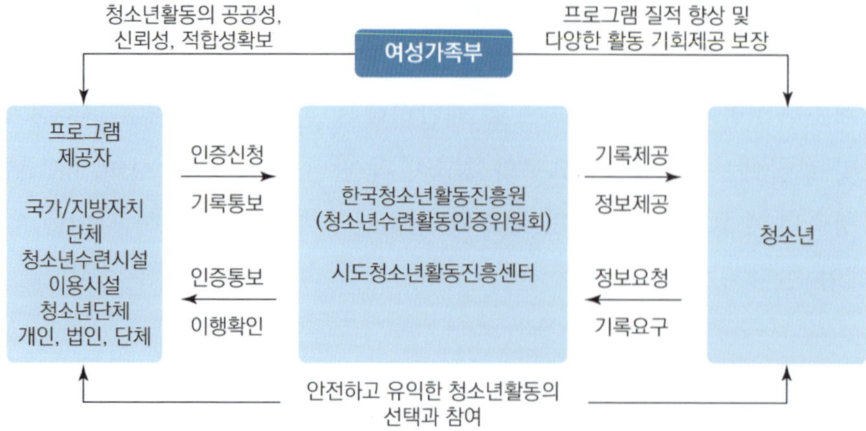

그림 3.7 **청소년수련활동인증제의 추진체계**(출처: 한국청소년활동진흥원, 2019)

청소년수련활동인증제는 한국청소년활동진흥원 산하의 수련활동인증위원회의 심의를 통해서 프로그램을 인증하며 프로그램 제공자는 인증을 신청하고 인증을 통보 받으며, 수련활동인증위원회는 인증을 통보하고 이행을 확인한다. 국가는 제36조에 따라 인증을 받은 청소년수련활동을 공개하여야 하며, 인증수련활동에 참여한 청소년의 활동기록을 유지 · 관리하고, 청소년이 요청하는 경우에는 이를 제공하여야 한다(제35조 제5항).

2.2 청소년수련활동인증제도의 운영(제35조)

국가는 청소년수련활동이 청소년의 균형 있는 성장에 기여할 수 있도록 그 내용과 수준을 향상시키기 위하여 청소년수련활동 인증제도를 운영하여야 한다. 국가는 청소년수련활동 인증제도를 운영하기 위하여 청소년수련활동 인증위원회(이하 "인증위원회"라 한다)를 활동진흥원에 설치 · 운영하여야 한다. 인증위원회는 위원장과 부위원장 각 1명을 포함한 15명 이내의 위원으로 구성한다(제35조).

인증위원회에는 다음에 해당하는 사람으로 구성하며, 제3호에 해당하는 사람이 1명 이상 포함되어야 한다.

1호 여성가족부와 교육부의 고위공무원단에 속하는 일반직공무원 또는 이에 상당하는 특정직공무원 중에서 해당 기관의 장이 각각 지명하는 사람, 2호 활동진흥원의 이사장, 3호 청소년활동의 안전에 관한 전문자격이나 전문지식을 가진 사람 중에서 여성가족부장관이 위촉하는 사람, 4호 그 밖에 청소년활동에 관한 지식과 경험이 풍부한 사람 중에서 여성가족부장관이 위촉하는 사람

2.3 청소년수련활동인증 절차(제36조)

국가와 지방자치단체 또는 개인 · 법인 · 단체 등은 청소년수련활동에 필요한 프로그램을 개발하여 실시하려는 경우에는 인증위원회에 그 인증을 신청할 수 있다.

1) 인증이 의무적인 청소년수련활동

이러한 규정에도 불구하고 위탁 · 재위탁을 포함하여 여성가족부령으로 정하는 바에 따라 참가 인원이 일정 규모 이상이거나 위험도가 높은 청소년수련활동을 주최하려는 자는 그 청소년수련활동에 대하여 미리 인증위원회의 인증을 받아야 한다. 시행규칙 제15조의2에 의하면 일정 규모 이상은 참가인원이 150명 이상을 말한다.

2) 청소년수련활동 인증 의무의 예외

인원이 150명 이상이거나 위험도가 높은 활동이라도 다음의 단체가 회원을 대상으로 수련활동을 실시하는 경우에 예외를 적용받는다.

일정규모 이상, 위험도 높은 청소년수련활동 인증 의무 예외(제36조 제2항)

1. 「스카우트활동 육성에 관한 법률」에 따른 스카우트주관단체
2. 「스카우트활동 육성에 관한 법률」에 따른 걸스카우트주관단체
3. 「한국청소년연맹 육성에 관한 법률」에 따라 운영되는 한국청소년연맹
4. 「한국해양소년단연맹 육성에 관한 법률」에 따라 운영되는 한국해양소년단연맹
5. 「한국4에이치활동 지원법」에 따라 운영되는 4에이치활동 주관단체
6. 「대한적십자사 조직법」에 따라 운영되는 청소년적십자
7. 그 밖에 여성가족부령으로 정하는 단체

청소년활동진흥법 시행규칙 제15조의3(인증을 받아야 하는 청소년수련활동의 예외) 법 제36조제2항제7호에서 "여성가족부령으로 정하는 단체"란 「청소년기본법」 제3조제8호의 청소년단체를 말한다.

3) 전문인력 요건

인증을 신청하려는 자는 청소년지도자와 다음 각 호의 어느 하나에 해당하는 인력을 갖추어야 한다. 다만, 청소년지도자가 전문인력에 해당하는 경우에는 전문인력을 갖춘 것으로 본다(제36조 제3항).

1. 여성가족부령으로 정하는 응급처치에 관한 교육을 이수한 사람
2. 청소년활동의 안전에 필요한 전문자격이나 전문지식을 가진 사람으로서 여성가족부령으로 정하는 사람

4) 인증 신청과 확인

인증을 신청하려는 자는 청소년수련활동에 필요한 프로그램을 진행하는 활동의 장소 · 시기 · 목적 · 대상 · 내용 · 진행방법 · 평가 · 자원조달 · 청소년지도자 및 전문인력 등에 관한 사항을 작성하여 인증위원회에 제출하여야 하며, 인증위원회는 제36조 제1항 및 제2항에 따른 인증을 할 때에는 현장방문 등 필요한 방법으로 인증신청의 내용을 확인할 수 있다. 인증위원회는 인증신청의 내용을

확인한 결과 제36조 제4항에 따른 신청사항이 누락되거나 신청사항을 보완할 필요가 있는 경우에는 대통령령으로 정하는 바에 따라 20일 이내의 기간을 정하여 보완을 요구할 수 있다. 제36조 제1항부터 제5항까지의 규정에 따른 청소년수련활동 인증의 절차와 방법 등에 관하여 필요한 사항은 대통령령으로 정한다(제36조 제5항에서 제7항).

2.4 청소년수련활동인증의 사후관리 및 인증 취소(제36조의2, 제36조의3)

인증위원회는 인증의 유효기간을 설정할 수 있고, 인증위원회는 인증수련활동의 실시에 대하여 인증사항의 이행 여부를 확인할 수 있다. 인증위원회는 제2항에 따른 확인 결과 인증수련활동의 내용과 실제로 실시되는 청소년수련활동의 내용에 차이가 있는 경우에는 이를 시정하도록 요구할 수 있다. 시행령에 따르면, 그 유효기간은 4년이며, 인증위원회의 의결에 따라 그 기간을 연장할 수 있다.

> **청소년활동진흥법 시행령 제15조의5(인증수련활동의 사후관리)** ① 법 제36조의2제1항에 따른 인증수련활동의 유효기간은 인증받은 날부터 4년 이내로 한다. 다만, 유효기간의 연장이 필요한 경우 인증위원회의 의결을 거쳐 그 기간을 연장할 수 있다.

인증위원회는 청소년수련활동을 인증받은 자가 다음의 어느 하나에 해당하는 경우에는 그 인증을 취소하거나 6개월 이내의 기간을 정하여 그 인증의 정지를 명할 수 있다(제36조의3 제1항). 다만, 거짓이나 그 밖의 부정한 방법으로 인증을 받은 경우에는 그 인증을 취소하여야 한다. 인증 취소 또는 정지 사유는 다음과 같다.

수련활동 인증의 취소 또는 정지 사유(제36조의3 제1항)
1. 거짓이나 그 밖의 부정한 방법으로 인증을 받은 경우 ⇐ 반드시 취소 2. 인증을 받은 후 정당한 사유 없이 1년 이상 계속하여 인증수련활동을 실시하지 아니한 경우 3. 인증수련활동의 내용과 실제로 실시되는 청소년수련활동의 내용에 중요한 차이가 있는 경우로서 그 원인이 인증받은 자의 고의나 중대한 과실로 인한 경우

인증위원회는 인증을 받은 자가 정지명령을 위반하여 정지기간 중 인증수련활동을 실시하였을 때에는 그 인증을 취소할 수 있다(제36조의3 제2항).

2.5 청소년수련활동인증관련 수련활동 내용 등의 기록 및 통보(제37조)

인증수련활동을 실시한 자는 인증수련활동이 끝난 후 대통령령으로 정하는 바에 따라 인증위원회에 그 결과를 통보하여야 한다. 제1항에 따른 통보를 받은 인증위원회는 그 결과를 활동진흥원과 지방청소년활동진흥센터에서 기록으로 유지 · 관리될 수 있도록 조치하여야 한다(제1항과 제2항). 시행령 제23조에 따르면 인증수련활동을 실시한 활동시설 및 개인, 법인 · 단체는 청소년이 참여한 수련활동에 관하여 개별 청소년의 인적사항, 활동참여 일자 · 시간, 장소, 주관기관, 수련활동 내용 등을 기록하여야 한다. 또한 인증수련활동이 끝난 후 15일 이내에 인증위원회에 인증수련활동 결과를 통보하여야 한다.

> **청소년활동진흥법 시행령 제23조(수련활동 내용 등의 기록 및 통보)** ① 인증수련활동을 실시한 활동시설 및 개인, 법인 · 단체는 법 제37조제1항에 따라 청소년이 참여한 수련활동에 관하여 개별 청소년의 인적사항, 활동참여 일자 · 시간, 장소, 주관기관, 수련활동 내용 등을 기록하여야 한다.
> ② 인증수련활동을 실시한 활동시설 및 개인, 법인 · 단체는 제1항에 따른 개별 청소년의 활동기록 및 인증수련활동 결과를 해당 인증수련활동이 끝난 후 15일 이내에 인증위원회에 통보하여야 한다.

2.6 유사명칭 사용 금지(제38조)와 청소년수련활동의 위탁 제한(제39조)

제36조의3에 따라 인증이 취소되거나 인증위원회의 인증을 받지 아니한 경우에는 인증수련활동이나 청소년수련활동의 인증 등 인증을 받았음을 나타내는 표시를 하거나 이와 유사한 표시를 하여서는 아니 된다(제38조).

청소년수련활동의 일부를 수탁 받은 자를 포함하여 청소년수련활동을 실시하는 자는 청소년수련활동을 위탁하려는 경우에는 이 법 또는 다른 법률에 따라 신고 · 등록 · 인가 · 허가를 받은 법인 · 단체 및 개인에게만 위탁하여야 하며, 이에 따라 청소년수련활동을 위탁하는 경우에도 해당 청소년수련활동의 전부 또는 여성가족부령으로 정하는 중요 프로그램을 위탁하여서는 아니 된다(제39조).

3. 한국청소년수련시설협회와 지방청소년수련시설협회 (제40조, 제41조)

한국청소년수련시설협회는 수련시설 설치 · 운영자 및 위탁운영단체가 수련시설의 운영 · 발전을 위하여 여성가족부장관의 인가를 받아 설립할 수 있으며, 아래 사업을 한다(제40조 제1항).

한국청소년
수련시설협회

한국청소년수련시설협회의 사업(제40조 제1항)
1호 시설협회의 회원인 수련시설 설치 · 운영자 및 위탁운영단체가 실시하는 사업과 활동에 대한 협력 및 지원
2호 청소년지도자의 연수 · 권익증진 및 교류사업
3호 청소년수련활동의 활성화 및 수련시설의 안전에 관한 홍보 및 실천운동
4호 청소년수련활동에 대한 조사 · 연구 · 지원사업
5호 제41조에 따른 지방청소년수련시설협회에 대한 지원
6호 그 밖에 수련시설의 운영 · 발전을 위하여 필요하다고 여성가족부장관이 인정하는 사업

지방청소년수련시설협회는 특정 지역을 활동범위로 하는 수련시설이 시설의 효율적인 운영 · 발전을 위하여 그 지역을 관할하는 시 · 도의 조례로 정하는 바에 따라 시 · 도지사의 승인을 받아 설치되며, 지방자치단체는 예산의 범위에서 해당 지방청소년수련시설협회의 운영경비의 일부를 지원할 수 있다(제41조).

4. 청소년수련지구의 지정(제47조)

특별자치시장 · 특별자치도지사 · 시장 · 군수 · 구청장은 청소년활동을 지원하기 위하여 필요한 경우 명승고적지, 역사유적지 또는 자연경관이 수려한 지역으로서 청소년활동에 적합하고 이용이 편리한 지역을 청소년수련지구로 지정할 수 있으며, 특별자치시장 · 특별자치도지사 · 시장 · 군수 · 구청장은 수련지구를 지정하거나 그 지정 내용을 변경하려면 관계 행정기관의 장과 협의하여야 한다. 다만, 대통령령으로 정하는 경미한 사항을 변경하는 경우에는 그러하지 아니하다(제47조).

특별자치시장 · 특별자치도지사 · 시장 · 군수 · 구청장은 제47조 제1항에 따라 수련지구를 지정한 경우에는 수련지구조성계획을 수립 · 시행하여야 한다. 법인 또는 단체는 수련지구를 지정한 특별자치시장 · 특별자치도지사 · 시장 · 군수 · 구청장의 승인을 받아 대통령령으로 정하는 규모 이하의 조성계획을 수립 · 시행할 수 있다(제48조). 수련지구에는 수용 및 사용(제50조), 인허가 등의 의제(제52조) 등 특례가 인정된다.

주제 3-5 청소년교류활동과 청소년문화활동의 지원, 청소년활동진흥법의 과제

1. 청소년교류활동의 지원

1.1 청소년교류활동의 진흥과 지원(제53조, 제54조)

국가 및 지방자치단체는 청소년교류활동 진흥시책을 개발·시행하여야 한다. 국가 및 지방자치단체는 청소년활동시설과 청소년단체 등에 대하여 청소년교류활동을 장려하기 위한 다양한 형태의 청소년교류활동 프로그램을 개발하여 운영하게 할 수 있다. 국가 및 지방자치단체는 예산의 범위에서 제2항에 따른 청소년교류활동 프로그램의 개발·운영에 필요한 경비의 전부 또는 일부를 지원할 수 있다(제53조).

국가 및 지방자치단체는 정부·지방자치단체·국제기구 또는 민간 등이 주관하는 국제청소년교류활동을 지원하기 위한 시행계획을 수립하고 이를 추진하여야 한다. 국가는 다른 국가와 청소년교류협정을 체결하여 국제청소년교류활동이 지속적으로 발전할 수 있는 기반을 조성하여야 한다. 국가 및 지방자치단체는 민간기구가 국제청소년교류활동을 시행할 때에는 이를 지원할 수 있다(제54조).

1.2 지방자치단체의 자매도시협정과 민간 기구의 활동 지원(제55조)

지방자치단체는 자매도시협정을 체결할 때에는 청소년교류활동에 관한 사항을 포함하도록 노력하여야 한다. 지방자치단체는 청소년 교류를 위하여 청소년단체 등 민간기구의 활동을 지원할 수 있다(제55조).

1.3 교포청소년교류활동의 지원(제56조)

국가 및 지방자치단체는 교포청소년의 모국방문·문화체험 및 국내 청소년과의 청소년교류활동을 지원하고 장려하여야 한다. 국가는 청소년단체 또는 청소년기본법 제3조 제6호에 따른 청소년시설이 주관하는 교포청소년교류활동의 확대·발전을 위하여 행정적·재정적 지원을 할 수 있다(제56조).

1.4 남·북청소년교류활동의 제도적 지원(제59조)

국가는 남·북청소년 교류에 관한 기본계획을 수립하고, 남·북청소년이 교류할 수 있는 제도적 여건을 조성하여야 한다. 국가는 남·북청소년 교류를 위한 기반을 조성하기 위하여 필요한 체계적인 통일교육을 실시할 수 있다(제59조).

1.5 청소년교류활동의 사후 지원(제57조)

국가 및 지방자치단체는 청소년교류활동을 통한 성과가 지속되고 발전·향상되기 위한 시책을 마련하여야 한다(제57조).

1.6 청소년교류센터의 설치·운영(제58조)

청소년 국제교류
네트워크

국가는 제53조부터 제57조까지의 업무를 효율적으로 지원하기 위하여 청소년교류센터를 설치·운영할 수 있다. 청소년교류센터의 운영은 대통령령으로 정하는 바에 따라 청소년단체 등에 위탁할 수 있으며, 이 경우 운영에 필요한 경비를 지원할 수 있다(제58조). 참고로 위탁 운영과 관련한 대통령령은 현재 규정이 마련되지 않아 법적으로 공백 상태에 놓여 있다. 대신, 여성가족부와 청소년활동진흥원이 운영하는 청소년국제교류네트워크에서 청소년교류 관련 업무를 지원하고 있다.

2. 청소년문화활동의 지원

2.1 청소년문화활동의 진흥과 지원(제60조)

국가 및 지방자치단체는 청소년문화활동 프로그램 개발, 문화시설 확충 등 청소년문화활동에 대한 청소년의 참여 기반을 조성하는 시책을 개발·시행하여야 한다(제1항). 국가 및 지방자치단체는 제1항에 따른 시책을 수립·시행할 때에는 문화예술 관련 단체, 청소년동아리단체, 봉사활동단체 등이 청소년문화활동 진흥에 적극적이고 자발적으로 참여할 수 있도록 하여야 한다(제2항). 국가 및 지방자치단체는 제2항에 따른 자발적 참여에 대해서는 예산의 범위에서 그 경비의 전부 또는 일부를 지원할 수 있다(제3항).

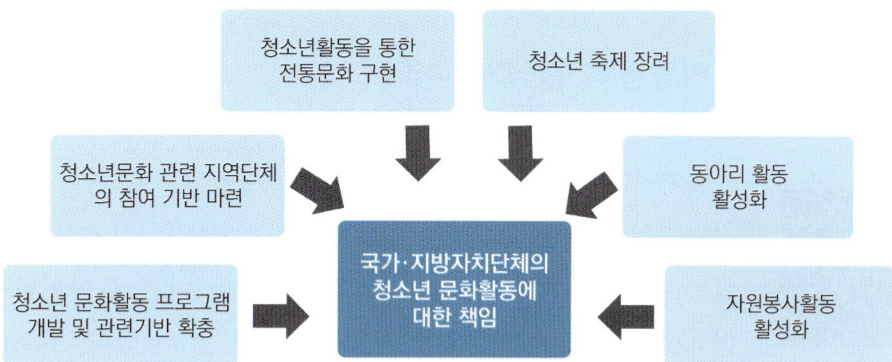

그림 3.8 국가 및 지방자치단체의 청소년문화활동에 대한 책임

2.2 청소년문화활동의 기반 구축(제61조)

국가 및 지방자치단체는 다양한 영역에서 청소년문화활동이 활성화될 수 있도록 기반을 구축하여야 한다. 문화예술 관련 단체 등 각종 지역사회의 문화기관은 청소년문화활동의 기반 구축을 위하여 적극적으로 협력하여야 한다(제61조).

2.3 전통문화의 계승(제62조)

국가 및 지방자치단체는 전통문화가 청소년문화활동에 구현될 수 있도록 필요한 시책을 수립·시행하여야 한다(제62조).

2.4 청소년축제의 발굴지원(제63조)

청소년 어울림마당

국가 및 지방자치단체는 청소년축제를 장려하는 시책을 수립하여 시행하여야 한다(제63조). 관련하여 시·도, 시·군·구는 청소년어울림마당을 운영하고 있다. 청소년어울림마당은 다양한 청소년활동이 펼쳐지며, 청소년 및 지역주민이 참여하여 3월에서 12월 사이에 실시된다(한국청소년활동진흥원, 2021).

2.5 청소년동아리활동의 활성화(64조)

청소년 동아리 활동지원

국가 및 지방자치단체는 청소년이 자율적으로 참여하여 조직하고 운영하는 다양한 형태의 동아리활동을 적극적으로 지원하여야 한다. 청소년활동시설은 제1항에 따른 동아리활동에 필요한 장소 및 장비 등을 제공하고 지원할 수 있다(제64조). 청소년 동아리활동 지원 사업은 동아리 1개소당 125만 원을 지원하는 사업으로 동아리별 담당 지도자가 반드시 포함되어야 한다(한국청소년활동진흥원, 2021).

2.6 청소년의 자원봉사활동의 활성화(제65조)

국가 및 지방자치단체는 청소년의 자원봉사활동을 활성화할 수 있는 기반을 조성하여야 한다(제65조). 한국청소년활동진흥원에서는 청소년의 자원봉사활동을 활성화하기 위하여 청소년자원봉사 시스템인 두볼(DOVOL)[3]을 운영하고 있다. 두볼에서는 두 프로젝트(DO Project)를 통해 청소년의 자원봉사 참여를 유도하고 있다. 두 프로젝트는 청소년이 봉사활동 50시간, 100시간, 150시간의 목표를 수립하고 이를 실천하면 포상을 수여하는 사업이다(한국청소년활동진흥원, 2021).

두볼 안내

3. 청소년활동진흥법의 과제

청소년활동진흥법은 청소년활동을 체계화하고 활성화하는 데 많은 기여를 해왔다. 그러나 그 체제가 발전하고 시대의 변화에 맞추기 위해서는 아래의 과제가 필요하다.

3.1 청소년활동의 종류의 재개념화와 체계화

청소년수련활동을 현행 청소년활동진흥법은 청소년수련활동, 청소년교류활동, 청소년문화활동으로 나누고 있다. 그러나 이러한 구분은 비체계적이며 작위적인 부분이 많이 있다. 청소년교류활동이나 청소년문화활동은 그 자체로 모두 청소년수련활동에 포함된다. 청소년교류활동은 참여하는 청소년의 폭과 그 진행 방식에서 다른 청소년수련활동과 다른 측면이 존재할 뿐이다. 청소년문화활동도 문화적 감성을 강조하기 때문에 일견 체험을 강조하는 청소년수련활동

3) DOVOL은 "do volunteer"의 약자이다.

과 구분이 되는 것으로 보이지만 문화의 개념이 매우 폭넓을 뿐만 아니라 문화활동을 구성하는 예술활동, 스포츠활동, 동아리활동, 봉사활동 등을 볼 때도 청소년활동의 내용상 구분으로 보일 뿐이다. 청소년활동의 구분을 보다 명확하게 하고 현 시대에 맞추어 변경하는 것이 필요한 것으로 판단된다.

3.2 청소년활동 강화와 학교 및 사회와의 연계 강화

청소년활동을 학교교육과 비교하여 이를 부수적인 것으로 파악하는 것은 4차 산업혁명 등 시대의 변화를 따라가지 못하는 것이다. 청소년들은 이미 교육과정이라는 틀에 박힌 교육을 넘어서 정보통신기술 등을 이용한 자기 계발을 하고 있다. 청소년활동의 폭이 단순한 단체활동이나 수련활동을 넘어서 시대의 요구를 반영하는 형태로 발전해야 하고 이를 위하여 지역사회의 대학이나 기업 등과의 연계도 강화해야 한다. 또한 장기적으로는 청소년활동과 학교교육을 인력 및 과정의 측면에서 융합하는 노력을 기울임과 동시에 단기적으로 학교교육이 현 시대의 요구에 미치지 못하는 영역들을 청소년활동이 과감하게 보완할 필요가 있다.

PART

IV

청소년복지 관련 제도

CHAPTER 04

청소년복지지원법

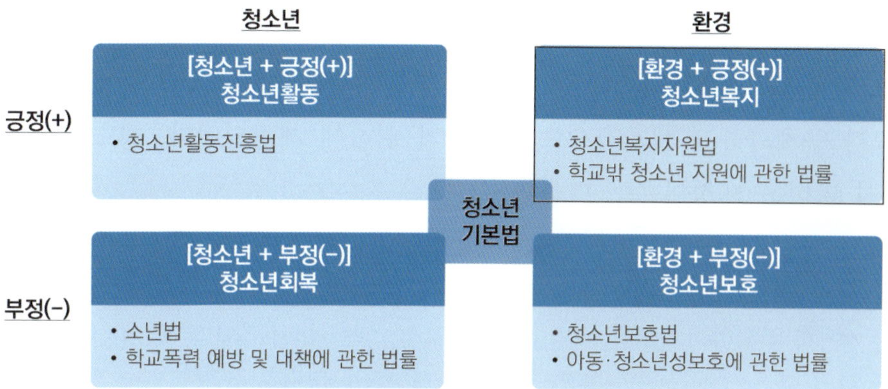

그림 4.1 청소년복지지원법의 청소년육성제도에서의 위치

청소년복지지원법의 법률상 위치는 청소년의 환경을 긍정적으로 조성하는 청소년복지 상의 법률이다. 청소년복지를 위한 주요 법률로는 청소년복지지원법과 학교 밖 청소년지원에 관한 법률, 아동복지법, 근로기준법 등이 있다. 이중에서도 청소년복지지원법은 청소년복지의 중심이 되는 법률이다.

청소년복지지원법

주제 4-1 청소년복지지원법 제정 배경, 연혁, 총칙

1. 청소년복지지원법의 의의 및 제정 배경

1.1 청소년복지지원법의 의의

2021 청소년통계(여성가족부, 2021)에 의하면 2020년 중·고등학생의 34.2%가 스트레스를 인지하고 있으며, 25.2%가 우울감을 경험하고 있으며, 2019년 사망원인의 1위는 고의적 자해(자살)로 청소년인구 876명이 사망하였다.

1.2 청소년복지지원법의 제정 배경

청소년복지지원법은 청소년기본법을 체계화하면서 청소년복지에 관한 사항을 보다 구체화하고 체계적으로 지원하기 위하에 제정되었다. 청소년복지지원법에서 밝히는 제정이유는 다음과 같다.

> 청소년의 복지 향상에 대한 가정 · 사회 및 국가의 책임과 의무를 정하고 이를 실천하기 위하여 필요한 사항을 정함으로써 미래사회의 주역이 될 청소년들의 삶의 질 향상과 최적의 성장 · 발달을 도모하도록 하려는 것임(법제처, 2019).

박부근·이일용(2004)에 의하면 기존 청소년기본법은 청소년복지에 관하여 선언적 규정만을 가지고 있어 이를 구체화하여 정책 및 사업으로 펼쳐나가는 데는 한계가 있었다. 또한 청소년복지의 영역 자체가 사회의 변화에 따라서 확대되는데 청소년기본법만으로는 이러한 변화와 흐름에 제대로 대응을 할 수 없었던 것도 청소년복지지원법의 제정이유로 판단된다.

이용교(2004)에 의하면 청소년복지지원법안은 기초생활보장이나 의료급여, 직업재활훈련 등 많은 부분들이 빠진 채로 입법화되었다고 한다. 그러나 청소년기본법은 청소년들의 복지와 그 복지를 위한 권리의 확대에 있어서 매우 중요한 역할을 한 것도 사실이다(박부근 · 이일용, 2004).

청소년복지지원법은 청소년에 대한 경제적 · 사회적 지원을 위해 필요한 청소년의 우대, 건강보장, 지역사회 청소년통합지원체계, 위기청소년 지원 등 규정하여 청소년이 조화로운 성장을 할 수 있도록 하는 데에 의의가 있다.

2. 청소년복지지원법의 연혁

(출처. 국가법령정보. 관련 정보 발췌 및 요약)

2004. 2. 9. (시행 2005.2.10, 법률 제7164호 제정) 국가 및 지방자치단체는 청소년이 원활하게 정보에 접근하고 그 의사를 표명할 수 있도록 하기 위하여 청소년 관련 정책 수립 등의 절차에 청소년의 참여 또는 의견수렴을 보장하는 조치를 시행하도록 함. 청소년우대에 관한 조항 제정(기존 학생에만 적용(박부근 · 이일용, 2004)). 시장 · 군수 · 구청장은 9세 이상 18세 이하의 청소년에 대하여 청소년증을 발급. 특별지원청소년 선정 및 생활지원 · 학업지원 · 의료지원 · 직업훈련지원 · 청소년활동지원 등 필요한 지원대책 강구하도록 함. 청소년 본인 등의 신청에 의하여 전문가를 통한 상담과 교육 · 자원봉사 · 수련 · 체육 · 단체활동 등 당해 청소년에 대한 교육적 선도를 실시할 수 있도록 함(법 제15조).

2010. 5. 17. (시행 2010.5.17, 법률 제10297호) 양벌규정에 책임주의 원칙이 관철되도록 개정.

2012. 2. 1. (시행 2012.8.2, 법률 제11290호). 전부개정. 지방자치단체의 장을 중심으로 지역사회가 협력하여 업무를 수행하는 지역사회 청소년통합지원체계를 구축 · 운영하도록 함. 위기청소년의 유형별로 다양한 지원 방안을 마련하는 등 위기청소년에 대한 보호 및 지원을 강화. 청소년복지지원기관 및 청소년복지시설의 설치 · 운영에 관한 내용을 체계적으로 정비. 이주배경청소년지원센터의 설치 · 운영 근거를 마련. 한국청소년상담원을 한국청소년상담복지개발원으로 명칭을 변경하고 청소년기본법

에서 이관을 받음. 시 · 도 및 시 · 군 · 구 청소년상담지원센터도 청소년상담복지센터로 명칭변경.

2013. 5. 28. (시행 2013.11.29, 법률 제11836호) 국가 또는 지방자치단체가 설치한 청소년복지지원기관 또는 청소년복지시설에 대한 위탁운영 규정을 신설하고 기준 및 방법을 여성가족부령으로 정함.

2014. 3. 24. (시행 2014.6.25, 법률 제12536호) 한국청소년상담복지개발원에의 출연근거를 마련.

2015. 2. 3. (시행 2015.2.3, 법률 제13181호) 한국청소년상담복지개발원의 결산서 제출에 관한 현행 규정을 정비하여 법률간 불일치 해소.

2016. 5. 29. (시행 2016.11.30, 법률 제14237호) 청소년자립지원관을 청소년쉼터뿐만 아니라 청소년회복지원시설에서 퇴소한 후에도 복귀할 곳이 없을 때 지원하는 시설로 기능을 규정. 소년법 제32조 제1항 제1호 처분을 받은 청소년에게 상담 · 주거 · 학업 · 자립 등을 지원하기 위한 청소년회복지원시설을 청소년복지시설로 규정함.

2016. 12. 20. (시행 2017.6.21, 법률 제14447호) 국가와 지방자치단체가 청소년의 건강증진 및 체력향상을 위하여 질병 예방과 건강교육 등의 필요한 시책을 수립할 때 청소년의 성별 특성을 고려하도록 함. 친족관계인 사람에 의한 성폭력 등 가정으로 복귀하여 생활하기 어려운 사유가 원인이 되어 가출한 경우에는 청소년쉼터의 장은 해당 가출청소년의 본인의 의사에 반하여 청소년 쉼터를 퇴소시킬 수 없도록 함.

2017. 12. 12. (시행 2018.6.13, 법률 제15210호) 여성청소년에게 보건위생에 필수적인 물품을 지원할 수 있는 법적 근거를 마련

2018. 12. 18. (시행 2019.3.19, 법률 제15988호) 청소년의 복지 향상을 위해 여성가족부장관은 여성가족부령으로 정하는 방법으로 의식 · 태도 · 생활 등에 대한 실태조사를 3년마다 실시하고 그 결과를 발표하도록 근거규정을 마련. '교육적 선도'를 '예방적 · 회복적 보호지원'으로 그 명칭을 변경하고, 보호지원의 목적 및 그 내용을 법률에 보다 구체적으로 규정. 청소년복지시설의 설치 · 운영신고를 받은 경우 법령에서 정한 기간 내에 신고수리 여부를 신고인에게 통지하도록 하고, 그 기간 내에 신고수리 여부나 처리기간의 연장을 통지하지 아니한 경우에는 신고를 수리한

것으로 간주함.

2021. 3. 23. (시행 2021.9.24, 법률 제17973호) 지원의 사각지대에 놓여 있는 자녀를 함께 양육하는 청소년부모를 지원하기 위한 법적 근거를 마련하고, 가출 이후 "가정 밖"이라는 위험 상황에 초점을 두고 지원 및 보호 정책을 추진하기 위하여 "가출 청소년"을 "가정 밖 청소년"으로 용어를 변경하며, 위기청소년 통합지원 및 관리를 위하여 지자체에 전담기구를 설치하고, 위기청소년통합지원정보시스템을 구축 · 운영할 수 있는 근거를 신설함. 지역사회 청소년통합지원체계를 효율적으로 운영하기 위하여 전담기구를 설치하고, 전담공무원 및 민간전문인력을 배치할 수 있도록 함. 위기청소년 지원에 관한 사항을 심의하는 운영위원회의 기능과 역할을 명확히 하기 위해 청소년복지심의위원회로 명칭을 변경하고, 실무위원회 운영 근거를 규정함.

2021. 4. 20. (시행 2022.4.21, 법률 제18101호) 여성청소년에게 지원하는 보건위생물품의 용어를 실생활에서 사용하고 있는 용어에 맞게 생리용품으로 변경하고, 지원대상을 확대하기 위하여 국가 및 지방자치단체로 하여금 여성청소년이 생리용품을 신청하는 경우 이에 대한 지원을 의무화하면서, 생리용품 지원의 구체적인 기준과 범위, 신청 및 지급절차 등은 대통령령으로 정하도록 위임하는 한편, 청소년쉼터에서 강제퇴소되는 청소년을 보호할 수 있는 조치를 마련하려 함.

2021. 12. 7. (시행 2022.1.1., 법률 18550호) 제12조의2 제2항 제11호 중 "중독"을 "중독 · 과몰입"으로, "피해"를 "예방 및 피해"로 규정하여 게임 중독 · 과몰입 등으로 어려움을 겪는 청소년과 그 가족에 대한 상담 · 교육 등 지원을 강화하려 함.

2022. 12. 27. (시행 2023.6.28, 법률 제19131호) 청소년복지 향상을 위한 실태조사를 청소년기본법으로 이관하고 대신 "위기청소년"에 대한 실태조사를 3년마다 실시하는 것으로 변경함.

3. 청소년복지지원법의 목적(제1조)

이 법의 목적은 청소년기본법 제49조 제4항이 청소년복지 향상에 관한 국가 및 지방자치단체의 지원에 관한 사항을 별도의 법률로 정함에 따라 청소년복지 향상에 관한 사항을 규정함을 목적으로 한다. 청소년기본법 제49조 제4항에서는 청소년복지 향상을 위해 필요한 시책을 별도의 법률로 규정하고 있다.

제1조(목적) 이 법은 「청소년기본법」 제49조제4항에 따라 청소년복지 향상에 관한 사항을 규정함을 목적으로 한다.

청소년기본법 제49조(청소년복지의 향상) ① 국가는 청소년들의 의식 · 태도 · 생활 등에 관한 사항을 정기적으로 조사하고, 이를 개선하기 위하여 청소년의 복지향상 정책을 수립 · 시행하여야 한다.
② 국가 및 지방자치단체는 기초생활 보장, 직업재활훈련, 청소년활동 지원 등의 시책을 추진할 때에는 정신적 · 신체적 · 경제적 · 사회적으로 특별한 지원이 필요한 청소년을 우선적으로 배려하여야 한다.
③ 국가 및 지방자치단체는 청소년의 삶의 질을 향상하기 위하여 구체적인 시책을 마련하여야 한다.
④ 제1항부터 제3항까지의 규정에 관하여는 따로 법률로 정한다.

4. 청소년복지지원법 용어의 정의(제2조)

청소년복지지원법은 주요 용어로 청소년, 청소년복지, 보호자, 위기청소년, 가정 밖 청소년, 청소년부모를 정의하고 있다. 이 중 '가정 밖 청소년'과 '청소년부모'는 2021년 법 개정을 통하여 새롭게 규정된 내용이다.

4.1 청소년

먼저 "청소년"이란 9세 이상 24세 이하인 사람을 말한다. 청소년 개념은 청소년활동진흥법과 같이 청소년기본법 제3조 제1호의 정의를 공유하고 있다.

청소년기본법 제3조(정의) 1. "청소년"이란 9세 이상 24세 이하인 사람을 말한다. 다만, 다른 법률에서 청소년에 대한 적용을 다르게 할 필요가 있는 경우에는 따로 정할 수 있다.

4.2 청소년복지

"청소년복지"란 청소년이 정상적인 삶을 누릴 수 있는 기본적인 여건을 조성하고 조화롭게 성장·발달할 수 있도록 제공되는 사회적·경제적 지원을 말한다. 청소년복지지원법은 청소년기본법을 체계화한 것으로, "청소년복지"란 청소년기본법 제3조 제4호에 따른 청소년복지를 말한다.

청소년기본법 제3조 4. "청소년복지"란 청소년이 정상적인 삶을 누릴 수 있는 기본적인 여건을 조성하고 조화롭게 성장·발달할 수 있도록 제공되는 사회적·경제적 지원을 말한다.

4.3 보호자

"보호자"란 친권자, 법정대리인 또는 사실상 청소년을 양육하는 사람을 말한다. 보호자가 부모인 경우가 많지만, 부모라고 하더라도 친권자가 아니면 보호자가 되지 못한다. 청소년복지지원법은 보호자를 법정대리인 또는 사실상 청소년을 양육하는 사람까지 폭넓게 보고 있다.

4.4 위기청소년

"위기청소년"이란 가정 문제가 있거나 학업 수행 또는 사회 적응에 어려움을 겪는 등 조화롭고 건강한 성장과 생활에 필요한 여건을 갖추지 못한 청소년을 말한다. 2004년 제정 청소년복지지원법에는 위기청소년 대신 특별지원청소년을 "청소년의 조화로운 성장과 정상적인 생활에 필요한 기초적인 여건이 미비하여 사회적·경제적 지원이 필요한 청소년을 말한다. 다만, 국민기초생활보장법 등 다른 법률의 적용을 받는 청소년을 제외한다."로 규정하였다. 위기청소년은 기초적인 여건이 부족한 경우를 넘어서 조화롭고 건강한 성장과 생활에 필요한 여건을 갖추지 못한 경우까지 포함하고 있어 기존의 특별지원청소년에 비해서 그 범위가 넓다.

4.5 가정 밖 청소년

"가정 밖 청소년"이란 가정 내 갈등·학대·폭력·방임, 가정해체, 가출 등의 사유로 보호자로부터 이탈된 청소년으로서 사회적 보호 및 지원이 필요한 청소년을 말한다.

가정 밖 청소년은 종래 가출청소년으로 불리던 용어를 새롭게 규정한 것이다. 종래 제16조와 제32조의2의 가출청소년의 개념이 "가정 밖 청소년"으로 변경되었다. 참고로 2023 청소년통계에 의하면(여성가족부, 2023), 2020년 초등학생 고학년과 중학생, 고등학생 청소년의 3.6%가 가출을 경험하였고, 가장 주된 이유는 부모님과의 문제로 56.6%였다. 가출경험은 2014년 4.8%보다 낮지만 2020년 2.9%에 비해서는 1.7%p 증가하였다. 가출사유 중 부모님과의 문제는 56.6%로 2020년이나 2021년에 비해서 낮아졌지만 학업문제는 21.7%로 2020년이나 2022년에 비해서 높아졌다. 또한 학교문제도 3.7%로 과거 2년보다 높은 수치를 보였다.

여성가족부(2021c)에 의하면 가출이라는 용어가 "위기청소년이 가출할 수밖에 없는 사회적 환경에 대한 고려 없이 개인의 일탈·비행이라는 부정적 선입견을 강화하여 국가의 적절한 보호 책임과 지원 대책의 여지를 축소시킬" 우려가 있어 가정 밖이라는 용어로 변경하였다고 한다.

4.6 청소년부모

"청소년부모"란 자녀를 양육하는 부모가 모두 청소년인 사람을 말한다. 종래에는 한부모가족지원법에서 24세 이하의 모 또는 부를 "청소년 한부모"로 규정하여 지원하고 있는 데 비해, 청소년부모에 대한 지원은 소홀한 측면이 있었다. 청소년복지지원법에서는 "제5장의2 청소년부모 지원"을 신설하고 제18조의2에서 제18조의5까지에서 청소년부모에 대해 가족지원서비스, 복지지원, 교육지원, 직업체험 및 취업지원을 규정하고 있다.

제2조(정의) 이 법에서 사용하는 용어의 뜻은 다음과 같다.
1. "청소년"이란 「청소년기본법」 제3조제1호 본문에 해당하는 사람을 말한다.
2. "청소년복지"란 「청소년기본법」 제3조제4호에 따른 청소년복지를 말한다.
3. "보호자"란 친권자, 법정대리인 또는 사실상 청소년을 양육하는 사람을 말한다.
4. "위기청소년"이란 가정 문제가 있거나 학업 수행 또는 사회 적응에 어려움을 겪는 등 조화롭고 건강한 성장과 생활에 필요한 여건을 갖추지 못한 청소년을 말한다.
5. "가정 밖 청소년"이란 가정 내 갈등 · 학대 · 폭력 · 방임, 가정해체, 가출 등의 사유로 보호자로부터 이탈된 청소년으로서 사회적 보호 및 지원이 필요한 청소년을 말한다.
6. "청소년부모"란 자녀를 양육하는 부모가 모두 청소년인 사람을 말한다.

5. 실태조사(제2조의2)

여성가족부장관은 위기청소년의 위기 원인 및 실태를 파악하는 등 청소년 복지 향상을 위한 정책수립에 필요한 기초자료로 활용하기 위하여 3년마다 위기청소년에 대한 실태조사를 실시하고 그 결과를 공표하여야 한다(제2조의2). 개정 전 청소년의 의식 · 태도 · 생활 등을 조사하는 종합실태조사가 위기청소년에 대한 실태조사로 범위가 변경되었다. 여성가족부장관은 실태조사에 필요한 경우에는 관계 중앙행정기관의 장, 지방자치단체의 장 또는 공공기관의 운영에 관한 법률에 따른 공공기관의 장, 그 밖의 관련 법인 · 단체의 장에게 필요한 자료 제출 또는 의견 진술을 요청할 수 있다. 이 경우 요청을 받은 자는 정당한 사유가 없으면 이에 협조하여야 한다. 실태조사의 대상, 방법, 절차 및 결과공표 등에 필요한 사항은 여성가족부령으로 정한다.

표 4.1에는 청소년 관련 법령의 실태조사 현황이 나와 있다. 청소년종합실태조사는 청소년기본법 제15조의2와 제49조에 근거하여 3년을 주기로 조사가 진행되며, 위기청소년 실태조사는 청소년복지지원법 제2조의2에 근거하여 3년 주기로 조사가 진행된다. 청소년 매체이용 및 유해환경 실태조사는 청소년보호법을 근거로 3년 주기로 조사가 진행되며, 청소년 인터넷·스마트폰 이용습관은 청소년보호법 시행령 제23조를 근거로 매해 실태조사가 진행된다. 학교 밖 청소년 실태조사는 학교 밖 청소년 지원에 관한 법률 제6조를 근거로 2년마다 조사가 진행된다.1)

표 4.1 청소년 관련 법령의 실태조사

조사명	근거법령	조사주기
청소년종합실태조사	청소년기본법 제49조 청소년복지지원법 제2조의2	3년
청소년 매체이용 및 유해환경 실태조사	청소년보호법 제33조제4항	3년
청소년 인터넷 · 스마트폰 이용습관 진단조사	청소년보호법 시행령 제23조	1년
학교 밖 청소년 실태조사	학교 밖 청소년 지원에 관한 법률 제6조	2년
학교폭력 실태조사	학교폭력예방 및 대책에 관한 법률 제11조 및 같은 법 시행령 제9조 (교육부 담당)	1년

2020 청소년종합실태조사	2020 청소년 매체이용 및 유해환경 실태조사	2023 청소년 인터넷 · 스마트폰 이용습관 진단조사	2021 학교 밖 청소년 실태조사	2022 1차 학교폭력 실태조사

1) 2021년 3월 23일 개정을 통해 종전 3년 주기에서 2년 주기로 실태조사 주기를 단축하였다.

주제 4-2 청소년의 우대 등 청소년의 건강보장

1. 청소년의 우대 등

1.1 청소년의 우대(제3조)

국가 또는 지방자치단체는 그가 운영하는 수송시설·문화시설·여가시설 등을 청소년이 이용하는 경우 그 이용료를 면제하거나 할인할 수 있다(제1항). 국가 또는 지방자치단체는 다음 어느 하나에 해당하는 자가 청소년이 이용하는 시설을 운영하는 경우 청소년에게 그 시설의 이용료를 할인하여 주도록 권고할 수 있다(제2항).

청소년에 대한 시설 이용료 할인 권고 시설
1. 국가 또는 지방자치단체의 재정적 보조를 받는 자
2. 관계 법령에 따라 세제상의 혜택을 받는 자
3. 국가 또는 지방자치단체로부터 위탁을 받아 업무를 수행하는 자

이용료를 면제받거나 할인받으려는 청소년은 시설의 관리자에게 주민등록증, 학생증, 제4조에 따른 청소년증 등 나이를 확인할 수 있는 증표 또는 자료를 제시하여야 한다(제3항).

이용료를 면제받거나 할인받을 수 있는 시설의 종류 및 청소년의 나이 기준 등은 대통령령으로 정한다(제4항). 시행령에 따르면, 청소년은 대중교통수단, 청소년이용시설에서 할인을 받을 수 있다. 이때 청소년은 9세 이상 18세 이하인 청소년이거나 초·중등교육법 제2조에 따른 학교에 재학 중인 18세 초과 24세 이하인 청소년이다. 즉 9세 이상 18세 이하는 누구나 우대를 받을 수 있으며, 18세를 넘더라도 24세 이하이고 초등학생, 중학생, 고등학생이라면 우대를 받을 수 있다.

청소년복지지원법 시행령 제1조의2(청소년의 우대) ① 법 제3조제1항 또는 제2항에 따라 이용료를 면제받거나 할인받을 수 있는 시설의 종류는 다음 각 호와 같다.
1. 「대중교통의 육성 및 이용촉진에 관한 법률」 제2조제2호에 따른 대중교통수단
2. 「청소년활동 진흥법 시행령」 제17조제1항에 따른 청소년이용시설

② 법 제3조제1항 또는 제2항에 따라 이용료를 면제받거나 할인받을 수 있는 청소년은 다음 각 호의 어느 하나에 해당하는 청소년으로 한다.
1. 9세 이상 18세 이하인 청소년
2. 「초 · 중등교육법」 제2조에 따른 학교에 재학 중인 18세 초과 24세 이하인 청소년

1.2 청소년증(제4조)

특별자치시장 · 특별자치도지사 또는 시장 · 군수 · 구청장(자치구의 구청장을 말한다. 이하 같다)은 9세 이상 18세 이하의 청소년에게 청소년증을 발급할 수 있다(제1항). 청소년증은 다른 사람에게 양도하거나 빌려주어서는 안 되며 누구든지 제1항에 따른 청소년증 외에 청소년증과 동일 명칭 또는 표시의 증표를 제작 · 사용하여서는 아니 된다(제2항 및 제3항). 제1항에 따른 청소년증의 발급에 필요한 사항은 여성가족부령으로 정한다(제4항).

시행규칙에 따라 청소년증을 발급하려는 청소년은 청소년발급신청서에 사진 1장을 첨부하여 특별자치도지사 혹은 시 · 군 · 구청장에게 서식을 제출하면 된다. 또한 청소년증의 발급은 친권자 등 법정대리인 혹은 청소년시설에서 청소년을 실질적으로 보호하는 사람 등이 대리할 수 있다(시행규칙 제2조).

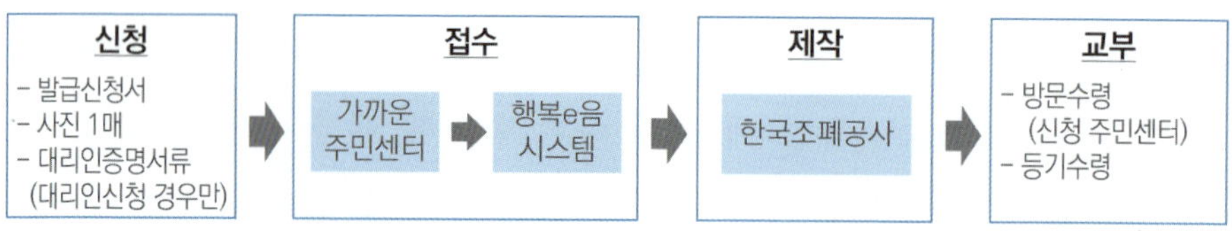

그림 4.2 청소년증 신청방법(출처: 여성가족부 홈페이지)

2. 청소년의 건강보장

2.1 건강한 성장지원(제5조)

국가 및 지방자치단체는 성별 특성을 고려하여 청소년의 건강증진 및 체력 향상을 위한 질병 예방, 건강 교육 등의 필요한 시책을 수립하여야 하며, 보호자는 양육하는 청소년의 건강증진 및 체력 향상에 노력하여야 한다(제1항).

국가 및 지방자치단체는 관련 기관과 협의하여 성별 특성을 반영한 청소년의 건강·체력 기준을 설정하여 보급할 수 있다(제2항). 국가 및 지방자치단체는 여성청소년의 건강한 성장을 위하여 여성청소년에게 생리용품을 신청하는 경우 이를 지원한다(제3항). 청소년의 건강한 성장지원 시책의 마련, 건강·체력 기준의 설정·보급 및 생리용품 물품 지원의 기준·범위 등에 필요한 사항은 대통령령으로 정한다(제4항). 여성청소년에 대한 생리용품 지원은 종전 "지원할 수 있다"에서 "지원한다"로 변경하여 국가와 지방자치단체가 여성 청소년 생리용품을 의무 지원하는 형태로 제도가 변경되었다.[2)]

시행령에 따르면 국가와 지방자치단체는 청소년이 참가하는 체육대회를 장려하고 청소년스포츠 동호인 활동을 적극적으로 지원하며, 체육대회 개최 및 동호인 활동에 필요한 경비를 지원할 수 있다(시행령 제2조). 여성가족부장관은 청소년의 건강·체력기준을 설정하고 보급해야 하며, 청소년의 성장환경을 고려하여 5년 이내의 기간마다 청소년의 건강·체력 기준을 새로 설정해야 한다(시행령 제3조).

제5조(건강한 성장지원) ① 국가 및 지방자치단체는 성별 특성을 고려하여 청소년의 건강 증진 및 체력 향상을 위한 질병 예방, 건강 교육 등의 필요한 시책을 수립하여야 하며, 보호자는 양육하는 청소년의 건강 증진 및 체력 향상에 노력하여야 한다. <개정 2016. 12. 20.>
② 국가 및 지방자치단체는 관련 기관과 협의하여 성별 특성을 반영한 청소년의 건강·체력 기준을

2) 본 조항은 2022년 4월 21일부터 시행된다.

설정하여 보급할 수 있다. <개정 2016. 12. 20.>
③ 국가 및 지방자치단체는 여성청소년의 건강한 성장을 위하여 여성청소년이 생리용품을 신청하는 경우 이를 지원한다. <신설 2017. 12. 12., 2021. 4. 20.>
④ 제1항에 따른 시책의 마련, 제2항에 따른 건강 · 체력 기준의 설정 · 보급 및 제3항에 따른 생리용품 지원의 기준 · 범위, 방법, 신청 및 지급절차 등에 필요한 사항은 대통령령으로 정한다. <개정 2017. 12. 12., 2021. 4. 20.>
[제목개정 2017. 12. 12.] [시행일: 2022. 4. 21.] 제5조

2.2 체력검사와 건강진단 및 건강진단 결과의 분석(제6조, 제7조)

국가 및 지방자치단체는 청소년의 체력검사와 건강진단을 실시할 수 있다. 국가 및 지방자치단체는 제1항에 따른 체력검사 및 건강진단의 결과를 청소년 본인에게 알려주어야 한다. 국가 및 지방자치단체는 제1항 및 제2항에 따른 체력검사 · 건강진단의 실시와 그 결과 통보를 전문기관 또는 단체에 위탁할 수 있다. 제1항 및 제2항에 따른 체력검사 · 건강진단의 실시와 그 결과 통보에 필요한 사항은 여성가족부령으로 정한다(제6조). 본 체력검사 및 건강진단은 여성가족부령에 따라 학교 밖 청소년 중 9세 이상 18세 이하의 청소년을 우선 대상으로 한다(시행 제7조).

국가 및 지방자치단체는 제6조에 따른 건강진단 결과를 분석하여 청소년의 건강증진을 위하여 필요한 시책을 수립 · 시행하여야 한다. 국가 및 지방자치단체는 분석을 전문기관에 의뢰할 수 있다(제7조).

여성가족부(2021)에 따르면 학교 밖 청소년 지원센터를 방문하거나 우편 또는 이메일로[3] 건강검진을 신청할 수 있다. 지역별 학교 밖 청소년 지원센터는 꿈드림 홈페이지(www.kdream.or.kr)에서 확인할 수 있다.

꿈드림

3) 이메일 제출은 해당 학교 밖 청소년 지원센터와 협의 후 제출

학교 밖 청소년건강검진 지원 내용

검진대상: 9세 이상 18세 이하 학교 밖 청소년
(19세 학교 밖 청소년은 다른 국가건강검진과 중복되지 않는 경우에 한해 가능)
검진항목: 혈액검사, 간염검사, 구강검사, 결핵검진 및 잠복결핵검진 등
신청기간: 연중
검진기간: 연중
검진비용: 무료(개인부담없음)
검진기관: 건강IN 누리집에서 확인
운영기관: 국민건강보험공단

제6조(체력검사와 건강진단) ① 국가 및 지방자치단체는 청소년의 체력검사와 건강진단을 실시할 수 있다.
② 국가 및 지방자치단체는 제1항에 따른 체력검사 및 건강진단의 결과를 청소년 본인에게 알려주어야 한다.
③ 국가 및 지방자치단체는 제1항 및 제2항에 따른 체력검사·건강진단의 실시와 그 결과 통보를 전문기관 또는 단체에 위탁할 수 있다.
④ 제1항 및 제2항에 따른 체력검사·건강진단의 실시와 그 결과 통보에 필요한 사항은 여성가족부령으로 정한다.
제7조(건강진단 결과의 분석 등) ① 국가 및 지방자치단체는 제6조에 따른 건강진단 결과를 분석하여 청소년의 건강 증진을 위하여 필요한 시책을 수립·시행하여야 한다.
② 국가 및 지방자치단체는 제1항에 따른 분석을 전문기관에 의뢰할 수 있다.

2.3 건강진단 결과의 공개 금지(제8조)

제6조에 따라 건강진단을 실시한 국가·지방자치단체·전문기관 또는 단체에 근무하였거나 근무하는 사람은 제7조 제1항에 따른 시책을 수립하거나 시행하기 위하여 불가피한 경우를 제외하고는 건강진단 결과를 공개하여서는 아니 된다(제8조).

제8조(건강진단 결과의 공개 금지) 제6조에 따라 건강진단을 실시한 국가·지방자치단체·전문기관 또는 단체에 근무하였거나 근무하는 사람은 제7조제1항에 따른 시책을 수립하거나 시행하기 위하여 불가피한 경우를 제외하고는 건강진단 결과를 공개하여서는 아니 된다.

주제 4-3 지역사회 청소년통합지원체계 등

1. 지역사회 청소년통합지원체계 등

1.1 지역사회 청소년통합지원체계 개념

지역사회 청소년통합지원체계는 CYS-Net(Community Youth Safety Net)으로도 불리며 청소년복지지원법의 중추를 이루는 제도 중 하나이다. 지역사회 청소년통합지원체계의 여성가족부 사업명은 “청소년안전망”이다. 지역사회 청소년통합지원체계를 통해서 위기청소년들은 청소년동반자, 청소년쉼터, 학교 밖 청소년지원센터 등에서 지원 서비스를 받게 된다.

1.2 지역사회 청소년통합지원체계의 구축·운영(제9조)

1) 청소년통합지원체계(청소년안전망)

지방자치단체의 장은 관할구역의 위기청소년을 조기에 발견하여 보호하고, 청소년복지 및 청소년기본법 제3조 제5호에 따른 청소년보호를 효율적으로 수행하기 위하여 지방자치단체, 공공기관, 청소년기본법 제3조 제8호에 따른 청소년단체 등이 협력하여 업무를 수행하는 지역사회 청소년통합지원체계를 구축·운영하여야 한다(제1항). 국가는 통합지원체계의 구축·운영을 지원하여야 한다(제2항). 통합지원체계에 반드시 포함되어야 하는 기관 또는 단체 등 통합지원체계의 구성 등에 필요한 사항은 대통령령으로 정한다(제3조).

청소년기본법 제3조 제5호의 청소년보호란 청소년에게 유해한 환경을 규제하거나 청소년의 접촉 또는 접근을 제한하는 것을 의미한다. 청소년복지지원법 제9조의 지역사회 청소년통합지원체계는 청소년복지와 함께 청소년보호의 특성을 함께 가지고 있는 제도라고 할 수 있다.

청소년복지지원법 시행령 제4조에 따르면 지역사회 청소년통합지원체계에는 청소년복지시설, 청소년지원시설, 청소년단체, 지방자치단체, 교육청 및 교육지원청, 초·중등교육법 제2조에 따른 학교, 지방경찰청 및 경찰서, 공공보건의료기관, 보건소, 청소년비행예방센터, 지방고용노동청 및 지청 학교 밖 청소년 지원센터, 보호관찰소 등 지역사회에 청소년과 관련된 기관을 대부분 포함하고 있다.

지역사회 청소년통합지원체계의 지원 내용(여성가족부, 2021)

■ 청소년상담복지센터, 청소년 상담 채널, 지역사회 자원 등을 통해 위기청소년을 발견 · 구조(위기)청소년과 그 가족에 대해 상담 등을 지원
 - 청소년상담복지센터 대면 상담, 1388 청소년 상담 채널(청소년 전화, 문자, 채팅 상담 등)운영, 청소년 동반자 파견 등을 지원

■ 일시보호소 운영과 긴급지원 서비스를 제공
 - 일시보호소: 시 · 도 센터에 설치, 위기상황(가출, 성매매, 가정 · 학교폭력 등)에 노출된 청소년을 24시간 동안 보호

■ 위기청소년 특별지원: 보호자가 없거나, 실질적으로 보호자의 보호를 받지 못하는 사회 · 경제적으로 어려움이 있는 위기청소년에게 생활비 · 치료비 · 학업 지원비 등 지원

■ 기타 지원을 필요로 하는 경우 지역사회 자원 연계망을 활용하여 지원

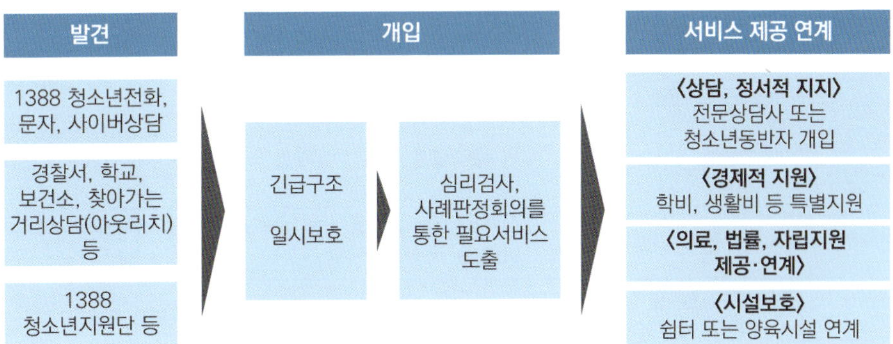

그림 4.3 **청소년안전망 운영체계**(출처: 여성가족부 홈페이지)

제9조(지역사회 청소년통합지원체계의 구축 · 운영)

① 지방자치단체의 장은 관할구역의 위기청소년을 조기에 발견하여 보호하고, 청소년복지 및 「청소년기본법」 제3조제5호에 따른 청소년보호를 효율적으로 수행하기 위하여 지방자치단체, 공공기관, 「청소년기본법」 제3조제8호에 따른 청소년단체 등이 협력하여 업무를 수행하는 지역사회 청소년

통합지원체계(이하 "통합지원체계"라 한다)를 구축 · 운영하여야 한다.
② 국가는 통합지원체계의 구축 · 운영을 지원하여야 한다.
③ 통합지원체계에 반드시 포함되어야 하는 기관 또는 단체 등 통합지원체계의 구성 등에 필요한 사항은 대통령령으로 정한다.

청소년기본법 제3조(정의) 5. "청소년보호"란 청소년의 건전한 성장에 유해한 물질 · 물건 · 장소 · 행위 등 각종 청소년 유해 환경을 규제하거나 청소년의 접촉 또는 접근을 제한하는 것을 말한다.

표 4.2 지역사회통합지원체계 필수연계기관과 협력의무(시행령 제4조)

기관 · 단체	필수연계기관	협력의무
지방자치단체	지방자치단체	통합지원체계의 활성화를 위하여 필수연계기관의 활동을 상호 연계하거나 협력을 촉진하기 위한 조치의 추진
교육 관련	특별시 · 광역시 · 특별자치시 · 도 및 특별자치도 교육청 및 교육지원청	관할지역 안의 학교폭력, 학업중단 등 위기상황에 처한 학생에 대한 상담 지원 의뢰 및 학교 내 상담 활성화를 위한 협조
	「초 · 중등교육법」 제2조에 따른 학교	해당 학교의 학생이 학교폭력 등 위기상황, 학교부적응 등의 사유로 결석하거나 자퇴를 희망하는 경우 또는 그 밖에 전문적인 상담서비스의 제공이 필요하다고 판단되는 경우 상담지원 의뢰
경찰 · 법무 관련	법무부 산하 청소년비행예방센터	위기청소년에 대한 비행예방교육 및 상담활동 협조
	시 · 도경찰청 및 경찰서	가출 등으로 위기상황에 처한 청소년을 발견한 경우 보호 의뢰 및 긴급구조를 필요로 하는 위기청소년에 대한 구조 협조
	보호관찰소	보호관찰 대상 청소년에 대하여 전문적인 상담 · 복지서비스의 제공이 필요하다고 판단되는 경우 상담 · 복지지원 등의 의뢰
노동 관련	지방고용노동청 및 지청	위기청소년에 대하여 직업훈련 또는 취업지원을 요청하는 경우 이에 대한 협조
보건 관련	공중보건의료기관, 보건소	위기청소년에 대하여 진료 또는 치료지원을 요청하는 경우 이에 대한 협조
청소년 관련	청소년복지시설 및 (성매매방지 및 피해자보호) 청소년지원시설	청소년에 대한 일시 · 단기 또는 중장기적 보호 협조
	학교 밖 청소년 지원센터	위기청소년에 대하여 「학교 밖 청소년 지원에 관한 법률」 제12조제2항에 따른 업무에 관한 지원을 요청하는 경우 이에 대한 협조
	청소년상담복지센터	지역사회청소년통합지원체계 운영기관으로서 위기 상황에 처한 청소년에 대한 상담 및 서비스를 제공하고 예방하기 위한 역할 수행[4]

4) 여성가족부(2021). 2021 청소년사업 안내.

2) 필수연계기관

지역사회 청소년통합지원체계에는 반드시 포함시켜야 하는 기관 또는 단체를 필수연계기관이라고 하며(시행령 제4조 제1항), 구체적 필수연계기관과 협력의무는 표 4.2와 같다.

필수연계기관 중 청소년 관련 기관 및 단체에는 청소년상담복지센터, 청소년복지시설, 성매매방지 및 피해자보호 등에 관한 법률에 따른 청소년지원시설, 학교 밖 청소년 지원센터 등이 포함되며, 시·도, 시·군·구 등 지방자치단체, 경찰·법무 관련 기관 및 단체로 시·도경찰청 및 경찰서, 청소년비행예방센터, 보호관찰소가 포함된다. 그 외에 교육 관련 기관으로는 시·도교육청 및 교육지원청, 초·중등교육법에 의한 학교, 보건 관련 기관은 공중보건의료기관과 보건소, 노동 관련으로 지방고용노동청 및 노동지청이 필수연계기관에 포함된다.

필수연계기관은 담당 업무와 관련되어 위기청소년에 대한 지원 의뢰가 있는 경우에 최우선적으로 필요한 지원을 할 수 있도록 상호 협력하여야 한다(시행령 제4조 제3항).

3) 지역사회 통합지원체계의 기능

지역사회 통합지원체계의 기능은 첫째, 위기청소년의 조기 발견 및 보호, 청소년복지 및 청소년보호 업무이다.

구체적으로는 법 제1조에 따른 지역주민단체의 위기청소년 발견·보호 및 지원을 위한 활동, 법 제12조 제2항에 따른 상담전화 등의 설치·운영, 청소년에 대한 상담, 긴급구조, 보호, 의료지원, 학업지원 및 자활지원 등의 서비스 제공(시행령 제4조 제2항)의 업무를 수행한다.

지역사회 통합지원체계의 기능은 사례를 통해 보다 잘 이해할 수 있다. 그림 4.4는 여성가족부 홈페이지의 청소년안전망 운영사례이다. 사례에서 집단폭행 피해를 입은 청소년은 청소년상담복지센터의 상담지원 연계를 통하여, 정서심리적 지원, 경제적 지원, 건강 · 생활관리 지원, 보호 지원, 자립지원, 사후관리 및 모니터링을 지원 받았다. 피해학생 지원을 위해 청소년상담복지센터, 건강가정지원센터, 검찰청, 경찰서, 학교 상담사, 청소년수련관 등의 기관이 서로 연계하여 청소년을 지원하였다.

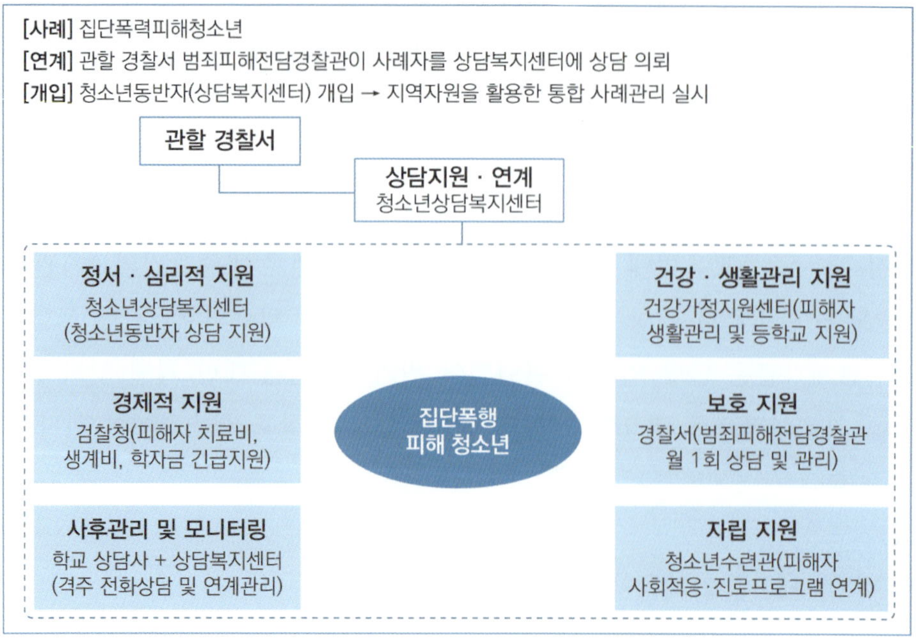

그림 4.4 **청소년안전망 운영 사례**(출처: 여성가족부 홈페이지)

1.3 통합지원체계 전담기구(제9조의2)

통합지원체계 전담기구는 2021년 3월 23일 신설된 기구로 통합지원체계의 업무를 효율적으로 추진하기 위해 시 · 도, 시 · 군 · 구에 설치할 수 있다(제1항).

통합지원체계 전담기구에는 여성가족부령으로 정하는 바에 따라 전담공무원 및 민간 전문인력을 배치할 수 있다(제2항). 또한 관계 행정기관, 청소년기본법 제3조 제8호에 따른 청소년단체 및 같은 법 제3조 제6호에 따른 청소년시설을 설치 · 운영하는 자는 전담공무원 및 민간 전문인력의 업무 수행에 협조하여야 한다(제3항). 전담공무원 및 민간 전문인력의 배치는 통합지원체계 전담기구의 역량을 높이고 나아가 통합지원체계의 기능을 강화할 것으로 전망된다.

통합지원체계 전담기구의 사무 범위, 조직 및 운영, 전담공무원의 임용 등에 필요한 사항은 해당 지방자치단체의 조례로 정한다(제4항). 통합지원체계 전담기구가 시 · 도 및 시 · 군 · 구에서 정착되기 위해서는 지방자치단체의 의지가 매우 중요하다.

1.4 청소년복지심의위원회(제10조)

기존 통합지원체계의 운영위원회의 명칭이 2021년 9월 24일부터 청소년복지심의위원회로 변경되었다. 기존 운영위원회는 특별지원 대상자의 선정 등의 업무를 수행하였지만, 청소년복지심의위원회는 위기청소년의 복지 및 보호와 관련된 정책 등의 심의로 위원회의 권한이 정책 측면까지 강화되었다. 또한 청소년복지심의위원회는 실무위원회를 둘 수 있게 되어 심의 기능을 보다 전문화할 수 있게 되었다.

지방자치단체의 장은 통합지원체계의 원활한 운영을 위하여 필요하다고 인정하는 경우에는 위기청소년의 복지 및 보호와 관련된 정책 등 대통령령으로 정하는 사항을 심의하는 청소년복지심의위원회를 둘 수 있다(제1항). 심의위원회는 통합지원체계를 구성하는 기관 · 단체의 장 또는 종사자와 그 밖에 청소년복지에 대하여 지식과 경험이 풍부한 사람으로 구성한다(제2항). 이 외에 심의위원회 및 실무위원회의 구성, 위원의 위촉 및 회의 절차 등 심의위원회 및 실무위원회의 운영에 필요한 사항은 해당 지방자치단체의 규칙으로 정한다(제10조).

제10조(청소년복지심의위원회) ① 지방자치단체의 장은 통합지원체계의 원활한 운영을 위하여 필요하다고 인정하는 경우에는 위기청소년의 복지 및 보호와 관련된 정책 등 대통령령으로 정하는 사항을 심의하는 청소년복지심의위원회(이하 "심의위원회"라 한다)를 둘 수 있다. <개정 2021. 3. 23.>
② 심의위원회는 통합지원체계를 구성하는 기관 · 단체의 장 또는 종사자와 그 밖에 청소년복지에

대하여 지식과 경험이 풍부한 사람으로 구성한다. <개정 2021. 3. 23.>
③ 심의위원회는 심의를 효율적으로 수행하기 위하여 필요하다고 인정하는 경우에는 실무위원회를 둘 수 있다. <신설 2021. 3. 23.>
④ 제1항부터 제3항까지의 규정에서 정한 사항 외에 심의위원회 및 실무위원회의 구성, 위원의 위촉 및 회의 절차 등 심의위원회 및 실무위원회의 운영에 필요한 사항은 해당 지방자치단체의 규칙으로 정한다. <개정 2021. 3. 23.>
[제목개정 2021. 3. 23.] [시행일: 2021. 9. 24.] 제10조

2. 주민의 자원 활동 지원(제11조)

국가 및 지방자치단체는 지역주민들이 자발적으로 단체를 구성하여 위기청소년의 발견·보호 및 지원을 위한 활동을 하는 경우에는 그 단체의 활동을 지원할 수 있다(제11조).

제11조(주민의 자원 활동 지원) 국가 및 지방자치단체는 지역 주민들이 자발적으로 단체를 구성하여 위기청소년의 발견·보호 및 지원을 위한 활동을 하는 경우에는 그 단체의 활동을 지원할 수 있다.

1388청소년지원단은 위기청소년 발견 및 의뢰, 일시보호, 긴급구조, 청소년지원 등의 활동을 하기 위하여 민간이 자발적으로 참여하여 만든 조직이다. "지역사회의 약국, 병원, PC방, 노래방, 택시회사, 학원, 자원봉사자, 변호사, 교사, 기타 청소년 관련 기관" 등의 참여를 통해 구성된다(여성가족부, 2021(청소년사업)). 청소년지원단의 하부지원단은 「발견·구조」, 「의료·법률」, 「복지」, 「상담·멘토」로 구성된다(한국청소년상담복지센터, 2021).

1388
청소년사이버
상담센터

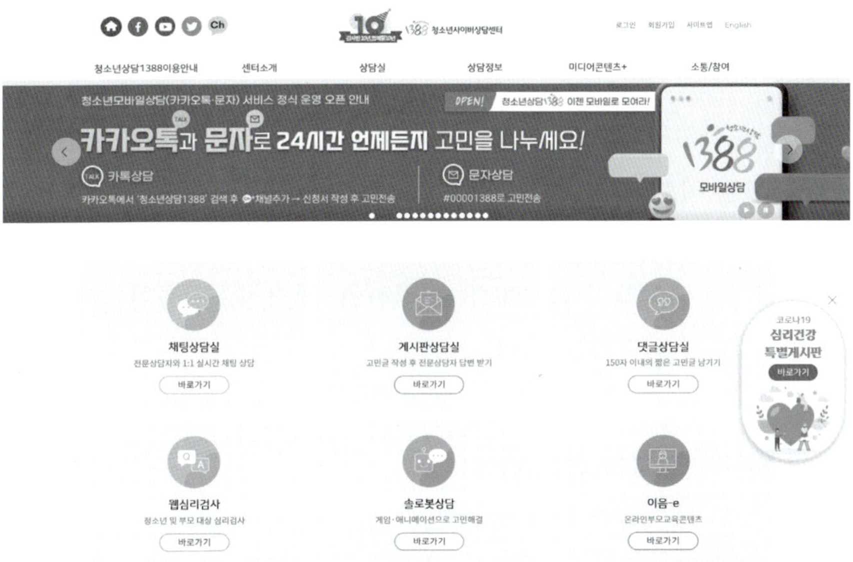

그림 4.5 청소년사이버상담센터(www.cyber1388.kr) 홈페이지

3. 상담전화 설치 등(제12조)

상담전화 설치는 국가 및 지방자치단체가 반드시 설치해야 하는 의무 사항이다. 청소년상담은 1388번으로 전화를 하거나, 문자나 카카오톡, 청소년사이버상담센터(www.cyber1388.kr)에서 채팅, 게시판을 이용하여 상담을 할 수 있다. 상담에 드는 모든 비용은 무료이다.

국가 및 지방자치단체는 모든 청소년이 필요한 사항에 관하여 전문가의 상담을 받을 수 있도록 하여야 한다(제1항). 국가 및 지방자치단체는 상담을 위하여 전화를 설치·운영하거나 정보통신망을 운영하여야 한다(제2항). 전화의 설치·운영 및 정보통신망의 운영에 필요한 사항은 대통령령으로 정한다(제3항).

시행령 제6조에 따르면, 상담전화는 청소년 관련 신고접수, 상담 및 관련 기관과의 연계 체계를 갖추어야 하고(제1항), 전국적으로 같은 번호로 하루 24시간 운영하여야 한다(제2항).

4. 위기청소년통합지원정보시스템의 구축 및 운영(제12조의2)

위기청소년통합지원정보시스템의 구축 및 운영은 2021년 3월 23일 신설되어 2021년 9월 24일 시행되는 신설 조항으로, 위기청소년통합지원정보시스템의 근거가 된다(법제처, 2021). 여성가족부는 청소년가족정책실-청소년정책관에 위기청소년통합지원정보시스템 구축 TF를 조직하여 위기청소년통합지원정보시스템의 구축 및 운영을 지원하고 있다.

4.1 위기청소년통합지원정보시스템

위기청소년통합지원정보시스템(이하 "통합정보시스템")은 여성가족부장관이 구축·운영하는 것으로 위기청소년 관련 정보의 효율적 처리, 정보 공유 및 기관 간

표 4.3 위기청소년통합지원정보시스템의 통합 정보

구분	정보의 내용
통합지원시스템	제9조에 따른 지역사회 청소년통합지원체계 운영에 관한 정보
상담 및 교육	제12조에 따른 전문가 상담에 관한 정보 제13조에 따른 위기청소년의 가족 및 보호자에 대한 상담 및 교육에 관한 정보
지원	제14조에 따른 위기청소년 특별지원에 관한 정보 제16조에 따른 가정 밖 청소년 지원에 관한 정보 제18조에 따른 이주배경청소년 지원에 관한 정보 제19조에 따른 예방적·회복적 보호지원에 관한 정보 「청소년 보호법」 제27조에 따른 인터넷게임 중독 등의 피해 청소년 지원 관련 정보
기관 및 단체 정보	제29조에 따른 청소년상담복지센터에 관한 정보 제31조에 따른 청소년복지시설에 관한 정보 「학교 밖 청소년 지원에 관한 법률」 제12조에 따른 학교 밖 청소년 지원센터 관련 정보 「청소년 보호법」 제35조에 따른 청소년 보호·재활센터 관련 정보
사회보장급여	「사회보장급여의 이용·제공 및 수급권자 발굴에 관한 법률」 제2조제1호의 사회보장급여 중 청소년 관련 정보
주민등록 및 가족관계	「주민등록법」에 따른 주민등록 자료 또는 정보 「가족관계의 등록 등에 관한 법률」에 따른 가족관계등록 자료 또는 정보
기타	그 밖에 대통령령으로 정하는 위기청소년 지원 관련 업무 수행에 필요한 정보

서비스 연계 등 통합지원체계를 효율적으로 운영하기 위한 시스템이다(제1항). 통합정보시스템의 정보는 제공받은 정보의 목적의 범위 내에서 민간단체 및 기관과 정보연계 조치를 할 수 있으며(제4항), 사회보장기본법에 따른 사회보장정보시스템 등 관계 전산망을 연계 운영할 수 있다(제7항).

여성가족부는 통합정보시스템의 운영을 한국청소년상담복지개발원에 위탁할 수 있다(제8항).

4.2 통합 정보

통합정보시스템의 필요 정보는 정보주체의 명시적 동의받아서 수집 · 보유 · 이용 · 제공 · 연계할 수 있다.

연동되는 통합정보는 통합지원시스템, 상담 및 교육, 지원, 기관 및 단체 정보, 사회보장급여, 주민등록 및 가족관계, 기타 사항이다. 자세한 사항은 표 4.3을 참고하면 된다.

4.3 전산망 연계

통합정보시스템은 제1항에 따른 업무를 수행하기 위하여 사회보장기본법 제37조 제2항에 따른 사회보장정보시스템 등 관계 전산망을 연계하여 운영할 수 있다(제7항).

4.4 개인정보보호 및 누설금지

관계 중앙행정기관등은 통합정보시스템이 보유하는 자료 · 정보의 활용이 필요한 경우 사전에 여성가족부장관과 협의하여야 한다. 이 경우 여성가족부장관은 관계 중앙행정기관등이 관련 업무에 필요한 범위에서 정보를 제공할 수 있고 정보를 제공받은 관계 중앙행정기관 등은 제공받은 목적의 범위에서만 이를 보유 · 이용할 수 있다(제5항). 여성가족부장관은 통합정보시스템의 구축 · 운영의 전 과정에서 개인정보 보호를 위하여 필요한 시책을 마련하여야 한다(제6항).

제2항부터 제5항까지의 규정에 따라 통합정보시스템의 자료 또는 정보를 취득하여 관리 · 이용하는 자는 그 직무상 알게 된 자료 · 정보를 목적 외로 사용하거나 제3자에게 제공 · 누설하여서는 아니 된다(제9항).

주제 4-4 위기청소년 등 지원, 예방적 회복적 보호지원

1. 위기청소년 지원

위기청소년지원에는 상담 및 교육, 위기청소년 특별지원, 청소년의 가출예방 및 보호, 이주배경청소년에 대한 지원, 가정 밖 청소년에 대한 지원 등이 포함된다.

1.1 위기청소년 상담 및 교육(제13조)

위기청소년 지원을 위해서는 위기청소년과 가족, 보호자에 대한 상담 및 교육이 필수적이다. 국가 및 지방자치단체는 위기청소년에게 효율적이고 적합한 지원을 하기 위하여 위기청소년의 가족 및 보호자에 대한 상담 및 교육을 실시할 수 있다(제1항). 위기청소년의 가족 및 보호자는 국가 및 지방자치단체가 상담 및 교육을 권고하는 경우에는 이에 협조하여 성실히 상담 및 교육을 받아야 한다(제2항).

국가 및 지방자치단체는 여성가족부령으로 정하는 일정 소득 이하의 가족 및 보호자가 제1항의 상담 및 교육을 받은 경우에는 예산의 범위에서 여비 등 실비(實費)를 지급할 수 있다(제3항). 여성가족부령에 의하면 실비 지급 가능한 일정 소득 이하는 국민기초생활보장법 제2조 제11호에 따른 기준 중위소득 100분의 60 이하를 말한다(시행규칙 제8조).

1.2 위기청소년 특별지원(제14조)

1) 위기청소년 특별지원의 개념

국가 및 지방자치단체가 대통령령으로 정하는 바에 따라 위기청소년에게 필요한 사회적 · 경제적 지원을 하는 것을 위기청소년 특별지원이라고 한다(제1항). 위기청소년 특별지원은 국민기초생활 보장법 등 다른 지원을 받을 수 없는 위기청소년에게 매우 필수적인 제도이다.

2) 위기청소년 특별지원의 성격

위기청소년이 가정 문제, 학업문제, 사회적응의 어려움을 극복하고 조화롭고 건강한 성장 발달을 하기 위해서는 위기청소년의 생활, 학업, 의료 등의 필요를 지원하는 것이 필요하다. 다른 법령에 의해 수급 자격이 되지 않더라도 지원이 이루어지기 때문에 "특별지원"의 성격을 가진다.

3) 특별지원 대상 위기청소년 선정기준과 지원기간

특별지원 대상 청소년이 되기 위해서는 가구소득 조건과 연령 조건, 상황 조건, 비중복수급 조건의 네 가지를 충족해야 한다(시행령 제8조 제1항 및 제2항).

첫째, 가구소득이 일정 금액 이하여야 한다. 여성가족부고시(제2018-60호)에 의하면 가구소득은 건강보험료 본인부담금을 기준으로 산정하며, 생활지원 · 의료지원의 경우 국민기초생활보장법상 기준 중위소득의 100분의 65 이하인 경우, 교육지원, 직업훈련지원, 법률지원, 기타 지원의 경우에는 기준 중위소득의 100분의 72 이하인 경우가 대상이 된다.

둘째, 연령이 9세 이상 18세 이하의 청소년이거나, 초 · 중 · 고등학교에 재학 중인 18세 초과 24세 이하 청소년이어야 한다.

셋째, 상황 조건으로는, 1) 보호지원 대상자 중 비행 · 일탈 예방을 위하여 지원이 필요한 청소년, 2) 학교 밖 청소년 지원에 관한 법률 제2조 제2호에 따른 학교 밖 청소년, 3) 보호자가 없거나 실질적으로 보호자의 보호를 받지 못하는 청소년이 지원대상이 된다. 특히 생활지원 및 의료지원의 경우에는 보호자가 없거나 실질적으로 보호자의 보호를 받지 못하는 경우에만 지급 대상이 된다(시행령 제7조 제1항).

넷째, 비중복 수급 조건으로는 국민기초생활보장법 등 다른 법령에 따라 동일한 내용의 지원을 받지 않아야 선정대상이 된다.

지원은 1년 이내로 하며, 필요한 경우 1년의 범위에서 한 번 연장할 수 있고, 교육지원과 직업훈련지원은 두 번까지 연장할 수 있다(시행령 제8조 제3항).

특별지원 내용

국가 및 지방자치단체는 대통령령으로 정하는 바에 따라 위기청소년에게 필요한 사회적 · 경제적 지원을 할 수 있으며(제8조 제1항), 특별지원은 생활지원, 학업지원, 의료지원, 직업훈련지원, 청소년활동지원 등으로 대통령령으로 정하는 내용에 따라 물품 또는 서비스의 형태로 제공한다. 다만, 위기청소년의 지원에 반드시 필요하다고 인정되는 경우에는 금전의 형태로 제공할 수 있다(제8조 제2항).

시행령 제7조 제1항에 따른 지원 내용은 표 4.4에 자세히 나와 있다. 청소년복지지원법 제14조 제2항의 지원 내용과 시행령 제7조 제1항의 지원 내용은 청소년활동지원 유무에 따라 차이가 있다. 법에는 청소년활동지원이 명시적으로 나와 있지만, 시행령에는 명시적으로 나와 있지 않아 기타 지원에 포함된다고 볼 수 있다.

표 4.4 위기청소년 특별지원 내용(시행령 제7조 제1항)

구분	지원내용
생활지원	1. 청소년이 일상적인 의 · 식 · 주 등 기초생활을 유지하는 데에 필요한 기초생계비와 숙식 제공 등의 지원
의료지원	2. 청소년이 신체적 · 정신적으로 건강하게 성장하기 위하여 요구되는 건강검진 및 치료 등을 위한 비용의 지원
학업지원	3. 「초 · 중등교육법」 제2조에 따른 학교의 입학금 및 수업료, 「초 · 중등교육법 시행령」 제97조 제1항제1호 · 제98조제1항제1호에 따른 중학교 졸업학력 검정고시 또는 고등학교 졸업학력 검정고시의 준비 등 학업을 지속하기 위하여 필요한 교육 비용의 지원
직업훈련지원	4. 취업을 위한 지식 · 기술 · 기능 등 능력을 향상시키기 위하여 필요한 훈련비의 지원
법률지원	5. 폭력이나 학대 등 위기상황에 있는 청소년에게 필요한 법률상담 및 소송비용의 지원
기타 지원	6. 그 밖에 청소년의 건전한 성장을 위하여 필요하다고 여성가족부장관이 인정하는 비용의 지원

1.3 특별지원의 신청 및 선정(제15조)

위기청소년이 특별지원 대상 청소년으로 선정되기 위하여는 신청자격이 있는 사람의 신청을 통하여 시장 · 도지사 혹은 시장 · 군수 · 구청장에게 신청을 하여야 한다. 시장 · 도지사 혹은 시장 · 군수 · 구청장은 청소년복지심의위원회의 심의를 거쳐 선정 여부와 지원 내용 지원 기간을 결정한다(제1항, 제2항).

1) 특별지원 신청자격

특별지원 신청은 청소년 본인 또는 그 보호자, 청소년기본법 제3조 제7호에 따른 청소년지도자, 초 · 중등교육법 제19조 제1항에 따른 교원, 사회복지사업법 제11조에 따른 사회복지사, 지방자치단체에서 청소년 업무를 담당하는 공무원이 할 수 있다. 청소년 본인을 제외하고는 해당 청소년의 동의를 받아야 한다(제1항).

2) 특별지원 심의 및 결정

특별자치시장 · 특별자치도지사 또는 시장 · 군수 · 구청장은 특별지원 신청을 받은 경우에는 청소년복지심의위원회의 심의를 거쳐 선정 여부와 지원 내용 및 기간을 결정하여야 한다(제2항).

특별자치시장 · 특별자치도지사 또는 시장 · 군수 · 구청장은 긴급하게 지원할 필요가 있다고 판단하는 경우 또는 청소년복지심의위원회가 구성되지 아니한 경우에는 청소년복지심의위원회의 심의를 거치지 아니하고 제2항의 결정을 할 수 있다(제3항).

2. 가정 밖 청소년에 대한 지원(제16조)

2021년 3월 24일 법 개정을 통하여 종전 가출청소년이라는 용어를 가정 밖 청소년이라는 중립적인 용어로 변경하고, 가정 밖 청소년에 대한 정책을 강화하였다. 2020 청소년 매체이용 및 유해환경 실태조사에 의하면, 1년 동안 가출 경험이 있는 청소년은 2.5%였으며, 가출 기간은 하루가 63.3%, 2~5일이 20.4%, 한 달 이상이 8.0%였다(여성가족부, 2021).

여성가족부(2023b)의 위기청소년 지원기관 이용자 생활 실태조사에 의하면 가정 밖 청소년이 가정 밖을 선택하는 이유는 가족 간의 갈등이 69.5%로 가장 높았고, 자유롭게 살거나 놀고 싶어서 44.3%, 가족의 폭력을 피하기 위해서 28.0% 등으로 나타났다.

2.1 가정 밖 청소년 발생 예방 정책 수립 · 시행

여성가족부장관 또는 지방자치단체의 장은 가정 밖 청소년의 발생을 예방하기 위한 교육 · 홍보 · 연구 · 조사 등 각종 정책을 수립 · 시행하여야 한다(제1항). 여성가족부는 청소년 매체이용 및 유해환경 실태조사를 통하여 가정 밖 청소년의 실태를 조사하고 있으며, 청소년정책기본계획과 연차별 시행계획을 통하여 가정 밖 청소년을 위한 정책을 시행하고 있다.

2.2 가정 밖 청소년 지원 내용

국가 및 지방자치단체는 가정 밖 청소년의 가정 · 사회 복귀를 돕기 위하여 상담, 보호, 자립 지원, 사후관리 등 필요한 조치를 하여야 한다(제2항).

여성가족부장관 또는 지방자치단체의 장은 청소년의 가출을 예방하고 가출한 청소년의 가정 · 사회 복귀를 돕기 위하여 상담, 제31조 제1호에 따른 청소년쉼터의 설치 · 운영, 청소년쉼터 퇴소 청소년에 대한 사후지원 등 필요한 지원을 하여야 한다.

가정 밖 청소년을 위한 대표적 청소년복지시설로 청소년쉼터를 들 수 있다. 청소년쉼터의 종류로는 일시쉼터, 단기쉼터, 중장기쉼터가 있다. 일시쉼터의 경우 24시간에서 7일 이내의 일시보호를 하며 주요 기능은 가정 밖 청소년의 조기구조 및 발견, 단기 · 중장기 청소년쉼터와의 연결, 위기개입 상담 등 상담서비스, 먹거리 제공 등 기본적인 서비스가 중심이 된다. 단기쉼터는 3개월 이내 단기보호를 하며 최장 9개월까지 연장이 가능하다. 단기쉼터는 의식주 및 의료보호 서비스를 제공하며, 가정 및 사회복귀 대상 청소년을 분류하고, 전문기관 연계 · 의뢰 서비스 제공을 한다. 중장기쉼터는 3년 이내 중장기보호를 하며 필요시 1년 연장이 가능하다. 중장기쉼터는 가정복귀가 어렵거나 특별히 보호가 필요한 위기청소년을 대상으로 장기간 안정적인 보호서비스를 제공한다(여성가족부, 2021b).

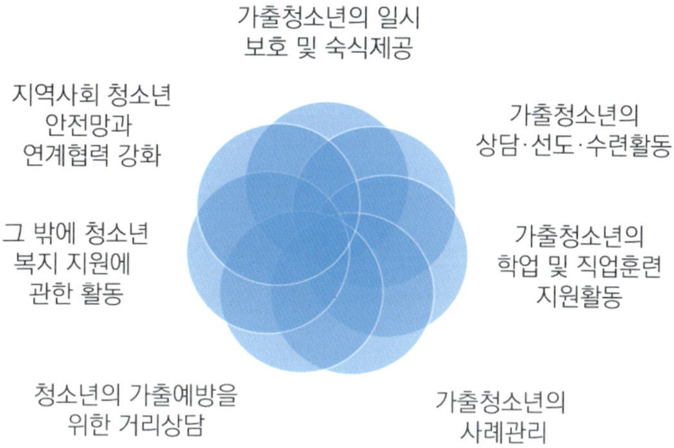

그림 4.6 **청소년쉼터의 주요업무**(출처: 여성가족부, 2021c)

2.3 가정 밖 청소년 관련 업무의 위탁

여성가족부장관 또는 지방자치단체의 장은 가정 밖 청소년 발생 예방 및 보호·지원에 관한 업무를 청소년단체에 위탁할 수 있다(제4항).

제16조(가정 밖 청소년에 대한 지원) ① 여성가족부장관 또는 지방자치단체의 장은 가정 밖 청소년의 발생을 예방하기 위한 교육·홍보·연구·조사 등 각종 정책을 수립·시행하여야 한다. <개정 2021.3.23.>
② 국가 및 지방자치단체는 가정 밖 청소년의 가정·사회 복귀를 돕기 위하여 상담, 보호, 자립 지원, 사후관리 등 필요한 조치를 하여야 한다. <신설 2021.3.23.>
③ 보호자는 가정 밖 청소년의 발생을 예방하기 위하여 노력하여야 하며, 가정 밖 청소년의 가정·사회 복귀를 위한 국가 및 지방자치단체 등의 노력에 적극 협조하여야 한다. <개정 2021.3.23.>
④ 여성가족부장관 또는 지방자치단체의 장은 제1항 및 제2항에 따른 가정 밖 청소년 발생 예방 및 보호·지원에 관한 업무를 청소년단체에 위탁할 수 있다. <개정 2021.3.23.>
[제목개정 2021.3.23.] [시행일: 2021.9.24.] 제16조

3. 이주배경청소년에 대한 지원(제18조)

국가 및 지방자치단체는 이주배경청소년의 사회 적응 및 학습능력 향상을 위하여 상담 및 교육 등 필요한 시책을 마련하고 시행하여야 한다(제18조).

이주배경청소년은 다문화가족지원법상 다문화가족의 청소년과, 그 밖에 국내로 이주하여 사회적응 및 학업수행에 어려움을 겪는 청소년이다(제18조 각호).

다문화가족지원법상의 다문화가족은 첫째, 결혼이민자와 출생, 인지, 귀화로 대한민국 국적을 취득한 자로 이루어진 가족, 둘째, 인지 또는 귀화에 따라 대한민국 국적을 취득한 자와 출생, 인지[5], 귀화로 대한민국 국적을 취득한 자로 이루어진 가족을 말한다.

표 4.5 이주배경청소년 지원 내용(출처: 여성가족부 홈페이지, 2021)

구분	내용
레인보우스쿨	- 2021년 전국 17개 시 · 도, 20개 기관에서 운영(위탁운영) - 중도입국청소년을 위한 한국어 및 특화교육, 사회문화체험, 진로교육 등 실시 - 전일제, 시간제(방과 후, 주말 · 야간) 운영 ※ 위탁운영 기관마다 프로그램 내용의 차이가 있음
진로지원 프로그램 (무지개Job아라, 내-일을 잡아라)	- 2021년 서울 · 경기 5개소 운영 - 진로교육 프로그램(기초): 진로를 고민하는 중도입국청소년을 위한 진로탐색 및 설계 교육(무지개Job아라) - 진로교육 프로그램(심화): 진로소양 및 자립역량 강화 교육, 현장 기반 직업 실습을 통한 예비 사회인 성장 지원 교육(내-일을 잡아라)
탈북청소년 사회입문프로그램 (비교문화체험, 미래를 향한 첫걸음)	- 탈북청소년의 기초생활 및 문화체험 프로그램을 통한 지역정착 지원 - 탈북청소년의 지역사회정착에 필요한 다각적인 교육(성, 인권, 진로, 건강 등) 지원
상담 및 지역사회연계프로그램 맞춤형정보제공 ☎ 02-722-2585	- 대면 및 비대면 상담, 사이버상담, 집단상담 등 다양한 형태의 심리상담 지원 - 이주배경청소년 특성을 고려한 이중언어상담 및 맞춤형상담 지원 - 지역네트워크 구축과 거점지역 찾아가는 상담 및 사례관리사 파견 등 안정적인 상담환경 조성
상담통역지원사 양성	- 심리상담 및 치료에서 청소년 내담자와 상담사의 소통을 돕기 위한 상담통역지원사 양성 - 중국어, 베트남어, 러시아어 3개 언어에 대한 상담통역 지원(서울 및 수도권 지역)

5) 국적법의 인지에 의한 국적 취득은 한국인 부 또는 모가 외국인을 자신이 낳은 아이로 인정하고 법무부 장관에게 신고하여 자신이 낳은 아이에게 대한민국 국적을 취득하게 하는 것이다.

구분	내용
이주배경청소년 대상 심리사회적응척도	- 이주배경청소년의 문화적 배경을 고려한 심리사회적응척도를 개발하고 보급(대상: 중국어, 베트남어, 러시아어 문화권 이주배경청소년)
청소년 다문화감수성 증진 프로그램 '다가감'	- 일반 청소년(초등학교 4~6학년 및 중학생 전학년) 대상 다문화 인식개선 프로그램 운영 - 전문강사 양성 및 파견을 통한 찾아가는 교육 지원
연구 및 연수	- 이주배경청소년 실태조사 연구 - 이주배경청소년 유관기관 실무자 교육과정 - 청소년지도자 대상 다문화역량강화 교육과정 - 예비청소년지도자 대상 다문화역량강화 교육과정
정책과제 발굴	- 이슈브리프 '이주배경924' - 이슈브리핑

이주배경청소년지원재단 무지개청소년센터(www.rainbowyouth.or.kr)에서는 이주배경청소년들의 사회적응을 위하여 레인보우스쿨, 무지개Job아라, 내-일을 잡아라, 탈북청소년 사회입문프로그램, 상담통역지원사 양성, 이주배경청소년 대상 심리사회적응척도, 청소년 다문화 감수성 증진 프로그램 '다가감', 연구 및 연수, 정책과제 발굴 등의 업무를 하고 있다. 자세한 이주배경 청소년지원 내용은 표 4.5에 나와 있다.

이주배경청소년 지원재단

제18조(이주배경청소년에 대한 지원) 국가 및 지방자치단체는 다음 각 호의 어느 하나에 해당하는 청소년의 사회 적응 및 학습능력 향상을 위하여 상담 및 교육 등 필요한 시책을 마련하고 시행하여야 한다.

1. 「다문화가족지원법」 제2조제1호에 따른 다문화가족의 청소년
2. 그 밖에 국내로 이주하여 사회 적응 및 학업 수행에 어려움을 겪는 청소년

4. 청소년부모에 대한 지원

청소년부모에 대한 지원은 2021년 3월 23일 법 개정을 통해서 신설된 규정으로 청소년복지지원법에는 제5장의2 청소년부모 지원에 규정되어 있다. 여성가

한부모가족지원법

족부(2021c)에 의하면 청소년부모에 대한 지원으로는 최초로 법률에 규정되었다. 청소년 한부모는 한부모가족지원법에 의하여 교육지원, 자립지원, 건강지원을 받을 수 있었으나, 청소년부모의 경우에는 지원을 받지 못하고 있었다.

청소년부모 지원은 가족지원서비스 복지지원, 교육지원, 직업체험 및 취업지원으로 구성되어 있다.

가족지원서비스	복지지원	교육지원	직업체험 및 취업지원
• 아동의 양육 및 교육서비스 • 방문건강관리사업 서비스 • 교육·상담 등 가족 관계 증진 서비스 • 그 밖에 가족지원 서비스	• 생활지원 • 의료지원 • 주거지원 • 청소년활동지원	• 초·중·고등학교 교육비 및 검정고시 지원 • 학력인정 평생교육시설 교육비 지원 • 학습부진아 등에 대한 교육지원 • 그 밖에 교육지원 • 청소년부모가 속한 직장어린이집 이용 지원	• 직업적성 검사 및 진로상담 프로그램 • 직업체험 및 훈련프로그램 • 직업소개 및 관리 • 직업교육 훈련

그림 4.7 **청소년복지지원법상 청소년부모에 대한 지원**

4.1 청소년부모에 대한 가족지원서비스(제18조의2)

청소년부모에 대한 가족지원서비스는 아동의 양육 및 교육서비스, 보건소의 방문건강관리사업서비스, 교육 · 상담 등 가족관계 증진 서비스, 그 밖에 대통령령으로 정하는 청소년부모에 대한 가족지원 서비스로 구성된다(제1항). 가족지원서비스 대상 청소년부모의 선정기준, 범위 및 기간과 그 밖에 필요한 사항은 대통령령으로 정한다.

제18조의2(청소년부모에 대한 가족지원서비스) ① 국가 및 지방자치단체는 청소년부모에게 다음 각 호의 가족지원서비스를 제공할 수 있다.
1. 아동의 양육 및 교육 서비스
2. 「지역보건법」 제11조제1항제5호사목에 따른 방문건강관리사업 서비스
3. 교육 · 상담 등 가족 관계 증진 서비스
4. 그 밖에 대통령령으로 정하는 청소년부모에 대한 가족지원 서비스

② 제1항에 따른 가족지원서비스 대상 청소년부모의 선정 기준, 범위 및 기간과 그 밖에 필요한 사항은 대통령령으로 정한다.
[본조신설 2021. 3. 23.] [시행일: 2021. 9. 24.] 제18조의2

4.2 청소년부모에 대한 복지지원(제18조의3)

청소년부모에 대한 복지지원 서비스의 대상은 청소년부모와 그 자녀이다(제1항). 복지지원은 생활지원, 의료지원, 주거지원, 청소년활동지원 등 대통령령으로 정하는 내용에 따라 물품 또는 서비스의 형태로 제공한다(제2항). 복지지원 대상 청소년부모의 선정 기준, 범위 및 기간과 그 밖에 필요한 사항은 대통령령으로 정한다(제3항).

제18조의3(청소년부모에 대한 복지지원) ① 국가 및 지방자치단체는 청소년부모와 그 자녀에게 복지지원을 할 수 있다.
② 제1항에 따른 복지지원은 생활지원, 의료지원, 주거지원, 청소년활동지원 등 대통령령으로 정하는 내용에 따라 물품 또는 서비스의 형태로 제공한다.
③ 제1항에 따른 복지지원 대상 청소년부모의 선정 기준, 범위 및 기간과 그 밖에 필요한 사항은 대통령령으로 정한다.
[본조신설 2021. 3. 23.] [시행일: 2021. 9. 24.] 제18조의3

4.3 청소년부모에 대한 교육지원(제18조의4)

국가 및 지방자치단체는 청소년부모가 학업을 할 수 있도록 청소년부모의 선택에 따라 다음의 어느 하나에 해당하는 지원을 할 수 있다(제1항).

교육지원
1. 「초 · 중등교육법」 제2조에 따른 학교에서의 학적 유지를 위한 지원 및 교육비 지원 또는 검정고시 지원
2. 「평생교육법」 제31조 제2항에 따른 학력인정 평생교육시설에 대한 교육비 지원
3. 「초 · 중등교육법」 제28조에 따른 교육 지원
4. 그 밖에 청소년부모의 교육 지원을 위하여 여성가족부령으로 정하는 사항

참고로 초·중등교육법 제28조에 따른 교육지원은 성격장애나 지적 기능의 저하 등으로 인하여 학습에 제약을 받는 경우, 학업 중단 학생의 경우 수업일수와 교육과정을 신축적으로 운영하도록 지원하거나 필요한 예산 및 교재, 프로그램을 지원하는 제도이다.

초·중등교육법 제28조(학습부진아 등에 대한 교육) ①국가와 지방자치단체는 다음 각 호의 구분에 따른 학생들을 위하여 대통령령으로 정하는 바에 따라 수업일수와 교육과정을 신축적으로 운영하는 등 교육상 필요한 시책을 마련하여야 한다. <개정 2016. 2. 3.>

1. 성격장애나 지적(知的) 기능의 저하 등으로 인하여 학습에 제약을 받는 학생 중 「장애인 등에 대한 특수교육법」 제15조에 따른 학습장애를 지닌 특수교육대상자로 선정되지 아니한 학생
2. 학업 중단 학생

국가 및 지방자치단체는 청소년부모의 학업과 양육의 병행을 위하여 그 자녀가 청소년부모가 속한 고등교육법 제2조에 따른 학교에 설치된 직장어린이집을 이용할 수 있도록 지원할 수 있다(제2항). 여성가족부장관은 청소년부모가 학업을 계속할 수 있도록 교육부장관에게 협조를 요청하여야 한다(제3항). 교육지원 대상 청소년부모의 선정기준, 범위 및 기간과 그 밖에 필요한 사항은 대통령령으로 정한다(제4항).

제18조의4(청소년부모에 대한 교육지원) ① 국가 및 지방자치단체는 청소년부모가 학업을 할 수 있도록 청소년부모의 선택에 따라 다음 각 호의 어느 하나에 해당하는 지원을 할 수 있다.

1. 「초·중등교육법」 제2조에 따른 학교에서의 학적 유지를 위한 지원 및 교육비 지원 또는 검정고시 지원
2. 「평생교육법」 제31조제2항에 따른 학력인정 평생교육시설에 대한 교육비 지원
3. 「초·중등교육법」 제28조에 따른 교육 지원
4. 그 밖에 청소년부모의 교육 지원을 위하여 여성가족부령으로 정하는 사항

② 국가 및 지방자치단체는 청소년부모의 학업과 양육의 병행을 위하여 그 자녀가 청소년부모가 속한 「고등교육법」 제2조에 따른 학교에 설치된 직장어린이집을 이용할 수 있도록 지원할 수 있다.

③ 여성가족부장관은 청소년부모가 학업을 계속할 수 있도록 교육부장관에게 협조를 요청하여야 한다.

④ 제1항 및 제2항에 따른 교육지원 대상 청소년부모의 선정 기준, 범위 및 기간과 그 밖에 필요한 사항은 대통령령으로 정한다.

[본조신설 2021. 3. 23.] [시행일: 2021. 9. 24.] 제18조의4

4.4 청소년부모에 대한 직업체험 및 취업지원(제18조의5)

국가 및 지방자치단체는 청소년부모가 자녀를 안정적으로 양육할 수 있는 환경을 조성하기 위하여 직업의 체험과 훈련을 할 수 있도록 다음의 사항을 지원할 수 있다(제1항).

직업체험 및 취업지원
1. 직업적성 검사 및 진로상담프로그램
2. 직업체험 및 훈련프로그램
3. 직업소개 및 관리
4. 그 밖에 청소년부모의 직업체험 및 훈련에 필요한 사항

국가 및 지방자치단체는 청소년부모를 대상으로 취업 및 직무수행에 필요한 지식 · 기술 및 태도를 습득 · 향상시키기 위하여 직업교육 훈련을 실시할 수 있다(제2항).

제18조의5(청소년부모에 대한 직업체험 및 취업지원) ① 국가 및 지방자치단체는 청소년부모가 자녀를 안정적으로 양육할 수 있는 환경을 조성하기 위하여 직업의 체험과 훈련을 할 수 있도록 다음 각 호의 사항을 지원할 수 있다.

1. 직업적성 검사 및 진로상담프로그램
2. 직업체험 및 훈련프로그램
3. 직업소개 및 관리
4. 그 밖에 청소년부모의 직업체험 및 훈련에 필요한 사항

② 국가 및 지방자치단체는 청소년부모를 대상으로 취업 및 직무수행에 필요한 지식 · 기술 및 태도를 습득 · 향상시키기 위하여 직업교육 훈련을 실시할 수 있다.

[본조신설 2021. 3. 23.] [시행일: 2021. 9. 24.] 제18조의5

5. 예방적 · 회복적 보호지원

청소년복지지원법의 예방적 · 회복적 보호지원은 그동안 교육적 선도(善導)로 불렸던 것이 2018년 12월 18일(2019년 3월 19일 시행) 개정에서 명칭이 변경된 것이다. 선도라는 용어가 부정적 이미지를 주는 경우가 많아 관련 청소년복지정책에 더 적합하도록 예방적 · 회복적 보호지원으로 명칭이 변경되었다.

5.1 예방적 · 회복적 보호지원의 실시 등(제19조)

특별자치시장 · 특별자치도지사 또는 시장 · 군수 · 구청장은 청소년의 비행 · 일탈을 예방하고 가정 · 학교 · 사회 생활에 복귀 및 적응하는 것을 돕기 위하여 보호지원 대상 청소년에 대하여 청소년 본인, 해당 청소년의 보호자 또는 청소년이 취학하고 있는 학교의 장의 신청에 따라 예방적 · 회복적 보호지원(이하 "보호지원"이라 한다)을 실시할 수 있다. 이 경우 해당 청소년의 보호자 또는 학교의 장이 보호지원을 신청하는 때에는 청소년 본인의 동의를 받아야 한다. 보호지원 대상 청소년은 비행 · 일탈을 저지른 청소년과 일상생활에 적응하지 못하여 가정 또는 학교 외부의 교육적 도움이 필요한 청소년을 말한다(제1항).

보호지원 대상 청소년

1. 비행 · 일탈을 저지른 청소년
2. 일상생활에 적응하지 못하여 가정 또는 학교 외부의 교육적 도움이 필요한 청소년

보호지원은 보호지원 대상 청소년이 정상적인 가정 · 학교 · 사회 생활에 복귀 및 적응하는 데에 도움이 되는 방법으로서 상담 · 교육 · 자원봉사 · 수련 · 체육 · 단체활동 등 대통령령으로 정하는 방법에 따라 한다(제2항). 시행령에는 개인상담, 가족 · 보호자 상담 및 집단상담 등 상담, 인성교육, 취업훈련, 진로교육 및 건강교육 등 교육, 자원봉사센터 또는 지방청소년활동진흥센터와 연계한 자

원봉사활동, 청소년활동시설에서의 수련 · 문화 · 체육 · 단체활동 등의 지원 등이다.

보호지원 방법(시행령 제11조 제2항)	
상담	개인상담, 가족 · 보호자 상담 및 집단상담 등의 지원
교육	인성교육, 취업훈련, 진로교육 및 건강교육 등의 지원
자원봉사	「자원봉사활동 기본법」 제19조제1항에 따른 자원봉사센터 또는 「청소년활동 진흥법」 제7조제1항에 따른 지방청소년활동진흥센터와 연계한 자원봉사활동의 지원
수련, 체육, 단체활동	「청소년활동 진흥법」 제10조에 따른 청소년활동시설에서의 수련 · 문화 · 체육 · 단체활동 등의 지원
기타	그 밖에 청소년의 비행 · 일탈을 예방하고 가정 · 학교 · 사회 생활의 복귀 및 적응에 도움이 되는 것으로서 여성가족부장관이 필요하다고 인정하는 지원

보호지원의 기간은 6개월 이내로 한다. 다만, 특별자치시장 · 특별자치도지사 또는 시장 · 군수 · 구청장은 보호지원의 결과를 검토하여 보호지원의 연장이 필요하다고 인정하는 경우 청소년 본인의 동의를 받아 6개월의 범위에서 한 번 연장할 수 있다(제3항). 보호지원 대상자의 선정 기준 및 절차에 관한 사항은 여성가족부령으로 정한다(제4항).

5.2 보호지원 시설 설치 · 운영(제20조)

국가 및 지방자치단체는 보호지원에 필요한 시설의 설치 · 운영, 보호지원 프로그램의 개발 · 보급, 보호지원 활동에 대한 지원 및 지도자 교육 등 보호지원의 실효성을 확보하기 위한 노력을 하여야 한다(제20조).

5.3 보호지원 후견인(제21조)

국가 및 지방자치단체(제42조 제2항에 따라 보호지원 업무를 위탁한 경우에는 그 보호지원 업무를 위탁받은 청소년단체를 말한다)는 보호지원 대상 청소년을 개인별로 전담하여 지도하는 보호지원후견인을 지정할 수 있다(제1항). 보호지원후견인은 청소년기본법 제3조 제7호에 따른 청소년지도자 및 같은 법 제27조에 따른 청소년지도위원 중에서 지정한다(제2항). 제1항에 따른 보호지원후견인의 임무 · 지정기준 등 세부적인 사항은 여성가족부령으로 정한다(제3항).

청소년복지지원법 시행규칙에 따르면 보호지원 후견인은 보호지원 대상 청소년에 대한 상담 및 지원과 보호지원 대상 청소년의 선도내용 변경, 선도기간 종료 및 연장에 관한 의견제출, 그 밖에 선도대상 청소년의 건강한 성장을 위한 조언을 임무로 한다(시행규칙 제15조).

보호지원 후견인	
자격	청소년지도자(청소년기본법 제2조제7호) 청소년지도위원(청소년기본법 제27조)
임무	1. 선도대상 청소년에 대한 상담 및 지원 2. 선도대상 청소년의 선도내용 변경, 선도기간 종료 및 연장에 관한 의견제출 3. 그 밖에 선도대상 청소년의 건강한 성장을 위한 조언

주제 4-5 청소년복지지원기관, 청소년복지시설, 벌칙 및 청소년복지지원법의 과제

1. 청소년복지지원기관

1.1 한국청소년상담복지개발원(제22조)

한국청소년상담복지개발원은 청소년 상담 및 복지와 관련된 전문 연구기관이자 지원기관의 성격을 가진다. 한국청소년상담복지개발원의 업무는 제22조 제2항에 규정되어 있으며, 상담과 복지와 관련된 정책연구뿐만 아니라 사업의 개발 운영, 상담기법 개발, 복지인력의 양성 등 다양한 사업을 하고 있다.

법에 규정된 한국청소년상담복지개발원의 구체적 업무는 아래와 같다.

한국청소년상담복지개발원의 업무
1. 청소년 상담 및 복지와 관련된 정책의 연구 2. 청소년 상담 · 복지 사업의 개발 및 운영 · 지원 3. 청소년 상담기법의 개발 및 상담자료의 제작 · 보급 4. 청소년 상담 · 복지 인력의 양성 및 교육 5. 청소년 상담 · 복지 관련 기관 간의 연계 및 지원 6. 청소년상담복지센터, 청소년복지시설 및 「학교 밖 청소년 지원에 관한 법률」 제12조에 따른 학교 밖 청소년 지원센터에 대한 지도 및 지원 7. 청소년 가족에 대한 상담 · 교육 8. 통합정보시스템의 운영 9. 국가가 설치하는 청소년치료재활센터 및 「청소년 보호법」 제35조제1항에 따른 청소년 보호 · 재활센터의 유지 · 관리 및 운영 10. 그 밖에 청소년상담원의 목적을 수행하기 위하여 필요한 부수사업

한국청소년상담복지개발원의 업무 중 종전 "지방자치단체 청소년복지지원기관의 청소년상담 · 복지 관련 사항에 대한 지도 및 지원"에서 "청소년상담복지센터, 청소년복지시설, 학교 밖 청소년 지원센터에 대한 지도 및 지원"으로 변경되었다. 추가된 업무를 통합정보시스템의 운영으로 이에 관해서는 본 책 "주제 4-3"의 "4. 위기청소년통합지원정보시스템"에 자세히 기술되어 있다.

한국청소년상담복지개발원은 정관으로 정하는 바에 따라 분원을 둘 수 있다(제22조). 한국청소년상담복지개발원에는 이사장 1명을 포함하여 15명 이내의 이사와 감사 1명을 둔다(제26조).

정부는 한국상담복지개발원의 사업 및 운영에 드는 경비의 전부 또는 일부를 출연하거나 보조할 수 있으며, 개인·법인 또는 단체도 금전이나 그 밖의 재산을 출연할 수 있다(제25조).

1.2 청소년상담복지센터(제29조)

1) 청소년상담복지센터의 설치

특별시장·광역시장·특별자치시장·도지사 및 특별자치도지사(이하 "시·도지사"라 한다) 및 시장·군수·구청장은 청소년에 대한 상담·긴급구조·자활·의료지원 등의 업무를 수행하기 위하여 청소년상담복지센터를 설치·운영할 수 있다(제1항). 시장·군수·구청장은 청소년상담복지센터를 지방청소년활동진흥센터와 통합하여 운영할 수 있다(제3항). 시·도지사 또는 시장·군수·구청장은 청소년상담복지센터를 청소년단체에 위탁하여 운영하도록 할 수 있다. 시·도지사 또는 시장·군수·구청장은 청소년상담복지센터를 법인으로 설치할 수 있다(제4항).

청소년상담복지센터의 설치·운영기준은 표 4.6과 같이 입지기준, 시설의 구조 및 설비, 운영기준으로 나뉜다.

2) 시·도 청소년상담복지센터의 업무 지도·지원

시·도에 설치된 청소년상담복지센터는 시·군·구의 청소년상담복지센터의 업무를 지도·지원하여야 한다(제2항). 시·도 청소년상담복지센터와 시·군·구 청소년상담복지센터는 서로 상하 관계에 있지 않기 때문에 청소년상담복지센터 제29조 제2항과 같이 "지도" 규정이 필요하다.

3) 청소년상담복지센터의 업무

업무의 구체적인 내용과 청소년상담복지센터의 설치·운영 기준 및 종사자의 자격기준 등에 관하여 필요한 사항은 대통령령으로 정한다(제29조).

청소년 상담복지센터의 구체적 업무는 다음과 같다.

표 4.6 청소년상담복지센터의 설치·운영 기준(시행령 별표2)

1. 입지기준		
일조·채광·환기 등이 원활하고 급수 및 교통수단 등이 갖추어져 있어 종사자 및 이용자의 건강 유지 및 재해 방지가 가능하고, 종사자 및 이용자가 일상생활을 하는 데 적합한 위치여야 한다.		
2. 시설의 구조 및 설비		
시설	사무실	1개 이상
	상담대기실	1개 이상(도서 등을 열람할 수 있는 시설 설치)
	집단상담 및 심리검사실	1개 이상(집단상담실과 심리검사실의 공동 사용 가능)
	전화 등 상담실	1개 이상(전화상담실과 그 밖의 정보통신망을 통한 상담실의 공동 사용 가능)
	위생시설	근무하는 종사자와 예상되는 이용자의 수에 적합한 화장실, 세면장
	사업실	수행하는 사업의 수와 같은 수의 분리된 공간
	교육실	청소년 및 보호자 등을 교육할 교육실 1개 이상
	개인상담실	시·도 청소년상담복지센터 (1) 5개 이상 (2) 원활한 상담과 개인비밀 보호를 위해 분리된 공간 또는 방음(防音) 장치
		시·군·구 청소년상담복지센터 (1) 3개소 이상 (2) 원활한 상담과 개인비밀 보호를 위해 분리된 공간 또는 방음 장치
	일시보호소(시·도 청소년상담복지센터)	(1) 남성용·여성용 각각 별도로 1개 이상 (2) 숙소, 세면장, 취사시설, 사무실 및 상담실 등 각 1개 이상 (3) 전화, 소방장비 등 비치
규모	1) 시·도 청소년상담복지센터: 연면적 400제곱미터 이상의 독립된 공간 2) 시·군·구 청소년상담복지센터: 연면적 200제곱미터 이상의 독립된 공간	
3. 운영기준		
직원 기준	시·도 청소년상담복지센터는 14명 이상의 직원, 시·군·구 청소년상담복지센터는 5명 이상의 직원으로 운영하되, 지역 실정에 따라 탄력적으로 운영 가능. 이 경우 시·도 청소년상담복지센터는 3명 이상의 청소년상담사를, 시·군·구 청소년상담복지센터는 1명 이상의 청소년상담사를 반드시 두어야 한다.	
청소년상담복지센터의 장에 관한 기준	청소년상담복지센터의 장은 전임이어야 하며, 다른 기관의 업무를 같이 수행할 수 없다. 다만, 청소년상담복지센터의 장이 다음의 어느 하나에 해당하는 경우에는 그러하지 아니하다. 1) 법 제29조제1항에 따라 특별시장·광역시장·도지사·특별자치도지사 또는 시장·군수·구청장이 직접 설치·운영하는 청소년상담복지센터의 장인 경우 2) 그 밖에 업무 관련성·효율성 등을 고려하여 다른 기관의 업무를 같이 수행할 필요가 있는 경우로서 여성가족부장관이 정하는 그 다른 기관의 장인 청소년상담복지센터의 장의 경우	

1.3 이주배경청소년지원센터(제30조)

여성가족부장관은 제18조에 따른 이주배경청소년 지원을 위한 이주배경청소년지원센터를 설치·운영할 수 있다(제1항). 이주배경청소년지원센터의 설치·운영 등에 필요한 사항은 대통령령으로 정한다(제2항).

이주배경청소년지원센터의 업무	이주배경청소년 지원센터
1. 이주배경청소년 복지에 관한 종합적 안내 2. 이주배경청소년과 그 부모에 대한 상담 및 교육 3. 이주배경청소년의 지원을 위한 인력의 양성 및 연수 4. 이주배경청소년에 대한 국민의 올바른 이해를 돕기 위한 사업 5. 이주배경청소년의 실태에 관한 조사·연구 6. 이주배경청소년의 사회 적응을 위한 프로그램 개발 및 보급 7. 그 밖에 이주배경청소년지원센터의 목적을 수행하기 위하여 필요한 업무	

이주배경청소년 지원센터는 이주배경청소년 지원재단에서 그 기능을 수행하고 있다.

2. 청소년복지시설

2.1 청소년복지시설의 종류(제31조)

청소년기본법 제17조에 따른 청소년복지시설(이하 "청소년복지시설"이라 한다)의 종류는 다음 각 호와 같다.

1. 청소년쉼터: 가출청소년에 대하여 가정·학교·사회로 복귀하여 생활할 수 있도록 일정 기간 보호하면서 상담·주거·학업·자립 등을 지원하는 시설
2. 청소년자립지원관: 일정 기간 청소년쉼터 또는 청소년회복지원시설의 지원을 받았는데도 가정·학교·사회로 복귀하여 생활할 수 없는 청소년에게 자립하여 생활할 수 있는 능력과 여건을 갖추도

록 지원하는 시설
3. 청소년치료재활센터: 학습 · 정서 · 행동상의 장애를 가진 청소년을 대상으로 정상적인 성장과 생활을 할 수 있도록 해당 청소년에게 적합한 치료 · 교육 및 재활을 종합적으로 지원하는 거주형 시설
4. 청소년회복지원시설: 「소년법」 제32조제1항제1호에 따른 감호 위탁 처분을 받은 청소년에 대하여 보호자를 대신하여 그 청소년을 보호할 수 있는 자가 상담 · 주거 · 학업 · 자립 등 서비스를 제공하는 시설

1. 청소년쉼터

- 가출청소년에 대하여 가정·학교·사회로 복귀하여 생활할 수 있도록 일정 기간 보호하면서 상담·주거·학업·자립 등을 지원하는 시설

2. 청소년자립지원관

- 일정 기간 청소년쉼터 또는 청소년회복지원시설의 지원을 받았는데도 가정·학교·사회로 복귀하여 생활할 수 없는 청소년에게 자립하여 생활할 수 있는 능력과 여건을 갖추도록 지원하는 시설

3. 청소년치료재활센터

- 학습·정서·행동상의 장애를 가진 청소년을 대상으로 정상적인 성장과 생활을 할 수 있도록 해당 청소년에게 적합한 치료·교육 및 재활을 종합적으로 지원하는 거주형 시설

4. 청소년회복지원시설

- 「소년법」 제32조 제1항 제1호에 따른 감호 위탁 처분을 받은 청소년에 대하여 보호자를 대신하여 그 청소년을 보호할 수 있는 자가 상담·주거·학업·자립 등 서비스를 제공하는 시설

그림 4.8 **청소년복지시설의 종류**

2.2 청소년복지시설의 설치(제32조)

1) 국가 또는 지방자치단체의 청소년복지시설 설치 · 의무

국가 또는 지방자치단체는 청소년기본법 제18조 제1항에 따라 청소년복지시설을 설치 · 운영하여야 한다(제1항).

2) 국가 또는 지방자치단체 외의 자의 청소년복지시설 설치 · 운영 신청

국가 또는 지방자치단체 외의 자는 청소년복지시설을 설치 · 운영하려면 해당 시설이 있는 지역을 관할하는 특별자치시장 · 특별자치도지사 또는 시장 · 군수 · 구청장에게 신고하여야 한다(제2항). 특별자치시장 · 특별자치도지사 또는 시장 · 군수 · 구청장은 제2항에 따른 신고를 받은 날부터 여성가족부령으로 정하는 기간 내에 신고수리 여부를 신고인에게 통지하여야 한다(제3항). 특별자치시장 · 특별자치도지사 또는 시장 · 군수 · 구청장이 제3항에서 정한 기간 내에 신고수리 여부 또는 민원 처리 관련 법령에 따른 처리기간의 연장을 신고인에게 통지하지 아니하면 그 기간(민원 처리 관련 법령에 따라 처리기간이 연장 또는 재연장된 경우에는 해당 처리기간을 말한다)이 끝난 날의 다음 날에 신고를 수리한 것으로 본다(제4항).

청소년복지시설을 설치 · 운영하는 자는 대통령령으로 정하는 바에 따라 청소년복지시설을 이용하는 청소년의 생명 · 신체에 손해가 발생하는 경우 이를 배상하기 위한 보험에 가입하여야 한다(제5항). 청소년복지시설의 설치 · 운영에 필요한 사항은 대통령령으로 정하고, 신고의 방법 · 절차에 관하여 필요한 사항은 여성가족부령으로 정한다(제6항).

2.3 가정 밖 청소년의 청소년쉼터 계속 이용(제32조의2)

가정 밖 청소년의 청소년쉼터 계속 이용 규정은 가정폭력, 친족에 의한 성폭력 등으로 가정으로 돌아가기 힘든 청소년을 그 의사에 반하여 퇴소시킬 수 없는 규정으로 청소년의 최소 생존권을 보장하기 위한 규정이다. 이러한 규정에도 불구하고 거짓 또는 부정한 방법으로 입소하거나 현저한 질서문란 행위를 한 경우에 퇴소가 가능하다. 이렇게 퇴소된 청소년의 경우 가정 밖 청소년으로 제대로 보호를 받지 못하는 일이 발생할 수 있어 2021년 4월 20일 개정을 통해 이러한 청소년들을 다른 청소년복지시설에 입소 등 필요한 보호조치를 취하도록 하였다.

청소년쉼터(가정 밖 청소년을 7일의 범위에서 일시적으로 보호하는 청소년쉼터는 제외한다)를 설치·운영하는 자는 해당 청소년쉼터에 입소한 가출청소년이 가정폭력, 친족에 의한 성폭력, 그 밖에 가정으로 복귀하여 생활하기 어려운 사유로서 대통령령으로 정하는 사유가 원인이 되어 가출한 경우에는 그 가정 밖 청소년 본인의 의사에 반하여 퇴소시켜서는 아니 된다. 다만, 해당 가출청소년이 거짓 또는 부정한 방법으로 청소년쉼터에 입소하거나, 청소년쉼터 안에서 현저한 질서문란 행위를 한 경우에는 그러하지 아니하다(제1항).

한국청소년 쉼터협의회

제1항의 단서 조항(거짓 또는 부정한 방법으로 청소년쉼터에 입소, 청소년쉼터 안에서 현저한 질서문란 행위)에 따라 가정 밖 청소년을 퇴소시키는 경우에는 여성가족부령으로 정하는 바에 따라 다른 청소년복지시설에의 입소 등 보호에 필요한 조치를 하도록 노력하여야 한다(제2항).

제32조의2(가정 밖 청소년의 청소년쉼터 계속 이용) ① 청소년쉼터(가정 밖 청소년을 7일의 범위에서 일시적으로 보호하는 청소년쉼터는 제외한다. 이하 이 조에서 같다)를 설치·운영하는 자는 해당 청소년쉼터에 입소한 가정 밖 청소년이 가정폭력, 친족에 의한 성폭력, 그 밖에 가정으로 복귀하여 생활하기 어려운 사유로서 대통령령으로 정하는 사유가 원인이 되어 입소한 경우에는 그 가정 밖 청소년 본인의 의사에 반하여 퇴소시켜서는 아니 된다. 다만, 해당 가정 밖 청소년이 다음 각 호의 어느 하나에 해당하는 경우에는 그러하지 아니하다. <개정 2021. 3. 23., 2021. 4. 20.>

1. 거짓 또는 부정한 방법으로 청소년쉼터에 입소한 경우
2. 청소년쉼터 안에서 현저한 질서문란 행위를 한 경우

② 청소년쉼터를 설치·운영하는 자는 제1항 단서에 따라 가정 밖 청소년을 퇴소시키는 경우에는 여성가족부령으로 정하는 바에 따라 다른 청소년복지시설에의 입소 등 보호에 필요한 조치를 하도록 노력하여야 한다. <신설 2021. 4. 20.>

[본조신설 2016. 12. 20.] [제목개정 2021. 3. 23.]

2.4 청소년복지시설의 종사자(제33조)

청소년복지시설에는 각 시설의 사업 수행 및 운영에 필요한 종사자를 두어야 한다. 여성가족부장관 또는 지방자치단체의 장은 청소년복지시설 종사자를 양성하고 전문성을 높이기 위한 교육·훈련을 실시하여야 한다. 제1항 및 제2항에 따른 청소년복지시설 종사자의 자격 및 배치기준, 교육·훈련 등에 필요한 사항은 여성가족부령으로 정한다(제34조). 이와 관련된 사항은 표 4.7에 나와 있다.

표 4.7 청소년복지시설 종사자의 직종별 배치기준(여성가족부령 별표 2)

가. 청소년쉼터, 청소년자립지원관 및 청소년회복지원시설

구분	일시 청소년 쉼터	단기 청소년쉼터				중장기 청소년 쉼터	청소년 자립 지원관	청소년회복 지원시설
		10명 미만	10~15명 미만	15~20명 미만	20~25명 미만			
시설장	1	1	1	1	1	1	1	1
보호·상담원	4	2	3	5	6	2	-	1
자립지원요원	-	-	-	-	-	-	1	-
행정원	-	-	-	1	1	-	-	-
조리원	-	-	-	1	1	-	-	-
행정원 또는 조리원	1	1	1	-	-	1	1	-
합 계	6	4	5	8	9	4	3	2

비고

1. 시설장은 상근이어야 하며, 다른 기관의 업무를 겸임할 수 없다. 다만, 다음 각 목의 어느 하나에 해당하는 경우에는 그렇지 않다.
   가. 시설장이 공무원인 경우(법 제32조제1항에 따라 국가 또는 지방자치단체가 직접 설치하여 운영하는 시설의 경우만 해당한다)
   나. 업무 관련성 및 효율성 등을 고려하여 2 이상의 청소년쉼터, 청소년자립지원관 및 청소년회복지원시설을 연계하여 운영하려는 경우
2. 청소년쉼터 또는 청소년자립지원관은 재정여건 등 불가피한 사유가 있는 경우에는 시설장과 보호·상담원을 겸임할 수 있다.
3. 청소년자립지원관의 경우 행정원 또는 조리원 대신 자립지원요원을 추가로 배치할 수 있다.

나. 청소년치료재활센터

구분	20명 미만	20~30명 미만	30~40명 미만	40~50명 미만	50~60명 미만	60명 이상
시설장	1	1	1	1	1	1
관리업무 책임자	-	-	-	1	1	1
상담원	4	5	6	7	8	9
보호 · 자립 지원 요원	7	11	15	19	23	27
의사	1	1	1	2	2	2
간호사	1	1	1	1	2	2
치료사	1	1	1	2	2	2
임상심리사	1	1	1	1	1	1
행정업무 수행 직원	2	2	3	3	4	4
전산원	-	-	-	1	1	1
영양사	-	-	-	-	1	1
조리원	1	1	1	1	1	1
시설관리원	1	1	1	1	2	2
운전원	1	1	1	1	2	2

2.5 시설개선, 사업정지, 폐쇄 등(제34조)

특별자치도지사 또는 시장 · 군수 · 구청장은 국가 또는 지방자치단체 외의 자가 신고한 청소년복지시설이 다음 각 호의 어느 하나에 해당하면 그 시설의 개선, 1개월 이내의 사업정지, 시설의 장의 교체 또는 시설의 폐쇄를 명할 수 있으며 위반행위별 처분기준은 여성가족부령으로 정한다(제35조). 여성가족부령(별표 3)에 의하면 둘 이상의 처분기준이 같은 사업정지인 경우 무거운 처분기준의 2분의 1까지 가중할 수 있으며, 처분기준을 합산한 기간 1년을 초과할 수 없다. 사소한 부주의나 오류, 위반의 내용이 경미한 경우 등은 처분기준을 감경할 수 있다. 위반행위별 행정처분 기준은 표 4.8의 여성가족부령 별표3 중 개별기준과 같다.

청소년복지시설의 위반사항
1. 설치기준에 미달하게 된 경우 2. 사회복지법인이나 비영리법인이 설치·운영하는 시설인 경우 그 사회복지법인이나 비영리법인의 설립허가가 취소된 경우 3. 회계 부정, 이용자에 대한 인권 침해 등 불법행위가 확인된 경우 4. 사업정지 기간에 사업을 한 경우 5. 이 법 또는 이 법에 따른 명령을 위반한 경우

표 4.8 **여성가족부령 [별표 3] 중 개별기준**

위반행위	근거 법조문	행정처분기준			
		1차 위반	2차 위반	3차 위반	4차 위반
가. 설치기준에 미달하게 된 경우	법 제35조 제1항제1호	개선 명령	사업정지 15일	시설장의 교체	시설의 폐쇄
나. 사회복지법인이나 비영리법인이 설치·운영하는 시설인 경우 그 사회복지법인이나 비영리법인의 설립허가가 취소된 경우	법 제35조 제1항제2호	시설의 폐쇄			
다. 회계부정, 이용자에 대한 인권침해 등 불법행위가 확인된 경우	법 제35조 제1항제3호	개선 명령	사업정지 15일	시설장의 교체	시설의 폐쇄
라. 사업정지 기간에 사업을 한 경우	법 제35조 제1항제4호	시설장의 교체	시설의 폐쇄		

2.6 청문(제36조)

청소년복지시설에 대하여 "시설의 개선, 사업정지, 시설의 장의 교체 또는 시설의 폐쇄"를 명하기 위해서는 청문을 거쳐야 한다. 청문은 해도 되고 안 해도 되는 임의 절차가 아닌 반드시 거쳐야 하는 절차이다. 시설의 개선, 사업정지, 시설의 장의 교체 또는 시설의 폐쇄 등에 청문 절차를 둔 것이다.

특별자치시장·특별자치도지사 또는 시장·군수·구청장은 제35조 제1항에 따라 시설의 개선, 사업정지, 시설의 장의 교체 또는 시설의 폐쇄를 명하려면 청문을 하여야 한다(제36조).

3. 금지행위

3.1 비밀 누설의 금지(제37조)

청소년상담원, 청소년상담복지센터, 이주배경청소년지원센터(이하 "청소년복지지원기관"이라 한다)나 청소년복지시설에서 청소년복지 업무에 종사하거나 종사하였던 사람은 그 직무상 알게 된 비밀을 누설하여서는 아니 된다(제37조). 비밀을 누설한 경우, 제43조에 따라서 1년 이하의 징역 또는 1천만 원 이하의 벌금에 처한다(제43조 제1항 제2호).

> **제37조(비밀 누설의 금지)** 청소년상담원, 청소년상담복지센터, 이주배경청소년지원센터(이하 "청소년복지지원기관"이라 한다)나 청소년복지시설에서 청소년복지 업무에 종사하거나 종사하였던 사람은 그 직무상 알게 된 비밀을 누설하여서는 아니 된다.
>
> **제43조(벌칙)** ① 다음 각 호의 어느 하나에 해당하는 사람은 1년 이하의 징역 또는 1천만 원 이하의 벌금에 처한다.
> 1. 제8조를 위반하여 건강진단 결과를 공개한 사람
> 2. 제37조를 위반하여 비밀을 누설한 사람

3.2 동일 명칭의 사용 금지(제38조)

이 법에 따른 청소년복지지원기관 또는 청소년복지시설이 아니면 한국청소년상담복지개발원, 청소년상담복지센터, 이주배경청소년지원센터 또는 청소년쉼터, 청소년자립지원관, 청소년치료재활센터의 명칭을 사용하지 못한다(제38조). 제38조를 위반한 경우에는 500만 원 이하의 과태료를 부과받는다(제45조 제1항 제1호).

제38조(동일 명칭의 사용 금지) 이 법에 따른 청소년복지지원기관 또는 청소년복지시설이 아니면 한국청소년상담복지개발원, 청소년상담복지센터, 이주배경청소년지원센터 또는 청소년쉼터, 청소년자립지원관, 청소년치료재활센터의 명칭을 사용하지 못한다.
제45조(과태료) ① 다음 각 호의 어느 하나에 해당하는 자에게는 500만 원 이하의 과태료를 부과한다.
1. 제38조를 위반하여 동일 명칭을 사용한 자

4. 청소년복지지원기관 및 청소년복지시설에 대한 감독과 지원 등

4.1 청소년복지지원기관 및 청소년복지시설에 대한 감독(제39조)

청소년복지지원기관 및 청소년복지시설은 청소년육성에서 중요한 역할을 담당하고 있으나 악용되는 경우에 청소년에게 심각한 피해를 줄 수 있어서 이들 기관과 시설에 대한 국가 및 지방자치단체의 감독과 지원이 필요하다.

국가 및 지방자치단체는 필요한 경우에는 청소년복지지원기관 또는 청소년복지시설에 대하여 업무·회계 및 재산에 관한 사항의 보고 또는 자료의 제출을 명하거나, 소속 공무원으로 하여금 해당 장소에 출입하여 장부 또는 그 밖의 서류를 검사하거나 종사자에게 질문하게 할 수 있다. 출입·검사를 하는 공무원은 그 권한을 표시하는 증표를 지니고 이를 관계인에게 보여주어야 한다(제39조).

4.2 예산의 보조(제40조)

국가 및 지방자치단체는 예산의 범위에서 청소년복지지원기관 및 청소년복지시설, 관련 단체의 운영에 필요한 예산의 전부 또는 일부를 보조할 수 있다(제40조).

4.3 기관 · 시설 등의 평가(제41조)

여성가족부장관 및 시 · 도지사는 청소년복지지원기관 및 청소년복지시설 또는 이 법에 따라 청소년복지 업무를 위탁받은 기관이나 단체를 대상으로 여성가족부령으로 정하는 바에 따라 그 업무 실적을 정기적으로 평가할 수 있다. 다만, 다른 법령에 따라 성과평가 또는 경영평가를 한 경우에는 그러하지 아니하다. 여성가족부장관은 제1항에 따른 평가 결과를 청소년복지지원기관 및 청소년복지시설 등의 감독과 지원에 반영하는 등의 조치를 할 수 있다(제41조).

4.4 청소년복지지원기관 등의 위탁운영(제42조의2)

이 법에 따라 국가 또는 지방자치단체가 설치한 청소년복지지원기관 또는 청소년복지시설은 필요한 경우 청소년단체에 위탁하여 운영할 수 있다. 위탁운영의 기준 및 방법 등에 관하여 필요한 사항은 여성가족부령으로 정한다(제42조의2).

5. 권한 등의 위임 및 위탁(제42조)

이 법에 따른 여성가족부장관 또는 시 · 도지사의 권한은 대통령령으로 정하는 바에 따라 그 일부를 각각 시 · 도지사 또는 시장 · 군수 · 구청장에게 위임할 수 있다. 이 법에 따른 국가 또는 지방자치단체의 업무는 대통령령으로 정하는 바에 따라 그 일부를 청소년단체에 위탁할 수 있다(제42조).

6. 벌칙

6.1 형벌

1) 1년 이하의 징역 또는 1천만 원 이하의 벌금(제43조 제1항)

1. 제8조를 위반하여 건강진단 결과를 공개한 사람
2. 제37조를 위반하여 비밀을 누설한 사람

제8조(건강진단 결과의 공개 금지) 제6조에 따라 건강진단을 실시한 국가 · 지방자치단체 · 전문기관 또는 단체에 근무하였거나 근무하는 사람은 제7조제1항에 따른 시책을 수립하거나 시행하기 위하여 불가피한 경우를 제외하고는 건강진단 결과를 공개하여서는 아니 된다.

제37조(비밀 누설의 금지) 청소년상담원, 청소년상담복지센터, 이주배경청소년지원센터(이하 "청소년복지지원기관"이라 한다)나 청소년복지시설에서 청소년복지 업무에 종사하거나 종사하였던 사람은 그 직무상 알게 된 비밀을 누설하여서는 아니 된다.

2) 6개월 이하의 징역 또는 500만 원 이하의 벌금(제43조 제2항)

1. 제32조제2항에 따른 신고를 하지 아니하고 청소년복지시설을 설치 · 운영한 자
2. 제35조제1항에 따른 사업의 정지명령 또는 시설의 폐쇄명령을 받고도 그 사업을 하거나 시설을 운영한 자

제32조(청소년복지시설의 설치) ② 국가 또는 지방자치단체 외의 자는 청소년복지시설을 설치 · 운영하려면 해당 시설이 있는 지역을 관할하는 특별자치도지사 또는 시장 · 군수 · 구청장에게 신고하여야 한다.

제35조(시설개선, 사업정지, 폐쇄 등) ① 특별자치도지사 또는 시장 · 군수 · 구청장은 국가 또는 지방자치단체 외의 자가 신고한 청소년복지시설이 다음 각 호의 어느 하나에 해당하면 그 시설의 개선, 1개월 이내의 사업정지, 시설의 장의 교체 또는 시설의 폐쇄를 명할 수 있다.

1. 설치기준에 미달하게 된 경우
2. 사회복지법인이나 비영리법인이 설치 · 운영하는 시설인 경우 그 사회복지법인이나 비영리법인의 설립허가가 취소된 경우
3. 회계 부정, 이용자에 대한 인권 침해 등 불법행위가 확인된 경우
4. 사업정지 기간에 사업을 한 경우

5. 이 법 또는 이 법에 따른 명령을 위반한 경우
② 제1항에 따른 위반행위별 처분기준은 여성가족부령으로 정한다.

3) 양벌규정(제44조)

법인의 대표자나 법인 또는 개인의 대리인, 사용인, 그 밖의 종업원이 그 법인 또는 개인의 업무에 관하여 제43조의 위반행위를 하면 그 행위자를 벌하는 외에 그 법인 또는 개인에게도 해당 조문의 벌금형을 과(科)한다. 다만, 법인 또는 개인이 그 위반행위를 방지하기 위하여 해당 업무에 관하여 상당한 주의와 감독을 게을리하지 아니한 경우에는 그러하지 아니하다(제44조).

6.2 과태료(제45조)

1) 500만 원 이하의 과태료

1. 제38조를 위반하여 동일 명칭을 사용한 자
2. 제39조제1항에 따른 보고 또는 자료 제출을 하지 아니하거나 검사를 거부·방해 또는 기피한 자

제38조(동일 명칭의 사용 금지) 이 법에 따른 청소년복지지원기관 또는 청소년복지시설이 아니면 한국청소년상담복지개발원, 청소년상담복지센터, 이주배경청소년지원센터 또는 청소년쉼터, 청소년자립지원관, 청소년치료재활센터의 명칭을 사용하지 못한다.
제39조(감독) ① 국가 및 지방자치단체는 필요한 경우에는 청소년복지지원기관 또는 청소년복지시설에 대하여 업무·회계 및 재산에 관한 사항의 보고 또는 자료의 제출을 명하거나, 소속 공무원으로 하여금 해당 장소에 출입하여 장부 또는 그 밖의 서류를 검사하거나 종사자에게 질문하게 할 수 있다.

2) 300만 원 이하의 과태료

제33조를 위반하여 휴업 · 폐업 또는 운영 재개 신고를 하지 아니한 자

제33조(휴업 · 폐업 등의 신고) 국가 또는 지방자치단체 외의 자가 제32조 제2항에 따라 신고한 청소년복지시설을 휴업 또는 폐업하거나 그 운영을 재개(再開)하려면 여성가족부령으로 정하는 바에 따라 미리 관할 특별자치도지사 또는 시장 · 군수 · 구청장에게 신고하여야 한다. 이 경우 휴업신고 또는 폐업신고를 받은 특별자치시장 · 특별자치도지사 또는 시장 · 군수 · 구청장은 그 내용을 검토하여 이 법에 적합하면 신고를 수리하여야 한다. <개정 2018.12.18.>

3) 50만 원 이하의 과태료

1. 제4조 제2항을 위반하여 청소년증을 양도하거나 빌려준 사람 또는 양도받거나 빌린 사람
2. 제4조제3항을 위반하여 청소년증과 동일한 명칭 또는 표시의 증표를 제작하거나 사용한 자

제4조(청소년증) ② 제1항에 따른 청소년증은 다른 사람에게 양도하거나 빌려주어서는 아니 된다.
③ 누구든지 제1항에 따른 청소년증 외에 청소년증과 동일한 명칭 또는 표시의 증표를 제작 · 사용하여서는 아니 된다.

4) 부과 · 징수

제1항부터 제3항까지의 규정에 따른 과태료는 대통령령으로 정하는 바에 따라 특별자치시장 · 특별자치도지사 또는 시장 · 군수 · 구청장이 부과 · 징수한다.

7. 청소년복지지원법의 과제

7.1 모든 청소년에 대한 복지 강화

아동복지 관련 법이나 노인복지 관련 법에 비하여 청소년복지지원법의 복지 지원 수준은 매우 낮다. 예를 들어, 아동수당법에 의하면 7세 미만의 아동에게 매월 10만 원을 지급하도록 되어 있으며(아동수당법 제4조 제1항), 기초노령연금법에 의하면 65세 이상인 경우는 소득인정액이 대통령령으로 정하는 금액 이하인 경우에는 연금을 지급하도록 되어 있다(기초노령연금법 제3조). 청소년에게는 모든 청소년을 대상으로 하는 수당제도나 대부분의 노인을 대상으로 하는 기초노령연금과 같은 제도가 존재하지 않는다.

7.2 청소년복지 재정의 확충

청소년복지의 가장 큰 문제는 청소년복지 재정이 매우 열악하다는 것이다. 현재의 청소년복지 재정을 가지고서는 획기적인 사업을 기획하기도 어렵고, 양질의 청소년복지 전문가를 양성하기도 부족하다.

청소년복지 재정을 확충하는 문제는 어느 한 명의 노력만으로는 이루어지지 않는다. 청소년복지 재정 확충은 청소년 관련 학계 · 전문가뿐 아니라 청소년과 청소년의 가족 모두가 노력해야 할 문제이다.

7.3 청소년복지 문제의 발굴 및 쟁점화

최근 복지에서 복지 문제를 발굴하고 찾아가는 서비스를 시행하고 있다. 청소년복지 문제 또한 청소년복지 문제를 발굴하고, 복지가 필요한 청소년을 찾아 지원하는 것이 필요하다.

청소년복지가 더 활성화되기 위해서는 청소년복지 문제를 발굴하고 이를 쟁점화하는 노력이 필요하다. 앞서 청소년정책을 설명하면서 다룬 여성청소년의 생리대 지원 사례도 관련 사건이 보도되면서 사회적으로 쟁점이 된 사건에 기초하였다. 어려운 청소년들이 겪고 있는 문제는 이외에도 많이 있다. 이러한 문제를 당연하게 지나치지 말고 사회적으로 쟁점화시키는 것이 사각지대에 놓인 많은 청소년복지문제를 해결하는 방법이다.

CHAPTER 05

학교 밖 청소년 지원에 관한 법률

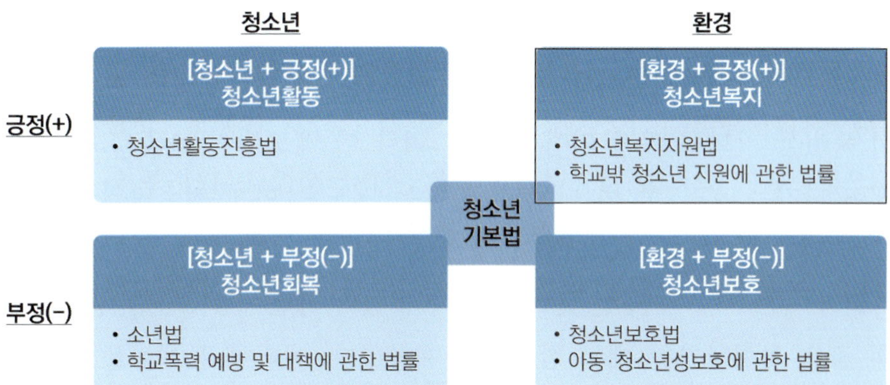

그림 5.1 **학교 밖 청소년 지원법의 청소년육성제도에서의 위치**

학교 밖 청소년 지원에 관한 법률은 청소년육성제도에서의 청소년복지에 속한다. 학교 밖 청소년 지원에 관한 법률은 학교 밖에서, 즉 학교교육의 다양한 혜택에서 벗어나 있는 청소년에게 성장·발달에 적합한 환경을 제공하고자 하는 법률이다. 학교 밖 청소년 지원에 관한 법률에서는 상담지원, 교육지원, 직업체험 및 취업지원, 자립지원 등을 규정하고 있다.

학교 밖 청소년 지원에 관한 법률

주제 5-1 학교 밖 청소년 지원에 관한 법률 제정 배경, 연혁, 목적과 정의

1. 학교 밖 청소년지원에 관한 법률의 제정 배경

KESS 학업중단 청소년 현황

학교 밖 청소년지원에 관한 법률은 2015년에 제정되었다. KESS 교육통계서비스(2019)에 의하면 2017년 고등학교 학업중단자는 24,506명, 중학교 학업중단자는 9,129명, 초등학교 학업중단자는 16,422명으로 나타났다. 매해 많은 수의 학생들이 학업을 중단하고 학교를 떠나고 있지만, 학교교육 중심의 현재 체계로는 이들 학교 밖 청소년들을 성장시키는 데 한계가 있다. 초·중등교육법 제28조 제6항과 제7항에서는 학업중단숙려제를 도입하여 학업 중단의 징후가 발현되거나 학업 중단의 의사를 밝힌 학생에게 학업 중단에 대해서 숙려할 기회를 주게 되어 있다. 그러나 이 제도는 학교에서 학교 밖으로 학생이 나가는 것을 한 번 더 생각해 보는 제도로 현재 청소년의 다양한 욕구와 그로 인한 학교 밖 청소년의 발생을 원천적으로 차단할 수는 없다.

우리 사회가 '학교 밖'에 대한 준비가 거의 없었기 때문에 학교 밖 청소년들이 자신의 꿈을 펼쳐나가는 데는 한계가 존재하였다. 이러한 문제점을 해결하기 위하여 학교 밖 청소년에 대한 다양한 지원 프로그램을 만들고자 본 법률이 제정되었다.

학교 밖 청소년 지원에 관한 법률의 제정이유에서는 학교 밖 청소년의 제정 이유를 다음과 같이 밝히고 있다.

> 교육부 통계에 따르면 최근 2008년부터 2012년까지 매년 6만~7만 명에 달하는 청소년들이 학업을 중단하는 등 학교 밖 청소년이 지속적으로 발생하고 있으나 아직까지 학교 밖 청소년에 대한 정확한 실태조사가 이루어지지 못하고 있고,

「청소년복지 지원법」, 「초 · 중등교육법」 등 관계 법률에 근거하여 학업중단 숙려제 등 학교 밖 청소년 지원 정책이 추진 중이나, 대부분의 지원정책이 학교 밖 청소년을 시혜적 복지의 대상으로 보고 지원내용 또한 학업복귀에 집중되어 있어 능동적 자아실현의 주체로서 학교 밖 청소년의 다양한 정책수요에 부응하지 못하고 있는 실정인 바,
이에 학교 밖 청소년 지원을 위한 국가와 지방자치단체의 책무를 명시하고, 학교 밖 청소년에 대한 정확한 실태조사를 바탕으로 학교 밖 청소년의 개인적 특성과 수요를 고려한 상담지원, 교육지원, 취업 및 진로 · 직업체험 지원, 자립 지원 등이 이루어지도록 종합적 · 체계적인 지원체계를 마련함으로써 학교 밖 청소년이 건강한 사회구성원으로 성장할 수 있도록 지원하려는 것임(법제처, 2020).

기존의 학교 밖 청소년에 대한 관점은 학교로의 복귀를 중심으로 하고 있었기 때문에 학교 밖 청소년이 자신을 개발하고 자신의 목표를 성취하는 자아실현을 이루는 데는 한계가 있었다. 그 해결책으로서 학교 밖 청소년 지원에 관한 법률은 학교 밖 청소년을 단순히 학교로 복귀시키는 정책에서 벗어나, 그 자신의 꿈을 실현하고 미래를 준비하며 지낼 수 있도록 다양한 지원을 규정하고 있다. 국가와 지방자치단체의 학교 밖 청소년에 대한 지원은 상담지원, 교육지원, 취업 및 진로 · 직업체험 지원, 자립지원 등이다. 이러한 지원을 통해 학교 안에 있든지 밖에 있든지 상관없이 청소년이 건강한 사회구성원으로 성장시키는 것이 학교 밖 청소년 지원법의 목적이다.

2. 학교 밖 청소년 지원에 관한 법률의 연혁

(출처: 국가법령정보. 관련 정보 발췌 및 요약)

학교 밖 청소년 지원에 관한 법률은 2015년 제정된 이후 여러 차례 개정되었다.

2014. 5. 28. (시행 2015.5.29, 법률 제12700호) 학교 밖 청소년 지원을 위하여 학교 밖 청소년에 대한 정확한 실태조사를 바탕으로 학교 밖 청소년의

개인적 특성과 수요를 고려한 상담지원, 교육지원, 교육지원, 취업 및 진로 · 직업체험 지원, 자립지원 등이 이루어지도록 종합적 · 체계적인 지원체계를 마련하고자 법률을 제정함.

2017. 3. 21. (시행 2017.3.21, 법률 제14706호) 각급 학교의 장 또는 지역사회 청소년통합지원체계에 포함된 기관 · 단체의 장이 학교 밖 청소년의 개인정보를 수집하여 학교 밖 지원센터의 장에게 제공할 수 있게 함

2018. 7. 17. (시행 2018.7.17, 법률 제15354호) 학교 밖 청소년의 자립에 필요한 의료지원에 건강진단을 받은 후 확진을 위한 검사에 사용한 의료비의 지원을 포함함으로써 학교 밖 청소년의 건강권을 보장하려 함.

2021. 3. 23. (시행 2021.9.24, 법률 제17974호) 국가와 지방자치단체는 학교 밖 청소년을 조기에 발견하고, 지원에 필요한 법적 · 제도적 장치를 마련하여 시행하도록 하는 한편, 학교 밖 청소년의 교육복지 실현을 위해 노력하도록 함. 학교 밖 청소년 실태조사의 주기를 3년에서 2년으로 변경함. 학교 밖 청소년 지원센터의 운영실적을 평가하고, 그 결과를 지원센터의 감독, 지원 등에 반영할 수 있도록 함(제12조의2 신설). 의무교육 대상자에 해당하는 학교 밖 청소년의 개인정보 보호를 강화함.

3. 목적(제1조)

학교 밖 청소년 지원에 관한 법률은 청소년기본법 제49조 제4항에 따라 학교 밖 청소년 지원에 관한 사항을 규정함으로써 학교 밖 청소년이 건강한 사회구성원으로 성장할 수 있도록 하는 것을 목적으로 한다(제1조).

건강한 사회구성원이란 앞서 살펴본 청소년 발달이 전 영역에 걸쳐 원활하게 이루어진 것을 말한다. 이를 위해서는 신체 · 인지 · 언어 · 정서 · 사회 영역의 발달과 함께 직업 · 참여 영역의 발달까지 이루어져야 한다.

학교 밖 청소년 지원에 관한 법률은 이러한 지향점에 도달하기 위하여 학교 밖 청소년 지원에 관한 다양한 수단을 규정하고 있다.

4. 정의(제2조)

4.1 청소년

학교 밖 청소년 지원에 관한 법률에서 청소년이란 별도의 규정을 두지 않고 청소년기본법 제3조 제1호 정의를 그대로 사용하고 있다. 즉 청소년은 "9세 이상 24세 이하인 사람"을 말한다(제2조 제1호). 이러한 규정은 미성년자나, 아동, 청년과 그 연령 범위에서 차이가 난다.

4.2 학교 밖 청소년

본 법률은 학교 밖 청소년의 범위를 구체적으로 정하고 있다. 우선 학교는 초·중등교육법 제2조의 초등학교, 중학교, 고등학교, 기술학교, 각종 학교 등을 말한다.[1] 학교 밖 청소년은 1) 초등학교나 중학교 또는 이와 동일한 과정을 교육하는 학교에 입학한 후 3개월 이상 결석하거나 취학의무를 유예한 청소년, 2) 고등학교 또는 이와 동일한 과정을 교육하는 학교에서 제적·퇴학 처분을 받거나 자퇴한 청소년, 3) 고등학교 또는 이와 동일한 과정을 교육하는 학교에 진학하지 않는 학생이다(제2조 제2호).

참고로 대학교의 경우에는 고등교육법에 의한 학교이기 때문에 대학에 진학하지 않았다고 해서 학교 밖 청소년이라고 할 수는 없다.

4.3 학교 밖 청소년 지원 프로그램

학교 밖 청소년 지원 프로그램은 학교 밖 청소년의 개인적 특성과 수요를 고려한 상담지원, 교육지원, 직업체험 및 취업지원, 자립지원 등의 프로그램을 말

1) 초등학교, 중학교, 고등학교와 이러한 학력을 교육부에서 인정하는 학교로 이해하면 된다.

한다(제2조 제3호). 상담지원, 교육지원 등 법에 명시된 프로그램 이외에도 학교 밖 청소년의 성장과 발달을 돕는 다양한 프로그램이 학교 밖 청소년 지원 프로그램에 포함된다고 볼 수 있다.

1. "청소년"이란 「청소년기본법」 제3조제1호 본문에 해당하는 사람을 말한다.
2. "학교 밖 청소년"이란 다음 각 목의 어느 하나에 해당하는 청소년을 말한다.
   가. 「초·중등교육법」 제2조의 초등학교·중학교 또는 이와 동일한 과정을 교육하는 학교에 입학한 후 3개월 이상 결석하거나 같은 법 제14조제1항에 따라 취학의무를 유예한 청소년
   나. 「초·중등교육법」 제2조의 고등학교 또는 이와 동일한 과정을 교육하는 학교에서 같은 법 제18조에 따른 제적·퇴학처분을 받거나 자퇴한 청소년
   다. 「초·중등교육법」 제2조의 고등학교 또는 이와 동일한 과정을 교육하는 학교에 진학하지 아니한 청소년
3. "학교 밖 청소년 지원 프로그램"이란 학교 밖 청소년의 개인적 특성과 수요를 고려한 상담지원, 교육지원, 직업체험 및 취업지원, 자립지원 등의 프로그램을 말한다.

5. 국가와 지방자치단체의 책무(제3조)

국가와 지방자치단체가 학교 밖 청소년에 대해서 가지는 기본적 책무의 지향점은 1) 학교 밖 청소년에 대한 사회적 차별과 편견을 예방과 2) 학교 밖 청소년을 존중하고 이해하는 사회를 만드는 것이다.

이를 위하여 국가와 지방자치단체는 첫째, 조사·연구·교육 및 홍보 등 필요한 조치를 취해야 한다(제1항). 둘째, 국가와 지방자치단체는 학교 밖 청소년을 조기에 발견하고, 지원에 필요한 법적·제도적 장치를 마련하여 시행하여야 한다(제2항). 셋째, 국가와 지방자치단체는 학교 밖 청소년의 교육복지 실현을 위하여 노력하여야 한다(제3항). 넷째, 국가와 지방자치단체는 제1항부터 제3항까지의 규정에 따른 책무를 다하기 위하여 학교 밖 청소년 지원에 필요한 행정적·재정적 지원방안을 마련하여야 한다(제4항).

최근 법 개정을 통하여 국가와 지방자치단체의 학교 밖 청소년에 대한 책무

가 강화되었다. 제2항의 “학교 밖 청소년의 조기 발견”, 제3항의 국가와 지방자치단체의 “학교 밖 청소년의 교육복지 실현을 위한 노력”은 2021년 3월 23일 개정을 통하여 삽입된 내용이다. 이는 국가와 지방자치단체가 소극적 자세가 아닌 적극적 자세로 학교 밖 청소년을 찾고, 이들 청소년에 대해 교육복지가 학교 밖에서도 실현되도록 적극적으로 노력해야 함을 의미한다.

6. 다른 법률과의 관계(제4조)

학교 밖 청소년 지원에 관한 법률 제4조에서는 “학교 밖 청소년 지원에 관하여 다른 법률에 특별한 규정이 있는 경우를 제외하고는 이 법에 따른다”고 밝히고 있다. 학교 밖 청소년 지원에 관해서는 다른 법률에 우선해서 적용된다는 의미이다.

주제 5-2 학교 밖 청소년 지원체계 및 지원 내용

1. 학교 밖 청소년에 대한 지원체계

1.1 학교 밖 청소년 지원 계획(제5조)

학교 밖 청소년 지원 계획은 별도의 계획을 수립하는 것이 아니라 청소년기본법 제14조에 따른 청소년정책기본계획의 연도별 시행계획에 관련 사항을 포함하도록 규정되어 있다. 이때 연도별 시행계획에는 아래 사항이 포함되어야 한다(제5조 제1항).

학교 밖 청소년 지원 계획 포함 사항
1. 학교 밖 청소년에 대한 사회적 편견과 차별 예방 및 사회적 인식 개선에 관한 사항 2. 학교 밖 청소년 지원 프로그램의 개발 및 지원에 관한 사항 3. 학교 밖 청소년 지원을 위한 관련 기관 간 협력체계 및 지역사회 중심의 지원체계 구축 · 운영에 관한 사항 4. 학교 밖 청소년 지원을 위한 조사 · 연구 · 교육 · 홍보 및 제도개선에 관한 사항 5. 「청소년복지 지원법」 제14조의 위기청소년 특별지원 등 사회적 지원방안 6. 학교 밖 청소년 지원을 위한 재원 확보 및 배분에 관한 사항 7. 그 밖에 학교 밖 청소년 지원을 위하여 필요한 사항

1.2 학교 밖 청소년 실태조사(제6조)

2022 1차 학교폭력 실태조사

학교 밖 청소년에 대한 실태조사는 여성가족부장관에 의하여 2년마다 시행된다. 조사 목표는 학교 밖 청소년의 현황 및 실태 파악과 함께 학교 밖 청소년 지원 정책 수립을 위한 기초자료로 활용하기 위함이다. 2021년에 수행된 여성가족부(2022)의 학교 밖 청소년 실태조사에 의하면, 학교 밖 청소년의 56.9%가 고등학교 때 학교를 그만두었으며, 10명 중 8명이 검정고시를 준비한 경험이 있고, 39.7%가 아르바이트 경험이 있으며 부당대우를 경험한 청소년도 31.8%나 되었다. 학교 밖 청소년 중 건강검진 / 진학정보 제공 / 검정고시 준비 지원 / 진로탐색 지원에 대한 수요 모두 70% 후반대로 높았으며, 꿈드림 센터 이용을 위한 교통비 지원에 대한 요구는 84%에 달했다.

제6조(실태조사) ① 여성가족부장관은 학교 밖 청소년의 현황 및 실태 파악과 학교 밖 청소년 지원 정책수립을 위한 기초자료로 활용하기 위하여 3년마다 학교 밖 청소년에 대한 실태조사를 실시하고, 그 결과를 공표하여야 한다.
② 여성가족부장관은 제1항에 따른 실태조사 중 학업중단 현황에 관한 조사는 교육부장관과 협의하여 실시한다.
③ 여성가족부장관은 제1항에 따른 실태조사에 필요한 경우 관계 중앙행정기관의 장, 지방자치단체의 장 또는 「공공기관의 운영에 관한 법률」에 따른 공공기관의 장, 그 밖의 관련 법인·단체에 대하여 필요한 자료 제출 또는 의견 진술을 요청할 수 있다. 이 경우 요청을 받은 자는 정당한 사유가 없으면 이에 협조하여야 한다.
④ 제1항에 따른 실태조사의 내용과 방법 등에 필요한 사항은 여성가족부령으로 정한다.

1.3 학교 밖 청소년 지원위원회(제7조)

학교 밖 청소년 지원위원회는 여성가족부 장관 소속 위원회로 위원장 1명과 부위원장 1명을 포함하여 15명 이내의 위원으로 포함된다. 위원은 당연직 위원과 위촉직 위원으로 구성된다(제7조). 위원장은 여성가족부차관이 당연직으로 선출되며, 부위원장은 호선으로 선출된다(시행령 제3조 제1항). 지원위원회의 위원으로는 기획재정부, 교육부, 법무부, 문화체육관광부, 보건복지부, 고용노동부, 여성가족부의 고위공무원단에 속하는 일반직공무원 중 소속 기관의 장이 지명하는 각 1명과 민간 위원 7명이 포함된다(시행령 제3조 제2항).

학교 밖 청소년 지원위원회의 심의 사항은 아래와 같다(제7조 제1항).

학교 밖 청소년 지원위원회 심의 사항
1. 학교 밖 청소년 지원정책의 목표 및 기본방향에 관한 사항
2. 학교 밖 청소년 지원을 위한 법령 및 제도의 개선에 관한 사항
3. 학교 밖 청소년 지원계획의 수립에 관한 사항
4. 관련 기관 간 협력체계 및 지역사회 중심의 지원체계 구축에 관한 사항
5. 그 밖에 학교 밖 청소년 지원에 관하여 협의가 필요한 사항

1.4 관계기관과의 협조(제17조)

여성가족부장관은 이 법의 목적을 달성하기 위하여 필요하다고 인정하는 경우에는 대통령령으로 정하는 사항에 대하여 관계 중앙행정기관의 장 또는 지방자치단체의 장에게 필요한 시책을 마련하거나 조치할 것을 요청할 수 있다. 이 경우 관계 중앙행정기관의 장 또는 지방자치단체의 장은 특별한 사유가 없으면 협조하여야 한다(제17조).

학교 밖 청소년 지원정책 관련 관계기관의 협조 사항(시행령 제8조)
1. 학교 밖 청소년에 대한 법 제8조에 따른 상담지원, 법 제9조에 따른 교육지원, 법 제10조에 따른 직업체험 및 취업지원, 법 제11조에 따른 자립지원과 관련된 정보 제공에 관한 사항 2. 법 제15조에 따라 학교 밖 청소년을 지원센터와 연계하는 것에 관한 사항 3. 그 밖에 학교 밖 청소년 지원을 위하여 여성가족부장관이 요청하는 사항

1.5 학교 밖 청소년 지원센터(제12조, 제12조의2)

학교 밖 청소년 지원센터는 국가와 지방자치 단체가 설치하거나 청소년상담복지센터, 청소년 단체, 학교 밖 청소년을 지원하기 위하여 필요한 전문인력과 시설을 갖춘 기관 또는 단체 중에서 지정할 수 있다(제12조 제1항).

학교 밖 청소년 지원센터의 업무는 다음과 같다(제12조 제2항).

학교 밖 청소년 지원센터의 업무
1. 제8조부터 제11조까지의 학교 밖 청소년 지원 2. 학교 밖 청소년 지원을 위한 지역사회 자원의 발굴 및 연계 · 협력 3. 학교 밖 청소년 지원 프로그램의 개발 및 보급 4. 학교 밖 청소년 지원 프로그램에 대한 정보제공 및 홍보 5. 학교 밖 청소년 지원 우수사례의 발굴 및 확산 6. 학교 밖 청소년에 대한 사회적 인식 개선 7. 그 밖에 학교 밖 청소년 지원을 위하여 필요한 사업

학교 밖 청소년 지원센터는 청소년복지지원법 제9조의 지역사회 청소년통합지원체계를 구성하는 기관과 연계 및 협력을 하여야 한다(제14조). 또한 학교와

지역사회 협력체계 또한 학교 밖 청소년 지원센터와 연계하여야 한다.

초중등교육법 제2조의 학교의 장은 소속 학생이 학교 밖 청소년이 되는 경우 학교 밖 청소년 지원 프로그램을 안내하고 지원센터를 연계해야 한다(제15조 제1항). 청소년복지 지원법 제9조에 따른 지역사회 청소년통합지원체계에 포함된 기관 또는 단체의 장(이하 이 조에서 "단체장"이라 한다)은 지원이 필요한 학교 밖 청소년을 발견한 경우에는 지체 없이 해당 청소년에게 학교 밖 청소년 지원 프로그램을 안내하고 지원센터를 연계하여야 한다(제15조 제2항). 이러한 연계를 할 때 해당 청소년의 동의[2]를 받아 개인정보를 수집하여 학교 밖 청소년 지원센터에 제공할 수 있다(제15조 제3항).

학교 밖 청소년지원센터는 꿈드림이라는 이름으로 소개되고 있다. 이는 과거 두드림 · 해밀 사업이 확대 개편된 것으로, 꿈드림에서는 상담, 교육, 직업체험, 자립지원, 건강검진 등의 서비스가 이루어지고 있다.

꿈드림 홈페이지

2021년 3월 24일 법 개정을 통해서 학교 밖 청소년지원센터에 대한 평가 규정을 신설하였다. 여성가족부장관은 3년마다 학교 밖 청소년지원센터를 평가하고 그 결과를 감독, 지원 등에 반영할 수 있다(제12조의2 제1항). 이와 관련된 평가의 기준과 방법 등에 관한 사항은 여성가족부령으로 정한다(제12조의2 제2항).

그림 5.2 꿈드림센터 홈페이지

2) 해당 청소년의 동의 의사를 확인할 수 없는 경우 그 청소년의 법정대리인에게 고지하고 동의 받아 제공할 수 있음.

2. 학교 밖 청소년에 대한 지원 내용

학교 밖 청소년에 대한 지원은 그림 5.3과 같이 상담지원, 교육지원, 직업체험 및 취업지원, 자립지원으로 이루어진다.

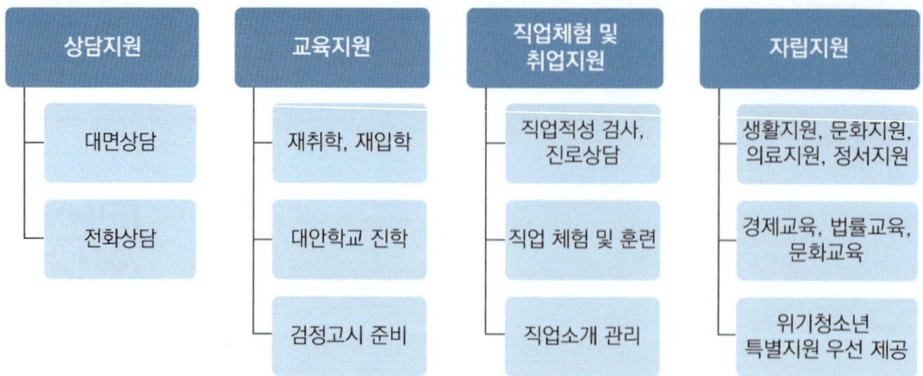

그림 5.3 **학교 밖 청소년에 대한 지원**

2.1 상담지원(제8조)

국가와 지방자치단체는 학교 밖 청소년에 대하여 효율적이고 적합한 지원을 할 수 있도록 심리상담, 진로상담, 가족상담 등 상담을 제공할 수 있다(제8조). 상담의 대상은 학교 밖 청소년과 그 가족 또는 보호자이며(시행규칙 제3조 제1항), 상담방법은 대면상담, 전화상담 및 온라인상담 등 다양한 방법이 사용 가능하다(시행규칙 제3조 제2항). 상담의 내용은 청소년의 심리, 학교 밖 청소년의 가족관계와 친구관계 및 학교 밖 청소년의 진로 등이다(시행규칙 제3조 제3호).

2.2 교육지원(제9조)

국가와 지방자치단체는 학교 밖 청소년이 학업에 복귀하고 자립할 수 있도록 지원을 할 수 있다(제9조). 교육지원은 재입학이나 진학, 검정고시 준비 등을 지원하는 내용으로 이루어지며, 교육 지원 사항은 다음과 같다.

교육지원(제9조)
1. 「초 · 중등교육법」 제2조의 초등학교 · 중학교로의 재취학 또는 고등학교로의 재입학 2. 「초 · 중등교육법」 제60조의3의 대안학교로의 진학 3. 「초 · 중등교육법」 제27조의2에 따라 초등학교 · 중학교 또는 고등학교를 졸업한 사람과 동등한 학력이 인정되는 시험의 준비 4. 그 밖에 학교 밖 청소년의 교육지원을 위하여 필요한 사항

이때 교육지원에 제공되는 정보는 다음과 같다(시행규칙 제4조 제1항).

1. 법 제9조제1항 각 호의 사항과 관련된 교육기관에 관한 정보
2. 법 제9조제1항제1호 또는 제2호에 해당하는 학교로의 재취학, 재입학 및 진학 등을 위하여 필요한 정보
3. 법 제9조제1항제3호에 따른 시험 준비 등에 관한 정보

국가 및 지방자치단체는 학교 밖 청소년의 재취학, 재입학 또는 진학과 관련하여 학교생활의 원활한 적응을 위하여 해당 청소년에 대한 상담 등 필요한 지원을 하도록 해당 학교의 장에게 요청할 수 있다(시행규칙 제4조 제2항).

2.3 직업체험 및 취업지원(제10조)

학교 밖 청소년의 50% 이상이 근로경험이 있다는 여성가족부(2018)의 발표에 비추어보면 학교 밖 청소년에게 직업체험 및 취업준비는 매우 중요한 사항이다. 관련하여 국가와 지방자치단체는 학교 밖 청소년이 자신의 적성과 능력에

맞는 직업의 체험과 훈련을 할 수 있도록 지원할 수 있다(제10조 제1항). 지원 사항은 다음과 같다.

직업체험 및 취업지원(제10조)
1. 직업적성 검사 및 진로상담프로그램
2. 직업체험 및 훈련프로그램
3. 직업소개 및 관리
4. 그 밖에 학교 밖 청소년의 직업체험 및 훈련에 필요한 사항

국가와 지방자치단체는 학교 밖 청소년을 대상으로 취업 및 직무수행에 필요한 지식 · 기술 및 태도를 습득 · 향상시키기 위하여 직업교육 훈련을 실시할 수 있다(제10조 제2항). 직업교육 훈련을 실시하는 경우 직업교육 훈련을 받는 학교 밖 청소년에게 훈련수당을 지급할 수 있다. 이 경우 여성가족부장관 및 지방자치단체의 장이 정하는 기준에 따라 소득수준, 가족상황 등 훈련을 받는 학교 밖 청소년의 여건 및 훈련 수강 횟수 등을 고려하여 훈련수당을 지급할 수 있다(시행규칙 제5조 제3항).

2.4 자립지원(제11조)

학교 밖 청소년이 자립하기 위해서는 생활이나 경제, 법률, 문화, 의료 등 다양한 방면의 지원이 필요하다. 국가와 지방자치단체가 이를 지원할 수 있도록 규정하고 있다.

국가와 지방자치단체는 대통령령으로 정하는 바에 따라 학교 밖 청소년의 자립에 필요한 생활지원, 문화공간지원, 의료지원, 정서지원 등을 제공할 수 있다(제11조 제1항). 경제교육, 법률교육, 문화교육 등 자립에 필요한 교육(제11조 제2항), 위기청소년 특별지원도 우선 제공이 가능하다(제11조 제3항).

자립지원(제11조)

- 자립지원: 생활지원, 문화공간지원, 의료지원, 정서지원
- 교육지원: 경제교육, 법률교육, 문화교육
- 위기청소년 특별지원 우선제공: 생활지원, 학업지원, 의료지원, 직업훈련지원, 청소년활동지원 등

참고

제14조(위기청소년 특별지원) ① 국가 및 지방자치단체는 대통령령으로 정하는 바에 따라 위기청소년에게 필요한 사회적 · 경제적 지원(이하 "특별지원"이라 한다)을 할 수 있다.
② 특별지원은 생활지원, 학업지원, 의료지원, 직업훈련지원, 청소년활동지원 등 대통령령으로 정하는 내용에 따라 물품 또는 서비스의 형태로 제공한다. 다만, 위기청소년의 지원에 반드시 필요하다고 인정되는 경우에는 금전의 형태로 제공할 수 있다.
③ 특별지원 대상 청소년의 선정 기준, 범위 및 기간과 그 밖에 필요한 사항은 대통령령으로 정한다.

CHAPTER 06

기타 청소년복지 관련 법률

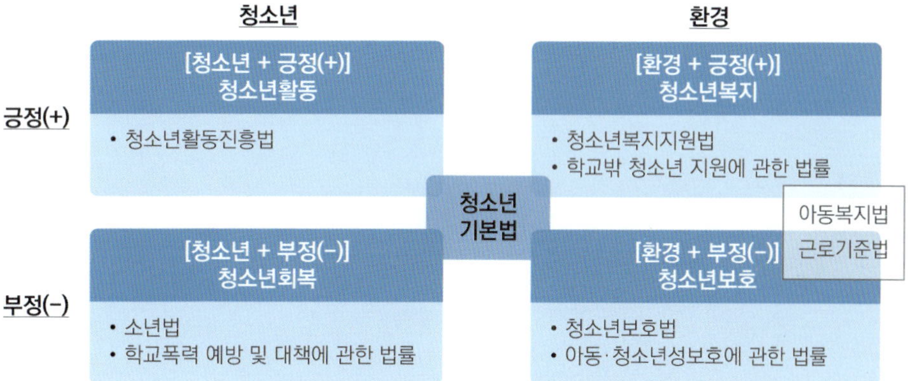

그림 6.1 아동복지법과 근로기준법의 청소년육성제도에서의 위치

아동복지법과 근로기준법은 청소년육성제도에서의 위치를 살펴보면 청소년복지와 청소년보호 영역에 모두 걸쳐 있다. 아동복지법 중 방과 후 돌봄서비스 지원이나 취약계층 아동의 자립 지원 등의 내용은 청소년복지에 해당하는 제도이며, 금지행위, 아동학대의 예방과 방치 의무 등은 청소년보호에 해당하는 제

도라고 할 수 있다. 근로기준법에 있어서도 근로시간과 휴식은 청소년복지에 해당하는 제도이며, 최저연령과 취직인허증은 청소년보호에 해당하는 제도라고 할 수 있다.

그렇지만 아동복지법과 근로기준법을 청소년복지와 청소년보호에 해당하는 내용을 구분하여 수록하는 것은 제도를 이해하는 데에 혼란을 줄 수 있어 제6장 청소년복지에 관한 법률에서 다루기로 한다.

주제 6-1 아동복지법과 근로기준법과 관련 법

1. 아동복지법

아동복지법은 1962년 아동복리법으로 시작하여 1981년 현재의 명칭으로 변경되었으며, 법의 오랜 역사처럼 다루는 내용도 방대하다. "아동권리와 복지", "아동복지법"이라는 과목으로 보육 전공, 사회복지 전공 등에서 한 학기 과목으로 학습을 진행한다. 여기에서는 아동복지법의 방대한 내용을 모두 다루기보다는 청소년육성제도를 이해하기 위해 필수 조항들을 중심으로 간략히 살펴보고자 한다.

아동복지법

1.1 아동복지법 의의

아동복지법은 청소년복지 관련 현행 법령 중에서 가장 오래된 법률이다. 아동복지법은 법의 체계를 전면적으로 손보는 "전부개정"만해도 1981년, 2000년, 2012년 세 차례에 달한다. 아동복지법은 "아동이 건강하게 출생하여 행복하고 안전하게 자랄 수 있도록 아동의 복지를 보장하는 것을 목적"으로 한다(제1조 목적). 아동복지법은 아동의 출생에서부터 성장을 모두 아우르며 아동에 대한 사회적 · 경제적 · 정서적 지원뿐만 아니라 아동의 성장 · 발달을 해치는 유해한 환경에 대한 제재도 함께 담고 있다. 9세 이상 18세 미만 청소년은 청소년기본법 및 다른 청소년 관련 법령에 의해서도 지원 및 보호를 받음과 동시에 아동복지법의 지원 및 보호를 받는다. 아동복지법은 초기 청소년에 대한 지원 및 보호의 상당 부분을 담당하고 있다.

참고로 아동복지법은 어린이날을 5월 5일로, 어린이주간을 5월 1일부터 5월

7일까지로 규정하고 있다.

1.2 아동복지법의 용어 정의(제3조)

1) 아동(제1호)

아동은 "18세 미만인 사람"을 말한다. UN 아동의 권리에 관한 협약[1)]에서도 아동을 18세 미만으로 규정하고 있다.

아동과 청소년은 9세에서 18세 미만까지가 겹친다. 9세에서 18세 미만은 사람은 아동복지법과 청소년 관련 법령에 모두 적용을 받는다.

2) 아동복지(제2호)

아동복지란 "아동이 행복한 삶을 누릴 수 있는 기본적인 여건을 조성하고 조화롭게 성장 · 발달할 수 있도록 하기 위한 경제적 · 사회적 · 정서적 지원"을 말한다. 청소년기본법 제3조 제4항에서 청소년복지란 "청소년이 정상적인 삶을 누릴 수 있는 기본적인 여건을 조성하고 조화롭게 성장 · 발달할 수 있도록 제공되는 사회적 · 경제적 지원"을 말한다. '행복한 삶' 대 '정상적인 삶', '경제적 · 사회적 · 정서적 지원' 대 '사회적 · 경제적 지원'으로 단어의 차이는 다소 있지만, 아동복지와 청소년복지의 지향점은 유사하다고 할 수 있다. 다만, 아동복지는 정서적 지원이 청소년복지보다 더욱 강조된다.

3) 보호대상아동(제4호)과 지원대상아동(제5호)

보호대상아동은 보호자가 없거나 보호자로부터 이탈된 아동 또는 보호자가 아동을 학대하는 경우 등 그 보호자가 아동을 양육하기에 적당하지 아니하거나 양육할 능력이 없는 경우의 아동을 말한다(제4호).

---

1) 국회의 동의를 받아 대한민국 내에서 법률의 효력을 지닌 국제 조약이다.

지원대상아동은 아동이 조화롭고 건강하게 성장하는 데에 필요한 기초적인 조건이 갖추어지지 아니하며 사회적 · 경제적 · 정서적 지원이 필요한 아동을 말한다(제5호).

보호대상아동은 보호자의 보호 정도에 따른 개념이라면, 지원대상아동은 아동의 사회적 · 경제적 · 정서적 조건에 따른 개념이라고 할 수 있다. 이와 유사한 개념인 청소년복지지원법 제2조의 위기청소년이나 가정 밖 청소년은 청소년이 처한 조건이나 상황에 따른 용어이다.

4) 가정위탁(제6호)

가정위탁은 "보호대상아동의 보호를 위하여 성범죄, 가정폭력, 아동학대, 정신질환 등의 전력이 없는 보건복지부령으로 정하는 기준에 적합한 가정에 보호대상아동을 일정 기간 위탁하는 것"을 말한다. 청소년복지지원법의 청소년복지시설 중에 청소년쉼터의 기능은 가정위탁과 유사하지만 청소년쉼터는 청소년의 상황을 판단 기준으로 삼는다는 점과 가정 · 학교 · 사회로 복귀를 지향하는 점이 차이가 있다.

5) 아동학대(제7호) 및 아동학대 관련 범죄(제7의2호)와 피해아동(제8호)

아동학대는 "보호자를 포함한 성인이 아동의 건강 또는 복지를 해치거나 정상적 발달을 저해할 수 있는 신체적 · 정신적 · 성적 폭력이나 가혹행위를 하는 것과 아동의 보호자가 아동을 유기하거나 방임하는 것"을 말한다(제7호).

아동학대와 유사한 개념으로는 청소년보호법 제2조의 "청소년폭력 · 학대"가 있다. 청소년폭력 · 학대란 "폭력이나 학대를 통하여 청소년에게 신체적 · 정신적 피해를 발생하게 하는 행위"를 말한다. 청소년폭력 · 학대는 아동복지법의 아동학대와는 달리 처벌이나 각종 조치와 같은 법적 강제력이 거의 없다. 청소년폭력 · 학대는 청소년보호법으로 처벌 등 조치가 어렵고, 아동학대에 해당하는 경우에 아동복지법 및 아동학대처벌법을 통해서, 성폭력에 해당하는 경우에 청소년성보호법이나 성폭력처벌법 등으로 처벌을 할 수 있다. 즉 9세에서 18세 미만 청소년의 경우에는 아동복지법이나 아동학대처벌법의 아동학대 관련 규정을 통해서 보호를 받을 수 있다.

아동학대관련범죄란 "가. 아동학대범죄의 처벌 등에 관한 특례법 제2조 제4호에 따른 아동학대관련범죄, 나. 아동에 대한 형법 제2편제24장 살인의 죄 중 제250조부터 제255조까지의 죄"를 말한다(제7의2호). 이들 범죄에는 형법상 범죄뿐 아니라 아동복지법상 아동학대에 관한 범죄가 모두 포함된다.

피해아동이란 "아동학대로 피해를 입은 아동"을 말한다(제8호).

1.3 아동복지정책의 수립과 추진

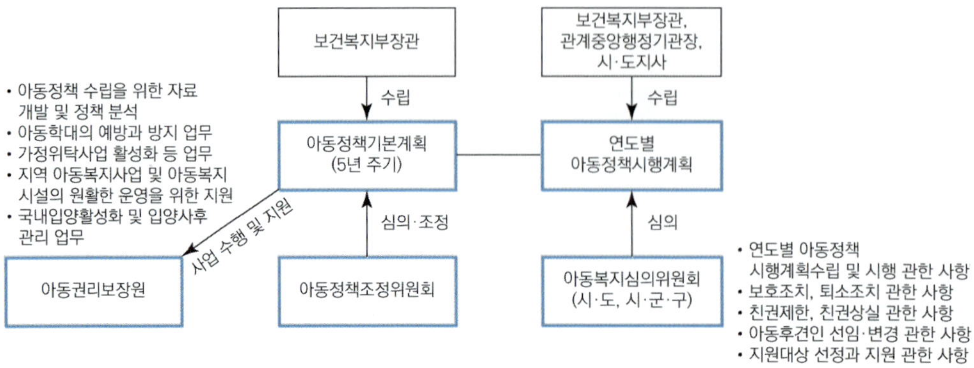

그림 6.2 **아동복지 정책의 수립과 추진체계**

아동복지정책의 근간은 5년마다 수립되는 아동정책기본계획과 매년 수립되는 연도별 아동정책시행계획이다. 이들 계획의 심의는 아동정책조정위원회와 아동복지심의위원회가 맡고 있다. 아동권리보장원은 아동정책 수립을 위한 자료 개발 및 정책분석을 맡고 있으며, 아동학대 예방 사업, 가정위탁사업, 입양사업 등을 수행하고 있다.

1) 아동정책기본계획(제7조)

보건복지부장관은 아동정책의 효율적인 추진을 위하여 5년마다 아동정책기본계획은 수립하여야 한다(제7조). 아동정책기본계획은 아동복지정책의 전체적인 방향성과 사업을 결정하는 중심 정책이다. 보건복지부장관·관계중앙행정기관장, 시·도지사는 아동정책기본계획을 기반으로 연도별 아동정책시행계획을 수립하고 시행한다(제8조).

2) 아동정책조정위원회(제10조)

아동정책조정위원회는 종합적인 아동정책을 수립하고 관계부처의 의견을 조정하며, 그 정책의 이행을 감독하고 평가하기 위하여 국무총리 소속으로 설치하는 위원회이다(제10조). 아동정책조정위원회의 기능은 아래와 같다.

아동정책조정위원회의 기능
1. 기본계획의 수립에 관한 사항 2. 아동의 권익 및 복지 증진을 위한 기본방향에 관한 사항 3. 아동정책의 개선과 예산지원에 관한 사항 4. 아동 관련 국제조약의 이행 및 평가·조정에 관한 사항 5. 아동정책에 관한 관련 부처 간 협조에 관한 사항 6. 그 밖에 위원장이 부의하는 사항

3) 아동권리보장원(제10조의2)

아동권리보장원(제10조의2)은 아동정책에 대한 종합적인 수행과 아동복지 관련 사업의 효과적인 추진을 위하여 필요한 정책의 수립을 지원하고 사업평가 등의 업무를 수행한다. 아동권리보장원은 아동복지 정책 수행기관으로의 성격을 가진다. 아동권리보장원의 주요 기능은 아래와 같다.

아동권리보장원의 주요 기능
1. 아동정책 수립을 위한 자료 개발 및 정책 분석 2. 아동정책 기본계획 수립 및 시행계획 평가 지원 3. 아동정책조정위원회 운영 지원 4. 아동정책영향평가 지원 5. 아동보호서비스에 대한 기술지원 6. 아동학대의 예방과 방지를 위한 업무 7. 가정위탁사업 활성화 등을 위한 업무 8. 지역 아동복지사업 및 아동복지시설의 원활한 운영을 위한 지원 9. 「입양특례법」에 따른 국내입양 활성화 및 입양 사후관리를 위한 업무 10. 기타 위탁 업무

4) 아동복지심의위원회(제12조)

아동복지심의위원회(제12조)는 시 · 도지사, 시장 · 군수 · 구청장이 아동복지기본정책의 시행계획 수립 및 시행에 관한 사항, 보호조치 · 퇴소조치 등 아동보호서비스, 아동지원서비스 관련 사항을 심의하기 위하여 설치한다. 아동복지심의위원회의 심의사항은 아래와 같다.

아동복지심의위원회 심의사항
1. 연도별 아동정책 시행계획 수립 및 시행에 관한 사항 2. 제15조에 따른 보호조치에 관한 사항 3. 제16조에 따른 퇴소조치에 관한 사항 4. 제16조의3에 따른 보호기간의 연장 및 보호조치의 종료에 관한 사항 5. 제18조에 따른 친권행사의 제한이나 친권상실 선고 청구에 관한 사항 6. 제19조에 따른 아동의 후견인의 선임이나 변경 청구에 관한 사항 7. 지원대상아동의 선정과 그 지원에 관한 사항 8. 그 밖에 아동의 보호 및 지원서비스를 위하여 시 · 도지사 또는 시장 · 군수 · 구청장이 필요하다고 인정하는 사항

5) 아동복지전담공무원과 아동위원

아동복지전담공무원(제13조)은 아동복지에 관한 업무를 담당하기 위하여 시 · 도, 시 · 군 · 구에 두는 공무원(제1항)으로 사회복지사의 자격을 가진 사람으로 임용한다(제2항). 아동복지전담공무원의 업무는 다음과 같다.

아동복지전담공무원의 업무(제13조 제4항)
아동에 대한 상담 및 보호조치 가정환경에 대한 조사 아동복지시설에 대한 지도 · 감독 아동범죄 예방을 위한 현장확인 및 지도 · 감독 등 지역 단위에서 아동의 복지증진

아동위원(제14조)은 그 관할 구역의 아동에 대하여 항상 그 생활상태 및 가정환경을 상세히 파악하고 아동복지에 필요한 원조와 지도를 수행하기 위하여 시 · 군 · 구에 둔다(제1항, 제2항). 아동위원은 명예직으로 하며, 수당을 지급 받을 수 있다(제4항).

1.4 아동에 대한 보호서비스 및 아동학대의 예방 및 방지

1) 보호조치(제15조)

아동이 보호자가 없거나 보호자로부터 이탈, 보호자의 아동학대 등으로 아동을 양육하기 적당하지 않거나 양육할 능력이 없을 때 아동을 보호하기 위하여 내려지는 조치이다. 간단히 말하면, 보호조치는 아동에 대한 보호자의 기능이 약하거나 상실된 경우에 내려지는 조치이다.

시 · 도지사, 시 · 군 · 구청장은 그 관할 구역에서 보호대상아동을 발견하거나 보호자의 의뢰를 받은 때에는 아동의 최상의 이익을 위하여 대통령령으로 정하는 바에 따라 상담, 가정위탁, 아동복지시설입소 등 해당하는 보호조치를 하여야 한다(제1항). 보호조치의 종류는 아래를 참고하면 된다. 제3호에서 제6호까지의 보호조치를 하기 전에는 보호대상아동에 대한 상담, 건강검진, 심리검사, 가정환경에 대한 조사를 실시하여야 한다(제3항).

보호조치의 종류(제15조 제1항)
1. 전담공무원, 민간전문인력 또는 아동위원에게 보호대상아동 또는 그 보호자에 대한 상담 · 지도를 수행하게 하는 것
2. 「민법」 제777조제1호 및 제2호에 따른 친족에 해당하는 사람의 가정에서 보호 · 양육할 수 있도록 조치하는 것
3. 보호대상아동을 적합한 유형의 가정에 위탁하여 보호 · 양육할 수 있도록 조치하는 것
4. 보호대상아동을 그 보호조치에 적합한 아동복지시설에 입소시키는 것
5. 약물 및 알콜 중독, 정서 · 행동 · 발달 장애, 성폭력 · 아동학대 피해 등으로 특수한 치료나 요양 등의 보호를 필요로 하는 아동을 전문치료기관 또는 요양소에 입원 또는 입소시키는 것
6. 「입양특례법」에 따른 입양과 관련하여 필요한 조치를 하는 것

시 · 도지사, 시 · 군 · 구청장은 제3호에서 제6호까지의 보호조치를 할 때까지 필요하면 아동일시보호시설 또는 학대피해아동쉼터에 보호대상아동을 입소시켜 보호하거나, 적합한 위탁가정 또는 적당하다고 인정하는 자에게 일시 위탁보호를 하게할 수 있다(제6항).

2) 금지행위(제17조)

누구든지 아래에 해당하는 행위를 하여서는 아니 된다(제17조).

금지행위(제17조)
1. 아동을 매매하는 행위
2. 아동에게 음란한 행위를 시키거나 이를 매개하는 행위 또는 아동에게 성적 수치심을 주는 성희롱 등의 성적 학대행위
3. 아동의 신체에 손상을 주거나 신체의 건강 및 발달을 해치는 신체적 학대행위
4. 삭제 〈2014. 1. 28.〉
5. 아동의 정신건강 및 발달에 해를 끼치는 정서적 학대행위
6. 자신의 보호 · 감독을 받는 아동을 유기하거나 의식주를 포함한 기본적 보호 · 양육 · 치료 및 교육을 소홀히 하는 방임행위
7. 장애를 가진 아동을 공중에 관람시키는 행위
8. 아동에게 구걸을 시키거나 아동을 이용하여 구걸하는 행위
9. 공중의 오락 또는 흥행을 목적으로 아동의 건강 또는 안전에 유해한 곡예를 시키는 행위 또는 이를 위하여 아동을 제3자에게 인도하는 행위
10. 정당한 권한을 가진 알선기관 외의 자가 아동의 양육을 알선하고 금품을 취득하거나 금품을 요구 또는 약속하는 행위
11. 아동을 위하여 증여 또는 급여된 금품을 그 목적 외의 용도로 사용하는 행위

3) 피해아동보호계획 수립(제22조의4)

시 · 도지사 또는 시장 · 군수 · 구청장은 피해아동에 대한 조사를 한 후 다음 각 호의 사항이 포함된 피해아동보호계획을 수립하고 그 계획을 아동보호전문기관의 장에게 통보하여야 한다(제1항).

피해아동보호계획 포함사항(제22조의4)
1. 피해아동에 대한 제15조 제1항에 따른 보호조치 여부 2. 아동학대행위에 대한 고발 여부 등 아동학대행위에 대한 개입 방향 및 절차 3. 피해아동 및 그 가족에 대한 지원 여부 4. 그 밖에 대통령령으로 정하는 사항

보호계획을 통보받은 아동보호전문기관의 장은 아동학대 재발 가능성 등 위험도를 고려하여 피해아동 및 그 가족, 아동학대행위자를 대상으로 치료·교육·상담 프로그램 등이 포함된 피해아동사례관리계획을 수립하여 시행하여야 한다(제4항). 아동보호전문기관의 장은 사례관리계획에 따라 서비스를 제공한 후 그 결과를 시·도지사 또는 시장·군수·구청장에게 보고하여야 한다(제5항).

4) 아동학대사례전문위원회(제22조의5)

아동학대사례전문위원회는 보건복지부장관이 제22조의4 제2항에 따른 자문을 위하여 설치한다(제1항). 사례전문위원회에 참석한 사람은 업무상 알게 된 비밀을 누설하거나 이를 이용하여 부당한 이익을 취하여서는 아니 된다(제2항).

5) 아동학대전담의료기관(제29조의7)

아동학대전담의료기관은 시·도지사 및 시장·군수·구청장이 국·공립병원, 보건소 또는 민간의료기관을 피해아동의 치료를 위하여 지정한 의료기관이다. 아동학대전담의료기관은 시·도지사 또는 시장·군수·구청장, 피해아동·가족·친족, 보장원의 장, 아동보호전문기관 또는 아동복지시설의 장, 경찰관서의 장, 판사 또는 가정법원 등의 요청이 있는 경우, 피해아동에 대하여 아동학대피해에 대한 상담, 신체적·정신적 치료, 그 밖에 대통령령으로 정하는 의료에 관한 사항 등의 조치를 하여야 한다.

아동보호전문기관(제45조)

아동보호전문기관은 학대받은 아동의 치료, 아동학대의 재발 방지 등 사례관리 및 아동학대예방을 담당하는 기관으로 지방자치단체가 설치하며, 시·도, 시·군·구에 1개소 이상 두어야 한다. 아동의 수나 지리적 요건을 고려하여 조례에 따라 둘 이상의 시·군·구를 통합하여 하나의 아동보호전문기관을 설치·운영할 수 있다.

아동보호전문기관의 업무(제46조)
- 피해아동, 피해아동의 가족 및 아동학대행위자를 위한 상담·치료 및 교육 - 아동학대예방 교육 및 홍보 - 피해아동 가정의 사후관리 - 그 밖에 대통령령으로 정하는 아동학대예방사업과 관련된 업무

1.5 아동에 대한 지원서비스

아동에 대한 지원서비스는 크게 안전 및 건강지원, 취약계층아동 통합서비스 지원과 자립지원으로 나눌 수 있다.

1) 안전 및 건강지원

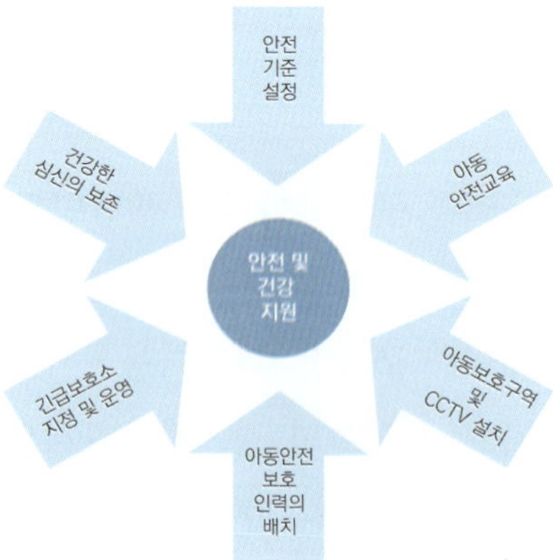

그림 6.3 **아동 안전 및 건강지원**

안전 및 건강지원으로는 1) 국가의 아동복지시설과 아동용품에 대한 안전기준 설정(제30조), 2) 아동의 안전에 대한 교육(제31조), 3) 범죄위험으로 아동을 보호하기 위한 아동보호구역 설정과 순찰 및 아동지도, 영상정보기기(CCTV) 설치(제32조), 4) 실종 및 유괴 등 아동에 대한 범죄 예방을 위한 아동안전 보호인력의 배치(제33조), 5) 유괴 등의 위험을 처한 하동을 위한 아동긴급보호소 지정 및 운영(제34조), 6) 예방접종, 정신건강 상담, 급식, 비만방지 등의 지원(제35조) 등이 있다.

건강한 심신 보존을 위한 지원서비스(시행령 제35조)
1. 신체적 건강 증진에 관한 사항: 예방접종, 건강검진 및 건강교육 서비스 2. 정신적 건강 증진에 관한 사항: 정신건강 관련 검진, 상담 및 교육 서비스 3. 결식예방 및 영양개선에 관한 사항: 급식지원, 식습관 개선, 영양 교육 · 관리 서비스 4. 체력 및 여가 증진에 관한 사항: 비만 방지, 기초체력 측정, 신체활동 증진 및 체험활동 지원 서비스

이와 관련하여 보건소는 1) 아동의 전염병 예방조치, 2) 아동의 건강상담, 신체검사와 보건위생에 관한 지도, 3) 아동이 영양개선 등의 업무를 수행한다.

2) 취약계층아동 통합지원서비스(제37조)

국가와 지방자치단체는 아동의 건강한 성장과 발달을 도모하기 위하여 대통령령으로 정하는 바에 따라 아동의 성장 및 복지 여건이 취약한 가정을 선정하여 그 가정의 지원대상아동과 가족을 대상으로 보건, 복지, 보호, 교육, 치료 등을 종합적으로 지원하는 통합서비스를 실시한다(제1항).

통합서비스의 내용은 건강검진 및 질병예방교육 등 건강증진서비스, 아동의 기초학습 및 사회성 · 정서 발달 교육 지원, 부모의 양육지도, 그 밖에 아동의 성장과 발달을 위해 필요한 서비스 등이다(시행령 제37조).

취약계층아동 통합지원서비스(제37조)
1. 신체적 건강 증진에 관한 사항: 예방접종, 건강검진 및 건강교육 서비스 2. 정신적 건강 증진에 관한 사항: 정신건강 관련 검진, 상담 및 교육 서비스 3. 결식예방 및 영양개선에 관한 사항: 급식지원, 식습관 개선, 영양 교육 · 관리 서비스 4. 체력 및 여가 증진에 관한 사항: 비만 방지, 기초체력 측정, 신체활동 증진 및 체험활동 지원 서비스

지원 대상이 되는 취약계층아동은 국민기초생활 보장법에 따른 수급자 또는 차상위계층 가정이나 그 밖에 보건복지부장관이 정하는 아동의 성장 및 복지 여건이 취약한 가정의 아동 중에서 보건복지부장관이 선정한다.

3) 자립지원(제38조)

국가와 지방자치단체는 보호대상아동의 위탁보호 종료 또는 아동복지시설 퇴소 이후의 자립을 지원하기 위하여 주거 · 생활 · 교육 · 취업 등의 지원, 자산의 형성 및 관리 지원, 자립에 대한 실태조사 연구, 사후관리체계 구축 및 운영, 그 밖에 자립지원에 필요하다고 대통령령으로 정하는 조치를 시행하여야 한다(제1항).

자립지원 대상 아동은 가정위탁보호 중인 아동, 아동복지시설에서 보호 중인 아동, 법 제16조에 따라 보호조치가 종료되거나 해당시설에서 퇴소한 지 5년이 지나지 아니한 아동이다.

자립지원(제38조 제1항)

1. 자립에 필요한 주거 · 생활 · 교육 · 취업 등의 지원
2. 자립에 필요한 자산의 형성 및 관리 지원(이하 "자산형성지원"이라 한다)
3. 자립에 관한 실태조사 및 연구
4. 사후관리체계 구축 및 운영
5. 그 밖에 자립지원에 필요하다고 대통령령으로 정하는 사항

시행령 제38조

1. 자립생활 역량 강화를 위한 프로그램 개발 및 운영
2. 아동복지시설(법 제52조제1항제1호 및 제3호부터 제5호까지의 시설만 해당한다) 및 가정위탁지원센터의 종사자에 대한 자립지원 관련 교육
3. 주거비 등을 지원하기 위한 자립정착금의 지급
4. 생활비 등을 지원하기 위한 자립수당의 정기적인 지급

4) 아동자립지원추진협의회(제41조)

보건복지부장관은 지원대상아동의 자립지원 정책을 효율적으로 수행하기 위하여 관계 행정기관의 공무원으로 구성되는 아동자립지원추진협의회를 둘 수 있다(제1항). 아동자립지원추진협의회의 위원장은 보건복지부 고위공무원 중에서, 위원은 국무조정실, 기획재정부, 교육부, 과학기술정보통신부, 행정안전부, 산업통상자원부, 보건복지부, 고용노동부, 여성가족부, 국토교통부, 방송통신위원회 공무원 중에서 지명된다(시행령 제39조 제2항).

협의회의 협의 조정 사항은 1) 아동의 자립에 필요한 주거 · 생활 · 취업 · 교

육 지원에 관한 사항, 2) 그 밖에 협의회의 위원장이 아동의 자립과 관련하여 협의가 필요하다고 인정하는 사항이다(시행령 제39조 제3항).

5) 다함께돌봄센터(제44조의2)

시·도지사 및 시장·군수·구청장은 초등학교의 정규교육 이외의 시간 동안 아동의 보호, 급식 제공, 돌봄서비스 제공, 체험활동 프로그램 제공 등을 실시하기 위하여 다함께돌봄센터를 설치·운영할 수 있다(제1항). 다함께돌봄센터는 6세에서 12세(초등학생) 아동에게 돌봄서비스를 제공하는 사업으로 2020년 현재 424개소가 설치 운영되고 있다(아동권리보장원, 2021). 아동권리보장원(2021)에 의하면 다함께돌봄센터는 청소년방과후아카데미, 지역아동센터와 함께 온종일돌봄 체계 중 마을돌봄의 일환이다.

다함께돌봄센터의 돌봄서비스(제44조의2)
1. 아동의 안전한 보호 2. 안전하고 균형 있는 급식 및 간식의 제공 3. 등·하교 전후, 야간 또는 긴급상황 발생 시 돌봄서비스 제공 4. 체험활동 등 교육·문화·예술·체육 프로그램의 연계·제공 5. 돌봄 상담, 관련 정보의 제공 및 서비스의 연계 6. 그 밖에 보건복지부령으로 정하는 방과 후 돌봄서비스의 제공

다함께돌봄센터와 지역아동센터, 청소년방과후아카데미는 대상과 이용료 등에서 표 6.1과 같이 차이를 보인다.

표 6.1 다함께돌봄센터, 지역아동센터, 청소년방과후아카데미 비교

명칭	다함께돌봄센터	지역아동센터	청소년 방과후아카데미
대상	돌봄이 필요한 6~12세 아동 (소득 무관, 지역 따라 우선순위 설정 가능)	18세 미만 초등학교 중학교 재학 중 아동 (학교 밖 청소년 포함) -돌봄취약아동(80% 이상) -일반아동	초등 4학년 ~ 중등3학년 (우선순위지원대상, 기타지원대상)
이용료	1인당 10만 원 한도	무료	무료
근거	아동복지법 제52조제8호	아동복지법 제44조의2	청소년기본법 제48조의2

1.6 아동복지시설(제50조)

아동복지시설은 총 11개의 시설이 아동복지법 제50조에 규정되어 있다. 시설의 종류와 기능은 표 6.2와 같다.

표 6.2 아동복지시설의 종류와 기능(제50조)

명칭	기능
아동양육시설	보호대상아동을 입소시켜 보호, 양육 및 취업훈련, 자립지원 서비스 등을 제공하는 것을 목적으로 하는 시설
아동일시보호시설	보호대상아동을 일시보호하고 아동에 대한 향후의 양육대책수립 및 보호조치를 행하는 것을 목적으로 하는 시설
아동보호치료시설	아동에게 보호 및 치료 서비스를 제공하는 시설
공동생활가정	보호대상아동에게 가정과 같은 주거여건과 보호, 양육, 자립지원 서비스를 제공하는 것을 목적으로 하는 시설
자립지원시설	아동복지시설에서 퇴소한 사람에게 취업준비기간 또는 취업 후 일정 기간 동안 보호함으로써 자립을 지원하는 것을 목적으로 하는 시설
아동상담소	아동과 그 가족의 문제에 관한 상담, 치료, 예방 및 연구 등을 목적으로 하는 시설
아동전용시설	어린이공원, 어린이놀이터, 아동회관, 체육 · 연극 · 영화 · 과학실험전시 시설, 아동휴게숙박시설, 야영장 등 아동에게 건전한 놀이 · 오락, 그 밖의 각종 편의를 제공하여 심신의 건강유지와 복지증진에 필요한 서비스를 제공하는 것을 목적으로 하는 시설
지역아동센터	지역사회 아동의 보호 · 교육, 건전한 놀이와 오락의 제공, 보호자와 지역사회의 연계 등 아동의 건전육성을 위하여 종합적인 아동복지서비스를 제공하는 시설
아동보호전문기관	학대받은 아동의 치료, 아동학대의 재발 방지 등 사례관리 및 아동학대예방을 담당하는 시설
가정위탁센터	보호대상아동에 대한 가정위탁사업을 활성화하기 위한 시설
아동권리보장원	아동정책에 대한 종합적인 수행과 아동복지 관련 사업의 효과적인 추진을 위하여 필요한 정책의 수립을 지원하고 사업평가 등의 업무를 수행하는 시설
학대피해아동쉼터*	시장 · 군수 · 구청장이 공동생활가정 중에서 지정하며, 피해아동에 대한 보호, 치료, 양육서비스 등을 제공하는 시설

* 학대피해아동쉼터는 제53조의2에 근거조항이 있음

2. 근로기준법과 관련법

2.1 근로기준법 의의

1) 근로기준법의 의의

현실에서 근로 청소년은 약자인 경우가 많다. 청소년종합실태조사(여성가족부, 2021)에 의하면, 근로 청소년의 경우, 근로계약서 미작성 경험이 32%로 나타났고, 사회보험 미가입이나 과도한 초과근무도 경험하고 있는 것으로 나타났다.

근로기준법

청소년의 근로자로서 권리보장은 일차적으로 근로기준법에 의한다. 청소년기본법상의 근로 청소년보호 규정은 근로기준법 등 노동관계법의 근로 청소년보호가 잘되도록 도와주는 역할을 수행한다.

근로기준법은 근로에 관한 기본적인 사항인 근로계약, 임금, 근로시간과 휴식, 여성과 소년, 안전과 보건, 직장 내 괴롭힘의 금지, 재해보상, 취업규칙 등을 담고 있다. 근로 청소년의 보호도 근로기준법을 기반으로 이루어진다.

청소년기본법 상의 지원과 노동관계법과의 관계

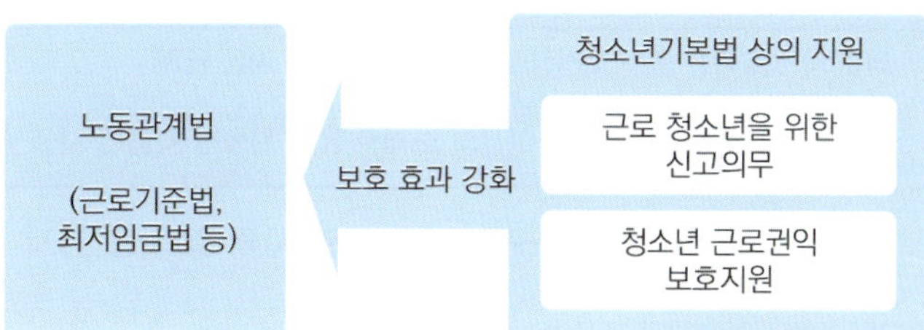

그림 6.4 청소년기본법상의 지원과 노동관계법과의 관계

2) 근로기준법의 적용범위

근로기준법은 모든 근로에 다 적용되는 것이 아니라 상시 5명 이상의 근로자를 사용하는 사업장에 적용된다. 동거하는 친족만을 사용하는 사업 또는 사업장과 가사 사용인에 대해서는 적용하지 아니한다(제11조). 상시 4명 이하의 근로자를 사용하는 사업 또는 사업장의 경우에는 대통령령에 따라 일부 규정만 적용된다.

2.2 청소년의 근로

근로기준법에 따르면 청소년은 연령에 따라 근로가 제한된다. 이는 헌법 제32조 제5항에 규정된 연소자 근로 보호를 실현하고자 하는 것이다. 이는 과거 아동을 대상으로 한 노동착취가 벌어졌던 산업혁명 및 근대화 당시의 사회현실을 바탕으로 한다(박찬영, 2016).

18세 미만은 취업 시, 연소자증명서 필요
1) 연령을 증명하는 가족관계증명서
2) 친권자 또는 후견인 동의서
} 사업장 비치

13세 이상 15세 미만 - 취직인허증

18세 미만 자는 도덕상 또는 보건상 유해·위험한 사업에 사용 금지

임산부가 아닌 18세 이상인 여성의 보건상 유해 위험한 사업에 사용 금지

그림 6.5 18세 미만 청소년의 근로 관련 서류 및 사용 금지

1) 연소자 증명서(제66조)

사용자는 18세 미만인 청소년을 사용할 때는 청소년의 연령을 증명할 수 있는 가족관계기록 사항에 관한 증명서(가족관계증명서)와 친권자 또는 후견인의 동의서를 사업장에 두어야 한다.

2) 최저 연령과 취직인허증(제64조)

사용자[2]는 15세 미만인 청소년을 근로자로 사용할 수 없다. 중학교에 재학 중인 18세 미만의 청소년도 15세 미만인 사람과 동일하게 근로자로 사용할 수 없다. 사용자는 고용노동부장관이 발급한 취직인허증을 지닌 15세 미만 청소년을 근로자로 사용할 수 있다(제1조).

취직인허증 발급기준(시행령 제35조 제1항)
1. 취직인허증 발급 대상자 - 13세 이상 15세 미만인 자 - 예술공연 참가를 위한 경우는 13세 미만이라도 취직인허증 발급 가능 2. 발급 신청은 학교장, 친권자 또는 후견인의 서명을 받아 사용자가 될 자와 연명(連名)으로 하여야 함

3) 유해 · 위험한 사업 사용 금지(제65조)

18세 미만인 청소년은 도덕상 또는 보건상 유해 · 위험한 사업에 사용하지 못한다(제1항). 임신부가 아닌 18세 이상 여성은 18세 미만이 아님에도 불구하고 보건상 유해 · 위험한 사업에 사용이 금지된다. 즉 18세 이상 여성청소년은 보건상 유해 · 위험한 사업에 사용이 금지된다.

4) 근로계약(제67조)

친권자나 후견인은 미성년자의 근로계약을 대리할 수 없다(제1항). 이는 친권자나 후견인의 미성년자 청소년에 대한 착취를 예방하기 위한 조항이다. 이때 미성년자는 19세 미만을 의미한다. 친권자나 후견인 또는 고용노동부장관은 근로계약이 미성년자에게 불리하다고 인정하는 경우에 이를 해지할 수 있다(제2항).

사용자는 18세 미만인 사람과 근로계약을 체결하는 경우에는 법 제17조의 근로조건을 서면(전자문서 포함)으로 명시하여 교부하여야 한다(제3항). 즉 청소년에게

2) 사용자란 법 제2조 제3호에 의하여 "사업주 또는 사업 경영 담당자, 그 밖에 근로자에 관한 사항에 대하여 사업주를 위하여 행위하는 자"로 정의된다. 사장, 점주 등이 사용자이다.

근로계약서를 교부하지 않으면 근로기준법 위반이다. 근로계약서는 청소년의 근로 시 피해를 줄이기 위해 매우 중요하다.

근로계약서에 포함되어야 하는 사항
1. 임금 2. 소정근로시간 3. 제55조에 따른 휴일 4. 제60조에 따른 연차 유급휴가 5. 그 밖에 대통령령으로 정하는 근로조건

5) 임금

최저임금법

미성년자는 독자적으로 임금을 청구할 수 있다(제68조). 이는 청소년의 노동을 친권자나 후견인 등이 중간에서 착취하는 것을 금지하기 위한 조항이다.

청소년의 근로에도 최저임금이 적용된다(최저임금법 제3조). 종업원이 단 1명만 있어도 최저임금법은 적용된다. 다만 동거하는 친족만을 사용하는 사업과 가사 사용인에게는 최저임금이 적용되지 않는다. 최저임금은 최저임금위원회의 심의를 거쳐 고용노동부장관이 정한다(최저임금법 제4조 제2항). 2021년 최저임금은 8,720원이며(고용노동부고시 제2020-110호), 모든 산업에 적용된다. 임금의 지급은 통화 즉 돈으로 직접 근로자에게 그 전액을 지급하여야 한다(제43조). 2022년 최저임금은 9,160원이다.

6) 근로시간과 야간근로와 휴일근로의 제한

청소년의 과다한 노동은 청소년의 성장·발달에 악영향을 끼친다. 근로기준법은 성인의 근로시간을 엄격하게 규제하고 있으며, 청소년은 보다 강화한 근로시간 규정을 적용하고 있다. 근로시간의 규제의 목적은 청소년의 성장·발달과 여성의 모성보호, 청소년과 여성의 건강이다.

15세 이상 18세 미만인 청소년의 근로시간은 1일에 7시간, 1주에 35시간을 초과할 수 없다. 다만 당사자 사이에 합의가 있으면 1일에 1시간 1주에 5시간을 한도로 연장할 수 있다(제69조).

18세 이상의 여성을 오후 10시부터 오전 6시까지의 시간 및 휴일에 근로시키려면 그 근로자의 동의를 받아야 한다(제70조 제1항). 임산부와 18세 미만자의 경우에는 오후 10시부터 오전 6시까지의 시간 및 휴일에 근로시키지 못한다. 다만, 18세 미만자의 동의가 있는 경우, 산후 1년이 지나지 아니한 여성의 동의가 있는 경우, 임신 중의 여성이 명시적으로 청구하는 경우는 고용노동부장관의 인가를 받으면 가능하다.

5인 이상 사업장에서의 연장근로와 초과근로의 경우, 통산임금의 100분의 50 이상을 가산해서 근로자에게 지급하여야 한다(제56조). 이때 청소년의 초과근무는 1일 7시간 1주 35시간을 기준으로 한다.

7) 휴게시간 및 휴가, 휴일

근로기준법은 5인 이상 사업장에는 전면 적용되지만 4인 이하 사업장에는 개별 규정만 적용된다. 특히 휴게시간이나 휴일의 경우는 사업장의 인원에 따라 적용되는 규정이 다르다.

- **휴게시간**: 사용자는 근로시간이 4시간 이상인 경우에는 30분 이상, 8시간인 경우에는 1시간 이상의 휴게시간을 근로시간 도중에 주어야 한다. 휴게시간은 근로자 자유롭게 이용할 수 있다(제54조). 근로자가 사용자의 지휘·감독하에 대기하고 있는 시간은 휴게시간이 아니라 근무시간이다(대법원 2017. 12. 5. 2014다74254 판결).
- **유급휴일**: 사용자는 근로자에게 1주에 평균 1회 이상의 유급휴일을 보장하여야 한다(제55조 제1항). 유급휴일은 1주 동안 소정근로일을 개근한 자에게 주어야 한다(시행령 제30조 제1항). 청소년이 1주일에 소정의 기간을 근무하였다면, 근무일에 대한 급여뿐만 아니라 유급휴일에 대한 급여도 받을 수 있다. 단, 4주 평균 1주 동안의 소정 근로시간이 15시간 미만인 경우에는 유급

휴가 규정은 적용되지 않는다(제18조 제3항).

아래 규정은 5인 이상 사업자에만 적용된다.

- **연차 유급휴가**: 사용자는 1년간 80% 이상 출근한 근로자에게 15일의 유급 휴가를 주어야 한다(제60조 제1항). 사용자는 계속하여 근로한 기간이 1년 미만인 근로자 또는 1년간 80% 미만 출근한 근로자에게 1개월 개근 시 1일의 유급휴가를 주어야 한다(제60조 제2항). 근로 청소년에게도 유급휴가 규정은 당연히 적용된다. 단, 4주 평균 1주 동안의 소정 근로시간이 15시간 미만인 경우에는 유급휴가 규정은 적용되지 않는다(제18조 제3항).
- **생리휴가**: 여성근로자의 경우 월 1회의 생리휴가를 청구할 수 있다(제73조). 여성근로자가 청구를 하여야 사용할 수 있고, 청구를 하면 사용자는 생리휴가를 줄 의무가 있다. 생리휴가는 무급휴가이다.
- **유급 공휴일**: 사용자는 근로자에게 공휴일 또는 대체공휴일을 유급으로 보장하여야 한다(제55조 제2항).

2.3 직장 내 괴롭힘 금지

사용자 또는 근로자는 직장에서의 지위 또는 관계 등의 우위를 이용하여 업무상 적정범위를 넘어 다른 근로자에게 신체적·정신적 고통을 주거나 근무환경을 악화시키는 행위를 하여서는 아니 된다(제76조의2). 근로 청소년이 직장 내 괴롭힘을 당하는 경우에는 직장 내 괴롭힘 금지 규정(제76조의2)과 직장 내 괴롭힘 발생 시 조치 규정(제76조의3)에 따라 보호를 받을 수 있다.

2.4 청소년근로보호센터

청소년근로보호센터는 근로청소년을 보호하기 위하여 여성가족부에서 실시하고 있는 사업이다.

청소년근로보호센터를 이용하기 위해서는 1600-1729로 평일 오전 9시에서 오후 9시(점심시간 12시~13시)까지 전화하거나, #1388을 이용하여 문자상담, 전화상담을 요청하면 된다. 청소년현장도우미(Happy Work Manager)가 청소년 근로와 관련한 정보, 피해구제 상담, 청소년 근로보호 캠페인을 진행한다.

청소년근로보호센터와 관련해서는 더 자세한 사항은 '주제 2-7'을 참고하길 바란다.

PART

V

청소년보호 관련 제도

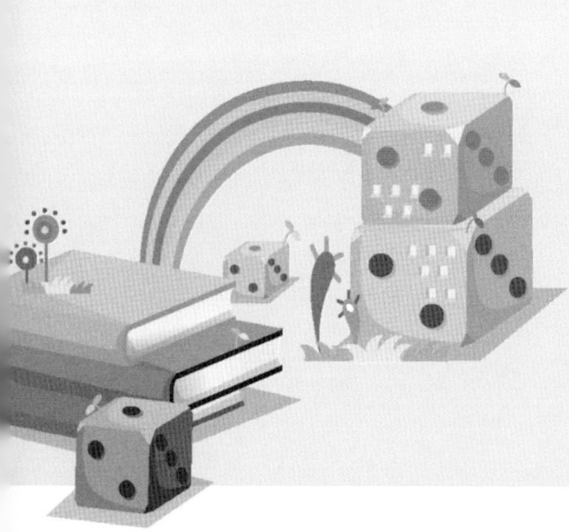

CHAPTER 07

청소년보호법

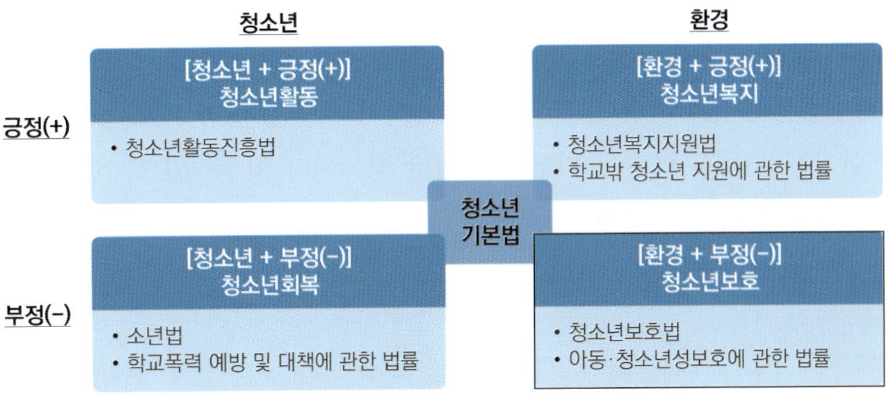

그림 7.1 **청소년보호법의 청소년육성제도상 위치**

청소년보호법은 청소년육성제도의 체계상 청소년보호에 속하는 법률로, 아동·청소년의 성보호에 관한 법률과 함께 청소년보호 영역의 중심이 되는 법률이다. 청소년보호법은 방송, 인터넷, 인쇄물, 신문, 잡지와 같은 책과 신문, 공연, 방송, 게임과 같은 매체 중 유해매체, 술·담배·마약 등 유해물질, 청소년출입·고용금지 업소와 같은 유해업소를 규제하는 방안을 담고 있다.

청소년보호법

주제 7-1 청소년보호법의 제정 배경, 연혁, 총칙

1. 청소년보호법의 제정 배경

청소년보호법은 청소년을 청소년에게 유해한 각종 환경 – 물질, 물건, 장소, 행위 – 로부터 보호하기 위한 법으로 최초로 청소년기본법에서 분리된 법이다. 청소년보호법과 유사한 법으로는 1961년 제정된 구(舊) 미성년자보호법이 있었으나, 1999년 미성년자보호법은 청소년보호법과 통합되어 폐지되었다. 청소년보호법은 청소년 성폭력 등을 제외한 청소년보호 영역 전반을 아우름과 동시에, 청소년보호를 위한 심의 · 결정 기구인 청소년보호위원회를 두는 등 미성년자보호법에 비해 진일보한 법이다.

청소년보호법은 구(舊) 미성년자보호법을 폐지하고 신설된 법으로 형식적으로는 청소년기본법 제정 이후에 최초로 독립된 법률이라 할 수 있다. 청소년보호법의 제정목적은 다음과 같다.

> 우리 사회의 자율화와 물질만능주의 경향에 따라 날로 심각해지고 있는 음란 · 폭력성의 청소년유해매체물과 유해약물 등의 청소년에 대한 유통과 유해한 업소에의 청소년출입 등을 규제함으로써, 성장과정에 있는 청소년을 각종 유해한 사회환경으로부터 보호 · 구제하고 나아가 건전한 인격체로 성장할 수 있도록 하려는 것임(법제처, 2019).

청소년보호법은 청소년을 보호하기 위한 입법이라는 긍정적 평가와 더불어서 성인의 자유를 과도하게 제한한다는 부정적 평가가 교차하는 등 지속해서 논란의 대상이 되고 있다(이용교, 1999). 청소년보호법은 사이버시대 등 환경변화에 따라서 개선해야 하는 법률로(황승흠 외, 2005) 2021년 7월 현재 43차례 개정되는 등 지속적으로 보완이 이루어지고 있다.

최근에도 청소년보호법을 둘러싼 논란은 지속되고 있다. 마이크로소프트사는 "마인크래프트" 게임의 계정을 이전·통합하면서 게임의 등급을 '12세 이상가'에서 '19세 미만 이용 불가'로 변경하였다. 마이크로소프트사의 이러한 변경이 청소년보호법 제26조 제1항의 인터넷게임 셧다운제 때문으로 알려지자 일부 네티즌은 인터넷 셧다운제 폐지를 청와대에 청원하였다[1]. 인체를 정교하게 본 딴 리얼돌의 청소년유해성 여부가 논란이 되는 가운데, 리얼돌 체험방을 청소년유해업소로 지정해달라는 학부모들과 영업의 자유라는 입장이 대립된 예도 있다(일요서울, 2021).

VR/AR, 로봇기술 등의 발달 등 환경의 변화로 인해 청소년유해환경 또한 매우 다양해지고 있으며, 국경(國境)을 넘어서서 유통되고 있다. 이러한 환경 속에서 청소년을 제대로 보호하고, 성인의 자유권에 대한 침해를 최소화하기 위해서는 청소년보호법을 이해하고 환경 변화에 맞게 수정·보완을 지속할 필요가 있다.

2. 청소년보호법의 연혁

(출처: 국가법령정보. 관련 정보 발췌 및 정리, 요약)

1997. 3. 7. (시행 1997.7.1, 법률 제5297호 제정) 우리 사회의 자율화와 물질만능주의 경향에 따라 날로 심각해지고 있는 음란·폭력성의 청소년유해매체물과 유해약물 등의 청소년에 대한 유통과 유해한 업소에의 청소년출입 등을 규제함으로써, 성장과정에 있는 청소년을 각종 유해한 사회환경으로부터 보호·구제하고 나아가 건전한 인격체로 성장할 수 있도록 하려는 것임. 이 법의 보호대상이 되는 청소년을 18세미만의 자로 규정함. 청소년보호위원회를 설치함.

1) 마이크로소프트나 소니와 같은 글로벌 기업들은 한국만을 별도로 게임 시간 제한을 하는 것이 어렵다고 판단하자 Xbox나 Sony Playstation 관련한 계정 가입을 19세 이상으로 제한하여, 인터넷 게임 셧다운 위반의 소지를 원천적으로 차단하고자 하였다.

1999. 2. 5. (시행 1999.7.1, 법률 제5817호) 청소년을 각종 유해행위로부터 보호하기 위하여 9가지 청소년유해행위를 금지하고 이에 대한 처벌규정을 새로 규정. 청소년보호법과 중복되는 미성년자보호법을 폐지하고 미성년자보호법에 규정되어 있던 청소년보호 관련규정을 통합하여 규정.

2001. 5. 24. (시행 2001.8.25, 법률 제6479호) 청소년 연령에 단서 조항인 "다만, 만 19세에 도달하는 해의 1월 1일을 맞이한 자를 제외한다."를 신설함. 청소년유해업소 업주가 종업원 고용 시에 연령을 확인하도록 함.

2004. 1. 29. (시행 2004.4.30, 법률 제7161호) 청소년에게 유해한 내용이 일간신문에 게재되는 사례가 있어 매체에서 제외되는 일간신문의 범위를 축소함. 주로 다류를 제공하는 업소에서 청소년의 영업장을 벗어난 다류 배달 행위 금지. 청소년유해행위와 관련한 청소년대상 채권 무효화 규정.

2005. 3. 24. (시행 2005.4.27, 법률 제7423호) "청소년보호법"의 청소년보호위원회에 관한 규정을 삭제(참고: 이후 2008년 2월 29일 개정을 통해서 다시 청소년보호위원회 부활됨).

2005. 12. 29. (시행 2006.3.30, 법률 제7800호) 친권자 등은 필요한 경우 청소년보호와 관련된 상담기관 및 단체 등에 상담하도록 가정의 역할과 책임을 강화함. 시장 · 군수 또는 구청장은 청소년보호 등의 규정에 위반하는 행위의 원인을 제공한 청소년에 대하여는 친권자 등에게 그 사실을 통보하도록 의무화함.

2008. 2. 29. (시행 2008.2.29, 법률 제8877호) 「청소년기본법」상의 국가청소년위원회 설치근거가 삭제됨에 따라 유해환경으로부터 청소년을 보호하기 위한 청소년유해매체물, 청소년유해약물, 청소년유해물건, 청소년유해업소 등의 심의 · 의결 등에 관한 업무를 수행할 수 있도록 하기 위하여 청소년보호위원회를 설치함.

2011. 5. 19.(시행 2011.11.20, 법률 제10659호) 심야시간대에는 청소년에게 인터넷게임을 제공할 수 없도록 하는 등 청소년의 인터넷게임 중독을 예방하려함.[2)]

2011. 7. 28. (시행 2012.1.29, 법률 제10980호) 매체물의 제작 · 발행자 또는 유

2) 인터넷 게임 셧다운제 신설

통행위자는 청소년보호위원회의 심의 · 결정에 대해 이견이 있는 경우 청소년보호위원회에 재심의를 청구할 수 있도록 함.

2011. 9. 15. (시행 2013.5.20, 법률 제11048호 전부개정) 청소년유해업소의 범위를 확대하고, 청소년유해매체물의 판매나 대여 등을 할 때에는 본인 여부를 확인하도록 함. 청소년유해매체물 제공자 등이 위법행위를 한 경우 그 내용 등을 공표하고, 16세 미만 청소년이 인터넷게임의 회원으로 가입할 때에는 친권자의 동의를 받도록 함. 청소년에게 청소년유해약물등을 제공하는 것을 금지함. 유해매체물의 오 · 남용의 예방 및 피해 해소, 청소년유해약물 피해 예방 및 치료 · 재활 등의 사업 근거를 규정함.

2012. 1. 17. (시행 2012.4.18, 법률 제11179호) 음반심의위원회 등 유해매체물 심의 분과위원회에 대한 설치 근거를 법률에 명시하고, 유해매체물 재심의 기간을 30일로 단축함.

2013. 3. 22. (시행 2013.9.23, 법률 제11673호) 복합영상물제공업소를 청소년의 출입 · 고용이 금지되는 업소로 추가하고, 청소년유해표시 의무자의 범위를 영화상영업자, 음반 등을 제작 · 수입 · 복제한 자, 공연을 주재(主宰)하는 자, 청소년유해약물을 제조 · 수입한 자 등으로 법률에 구체적으로 명시함.

2014. 3. 24. (시행 2014.9.25, 법률 제12534호) 청소년 출입 · 고용금지업소에 승마투표권 장외발매소와 승자투표권 장외매장을 추가하되, 경마나 경정 · 경륜이 개최되지 아니하는 날은 제외하여 청소년의 출입과 고용을 금지하도록 함. 주류, 담배를 판매 · 대여 · 배포하고자 하는 자는 그 업소에 청소년을 대상으로 주류 또는 담배의 판매 · 대여 · 배포를 금지하는 내용을 표시하도록 함

2014. 5. 28. (시행 2015.5.29, 법률 제12699호) 청소년들이 환각물질로부터 치료보호를 받을 수 있는 법적 근거를 마련함.

2015. 6. 22. (시행 2015.6.22, 법률 제13371호) 매체물의 내용정보 표시에 관한 규정을 삭제하여 「청소년 보호법」과 개별 매체물 관련법 간의 중복규제를 해소함. 또한, 환각물질 중독 전문치료기관의 장과 그 종사자 등이 직무상 알게 된 비밀을 누설하는 경우에 대한 벌금형을 상향 조정함.

2016. 3. 2. (시행 2016.3.2, 법률 제14067호) 청소년의 신분증 위조 · 변조, 도용, 강박의 방법으로 인하여 청소년유해매체물 또는 유해약물등을 판매하거나 청소년고용 및 출입제한 규정을 위반한 경우에는 그 과징금을 면제할 수 있도록 함.

2016. 12. 20. (시행 2017.6.21, 법률 제14446호) 청소년이 청소년유해약물을 접촉하는 것을 미연에 방지기 위하여 청소년유해약물과 유사한 형태의 제품으로 지속적으로 사용할 경우 청소년의 사용을 제한하지 아니하면 청소년의 청소년유해약물 이용습관을 심각하게 조장할 우려가 있는 물건을 청소년유해물건으로 지정. 무인텔 등 숙박업을 운영하는 업주에게 종사자 배치 등을 통해 출입자의 나이를 확인하고 필요한 경우에는 청소년의 출입을 제한.

2017. 12. 12. (시행 2018.3.13, 법률 제15209호) 현행은 매체물 중 '정치 · 경제 · 사회에 관한 보도 · 논평 및 여론을 전파하는 인터넷신문'을 제외하고 있으나, '보도 · 논평 및 여론을 전파하는 기사'를 매체물에서 제외하도록 함[3].

2018. 1. 16. (시행 2018.1.16, 법률 제15353호) 청소년유해약물의 판매 등을 하는 경우에도 '나이 및 본인 여부'를 확인하도록 명시.

2018. 12. 11. (시행 2018.12.11, 법률 제15913호) 경마와 경륜 · 경정의 개최 여부와 상관없이 장외발매소와 장외매장의 청소년 출입과 고용을 전면 금지. 누구든지 청소년에게 청소년유해약물 등을 구매하도록 권유 · 유인 · 강요하여서는 아니 된다는 점을 법률에 명시하고, 이를 위반하여 '영리를 목적으로' 청소년에게 청소년유해약물 등을 구매하게 한 자를 청소년유해약물을 판매한 사람과 동일한 수준인 2년 이하의 징역 또는 2천만 원 이하의 벌금에 처하도록 함.

2018. 12. 18. (시행 2018.12.18, 법률 제15987호) 당연직 위원의 임기는 그 재임기간으로 하도록 법문 표현을 명확하게 정비함으로써 법률 해석상의 혼란을 방지하려함.

---

3) 종전에는 인터넷신문 중 '주로 정치 · 경제 · 사회에 관한 보도 · 논평 및 여론을 전파하는 신문' 자체를 매체물에서 제외하여 예외를 폭넓게 인정하였으나, 개정 규정에서는 인터넷신문 자체는 포함하고 인터넷신문에서 주로 보도 · 논평 및 여론을 전파하는 기사만 제외하여 예외를 좁게 인정함.

2021. 12. 7. (시행 2022.1.1, 법률 제18550호) 인터넷게임 제공업자가 16세 미만의 청소년에게 심야시간대 인터넷게임 제공을 제한하도록 하는 '셧다운제를 폐지함. 또한 인터넷게임 중독 개념을 인터넷게임 중독 · 과몰입으로 확대하여 청소년과 그 가족에 대한 상담 · 교육 등 지원을 강화하려 함.

3. 청소년보호법의 목적(제1조)

청소년보호법은 청소년을 "건전한 인격체"로 성장할 수 있도록 하는 것을 목적으로 한다. 청소년을 둘러싼 환경이 청소년에게 중독을 일으키거나 청소년을 착취하지 못하도록 규제함과 동시에 청소년이 해를 입으면 청소년을 적극적으로 보호하고 구제해야 한다.

이러한 목적을 달성하기 위해서 청소년보호법은 크게 두 가지 방향의 수단을 가지고 있다.

첫 번째 수단은 청소년과 유해한 환경 간의 접촉을 차단하는 것이다. 차단을 위한 방법은 유통과 출입에 대한 규제이다. 유통 규제는 유해한 매체물과 약물이 청소년에게 유통되는 막는 것이고, 출입 규제는 청소년이 유해한 업소에 출입하는 것을 막는 것이다. 청소년기본법의 대부분의 조항은 유해환경이 청소년에게 접근하지 못하도록, 유해환경의 행동을 규제하는 데 초점이 맞추어져 있다.

두 번째 수단은 유해환경에 의해 피해를 입은 청소년을 치유하는 것이다. 청소년이 유해한 환경을 접촉하여 피해를 입은 경우에, 청소년의 중독을 치료하거나 재활을 진행할 필요가 있다. 청소년보호법은 이를 위하여 각종 보호대책과 함께 치료 및 보호 · 재활시설에 관한 규정을 두고 있다.

제1조(목적) 이 법은 청소년에게 유해한 매체물과 약물 등이 청소년에게 유통되는 것과 청소년이 유해한 업소에 출입하는 것 등을 규제하고 청소년을 유해한 환경으로부터 보호 · 구제함으로써 청소년이 건전한 인격체로 성장할 수 있도록 함을 목적으로 한다.

4. 청소년보호법 용어의 정의(제2조)

청소년보호법의 용어의 정의(제2조)는 청소년보호법이 미치는 영역을 규정하는 내용이기 때문에 매우 중요하다.

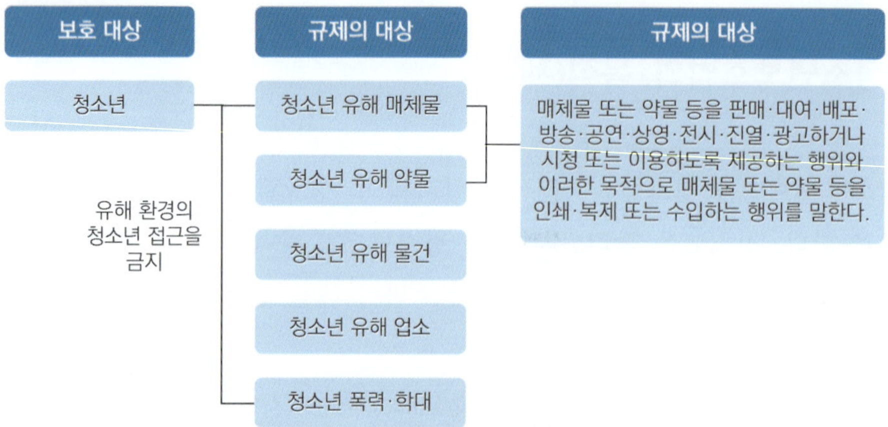

그림 7.2 **청소년보호법 용어의 개요**

4.1 청소년(제1호)

"청소년"이란 만 19세 미만인 사람을 말한다. 다만, 만 19세가 되는 해의 1월 1일을 맞이한 사람은 제외한다. 청소년기본법은 만 9세 이상에서 만 24세 이하인 사람으로 정의하여 차이가 난다. 청소년보호법의 청소년은 아동복지법의 아동(만 18세 미만)보다 약간 범위가 넓다.

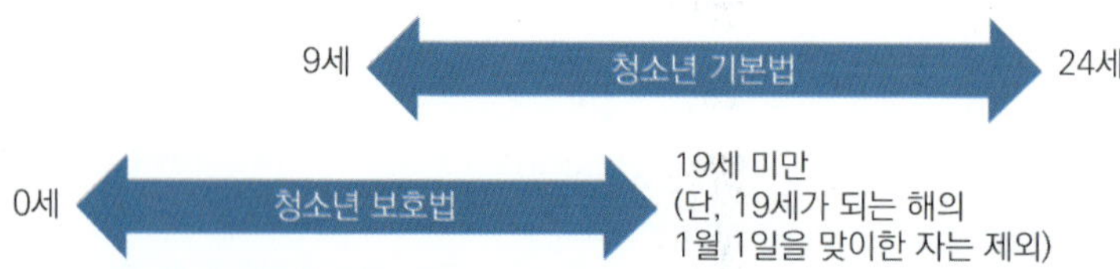

그림 7.3 **청소년보호법과 청소년기본법의 청소년 범위의 차이**

4.2 매체물(제2호)

매체물이란 우리가 흔히 말하는 미디어 혹은 콘텐츠를 말한다. 이러한 콘텐츠는 책과 신문, 공연, 방송, 게임 등 다양한 형식을 가지고 있다. 이러한 형식이 모두 매체물에 해당하는 것은 아니고, 청소년보호법 제2조 제2호에 특정된 것만 청소년보호법의 매체물이 된다.

청소년보호법은 제2조 제2호에 의해 매체물의 범위를 규정하고 있다. 영화 및 비디오물, 게임물, 음반 및 뮤직비디오, 공영, 방송, 신문, 잡지, 책, 광고물 등이 청소년보호법상 매체물의 범위에 포함된다. 통상적으로 미디어 혹은 매체라고 불리는 형태가 총망라된 형태로 규정되어 있다고 볼 수 있다.

제2조(정의) 이 법에서 사용하는 용어의 뜻은 다음과 같다.

2. "매체물"이란 다음 각 목의 어느 하나에 해당하는 것을 말한다.

가. 「영화 및 비디오물의 진흥에 관한 법률」에 따른 영화 및 비디오물

나. 「게임산업진흥에 관한 법률」에 따른 게임물

다. 「음악산업진흥에 관한 법률」에 따른 음반, 음악파일, 음악영상물 및 음악영상파일

라. 「공연법」에 따른 공연(국악공연은 제외한다)

마. 「전기통신사업법」에 따른 전기통신을 통한 부호 · 문언 · 음향 또는 영상정보

바. 「방송법」에 따른 방송프로그램(보도 방송프로그램은 제외한다)

사. 「신문 등의 진흥에 관한 법률」에 따른 일반일간신문(주로 정치 · 경제 · 사회에 관한 보도 · 논평 및 여론을 전파하는 신문은 제외한다), 특수일간신문(경제 · 산업 · 과학 · 종교 분야는 제외한다), 일반주간신문(정치 · 경제 분야는 제외한다), 특수주간신문(경제 · 산업 · 과학 · 시사 · 종교 분야는 제외한다), 인터넷신문(주로 보도 · 논평 및 여론을 전파하는 기사는 제외한다) 및 인터넷뉴스서비스

아. 「잡지 등 정기간행물의 진흥에 관한 법률」에 따른 잡지(정치 · 경제 · 사회 · 시사 · 산업 · 과학 · 종교 분야는 제외한다), 정보간행물, 전자간행물 및 그 밖의 간행물

자. 「출판문화산업 진흥법」에 따른 간행물, 전자출판물 및 외국간행물(사목 및 아목에 해당하는 매체물은 제외한다)

차. 「옥외광고물 등의 관리와 옥외광고산업 진흥에 관한 법률」에 따른 옥외광고물과 가목부터 자목까지의 매체물에 수록 · 게재 · 전시되거나 그 밖의 방법으로 포함된 상업적 광고선전물

카. 그 밖에 청소년의 정신적 · 신체적 건강을 해칠 우려가 있어 대통령령으로 정하는 매체물

4.3 청소년유해매체물

청소년유해매체물이 되기 위해서는 다음의 요건을 갖추어야 한다. 첫째, 매체물이어야 하고, 둘째, 청소년에게 유해하여야 하며, 셋째, 여성가족부 장관이 법적 요건에 따라 고시하여야 한다. 즉, 법 제2조 제3호에 해당되어야 청소년유해매체물이 된다.

청소년유해매체물은 청소년보호위원회(음반)나 간행물윤리위원회(간행물), 영상물등급위원회(영화 및 비디오), 게임물관리위원회(게임물), 방송통신심위위원회(정보통신물, 방송 프로그램) 등 매체물에 대한 심의기관, 매체물 제작자 등이 청소년유해한 것으로 결정 혹은 심의하거나 확인한 것을 여성가족부장관이 고시한 것을 말한다. 매체에 따른 심의기관 현황과 관련해서는 “주제 7-2”의 표 7.2를 참고한다.

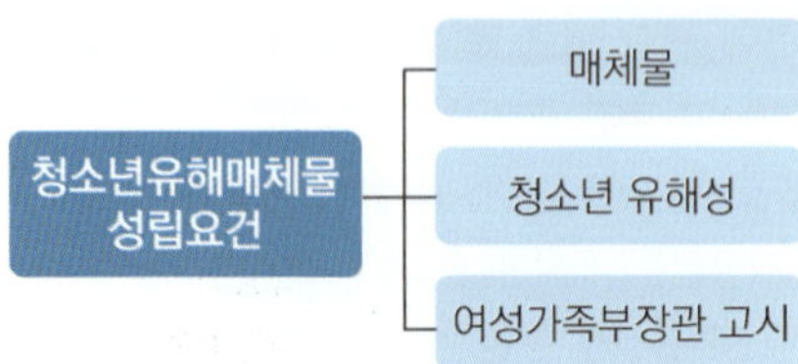

그림 7.4 **청소년유해매체물 성립요건**

제2조(정의) 이 법에서 사용하는 용어의 뜻은 다음과 같다.

3. “청소년유해매체물”이란 다음 각 목의 어느 하나에 해당하는 것을 말한다.
   - 가. 제7조제1항 본문 및 제11조에 따라 청소년보호위원회가 청소년에게 유해한 것으로 결정하거나 확인하여 여성가족부장관이 고시한 매체물
   - 나. 제7조제1항 단서 및 제11조에 따라 각 심의기관이 청소년에게 유해한 것으로 심의하거나 확인하여 여성가족부장관이 고시한 매체물

참고. 제7조(청소년유해매체물의 심의 · 결정), 제11조(청소년유해매체물의 자율 규제)

4.4 청소년유해약물등

청소년유해약물등은 청소년유해약물과 청소년유해물건으로 구성된다.

1) 청소년유해약물

청소년유해약물은 청소년에게 해를 끼치는 것으로 인정된 약물로 술이나 담배, 마약, 환각물질 등이 있다. 이들 약물은 청소년들에게 습관성, 중독성, 내성 등을 유발하여 청소년에게 유해한 약물로 청소년보호법이 명시적으로 규정한 약물들이다. 이들 약물 이외에 신종 청소년유해약물이 등장하는 것에 대비하여 청소년보호위원회가 관계기관의 의견을 들어 결정하고 여성가족부장관이 고시하여 청소년유해약물을 규정할 수 있다. 법이 예상하지 못한 신종 청소년유해약물의 경우에는 습관성, 중독성, 내성 등을 유발하여 인체에 유해하게 작용할 수 있는 약물 중에서 청소년보호위원회가 결정하고 여성가족부장관이 고시하여 청소년유해약물로 규정할 수 있다.

산에틸이 함유된 유기졸이나 겔상의 부는 풍선류의 경우에는 여성가족부고시 제2017-47호로 고시된 청소년유해약물로 규정되었다.

2) 청소년유해물건

청소년유해물건은 청소년에게 해를 끼칠 수 있는 물건이다. 청소년유해물건은 청소년유해약물의 담배나 술, 마약 등과 같이 미리 나열하는 방식으로 규정하지 않고, 유해물건의 종류마다 일일이 판단하여 청소년유해물건으로 결정·고시하는 방식을 사용하고 있다.

청소년유해물건의 종류에 따라서 청소년유해성 여부를 판단하는 기준은 다음과 같다. 성기구의 경우에는 음란한 행위를 조장하는 성기구로 청소년의 사용을 제한하지 아니하면 청소년의 심신을 심각하게 손상시킬 우려가 있는 성관련 물건이다. 완구류의 경우, 음란성·포악성·잔인성·사행성 등을 조장하는 완구류로 청소년의 사용을 제한하지 아니하면 청소년의 심신을 심각하게 손상시킬 우려가 있는 물건이다. 전자담배와 같이 청소년유해약물과 유사한 형태의 제품의 경우에는, 청소년의 유해약물 이용습관을 심각하게 조장할 우려가 있는 물건이다. 이들 성기구, 완구류, 전자담배 등 청소년유해약물과 유사한 형태의 제품과 관련하여 대통령령에 구체적인 기준이 설정되어 있다.

표 7.1 청소년유해매체물, 청소년유해약물, 청소년유해물질 등의 관련 여성가족부장관 고시 목록 (출처: 법제처, 2021)

- 게임아이템거래중개사이트 청소년유해매체물 결정 고시 [시행 2013. 8. 13.] [고시 제2013-45호, 2013. 8. 13., 일부개정]
- 담배 형태의 흡입제류 청소년유해물건 결정 고시 [시행 2017. 12. 11.] [고시 제2017-55호, 2017. 12. 11., 제정]
- 레이저 빔을 이용한 지시기 레이저 포인터류 청소년유해물건 결정 고시 [시행 2017. 10. 30.] [고시 제2017-48호, 2017. 10. 30., 일부개정]
- 불건전 전화서비스 전화번호 광고와 성매매 알선 또는 암시 전화번호 광고 청소년유해매체물 결정 고시 [시행 2013. 8. 13.] [고시 제2013-46호, 2013. 8. 13., 일부개정]
- 인터넷을 통한 성인화상채팅 및 애인대행서비스 청소년유해매체물 결정 고시 [시행 2015. 9. 23.] [고시 제2015-50호, 2015. 9. 23., 일부개정]
- 전자담배 기기장치류 청소년유해물건 결정 고시 [시행 2017. 10. 30.] [고시 제2017-46호, 2017. 10. 30., 일부개정]
- 청소년 출입·고용금지업소 결정 고시 [시행 2013. 8. 13.] [고시 제2013-52호, 2013. 8. 13., 일부개정]
- 청소년유해매체물(간행물) 고시 [시행 2020. 8. 12.] [고시 제2020-32호, 2020. 8. 12., 일부개정]
- *청소년유해매체물(간행물) 취소 고시 [시행 2019. 3. 15.] [고시 제2019-8호, 2019. 3. 15., 일부개정]*
- 청소년유해매체물(방송물) 고시 [시행 2020. 6. 1.] [고시 제2020-22호, 2020. 6. 1., 일부개정]
- 청소년유해매체물(성관련 용품·기구판매 PC통신/인터넷사이트) [시행 2000. 9. 20.] [고시 제2000-31호, 2000. 9. 20., 제정]
- 청소년유해매체물(음반 및 음악파일) 고시 [시행 2020. 8. 17.] [고시 제2020-31호, 2020. 8. 10., 일부개정]
- *청소년유해매체물(음반 및 음악파일) 취소 고시 [시행 2019. 7. 10.] [고시 제2019-28호, 2019. 7. 10., 일부개정]*
- 청소년유해매체물(전기통신정보) 고시 [시행 2020. 4. 16.] [고시 제2020-14호, 2020. 4. 16., 일부개정]
- *청소년유해매체물(전기통신정보) 취소 고시 [시행 2020. 8. 18.] [고시 제2020-33호, 2020. 8. 18., 일부개정]*
- 청소년유해물건(성기구) 및 청소년 출입·고용금지업소 결정 고시 [시행 2013. 8. 13.] [고시 제2013-51호, 2013. 8. 13., 일부개정]
- 초산에틸이 함유된 유기졸이나 겔상의 부는 풍선류 청소년유해약물 결정 고시 [시행 2017. 10. 30.] [고시 제2017-47호, 2017. 10. 30., 일부개정]

전자담배 기기장치류(고시 제2017-46호), 레이저 빔을 이용한 지시기 레이저 포인터류(고시 제2017-48호) 등이 여성가족부장관 고시로 청소년유해물건으로 규정되었다.

제2조(정의) 이 법에서 사용하는 용어의 뜻은 다음과 같다.

4. "청소년유해약물등"이란 청소년에게 유해한 것으로 인정되는 다음 가목의 약물(이하 "청소년유해약물"이라 한다)과 청소년에게 유해한 것으로 인정되는 다음 나목의 물건(이하 "청소년유해물건"이라 한다)을 말한다.

가. 청소년유해약물

1) 「주세법」에 따른 주류
2) 「담배사업법」에 따른 담배
3) 「마약류 관리에 관한 법률」에 따른 마약류
4) 「화학물질관리법」에 따른 환각물질
5) 그 밖에 중추신경에 작용하여 습관성, 중독성, 내성 등을 유발하여 인체에 유해하게 작용할 수 있는 약물 등 청소년의 사용을 제한하지 아니하면 청소년의 심신을 심각하게 손상시킬 우려가 있는 약물로서 대통령령으로 정하는 기준에 따라 관계 기관의 의견을 들어 제36조에 따른 청소년보호위원회(이하 "청소년보호위원회"라 한다)가 결정하고 여성가족부장관이 고시한 것

나. 청소년유해물건

1) 청소년에게 음란한 행위를 조장하는 성기구 등 청소년의 사용을 제한하지 아니하면 청소년의 심신을 심각하게 손상시킬 우려가 있는 성 관련 물건으로서 대통령령으로 정하는 기준에 따라 청소년보호위원회가 결정하고 여성가족부장관이 고시한 것
2) 청소년에게 음란성 · 포악성 · 잔인성 · 사행성 등을 조장하는 완구류 등 청소년의 사용을 제한하지 아니하면 청소년의 심신을 심각하게 손상시킬 우려가 있는 물건으로서 대통령령으로 정하는 기준에 따라 청소년보호위원회가 결정하고 여성가족부장관이 고시한 것
3) 청소년유해약물과 유사한 형태의 제품으로 청소년의 사용을 제한하지 아니하면 청소년의 청소년유해약물 이용습관을 심각하게 조장할 우려가 있는 물건으로서 대통령령으로 정하는 기준에 따라 청소년보호위원회가 결정하고 여성가족부장관이 고시한 것

4.5 청소년유해업소

1) 청소년유해업소의 개념

청소년유해업소는 청소년의 출입 · 고용 또는 고용이 제한되기 때문에 그 범위를 규정하는 것이 매우 중요하다. 청소년유해업소도 법에 명문화된 업소들만 해당되기 때문에 신종 청소년유해업소가 생겼다고 하더라도 법에 정해져 있지 않으면 규제하기가 힘들다. 이 때문에 환경 변화에 따라서 지속적으로 청소년유해업소 정의를 수정 · 보완하여 신종 청소년유해업소를 법에 포함시키고 있다.

2) 청소년 출입 · 고용금지업소와 청소년고용금지업소 구분

"청소년유해업소"란 청소년의 출입과 고용이 청소년에게 유해한 것으로 인정되는 업소들로, 청소년의 출입과 고용이 모두 금지되는 청소년 출입 · 고용금지업소와 청소년의 출입은 가능하나 고용은 금지되는 청소년고용금지업소로 구분된다.

이를 예를 들어 설명하면 다음과 같다.

단란주점과 같은 식품접객업소는 청소년출입 · 금지업소로 청소년을 직원으로 고용하여서도 안 되고 청소년을 출입시켜서도 안 된다. 반면, 만화대여소의 경우에는 청소년고용금지업소이기 때문에 일정 범위를 제외하고는 청소년의 출입이 가능하나, 청소년을 만화대여소의 직원으로 고용하여서는 안 된다.

제2조(정의) 이 법에서 사용하는 용어의 뜻은 다음과 같다.

5. "청소년유해업소"란 청소년의 출입과 고용이 청소년에게 유해한 것으로 인정되는 다음 가목의 업소(이하 "청소년 출입 · 고용금지업소"라 한다)와 청소년의 출입은 가능하나 고용이 청소년에게 유해한 것으로 인정되는 다음 나목의 업소(이하 "청소년고용금지업소"라 한다)를 말한다. 이 경우 업소의 구분은 그 업소가 영업을 할 때 다른 법령에 따라 요구되는 허가 · 인가 · 등록 · 신고 등의 여부와 관계없이 실제로 이루어지고 있는 영업행위를 기준으로 한다.

가. 청소년 출입 · 고용금지업소
1) 「게임산업진흥에 관한 법률」에 따른 일반게임제공업 및 복합유통게임제공업 중 대통령령으로 정하는 것
2) 「사행행위 등 규제 및 처벌 특례법」에 따른 사행행위영업
3) 「식품위생법」에 따른 식품접객업 중 대통령령으로 정하는 것
4) 「영화 및 비디오물의 진흥에 관한 법률」 제2조제16호에 따른 비디오물감상실업 · 제한관람가비디오물소극장업 및 복합영상물제공업
5) 「음악산업진흥에 관한 법률」에 따른 노래연습장업 중 대통령령으로 정하는 것
6) 「체육시설의 설치 · 이용에 관한 법률」에 따른 무도학원업 및 무도장업
7) 전기통신설비를 갖추고 불특정한 사람들 사이의 음성대화 또는 화상대화를 매개하는 것을 주된 목적으로 하는 영업. 다만, 「전기통신사업법」 등 다른 법률에 따라 통신을 매개하는 영업은 제외한다.
8) 불특정한 사람 사이의 신체적인 접촉 또는 은밀한 부분의 노출 등 성적 행위가 이루어지거나 이와 유사한 행위가 이루어질 우려가 있는 서비스를 제공하는 영업으로서 청소년보호위원회가 결정하고 여성가족부장관이 고시한 것
9) 청소년유해매체물 및 청소년유해약물등을 제작 · 생산 · 유통하는 영업 등 청소년의 출입과 고용이 청소년에게 유해하다고 인정되는 영업으로서 대통령령으로 정하는 기준에 따라 청소년보호위원회가 결정하고 여성가족부장관이 고시한 것
10) 「한국마사회법」 제6조제2항에 따른 장외발매소
11) 「경륜 · 경정법」 제9조제2항에 따른 장외매장

나. 청소년고용금지업소
1) 「게임산업진흥에 관한 법률」에 따른 청소년게임제공업 및 인터넷컴퓨터게임시설제공업
2) 「공중위생관리법」에 따른 숙박업, 목욕장업, 이용업 중 대통령령으로 정하는 것
3) 「식품위생법」에 따른 식품접객업 중 대통령령으로 정하는 것
4) 「영화 및 비디오물의 진흥에 관한 법률」에 따른 비디오물소극장업
5) 「화학물질관리법」에 따른 유해화학물질 영업. 다만, 유해화학물질 사용과 직접 관련이 없는 영업으로서 대통령령으로 정하는 영업은 제외한다.
6) 회비 등을 받거나 유료로 만화를 빌려 주는 만화대여업
7) 청소년유해매체물 및 청소년유해약물등을 제작 · 생산 · 유통하는 영업 등 청소년의 고용이 청소년에게 유해하다고 인정되는 영업으로서 대통령령으로 정하는 기준에 따라 청소년보호위원회가 결정하고 여성가족부장관이 고시한 것

4.6 유통

청소년유해매체물이나 청소년유해약물등을 유통하는 경우 강력하게 처벌을 받기 때문에 유통을 정확하게 정의하는 것이 필요하다. 법에서 정한 유통의 의미는 우리가 일상생활에서 사용하는 유통의 의미와 다소 차이가 있을 수 있다.

청소년보호법에서 말하는 청소년유해매체물이나 청소년유해약물등의 "유통"이란, 매체물 또는 약물 등을 판매 · 대여 · 배포 · 방송 · 공연 · 상영 · 전시 · 진열 · 광고하거나 시청 또는 이용하도록 제공하는 행위와 이러한 목적으로 매체물 또는 약물 등을 인쇄 · 복제 또는 수입하는 행위를 말한다(제2조 제6호).

제2조(정의) 이 법에서 사용하는 용어의 뜻은 다음과 같다.

6. "유통"이란 매체물 또는 약물 등을 판매 · 대여 · 배포 · 방송 · 공연 · 상영 · 전시 · 진열 · 광고하거나 시청 또는 이용하도록 제공하는 행위와 이러한 목적으로 매체물 또는 약물 등을 인쇄 · 복제 또는 수입하는 행위를 말한다.

4.7 청소년폭력 · 학대

"청소년폭력 · 학대"란 폭력이나 학대를 통하여 청소년에게 신체적 · 정신적 피해를 발생하게 하는 행위를 말한다(제2조 제7호). 청소년폭력 · 학대는 1999년 2월 5일 법률 개정을 통하여 청소년보호법에 도입된 규정으로 2012년에 1월 26일에 청소년폭력으로 개념이 축소되었다가 2013년 3월 22일 개정을 통하여 청소년폭력 · 학대로 원래의 용어로 복구되었다. 청소년폭력 · 학대는 청소년에 대한 가정 또는 사회의 폭력 또는 학대로, 청소년에게 유해한 행위에 해당하여, 청소년에게 해를 끼치는 청소년 유해환경에 속한다.

제2조(정의) 이 법에서 사용하는 용어의 뜻은 다음과 같다.

7. "청소년폭력 · 학대"란 폭력이나 학대를 통하여 청소년에게 신체적 · 정신적 피해를 발생하게 하는 행위를 말한다.

4.8 청소년유해환경

"청소년유해환경"이란 청소년유해매체물, 청소년유해약물등, 청소년유해업소 및 청소년폭력 · 학대를 말한다(제2조 제7호). 이러한 정의는 청소년기본법상 청소년유해환경의 정의인 "청소년의 건전한 성장에 유해한 물질 · 물건 · 장소 · 행위 등"과는 용어에서 다소 차이를 보이지만, 실제 대상이 되는 내용에 있어서는 기본적으로 동일하다. 청소년기본법은 청소년유해환경의 대략적인 범위를 정한 것이고, 청소년보호법은 이를 구체화 · 명확화한 것으로 볼 수 있다. 청소년기본법상의 용어는 보다 일반적이고, 청소년보호법상의 용어는 보다 구체적이라는 점이 이를 뒷받침한다. 청소년유해환경은 청소년보호법을 2013년 3월 22일 개정하면서 추가된 용어이다.

제2조(정의) 이 법에서 사용하는 용어의 뜻은 다음과 같다.
8. "청소년유해환경"이란 청소년유해매체물, 청소년유해약물등, 청소년유해업소 및 청소년폭력 · 학대를 말한다.

5. 가정과 사회, 국가 · 지방자치단체의 책임

5.1 가정의 역할과 책임(제3조)

청소년보호법은 가정의 역할과 책임으로 청소년의 유해환경과의 접촉을 막고, 필요시 청소년보호기관과의 상담, 청소년보호 관련 지도 · 단속 기관에 협조요청을 규정하고 있다. 청소년보호법이 가정의 역할과 책임을 규정한 것은, 청소년유해환경이 청소년들에게 접촉하여 피해를 끼치지 못하도록 막는 것만으로는 청소년을 충분히 보호하기 어렵기 때문이다.

청소년보호법 제3조의 가정은 청소년에 대하여 친권을 행사하는 사람 또는 친권자를 대신하여 청소년을 보호하는 사람을 의미한다. 이들 친권자나 보호자는 청소년이 청소년유해환경에 접촉하거나 출입하지 못하도록 필요한 노력을 하여야 하며, 청소년이 유해한 매체물 또는 유해한 약물 등을 이용하고 있거나 유해한 업소에 출입하려고 하면 즉시 제지하여야 한다(제3조 제1항). 친권자등은 제1항에 따른 노력이나 제지를 할 때 필요한 경우에는 청소년 보호와 관련된 상담기관과 단체 등에 상담하여야 하고, 해당 청소년이 가출하거나 비행 등을 할 우려가 있다고 인정되면 청소년 보호와 관련된 지도·단속 기관에 협조를 요청하여야 한다(제3조 제2항).

제3조(가정의 역할과 책임) ① 청소년에 대하여 친권을 행사하는 사람 또는 친권자를 대신하여 청소년을 보호하는 사람(이하 "친권자등"이라 한다)은 청소년이 청소년유해환경에 접촉하거나 출입하지 못하도록 필요한 노력을 하여야 하며, 청소년이 유해한 매체물 또는 유해한 약물 등을 이용하고 있거나 유해한 업소에 출입하려고 하면 즉시 제지하여야 한다.
② 친권자등은 제1항에 따른 노력이나 제지를 할 때 필요한 경우에는 청소년 보호와 관련된 상담기관과 단체 등에 상담하여야 하고, 해당 청소년이 가출하거나 비행 등을 할 우려가 있다고 인정되면 청소년 보호와 관련된 지도·단속 기관에 협조를 요청하여야 한다.

5.2 사회의 책임(제4조)

청소년은 성인과 더불어 살아가고 있기 때문에 청소년 주변에서 청소년유해환경을 쉽게 찾아볼 수 있다. 따라서 사회 전반에서 청소년 보호를 위한 조치를 함께 노력해야 한다.

사회 일반에 요구되는 청소년보호조치의 노력은 다음과 같다.

사회 일반에 요구되는 청소년보호조치 노력

1. 청소년이 청소년유해환경에 접할 수 없도록 하거나 출입을 하지 못하도록 할 것
2. 청소년이 유해한 매체물 또는 유해한 약물 등을 이용하고 있거나 청소년폭력·학대 등을 하고 있음을 알게 되었을 때에는 이를 제지하고 선도할 것
3. 청소년에게 유해한 매체물과 유해한 약물 등이 유통되고 있거나 청소년유해업소에 청소년이 고용되어 있거나 출입하고 있음을 알게 되었을 때 또는 청소년이 청소년폭력·학대 등의 피해를 입고 있음을 알게 되었을 때에는 제21조제3항에 따른 관계기관등에 신고·고발하는 등의 조치를 할 것

청소년보호법은 매체물과 약물 등의 유통을 업으로 하거나 청소년유해업소의 경영을 업으로 하는 자와 이들로 구성된 단체 및 협회 등에 사회일반의 책임과는 별도로 추가적인 책임을 부여하고 있다. 이들은 청소년유해매체물과 청소년유해약물등이 청소년에게 유통되지 아니하도록 하고 청소년유해업소에서 청소년을 고용하거나 청소년이 출입하지 못하도록 하는 등 청소년을 보호하기 위하여 자율적인 노력을 다하여야 한다(제4조 제2항).

5.3 국가와 지방자치단체의 책무(제5조)

청소년보호를 위해서는 국가나 지방자치단체가 가지고 있는 강제적 수단과 비강제적 수단을 모두 활용할 필요가 있으며, 환경의 변화에 따라서 이러한 수단들이 변화할 필요가 있기 때문에 국가와 지방자치단체의 책무가 강조될 필요가 있다.

국가와 지방자치단체는 청소년보호를 위한 각종 법령을 제정하거나, 법령을 뒷받침하기 위한 사업을 진행하고, 이들 사업에 필요한 예산과 행정력을 뒷받침할 의무가 있다.

청소년보호를 위한 국가와 지방자치단체의 책무는 유사하지만 서로 다른 측면도 있다. 국가는 청소년 보호를 위하여 청소년유해환경의 개선에 필요한 시책을 마련하고 시행하여야 하며, 지방자치단체는 해당 지역의 청소년유해환경으로부터 청소년을 보호하기 위하여 필요한 노력을 하여야 한다. 국가는 청소년보호 시책을 마련하는 것이 주된 책임인 반면, 지방자치단체는 청소년보호를 하는 행위를 실현할 책임을 가진다(제5조 제1항).

새로운 기술의 변화에 따라 신종 청소년유해환경이 국가와 지방자치단체의 규제 영역 밖에서 청소년에게 해를 끼치는 것을 방지하기 위해서는 국가와 지방자치단체가 새로운 기술변화에 따른 신종 청소년유해환경을 지속적으로 모니터링하고, 청소년보호 방안을 마련할 필요가 있다. 국가와 지방자치단체는 새롭게 등장하는 청소년에게 유해한 매체물과 약물 등으로부터 청소년을 보호하기 위하여 필요한 기술개발과 연구사업의 지원, 국가 간의 협력체제 구축 등 필요한 노력을 하여야 한다(제5조 제2항).

국가와 지방자치단체의 노력만으로는 청소년유해환경에 대해 충분히 감시하는 것이 불가능하기 때문에, 청소년 관련 단체 등 민간의 자율적인 유해환경 감시 · 고발 활동을 장려하고 이에 필요한 지원을 할 수 있으며 민간의 건의사항을 관련 시책에 반영할 수 있다. 국가와 지방자치단체는 청소년을 보호하기 위하여 청소년유해환경을 규제할 때 그 의무를 충실히 수행하여야 한다(제5조 제3항).

제5조(국가와 지방자치단체의 책무) ① 국가는 청소년 보호를 위하여 청소년유해환경의 개선에 필요한 시책을 마련하고 시행하여야 하며, 지방자치단체는 해당 지역의 청소년유해환경으로부터 청소년을 보호하기 위하여 필요한 노력을 하여야 한다.
② 국가와 지방자치단체는 전자 · 통신기술 및 의약품 등의 발달에 따라 등장하는 새로운 형태의 매체물과 약물 등이 청소년의 정신적 · 신체적 건강을 해칠 우려가 있음을 인식하고, 이들 매체물과 약물 등으로부터 청소년을 보호하기 위하여 필요한 기술개발과 연구사업의 지원, 국가 간의 협력체제 구축 등 필요한 노력을 하여야 한다.
③ 국가와 지방자치단체는 청소년 관련 단체 등 민간의 자율적인 유해환경 감시 · 고발 활동을 장려하고 이에 필요한 지원을 할 수 있으며 민간의 건의사항을 관련 시책에 반영할 수 있다.
④ 국가와 지방자치단체는 청소년을 보호하기 위하여 청소년유해환경을 규제할 때 그 의무를 충실히 수행하여야 한다.

6. 다른 법률과의 관계(제6조)

청소년보호법은 청소년유해환경의 규제에 관한 형사처벌과 관련하여 우선적으로 적용되는 특별법적 지위를 갖는다. 청소년보호법의 '청소년유해환경의 규제에 관한 형사처벌'과 관련하여 다른 법률에 우선적으로 적용되는데 비해, 청소년기본법 제4조에서는 '청소년육성'에 관하여 다른 법률에 우선한다고 규정하고 있어 차이를 보인다.

제6조(다른 법률과의 관계) 이 법은 청소년유해환경의 규제에 관한 형사처벌을 할 때 다른 법률보다 우선하여 적용한다.

청소년기본법 제4조(다른 법률과의 관계) ① 이 법은 청소년육성에 관하여 다른 법률보다 우선하여 적용한다.

② 청소년육성에 관한 법률을 제정하거나 개정할 때에는 이 법의 취지에 맞도록 하여야 한다.

주제 7-2 청소년 유해매체물 규제 및 인터넷게임 중독 예방

1. 청소년유해매체물의 결정

1.1 청소년유해매체물의 심의 · 결정(제7조)

특정 매체물을 청소년유해매체물로 규정하기 위해서는 청소년보호위원회가 당해 매체물을 청소년유해매체물로 결정하여야 한다.

1) 청소년유해매체물 결정

청소년보호위원회는 매체물이 청소년에게 유해한지를 심의하여 청소년에게 유해하다고 인정되는 매체물을 청소년유해매체물로 결정하여야 한다. 다만, 다른 법령에 따라 해당 매체물의 윤리성 · 건전성을 심의할 수 있는 기관이 있는 경우에는 예외로 한다(제1항).

청소년보호위원회나 각 심의기관은 제작 · 발행의 목적 등에 비추어 청소년이 아닌 자를 상대로 제작 · 발행된 매체물이나 매체물 각각을 청소년유해매체물로 결정하여서는 청소년에게 유통되는 것을 차단할 수 없는 매체물의 경우에는 신청 내지 직권으로 매체물의 종류, 제목, 내용 등을 특정하여 청소년유해매체물로 결정할 수 있다(제5항).

표 7.2에는 여성가족부(2021)에서 발간한 2020 청소년백서에 나와 있는 매체별 심의기관이 나와 있다.

2) 심의기관에 심의요청과 심의기관 심의의 예외

청소년보호위원회는 매체물이 청소년에게 유해한지를 각 심의기관에서 심의

표 7.2 **매체에 따른 심의기관 현황**(출처: 여성가족부, 2021, 일부 수정)

매체	소관부처 및 법률		심의기관
음반	여성가족부	청소년보호법 제27조	청소년보호위원회
간행물	문화체육관광부	출판문화산업진흥법 제17조	간행물윤리위원회
영화 · 비디오		영화비디오법 제71조	영상물등급위원회
게임물		게임산업법 제16조	게임물관리위원회
정보통신물	방송통신 심의위원회	정보통신망법 제44조의7	방송통신위원회
방송프로그램		방송법 제33조	

하지 아니하는 경우 청소년 보호를 위하여 필요하다고 인정할 때에는 심의를 요청할 수 있다(제2항). 청소년보호위원회는 다른 법령에 따른 심의기관이 있는 경우에도 각 심의기관이 심의를 요청한 매체물이나 청소년에게 유해한지에 대하여 각 심의기관의 심의를 받지 않고 유통되는 매체물의 경우에는 청소년에게 유해한지를 심의하여 유해하다고 인정하면 그 매체물을 청소년유해매체물로 결정할 수 있다(제3항).

3) 청소년유해매체물에 대한 형사처벌 또는 행정처분 요청

청소년보호위원회나 각 심의기관은 매체물 심의 결과 그 매체물의 내용이 형법 등 다른 법령에 따라 유통이 금지되는 내용이라고 판단하는 경우에는 지체 없이 관계 기관에 형사처벌이나 행정처분을 요청하여야 한다. 다만, 각 심의기관별로 해당 법령에 따로 절차가 있는 경우에는 그 절차에 따른다(제4항).

1.2 매체물의 등급 구분 등(제8조)

청소년도 연령에 발달 단계가 다양하기 때문에 청소년유해매체물이 아니더라도 연령이 낮은 청소년들에게는 유해할 수 있다. 이 때문에 매체물에 대해서 등급을 구분할 수 있도록 하고 있다.

청소년보호위원회와 각 심의기관은 제7조에 따라 매체물을 심의·결정하는 경우 청소년유해매체물로 심의·결정하지 아니한 매체물에 대하여는 그 매체물의 특성, 청소년 유해의 정도, 이용시간과 장소 등을 고려하여 이용 대상 청소년의 나이에 따른 등급을 구분할 수 있다. 등급 구분의 종류 및 방법 등에 필요한 사항은 대통령령으로 정한다(제8조). 대통령령에 의하면 9세 이상 가, 12세 이상 가, 15세 이상 가의 등급으로 나뉜다(시행령 제8조 제1항). 각 심의 기관은 매체물에 대한 등급의 구분을 정할 수 있다(시행령 제8조 제2항).

등급 구분(시행령 제8조 제2항)
1. 9세 이상 가: 9세 이상 청소년이 이용할 수 있는 매체물 2. 12세 이상 가: 12세 이상 청소년이 이용할 수 있는 매체물 3. 15세 이상 가: 15세 이상 청소년이 이용할 수 있는 매체물

1.3 청소년유해매체물의 심의기준(제9조)

청소년유해매체물은 국민의 권리를 제한하고 의무를 부과하는 데 영향을 끼치기 때문에 법률로 그 요건을 명확하게 제시할 필요가 있기 때문에 제9조 제1항 제1호에서 제6호에 이르기까지 기준을 명확하게 제시하고 있다.

청소년보호위원회와 각 심의기관은 제7조에 따른 심의를 할 때 해당 매체물이 다음의 어느 하나에 해당하는 경우에는 청소년유해매체물로 결정하여야 한다(제1항).

청소년유해매체물 심의기준(제9조 제1항)
1. 청소년에게 성적인 욕구를 자극하는 선정적인 것이거나 음란한 것 2. 청소년에게 포악성이나 범죄의 충동을 일으킬 수 있는 것 3. 성폭력을 포함한 각종 형태의 폭력 행위와 약물의 남용을 자극하거나 미화하는 것 4. 도박과 사행심을 조장하는 등 청소년의 건전한 생활을 현저히 해칠 우려가 있는 것 5. 청소년의 건전한 인격과 시민의식의 형성을 저해(沮害)하는 반사회적·비윤리적인 것 6. 그 밖에 청소년의 정신적·신체적 건강에 명백히 해를 끼칠 우려가 있는 것

위의 기준을 구체적으로 적용할 때에는 사회의 일반적인 통념에 따르며 그 매체물이 가지고 있는 문학적·예술적·교육적·의학적·과학적 측면과 그 매

체물의 특성을 함께 고려하여야 한다(제2항). 청소년 유해 여부에 관한 구체적인 심의기준과 그 적용에 필요한 사항은 대통령령으로 정한다(제3항). 대통령에 규정된 청소년유해매체물의 심의기준은 표 7.3에 나와 있다.

1.4 심의 결과의 조정(제10조) 및 재심의(제12조)

청소년보호위원회는 청소년보호와 관련하여 각 심의기관이 동일한 매체물을 심의한 결과에 상당한 차이가 있을 경우, 그 심의 결과의 조정을 요구할 수 있으며 요구를 받은 각 심의기관은 특별한 사유가 없으면 그 요구에 따라야 한다(제10조).

표 7.3 청소년유해매체물의 심의기준(청소년보호법 시행령 [별표2])

일반 심의기준
가. 매체물에 관한 심의는 해당 매체물의 전체 또는 부분에 관하여 평가하되, 부분에 대하여 평가하는 경우에는 전반적 맥락을 함께 고려할 것
나. 매체물 중 연속물에 대한 심의는 개별 회분을 대상으로 할 것. 다만, 법 제7조제5항에 해당하는 매체물에 대한 심의는 그러하지 아니하다.
다. 심의위원 중 최소한 2명 이상이 해당 매체물의 전체 내용을 파악한 후 심의할 것
라. 법 제7조제5항에 따라 실제로 제작 · 발행 또는 수입이 되지 아니한 매체물에 대하여 심의할 때에는 구체적 · 개별적 매체물을 대상으로 하지 않고 사회통념상 매체물의 종류, 제목, 내용 등을 특정할 수 있는 포괄적인 명칭 등을 사용하여 심의할 것
개별 심의기준
가. 음란한 자태를 지나치게 묘사한 것
나. 성행위와 관련하여 그 방법 · 감정 · 음성 등을 지나치게 묘사한 것
다. 동물과의 성행위를 묘사하거나 집단 성행위, 근친상간, 가학 · 피학성 음란증 등 변태 성행위, 성매매 그 밖에 사회통념상 허용되지 아니한 성관계를 조장하는 것
라. 청소년을 대상으로 하는 성행위를 조장하거나 여성을 성적 대상으로만 기술하는 등 성 윤리를 왜곡시키는 것
마. 존속에 대한 상해 · 폭행 · 살인 등 전통적인 가족 윤리를 훼손할 우려가 있는 것
바. 잔인한 살인 · 폭행 · 고문 등의 장면을 자극적으로 묘사하거나 조장하는 것
사. 성폭력 · 자살 · 자학행위, 그 밖에 육체적 · 정신적 학대를 미화하거나 조장하는 것
아. 범죄를 미화하거나 범죄방법을 상세히 묘사하여 범죄를 조장하는 것
자. 역사적 사실을 왜곡하거나 국가와 사회 존립의 기본체제를 훼손할 우려가 있는 것
차. 저속한 언어나 대사를 지나치게 남용하는 것
카. 도박과 사행심 조장 등 건전한 생활 태도를 현저하게 해칠 우려가 있는 것
타. 청소년유해약물등의 효능 및 제조방법 등을 구체적으로 기술하여 그 복용 · 제조 및 사용을 조장하거나 이를 매개하는 것
파. 청소년유해업소에의 청소년 고용과 청소년 출입을 조장하거나 이를 매개하는 것
하. 청소년에게 불건전한 교제를 조장 또는 매개할 우려가 있는 것

매체물의 제작자·발행자나 유통행위자는 청소년보호위원회의 심의·결정에 이의를 제기할 수 있다. 매체물의 제작자·발행자나 유통행위자는 제7조에 따른 청소년보호위원회의 심의·결정에 이의가 있는 경우 심의·결정의 결과를 통지받은 날부터 30일 이내에 청소년보호위원회에 재심의를 청구할 수 있다(제12조 제1항). 재심의 청구는 제7조에 따른 심의·결정의 효력 및 제21조에 따른 청소년유해매체물 고시 절차의 진행에 영향을 주지 아니한다(제12조 제2항). 청소년보호위원회는 제1항에 따른 재심의 청구를 받은 날부터 30일 이내에 심의·결정하여 그 결과를 청구인에게 통보하여야 한다. 다만, 30일 이내에 재심의 결정을 하기 어려운 경우에는 청소년보호위원회의 의결을 거쳐 30일의 범위에서 그 기간을 연장할 수 있다(제12조 제3항). 재심의 청구 및 결정 등에 필요한 사항은 여성가족부령(시행규칙 제5조)으로 정한다(제12조 제4항).

1.5 청소년유해매체물의 결정 취소(제20조)

청소년보호위원회와 각 심의기관은 청소년유해매체물이 더 이상 청소년에게 유해하지 아니하다고 인정할 때에는 제7조에 따른 청소년유해매체물의 결정을 취소하여야 한다(제20조). 결정이 취소된 사례는 표 7.1을 참고한다.

1.6 청소년유해매체물 결정 등의 통보·고시(제21조)

각 심의기관은 청소년유해매체물의 결정, 확인 또는 결정 취소를 한 경우 청소년유해매체물의 목록과 그 사유를 청소년보호위원회에 통보하여야 한다(제1항). 여성가족부장관은 청소년보호위원회와 각 심의기관이 결정, 확인 또는 결정 취소한 청소년유해매체물의 목록과 그 사유 및 효력 발생 시기를 구체적으로 밝힌 목록표(이하 "청소년유해매체물 목록표"라 한다)를 고시하여야 한다(제2항). 여성가족부장관은 청소년유해매체물 목록표를 각 심의기관, 청소년 또는 매체물과 관련이 있는 중앙행정기관, 지방자치단체, 청소년 보호와 관련된 지도·단속 기관, 그 밖에 청소년 보호를 위한 관련 단체 등(이하 "관계기관등"이라 한다)에 통보하여야 하고, 필요한 경우 매체물의 유통을 업으로 하는 개인 · 법인 · 단체에 통보할 수 있으며, 친권자등의 요청이 있는 경우 친권자등에게 통지할 수 있다(제3항). 청소년유해매체물 목록표의 고시 및 통보 등에 필요한 사항은 여성가족부령(시행규칙 제7조)으로 정한다(제4항).

1.7 청소년유해매체물의 자율 규제(제11조)

청소년유해매체물을 규제하는 것은 행복추구권(헌법 제10조), 학문과 예술의 자유(헌법 제22조), 언론 · 출판의 자유(헌법 제21조), 표현의 자유 등과 서로 상충되기 때문에서 이들 권리와 청소년유해매체물 규제를 동시에 충족시키는 방법을 지속해서 모색해야 한다. 국가나 지방자치단체의 규제가 지나치면 헌법 제21조에서 금지한 언론 · 출판에 대한 검열과 충돌할 소지가 있으므로 청소년보호법에서는 자율 규제를 도입하고 있다.

1) 자율결정 및 확인요청

매체물의 제작자 · 발행자, 유통행위자 또는 매체물과 관련된 단체는 자율적으로 청소년 유해 여부를 결정하고 결정한 내용의 확인을 청소년보호위원회나 각 심의기관에 요청할 수 있다(제1항). 확인 요청을 받은 청소년보호위원회 또는 각 심의기관은 심의 결과 그 결정 내용이 적합한 경우에는 이를 확인하여야 하며, 청소년보호위원회는 필요한 경우 이를 각 심의기관에 위탁하여 처리할 수 있다(제2항).

2) 표시물 부착 및 포장

청소년보호위원회나 각 심의기관이 확인을 한 경우에는 해당 매체물에 확인

표시를 부착할 수 있다(제3항). 매체물의 제작자·발행자, 유통행위자 또는 매체물과 관련된 단체는 청소년에게 유해하다고 판단하는 매체물에 대하여 제13조에 따른 청소년유해표시에 준하는 표시를 하거나 제14조에 따른 포장에 준하는 포장을 하여야 한다(제4항). 청소년보호위원회나 각 심의기관은 제4항에 따라 청소년유해표시 또는 포장을 한 매체물을 발견한 경우 청소년 유해 여부를 결정하여야 한다(제5항). 매체물의 제작자·발행자, 유통행위자 또는 매체물과 관련된 단체가 제4항에 따라 청소년유해표시 또는 포장을 한 매체물은 청소년보호위원회나 각 심의기관의 최종 결정이 있을 때까지 이 법에 따른 청소년유해매체물로 본다(제6항).

3) 교육 및 정보 제공

정부는 자율 규제의 활성화를 위하여 매체물의 제작자·발행자, 유통행위자 또는 매체물과 관련된 단체에 청소년유해매체물 심의기준 등에 관한 교육 및 관련 정보와 자료를 제공할 수 있다(제7항).

2. 청소년유해매체물의 유통 및 광고

2.1 청소년유해표시 의무(제13조)

청소년유해매체물의 경우에는 청소년에게 유통되는 것을 막기 위해서 청소년유해매체물임을 쉽게 알 수 있도록 청소년유해표시를 하여야 한다.

청소년유해표시의무자는 청소년유해매체물에 대하여 청소년에게 유해한 것임을 나타내는 표시(이하 "청소년유해표시"라 한다)를 하여야 한다. 다만, 다른 법령에서 청소년유해표시를 하여야 할 자를 따로 정한 경우에는 해당 법령에서 정하는 바에 따른다(제1항).

청소년유해표시의 종류와 시기·방법, 그 밖에 필요한 사항은 대통령령(시행령 제13조)으로 정한다(제2항). 예를 들어, 게임물의 경우에는 '19세 미만 이용 불가' 표시문구는 한쪽이 60mm 이상, 다른 한쪽이 15mm 이상인 붉은색 바탕의 직사각형 안에 흰색 글씨로 기재하며, 해당 매체물에 표시하여야 한다. 게임물의 경우 프로그램을 시작하기 전에 "이 프로그램은 19세 미만의 청소년이 이용해서는 안 됩니다."라는 자막표시를 해야 한다. 영화 등 기타 매체에 관해서는 시행령 [별표 4]를 참조하면 된다.

2.2 포장 의무 및 표시·포장의 훼손 금지(제14조, 제15조)

청소년유해매체물은 포장하여야 한다. 이 경우 매체물의 특성으로 인하여 포장할 수 없는 것은 포장에 준하는 보호조치를 마련하여 시행하여야 한다(제14조 제1항). 포장에 준하는 보호조치는 인터넷신문 등 전자적 형태로 정보통신망을 통해 유통되는 매체물에 적용되는 것으로 이용자의 나이 및 본인 여부를 확인하기 전에는 청소년에게 유해한 정보가 제공되지 않도록 하는 것이다. VOD 서비스의 경우 청소년유해매체물과 관련한 정보가 나이 및 본인 확인을 거친 후, 19세 이상에게만 제공되어야 한다.

포장을 하여야 할 매체물의 종류, 포장에 준하는 보호조치, 포장의무자, 포장방법, 그 밖에 포장에 필요한 사항은 대통령령(시행령 제14조 및 제15조)으로 정한다(제14조 제2항). 누구든지 제13조에 따른 청소년유해표시와 제14조에 따른 포장을 훼손하여서는 아니 된다(제15조).

2.3 청소년유해매체물 판매 금지 등(제16조)

1) 청소년 나이 및 본인 여부 확인

청소년유해매체물로서 대통령령으로 정하는 매체물을 판매·대여·배포하거나 시청 · 관람 · 이용하도록 제공하려는 자는 그 상대방의 나이 및 본인 여부를 확인하여야 하고, 청소년에게 판매 · 대여 · 배포하거나 시청 · 관람 · 이용하도록 제공하여서는 아니 된다(제1항).

나이 및 본인 여부 확인방법(시행령 제17조)

1. 대면(對面)을 통한 신분증 확인이나 팩스 또는 우편으로 수신한 신분증 사본 확인
2. 「전자서명법」 제2조제6호에 따른 인증서(서명자의 실지명의를 확인할 수 있는 것으로 한정한다)
3. 「정보통신망 이용촉진 및 정보보호 등에 관한 법률」 제23조의2제2항에 따른 주민등록번호를 사용하지 아니하고 본인을 확인하는 방법
4. 「개인정보 보호법」 제24조의2제3항에 따라 주민등록번호를 사용하지 않고 회원으로 가입할 수 있는 방법
5. 신용카드를 통한 인증
6. 휴대전화를 통한 인증. 이 경우 휴대전화를 통한 문자전송, 음성 자동응답 등의 방법을 추가하여 나이 및 본인 여부를 확인하여야 한다.
7. 그 밖에 제1호부터 제6호까지의 규정에 따른 수단이나 방법과 유사한 것으로서 여성가족부장관이 정하여 고시하는 것

※ 전자적 형태의 청소년유해매체물을 판매등에 제공하는 인터넷 사이트 등에 회원으로 가입한 상대방에 대하여 제1항에 따라 그 상대방의 나이 및 본인 여부를 확인한 경우에는 그 확인 후 1년까지는 해당 인터넷 사이트 등에 가입된 회원임을 확인하는 방법으로 제1항에 따른 확인을 갈음할 수 있다

2) 미표시 전시 및 진열 금지

제13조에 따라 청소년유해표시를 하여야 할 매체물은 청소년유해표시가 되지 아니한 상태로 판매나 대여를 위하여 전시하거나 진열하여서는 아니 된다(제1항). 제14조에 따라 포장을 하여야 할 매체물은 포장을 하지 아니한 상태로 판매나 대여를 위하여 전시하거나 진열하여서는 아니 된다(제2항).

2.4 청소년유해매체물 구분 · 격리 등(제17조)

청소년유해매체물이 일반매체물과 분리되지 않고 유통되는 경우 청소년이 실수나 호기심 등으로 청소년유해매체물에 접근할 가능성이 높아지기 때문에 이를 구분 · 격리할 필요성이 있다.

청소년유해매체물은 청소년에게 유통이 허용된 매체물과 구분 · 격리하지 아니하고서는 판매나 대여를 위하여 전시하거나 진열하여서는 아니 된다(제1항).

청소년유해매체물로서 제2조 제2호 가목부터 다목까지 및 사목부터 자목까지에 해당하는 매체물은 자동기계장치 또는 무인판매장치를 통하여 유통시킬 목적으로 전시하거나 진열하여서는 아니 된다. 다만, 자동기계장치나 무인판매장치를 설치하는 자가 이를 이용하는 청소년의 청소년유해매체물 구입 행위 등을 제지할 수 있는 경우나 청소년 출입·고용금지업소 안에 설치하는 경우 예외로 한다. 구분·격리의 방법 등에 필요한 사항은 대통령령으로 정한다(제2항).

2.5 청소년유해매체물 방송제한 및 광고선전 제한(제18조, 제19조)

1) 청소년유해매체물 방송 제한

청소년이 시청하기 용이한 시간이나 접근이 용이한 곳에 청소년유해매체물을 방송하거나 광고선전하는 것을 막아서 청소년을 보호하기 위한 규정이다.

청소년유해매체물로서 제2조 제2호 바목에 해당하는 매체물과 같은 호 차목·카목에 해당하는 매체물 중 방송을 이용하는 매체물은 대통령령으로 정하는 시간에는 방송하여서는 아니 된다(제18조).

2) 청소년유해매체물 광고선전 제한

청소년유해매체물로서 제2조 제2호 차목에 해당하는 매체물 중 옥외광고물 등의 관리와 옥외광고산업 진흥에 관한 법률에 따른 옥외광고물을 청소년 출입·고용금지업소 외의 업소, 일반인들이 통행하는 장소 다음 각 호의 어느 하나에 해당하는 장소에 공공연하게 설치·부착 또는 배포하여서는 아니 되며, 상업적 광고선전물을 청소년의 접근을 제한하는 기능이 없는 컴퓨터 통신을 통하여 설치·부착 또는 배포하여서도 아니 된다(제19조 제1항).

청소년유해매체물로서 제2조 제2호 차목에 해당하는 매체물(「옥외광고물 등의 관리와 옥외광고산업 진흥에 관한 법률」에 따른 옥외광고물은 제외한다)은 청소년을 대상으로 판매 · 대여 · 배포하거나 시청 · 관람 또는 이용하도록 제공하여서는 아니 된다. 광고선전의 제한 방법과 제한 장소, 그 밖에 광고 제한에 필요한 사항은 대통령령으로 정한다(제19조 제2항 및 제3항).

2.6 외국 매체물에 대한 특례(제22조)

외국 매체물에 대해서는 국내 청소년유해매체물 심의 등의 규제를 받지 않고 청소년에게 유통하게 될 가능성이 존재하기 때문에 제22조의 특례 규정을 두었다.

누구든지 외국에서 제작 · 발행된 매체물로서 제9조의 심의기준에 해당하는 청소년유해매체물을 영리를 목적으로 청소년을 대상으로 유통하게 하거나 이와 같은 목적으로 소지하여서는 아니 된다(제22조). 청소년유해매체물의 심의기준에 해당하는 외국 매체물의 경우 "영리"를 목적으로 하는 경우에는 청소년에게 유통하게 해서도 안 되고 소지해서도 안 된다. 외국 청소년유해매체물을 영리를 목적으로 번역하거나, 번안, 편집, 자막삽입을 하는 경우도 청소년에게 유통해서도 안 되고 이를 목적으로 소지하는 것도 금지된다.

이를 위반하면 3년 이하의 징역 또는 3천만 원 이하의 벌금에 처해질 수 있으며(제58조 제2호), 과징금 또한 부과 받게 된다(제54조 제2항).

2.7 정보통신망을 통한 청소년유해매체물 제공자 등의 공표(제23조)

여성가족부장관은 정보통신망 이용촉진 및 정보보호 등에 관한 법률 제2조 제1항 제1호에 따른 정보통신망을 이용하여 청소년유해매체물을 제작 · 발행하거나 유통하는 자가 청소년유해매체물임을 표시하지 아니하고 청소년유해매체물을 청소년에게 제공하거나, 청소년유해매체물의 광고를 청소년에게 전송하거나 청소년 접근을 제한하는 조치 없이 공개적으로 제공하는 행위를 하면 해당 청소년유해매체물의 제작자 · 발행자나 유통행위자 등의 업체명 · 대표자명 · 위반행위의 내용 등을 공표할 수 있다(제23조 제1항).

3. 청소년의 인터넷게임 중독 예방

청소년의 인터넷게임 중독 예방에는 인터넷게임 이용, 인터넷게임 제공자의 친권자등에 대한 고지 의무, 심야시간대의 인터넷게임 제공시간 제한, 인터넷게임 중독 등의 피해청소년 지원을 규정하고 있다. 이중 인터넷게임 셧다운제인 인터넷게임 제공시간 제한은 최근 들어 논란의 중심이 되고 있다.

3.1 인터넷게임 이용자의 친권자등의 동의(제24조)

만 16세 미만 청소년은 인터넷 게임을 이용하기 위하여 회원가입을 할 때 친권자등의 동의를 받도록 하여 청소년을 보호하려는 조항이다.

게임산업진흥에 관한 법률에 따른 게임물 중 정보통신망 이용촉진 및 정보보호 등에 관한 법률 제2조 제1항 제1호에 따른 정보통신망을 통하여 실시간으로 제공되는 게임물(이하 "인터넷게임"이라 한다)의 제공자(「전기통신사업법」 제22조에 따라 부가통신사업자로 신고한 자를 말하며, 같은 조 제1항 후단 및 제4항에 따라 신고한 것으로 보는 경우를 포함한다. 이하 같다)는 회원으로 가입하려는 사람이 16세 미만의 청소년일 경우에는 친권자등의 동의를 받아야 한다(제1항). 친권자등의 동의에 필요한 사항은 게임산업진흥에 관한 법률에서 정하는 바에 따른다(제2항).

3.2 인터넷게임 제공자의 고지 의무(제25조)

인터넷게임의 제공자는 16세 미만의 청소년 회원가입자의 친권자 등에게 해당 청소년과 관련된 제공되는 게임의 특성·등급·유료화정책 등에 관한 기본적인 사항, 인터넷게임 이용 등에 따른 결제정보를 알려야 한다(제1항). 고지에 필요한 사항은 게임산업진흥에 관한 법률에서 정하는 바에 따른다(제2항).

3.3 제26조 심야시간의 인터넷게임 제공시간 제한 삭제됨

셧다운 제도로 불리는 인터넷게임 제공시간 제한 조항이 환경의 변화로 인하여 삭제되었다. 종전에는 인터넷게임의 제공자가 만 16세 미만의 청소년에게 오전 0시부터 오후 6시까지 인터넷게임을 제공하는 것을 금지하였으나 본 조항의 삭제로 0시에서 6시 사이에도 청소년에게 인터넷 게임 제공이 가능해졌다.

3.4 인터넷게임 중독 · 과몰입 등의 피해 청소년 지원(제27조)

1) 피해청소년 지원

청소년보호법 조항 대부분이 청소년 유해환경을 규제하는 조항인데 비해, 제27조는 청소년의 피해를 회복하기 위한 지원 제도이다. 본 조항에서는 인터넷게임 중독의 개념을 3가지 요소로 판단하고 있다. 인터넷 게임 중독 요소는 1) 인터넷의 지나친 이용, 2) 신체적 · 정신적 · 사회적 기능 손상, 3) 이러한 기능 손상을 일상생활에서 쉽게 회복 불가이다(제1항).

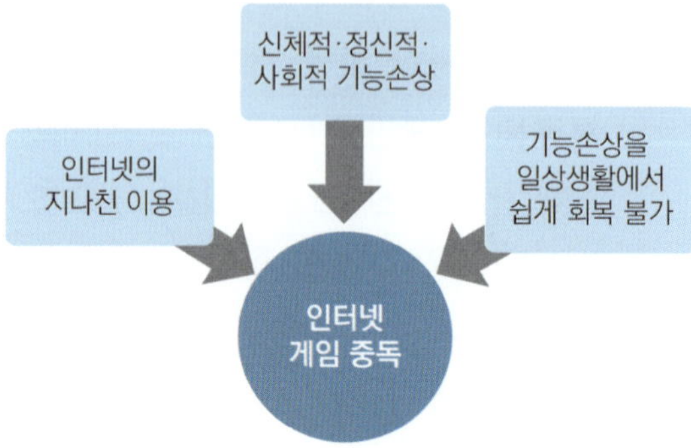

그림 7.5 **인터넷중독 개념**

여성가족부장관은 관계 중앙행정기관의 장과 협의하여 인터넷게임 중독 · 과몰입 등 매체물의 오용 · 남용으로 신체적 · 정신적 · 사회적 피해를 입은 청소년에 대하여 예방 · 상담 및 치료와 재활 등의 서비스를 지원할 수 있다(제1항). 지원에 관하여 구체적인 사항은 대통령령(시행령 제23조)으로 정한다(제2항).

인터넷 게임 중독 등의 피해 청소년지원(시행령 제23조 제1항)

1. 청소년의 인터넷게임 중독 · 과몰입 여부 진단
2. 청소년의 인터넷게임 중독 · 과몰입 예방을 위한 교육 · 상담 및 프로그램 개발 · 운영
3. 인터넷게임 중독 · 과몰입 청소년의 치료 · 재활을 위한 프로그램의 개발 · 운영
4. 인터넷게임 중독 · 과몰입 청소년의 치료 · 재활을 위하여 협력하는 병원의 지정
5. 「청소년기본법」 제22조에 따른 청소년상담사 등에 대한 인터넷게임 중독 · 과몰입 전문상담 교육

2) 국립 청소년 인터넷 드림마을

국립 청소년 인터넷 드림마을

여성가족부에서는 인터넷 및 스마트폰 사용으로 인해 중독 피해를 입은 청소년들을 회복시키기 위하여 국립 청소년 인터넷 드림마을(http://nyit.or.kr)을 운영하고 있다. 국립 청소년 인터넷 드림마을에서는 개인상담, 집단상담, 부모교육, 가족캠프, 특수치유, 외부활동, 체험활동, 대안활동, 봉사활동, 체육활동, 동아리활동 등 다양한 치유 프로그램을 진행하고 있다. 인터넷 · 스마트폰 과의존 위험군 중 집중 개입 혹은 전문적 개입을 위한 청소년을 위한 심층 프로그램이 4주와 3주 과정으로 운영된다. 인터넷 · 과의존 위험군 청소년을 위한 일반 프로그램은 2주 또는 1주 과정으로 운영된다.

4. 유해매체물 관련 청소년정책

제4차 청소년보호종합대책(여성가족부, 2022)에서는 매체 활용과 관련하여 “건강하고 책임감 있는 이용환경 조성”을 위하여 1) 청소년 이용자 보호 및 유해성 점검 확대, 2) 청소년의 자율적 대응역량 강화 및 인식개선, 3) 매체 역기능 피해 청소년 치유 · 지원 강화 등의 방안을 시행 중이다. 자세한 사항은 표 7.4를 참고하라.

표 7.4 제4차 청소년보호종합대책 – 유해매체물 관련 추진과제(출처: 여성가족부, 2022a)

건강하고 책임감 있는 미디어 이용 환경 조성	
청소년 이용자 보호 및 유해성 점검 확대	디지털 미디어 윤리성 정립 및 청소년 이용자 보호 강화 ① 온라인 플랫폼, 앱마켓 등에서의 청소년 이용자 보호(방통위) ② 메타버스 등 뉴미디어에서의 청소년 보호(과기부, 방통위)
	불법·유해 정보 신속차단 등 규제체계 정비 ① 도박·마약 등 불법정보 신속 차단 및 불법 광고 행위 근절(방통위, 과기부, 여가부) ② 음란, 사행심 조장 등 청소년에게 유해한 게임 광고·선전 제한 및 확률형 아이템 표시의무 부과 등 추진(문체부)
	온라인 유해 정보 점검·차단 등 보호조치 강화 ① 매체물에 대한 청소년 유해성 점검 및 신속 차단(여가부, 방통위, 경찰청)
	건강한 디지털 미디어 이용문화 조성을 위한 자율조치 활성화 ① 업계 협력 강화 및 청소년 보호 의식 제고(여가부, 방통위, 문체부) ② 사업자 자율 심의 등 자율적 보호조치 지원 및 사후관리 강화(문체부)
청소년의 자율적 대응역량 강화 및 인식개선	교육 기반 마련 및 연령별·특성별 미디어 역량 강화 지원 ① 디지털·미디어 교육 제도 기반 확충(방통위, 교육부) ② (청소년 교육) 연령별·매체별 특성에 맞는 미디어 역량 강화 지원(방통위, 과기부, 교육부, 여가부) ③ (보호자·교육자 교육) 건강한 미디어 이용습관 형성 지원을 위한 보호자 및 청소년 교육자 역량 강화, 전문인력 양성(방통위, 사감위, 여가부, 교육부)
	건강한 디지털 미디어 이용 문화 조성 ① 게임시간선택제 편의성 및 인지도 제고, 게임이용지도서 배포 등을 통해 청소년 여가문화로서 건강한 게임이용문화 확산(문체부) ② 인터넷·스마트폰 과의존 예방 및 건강한 디지털 미디어 이용문화 조성을 위한 홍보·캠페인 추진(여가부)
온라인 매체 역기능 피해 청소년 치유·지원 강화	역기능 피해 청소년의 체계적 발굴 및 지원 연계 ① 청소년 인터넷·스마트폰 이용습관 진단조사 대상 및 범위 확대(여가부, 교육부·사감위 협조) ② 청소년 자가진단 활성화 및 조기 선별·개입 체계 구축(과기부, 문체부, 사감위)
	미디어 과의존·과몰입 위험군 청소년 치유 지원 강화 ① 인터넷치유캠프 프로그램 운영 내실화 및 치료비, 심리 지원 등 치유 지원 확대(여가부) ② 게임 과몰입 위험군, 사이버 도박문제 청소년에 대한 치유 지원 강화(문체부, 사감위)

제4차 청소년보호 종합대책 2022-2024

주제 7-3 청소년유해약물, 청소년유해업소, 청소년유해행위에 관한 규제

1. 청소년유해약물 규제

1.1 청소년유해약물등의 청소년에 대한 판매·대여 등의 금지(제28조)

청소년유해약물은 청소년의 정신·신체·사회적 기능에 심각한 손상을 불러일으킬 뿐만 아니라 청소년 비행 가능성을 높이기 때문에 강력하게 규제될 필요성이 있다. 최근 청소년에게 청소년유해약물을 권유·유인·강요하여 구매하도록 하는 경우도 처벌되도록 하여(제3항) 규제를 강화하였다. 이러한 규제 강화에도 불구하고 2022 청소년 매체이용 유해환경 실태조사에 의하면 중·고등학생 청소년의 술 구입 장소의 95%는 편의점·가게·슈퍼마켓이었으나 최근 1개월 편의점·가게·슈퍼마켓에서 술을 직접 구입한 중·고등학생의 단 18.5%만이 나이 및 본인 확인을 받은 것으로 나타났다(여성가족부, 2023b). 또한 신변종 약물인 펜타닐패치의 경우 최근 사용 경험이 10.4%로 약물 오남용의 우려가 큰 것으로 나타났다.

1) 판매·대여·배포 및 무상제공 금지

누구든지 청소년을 대상으로 청소년유해약물등을 판매·대여·배포(자동기계장치·무인판매장치·통신장치를 통하여 판매·대여·배포하는 경우를 포함한다)하거나 무상으로 제공하여서는 아니 된다. 다만, 교육·실험 또는 치료를 위한 경우로서 대통령령으로 정하는 경우는 예외로 한다(제1항). 누구든지 청소년의 의뢰를 받아 청소년유해약물등을 구입하여 청소년에게 제공하여서는 아니 된다(제2항). 누구든지 청소년에게 권유·유인·강요하여 청소년유해약물등을 구매하게 하여서는 아니 된다(제3항).

마약이나 환각물질을 판매 · 대여 · 배포하는 경우에는 3년 이하의 징역 또는 3천만 원 이하의 벌금에 처하게 되며(제58조 제3호), 술이나 담배를 판매 · 대여 · 배포하거나 영리를 목적으로 제공하면 2년 이하의 징역 또는 2천만 원 이하의 벌금에 처한다(제59조 제6호). 문제는 마약이나 환각물질의 경우 무상으로 제공하는 경우는 처벌에서 제외되어 있다는 점이다. 이는 입법적으로 해결해야 하는 문제이다.

청소년이 부탁하여 술이나 담배 등 청소년유해약물을 구입하여 청소년에게 제공한 경우나(제59조 제7호), 청소년에게 권유 · 유인 · 강요하여 유해약물을 구입하게 한 경우에도 2년 이하의 징역 또는 2천만 원 이하의 벌금에 처하게 된다(제59조 제7호의2).

2) 나이 및 본인 여부 확인

청소년유해약물등을 판매 · 대여 · 배포하고자 하는 자는 그 상대방의 나이 및 본인 여부를 확인하여야 한다(제4항). 청소년의 나이 및 본인 여부와 관련하여서는 식품위생법 제44조 제2항이 문제가 되어왔다. 청소년을 고용하거나 유흥접객원으로 고용하거나, 청소년출입 · 고용금지 업소에 청소년을 출입시키거나 고용하는 행위, 청소년고용금지업소에 청소년을 고용하는 행위, 청소년에게 주류를 제공하는 행위를 한 경우에 종전에는 청소년이 신분증을 위조 · 변조 또는 도용하여 식품접객영업자가 청소년인 사실을 알지 못하거나 폭행 또는 협박으로 청소년임을 알지 못하더라도 영업정지나 영업취소 등의 행정처분을 당하였다. 그러나 2018년 12월 11일 식품위생법 제75조의 개정을 통하여 대통령령으로 정하는 일정한 경우에는 행정처분을 받지 않도록 하였다.

3) 영업자의 판매 · 대여 · 배포 금지 내용 표시

청소년 주류소매업의 영업자, 담배소매업의 영업자. 그 밖에 대통령령으로 정하는 업소의 영업자는 청소년유해약물 중 주류나 담배를 판매 · 대여 · 배포하는 경우 그 업소(자동기계장치 · 무인판매장치를 포함한다)에 청소년을 대상으로 주류등의 판매 · 대여 · 배포를 금지하는 내용을 표시하여야 한다. 다만, 청소년 출입 · 고용금지업소는 제외한다(제5항).

4) 제조 · 수입자의 청소년유해표시 의무

청소년유해약물을 제조 · 수입한 자 또는 청소년유해물건을 제작 · 수입한 자는 청소년유해약물등에 대하여 청소년유해표시를 하여야 한다(제7항).

5) 목록표 작성 및 통보

여성가족부장관은 청소년유해약물등 목록표를 작성하여 청소년유해약물등과 관련이 있는 관계기관등에 통보하여야 하고, 필요한 경우 약물 유통을 업으로 하는 개인 · 법인 · 단체에 통보할 수 있으며, 친권자등의 요청이 있는 경우 친권자등에게 통지할 수 있다(제6항).

6) 청소년유해약물 표시 방법

청소년유해약물등 목록표의 작성 방법, 통보 시기, 통보 대상, 그 밖에 필요한 사항은 여성가족부령으로 정한다. 표시의 문구, 크기와 제7항에 따른 청소년유해표시의 종류와 시기 · 방법, 그 밖에 필요한 사항은 대통령령으로 정한다. 청소년유해약물등의 포장에 관하여는 제14조 및 제15조를 준용한다. 이 경우 "청소년유해매체물" 및 "매체물"은 각각 "청소년유해약물등"으로 본다(제8항에서 제10항).

1.2 유해약물 관련 청소년정책

제4차 청소년보호종합대책에서 유해약물 관련 추진과제는 1) 법 · 제도 정비 및 청소년대상 온라인 불법 유통 근절, 2) 음주 · 흡연 등 예방교육 강화 및 청소년 보호 의식 제고, 3) 유해약물 오남용 청소년 지원 및 선도 · 보호 강화이다. 이와 관련해서는 표 7.5의 유해약물 관련 추진과제에 자세히 나와 있다.

표 7.5 제4차 청소년보호종합대책 – 유해약물 관련 추진과제(출처: 여성가족부, 2022a)

유해환경 등으로부터 안전할 권리 보장	
법 · 제도 정비 및 청소년대상 온라인 불법 유통 근절	신종 유해약물 · 업소 청소년 노출 차단을 위한 제도개선 ① 신종 담배 등의 청소년 접근 차단을 위한 법 · 제도 정비 ② 리얼돌 및 리얼돌 체험방 등 유해물건, 유해업소 노출 차단(여가부, 경찰청) 온 · 오프라인 청소년 대상 불법 유통 근절 ① 온 · 오프라인 청소년 대상 담배 · 주류 등 불법 판매 근절(여가부, 복지부, 경찰청) ② 불법 마약류 판매 · 오남용 등 감시시스템 강화 및 유통 제한(식약처, 경찰청)
	생활 속 음주 · 흡연 조장 환경 개선 ① 아동 · 청소년 시설의 금연 · 금주구역 확대 및 광고 등 노출 제한 ② 미디어의 음주 · 흡연 조장 콘텐츠 모니터링 및 청소년 접근 제한(방통위, 복지부, 여가부, 방심위)
	청소년의 건강한 생활 및 교육 환경 조성 ① 교육환경보호구역 내 불법 · 유해업소 적발 및 단속 강화(경찰청, 여가부, 교육부, 지자체) ② 청소년 유해업소 및 유해 광고물 등에 대한 관리 · 단속 강화(방통위, 여가부)
음주 · 흡연 등 예방교육 강화 및 청소년 보호 의식 제고	아동 · 청소년 음주 · 흡연 등 예방교육 강화 ① 아동 · 청소년 음주 · 흡연 예방 교육 강화 및 교사 역량 강화 지원(복지부, 교육부) ② 마약류 등 유해약물 오 · 남용 예방을 위한 청소년 교육 및 교사 역량강화 지원(식약처)
	청소년 보호 의식 제고 및 신분 확인 생활화 유도 ① 청소년 유해업소 업주 및 종사자 대상 청소년 보호 의식 제고(여가부, 문체부, 복지부, 지자체) ② 음주 · 흡연 · 마약류 유해성 홍보 및 예방 캠페인 등 추진 ③ 시민단체 등 협력, 지역사회 유해환경 개선 활동(여가부, 행안부, 문체부, 지자체) ④ 사업주의 구매자 신분 확인 정확성 및 편의성 제고(행안부, 경찰청)
유해약물 오남용 청소년 지원 및 선도 · 보호 강화	유해약물 오남용 청소년 치료 지원 확대 ① 알코올, 마약 등 중독 치료 · 재활 접근성 제고 및 서비스 강화(복지부, 식약처) ② 흡연 청소년 대상 금연 지원 프로그램 확대 운영 ③ 국립청소년치료재활센터 기능 강화 및 확대(여가부)
	법 위반 유발 청소년 선도 · 보호 강화 ① 신분증 위 · 변조 등으로 사업주의 법 위반을 유발한 청소년 선도 필요시 경찰 선도제도 연계 및 지자체 청소년안전망을 통한 지원 추진(경찰청) ② 법위반 유발 학생 청소년의 재발방지를 위한 회복적 보호 조치* 법적 근거(청소년 보호법) 마련(여가부)

제4차
청소년보호
종합대책
2022-2024

2. 청소년유해업소 규제

청소년유해업소 규제는 청소년유해업소 자체에 대한 규제와 청소년유해업소가 밀집한 구역에 대한 청소년 통행금지와 청소년 통행제한 구역의 지정의 규제로 나눌 수 있다.

2.1 청소년 고용 금지 및 출입 제한 등(제29조)

청소년유해업소에서 청소년 고용하거나 출입을 막고, 이를 위하여 나이나 본인을 확인하게 하는 조항이다.

1) 청소년 고용 금지

청소년유해업소의 업주는 청소년을 고용하여서는 아니 된다. 청소년유해업소의 업주가 종업원을 고용하려면 미리 나이를 확인하여야 한다(제1항).

2) 나이 확인 및 청소년 출입 제한

청소년 출입·고용금지업소의 업주와 종사자는 출입자의 나이를 확인하여 청소년이 그 업소에 출입하지 못하게 하여야 한다(제2항). 제2조 제5호 나목2)의 숙박업을 운영하는 업주는 종사자를 배치하거나 대통령령으로 정하는 설비 등을 갖추어 출입자의 나이를 확인하고 제30조 제8호의 우려가 있는 경우에는 청소년의 출입을 제한하여야 한다(제3항). 청소년유해업소의 업주와 종사자는 제1

항부터 제3항까지에 따른 나이 확인을 위하여 필요한 경우 주민등록증이나 그 밖에 나이를 확인할 수 있는 증표(이하 이 항에서 "증표"라 한다)의 제시를 요구할 수 있으며, 증표 제시를 요구받고도 정당한 사유 없이 증표를 제시하지 아니하는 사람에게는 그 업소의 출입을 제한할 수 있다(제4항).

3) 친권자 동반 경우 청소년 출입 제한 일부 허용

제2항에도 불구하고 청소년이 친권자등을 동반할 때에는 대통령령(시행령 제27조)으로 정하는 바에 따라 출입하게 할 수 있다. 다만, 식품위생법에 따른 식품접객업 중 대통령령(시행령 제27조)으로 정하는 업소의 경우에는 출입할 수 없다(제5항).

4) 청소년 출입과 고용 제한 표시

청소년유해업소의 업주와 종사자는 그 업소에 대통령령(시행령 제28조)으로 정하는 바에 따라 청소년의 출입과 고용을 제한하는 내용을 표시하여야 한다(제6항).

2.2 청소년 통행금지 · 제한구역의 지정 등(제31조)

청소년에게 유해업소 등이 있는 구역의 경우에는 청소년의 통행을 금지하거나 제한할 수 있다. 이는 청소년의 거주 · 이전의 자유를 제한하지만 청소년에게 미치는 피해가 더 크기 때문에 부득이하게 설정하는 것이다. 청소년 통행금지 구역은 청소년의 통행을 24시간 금지하는 구역이며, 청소년 통행제한 구역은 일정 시간 제한하는 구역으로, 친권자나 후견인, 교사 등 보호자를 동반하는 때에는 통행할 수 있다(시행령 제29조).

1) 조례로 통행금지구역 내지 통행제한 구역 지정

특별자치시장 · 특별자치도지사 · 시장 · 군수 · 구청장(구청장은 자치구의 구청장을 말하며, 이하 "시장 · 군수 · 구청장"이라 한다)은 청소년 보호를 위하여 필요하다고 인정할 경우 청소년의 정신적 · 신체적 건강을 해칠 우려가 있는 구역을 청소년 통행금지구역 또는 청소년 통행제한구역으로 지정하여야 한다(제1항). 시장 · 군수 · 구청장은 청소년 범죄 또는 탈선의 예방 등 특별한 이유가 있으면 대통령령으로 정하는 바에 따라 시간을 정하여 제1항에 따라 지정된 구역에 청소년이 통행하는 것을 금지하거나 제한할 수 있다(제2항). 시행령 제29조에 의하면 청소년 통행금지구역은 청소년의 통행을 24시간 금지하는 구역으로 하고, 청소년 통행제한구역은 청소년의 통행을 일정 시간 제한하는 구역으로 한다. 다만, 친권자, 후견인, 교사 그 밖에 해당 청소년을 보호할 수 있는 보호자를 동반하는 때에는 통행할 수 있다.

청소년 통행금지구역 또는 통행제한구역의 구체적인 지정기준과 선도 및 단속 방법 등은 조례로 정하여야 한다. 이 경우 관할 경찰관서 및 학교 등 해당 지역의 관계 기관과 지역 주민의 의견을 반영하여야 한다(제3항).

2) 통행금지 및 구역 밖으로 강제 이동

시장 · 군수 · 구청장 및 관할 경찰서장은 청소년이 제2항을 위반하여 청소년 통행금지구역 또는 통행제한구역을 통행하려고 할 때에는 통행을 막을 수 있으며, 통행하고 있는 청소년은 해당 구역 밖으로 나가게 할 수 있다(제4항).

청소년통행금지 · 제한구역은 교육환경 보호에 관한 법률 제9조의 교육환경 보호구역과 유사하지만, 근거법령, 제한방식, 구역 설정 기준, 규제의 대상 등에서 표 7.6과 같은 차이를 보인다.

표 7.6 **청소년통행금지 · 제한구역과 교육환경보호구역과의 차이**

	청소년통행금지 · 제한구역	교육환경보호구역
근거법령	청소년보호법	교육환경 보호에 관한 법률
제한방식	조례를 통해 필요한 구역을 설정	법률에 의해 학교 출입문/경계선으로부터 일정 범위 내의 해당 시설을 일괄 금지 또는 제한
구역의 종류	청소년통행금지구역, 청소년통행제한구역	절대보호구역, 상대보호구역
구역 설정 기준	청소년유해업소	학교
규제 대상	청소년	유해 시설
규제 방식	청소년의 해당구역에 대한 통행을 24시간 금지 또는 일정 시간 제한	교육환경보호구역에서 학습과 교육환경에 나쁜 영향을 주는 행위 금지

2.3 유해업소 관련 청소년정책

제4차 청소년보호종합대책에서는 유해업소 관련한 청소년 대책을 1) 법 · 제도 정비 및 청소년 대상 온라인 불법 유통 근절 2) 음주 · 흡연 등 예방교육 강화 및 청소년보호 의식 제고 등의 중점과제를 시행하고 있다. 그 일환으로 리얼돌 및 리얼돌 체험방 등 유해물건, 유해업소 노출 차단이나 위변조가 어려운 모바일 신분증과 진위여부 검증시스템(앱) 개발을 보급할 계획이다.

표 7.7 **제4차 청소년보호종합대책 – 유해업소 관련 추진과제**(출처: 여성가족부, 2022a)

법 · 제도 정비 및 청소년대상 온라인 불법 유통 근절	신종 유해약물 · 업소 청소년 노출 차단을 위한 제도개선 ① 리얼돌 및 리얼돌 체험방 등 유해물건, 유해업소 노출 차단(여가부, 경찰청)
	청소년의 건강한 생활 및 교육 환경 조성 ① 교육환경보호구역 내 불법 · 유해업소 적발 및 단속 강화(경찰청, 여가부, 교육부, 지자체) ② 청소년 유해업소 및 유해 광고물 등에 대한 관리 · 단속 강화(방통위, 여가부)
음주 · 흡연 등 예방교육 강화 및 청소년 보호 의식 제고	청소년 보호 의식 제고 및 신분 확인 생활화 유도 ① 청소년 유해업소 업주 및 종사자 대상 청소년 보호 의식 제고(여가부, 문체부, 복지부, 지자체) ② 음주 · 흡연 · 마약류 유해성 홍보 및 예방 캠페인 등 추진 ③ 시민단체 등 협력, 지역사회 유해환경 개선 활동(여가부, 행안부, 문체부, 지자체) ④ 사업주의 구매자 신분 확인 정확성 및 편의성 제고(행안부, 경찰청) – 위 · 변조가 어려운 모바일 신분증과 진위여부 검증시스템(앱) 개발 · 보급

제4차 청소년보호 종합대책 2022-2024

3. 청소년 유해행위 금지

3.1 청소년 유해행위 금지 및 처벌(제30조)

청소년을 착취하거나 성적으로 이용하는 등 학대를 하는 행위를 제한하고 있으며, 이를 위반한 경우에는 제55조에서 제57조, 제58조 제5호의 벌칙을 통해서 징역형이나 벌금형으로 처벌하고 있다. 금지되는 행위는 표 7.8과 같다.

청소년 유해행위는 아동복지법 제17조의 구걸이나 학대 행위 금지 등에서 서로 유사하다. 다만 청소년보호법의 청소년 유해행위는 성적 접대행위, 유흥 접객행위, 청소년을 남녀혼숙하게 하는 영업행위나 이를 목적으로 하는 장소 제공행위, 청소년에게 차 종류를 배달하게 하거나[4] 이를 조장, 묵인하는 행위 등 청소년의 성착취를 보다 상세하게 금지하는 특징을 가진다.

표 7.8 금지되는 청소년 유해행위의 종류(청소년보호법 제30조)

1. 영리를 목적으로 청소년으로 하여금 신체적인 접촉 또는 은밀한 부분의 노출 등 성적 접대행위를 하게 하거나 이러한 행위를 알선·매개하는 행위
2. 영리를 목적으로 청소년으로 하여금 손님과 함께 술을 마시거나 노래 또는 춤 등으로 손님의 유흥을 돋우는 접객행위를 하게 하거나 이러한 행위를 알선·매개하는 행위
3. 영리나 흥행을 목적으로 청소년에게 음란한 행위를 하게 하는 행위
4. 영리나 흥행을 목적으로 청소년의 장애나 기형 등의 모습을 일반인들에게 관람시키는 행위
5. 청소년에게 구걸을 시키거나 청소년을 이용하여 구걸하는 행위
6. 청소년을 학대하는 행위
7. 영리를 목적으로 청소년으로 하여금 거리에서 손님을 유인하는 행위를 하게 하는 행위
8. 청소년을 남녀 혼숙하게 하는 등 풍기를 문란하게 하는 영업행위를 하거나 이를 목적으로

4) 이는 청소년을 이용한 일명 티켓 다방 영업을 제한하기 위한 조항이다.

장소를 제공하는 행위
9. 주로 차 종류를 조리·판매하는 업소에서 청소년으로 하여금 영업장을 벗어나 차 종류를 배달하는 행위를 하게 하거나 이를 조장하거나 묵인하는 행위

3.2 청소년에 대해서 가지는 채권의 효력 제한(제32조)

청소년 유해행위를 하는 자는 자본주의 사회의 특성을 이용하여 청소년에게 이러한 행위를 강요하기 위하여 빚, 즉 채권을 이용하는 경우가 있기 때문에 이를 방지하기 위하여 채권을 무효화하는 조항을 두고 있다.

제30조에 따른 행위(청소년유해행위)를 한 자가 그 행위와 관련하여 청소년에 대하여 가지는 채권은 그 계약의 형식이나 명목에 관계 없이 무효로 한다(제1항). 제2조 제5호 가목3) 및 나목3)에 따른 업소의 업주가 고용과 관련하여 청소년에 대하여 가지는 채권은 그 계약의 형식이나 명목에 관계 없이 무효로 한다(제2항).

3.3 청소년 유해행위 관련 청소년정책

제4차 청소년보호종합대책에서 유해행위 관련 청소년정책은 "피해 회복 등 일상 복귀 지원 및 재발 방지" 전략과제 아래, 1) 사이버폭력 등 조기 감지 및 대응 강화, 2) 폭력 등 유해행위에 대한 대응 능력 및 민감성 제고, 3) 피해 회복 등 일상 복귀 지원 및 재발 방지 등의 중점과제를 시행하고 있다.

청소년유해행위 관련 청소년정책에는 청소년보호법 제30조의 유해행위뿐만 아니라 청소년에게 행해지는 일반적 청소년폭력·학대행위에 대한 대책을 포함하고 있다.

표 7.9 제4차 청소년보호종합대책 – 유해행위 관련 추진과제(출처: 여성가족부, 2022a)

피해 회복 등 일상 복귀 지원 및 재발 방지	
사이버폭력 등 조기 감지 및 대응 강화	사이버폭력 등 조기 감지 및 위기청소년 조기 발견 ① 학교폭력, 사이버폭력, 학대 등 조기 감지 및 신고체계 강화(교육부, 복지부, 법무부) ② 사이버폭력 정의 명확화, 피해 학생의 2차 피해 방지 등을 위한 학교폭력예방법 일부개정 법률안의 국회 통과 노력 지속(교육부) ③ 폭력 피해 감지 소프트웨어 보급 및 시설 설치 확대(방통위, 교육부) ④ 위기청소년 조기 발견 및 지원 연계(교육부, 여가부)
	아동 · 청소년 대상 성범죄 근절 ① 디지털성범죄 영상물 등에 대한 신속 삭제 및 대응 강화(방통위) ② 온라인 성착취에 대한 단속 및 법 집행 강화(여가부, 방통위, 경찰청)
	청소년 불법 사금융 등 대응 강화 ① 청소년대상 불법 사금융(대리입금) 피해 예방(금융위, 여가부)
폭력 등 유해행위에 대한 대응능력 및 민감성 제고	폭력 등 유해행위에 대한 대응 능력 제고 ① 청소년 폭력 예방 교육 콘텐츠 및 프로그램 확대(교육부, 여가부) ② 청소년 범죄, 비행 등 예방 교육 강화(법무부) ③ 청소년이 참여하는 자율적 폭력 예방 활동 강화(교육부)
	폭력 등 유해행위에 대한 민감성 제고 ① 사이버폭력 예방교육주간 등 사이버폭력 · 학교폭력 예방 활동 및 캠페인 추진(교육부) ② 디지털 플랫폼 등 활용 디지털 성범죄 인식개선 캠페인 지속 전개(여가부, 문체부) ③ 청소년 도박, 사이버 범죄 등에 대한 예방 · 홍보캠페인(사감위, 경찰청)
피해 회복 등 일상 복귀 지원 및 재발 방지	폭력 피해 회복 및 일상 복귀 지원 ① 학교폭력, 사이버폭력 등 피해 회복 지원(교육부) ② 디지털 성범죄, 학대 등 범죄 피해 청소년 보호 및 지원 내실화(여가부, 법무부, 복지부) ③ 성매매 피해청소년 전문적인 치료 · 재활교육과 맞춤형 상담 · 사례관리 지원(여가부)
	위기 · 취약 청소년 치유 · 지원 확대 ① 다양한 플랫폼 활용 위기청소년 상담 및 지원 접근성 제고(여가부) ② 위기청소년 상담 등 지원 전문 인력 및 인프라 확충(여가부, 교육부) ③ 우울, 불안, 정서행동장애 등 정신건강 취약 청소년 치유 지원 강화(복지부, 여가부)
	폭력 등 가해(범죄) 청소년 재발방지 시스템 강화 ① 학교폭력, 사이버폭력 등 가해 청소년 재발방지 시스템 강화(교육부, 여가부, 경찰청) ② 청소년 회복 및 재범 방지를 위해 청소년회복지원시설 운영 개선 및 서비스 다양화(여가부)

제4차 청소년보호 종합대책 2022-2024

주제 7-4 청소년보호 사업의 추진

1. 청소년 보호 사업의 추진(제33조)

1.1 청소년보호종합대책의 수립

1) 청소년보호종합대책 수립 시행

여성가족부장관은 3년마다 관계 중앙행정기관의 장 및 지방자치단체의 장과 협의하여 청소년유해환경으로부터 청소년을 보호하기 위한 종합대책(이하 이 조에서 "종합대책"이라 한다)을 수립 · 시행하여야 한다(제1항).

2) 제4차 청소년보호종합대책

청소년보호종합대책은 3년마다 수립되며, 현재 제4차 청소년보호종합대책(2022년-2024년)이 시행 중에 있다(여성가족부, 2022a). 제4차 청소년보호종합대책의 비전은 "청소년이 건강하고 안전한 성장환경 실현"이며, 목표는 "디지털 미디어에 대한 청소년의 자율적 대응 역량을 강화하고, 변화하는 온라인 유해환경 개선을 위한 제도기반 구축"이다. 주요 전략과제는 1) 건강하고 책임감 있는 미디어 이용환경 조성, 2) 유해환경 등으로부터 안전할 권리보장, 3) 사이버폭력 등으로부터 안전한 사회문화 조성, 4) 근로청소년 권익보호 및 노동인권 의식 제고이다. 추진기반으로는 1) 청소년의 건강성장 지원 및 보호 전문기구 기능 강화, 2) 지역 청소년보호기구 및 청소년 보호사업 활성화, 3) 청소년보호종합대책 평가 및 환류체계 구축 등의 과제가 있다. 제4차 청소년보호종합대책의 전략 · 주요 정책과제는 표 7.10과 같다.

제4차 청소년보호 종합대책 2022-2024

표 7.10 제4차 청소년보호종합대책의 중점과제(출처: 여성가족부, 2022a)

구분	전략과제	중점과제
전략 · 주요 정책 과제	건강하고 책임감 있는 미디어 이용환경 조성	• 청소년 이용자 보호 및 유해성 점검 확대 • 청소년의 자율적 대응역량 강화 및 인식개선 • 매체 역기능 피해 청소년 치유 · 지원 강화
	유해환경 등으로부터 안전할 권리 보장	• 법 · 제도 정비 및 청소년대상 온라인 불법 유통 근절 • 음주 · 흡연 등 예방교육 강화 및 청소년 보호 의식 제고 • 유해약물 오남용 청소년 지원 및 선도 · 보호 강화
	사이버폭력 등으로부터 안전한 사회문화 조성	• 폭력 등 조기 감지 및 대응 강화 • 폭력 등 유해행위에 대한 대응능력 및 민감성 제고 • 피해 회복 등 일상 복귀 지원 및 재발 방지
	근로청소년 권익보호 및 노동인권 의식 제고	• 근로청소년의 기본 권리 보장 • 청소년 노동인권 교육 확대 및 사회 전반의 노동인권 의식 제고 • 부당처우 피해 청소년 구제 및 지원 강화
추진기반		• 청소년의 건강성장 지원 및 보호 전문기구 기능강화 • 지역 청소년보호기구 및 청소년 보호사업 활성화 • 청소년보호종합대책 평가 및 환류체계 구축

3) 종합대책 점검 및 관계기관 점검회의

여성가족부장관은 종합대책의 추진상황을 매년 점검하여야 하고, 이를 위하여 관계 기관 점검회의를 운영할 수 있다(제2항). 여성가족부장관은 종합대책 수립 및 제2항에 따른 점검회의 운영을 위하여 필요한 자료를 관계 기관의 장에게 요청할 수 있다. 이 경우 관계 기관의 장은 정당한 사유가 없으면 이에 따라야 한다(제3항).

1.2 청소년유해환경 실태조사, 종합 점검 및 단속

2022 청소년 매체이용 유해환경 실태조사

여성가족부장관은 종합대책의 효과적 수립·시행을 위하여 청소년의 유해환경에 대한 접촉실태 조사를 정기적으로 실시하여야 하고, 관계 중앙행정기관 또는 지방자치단체의 장과 협력하여 청소년유해환경에 대한 종합적인 점검 및 단속 등을 실시할 수 있다(제4항). 종합대책의 수립·시행과 제2항에 따른 점검회의의 운영 등에 필요한 사항은 대통령령(시행령 제30조 및 제31조)으로 정한다(제5항).

여성가족부장관은 청소년 매체이용 및 유해환경 실태조사를 2년마다 실시하고 있다. 2022 청소년 매체이용 유해환경 실태조사는 2016년, 2018년, 2020년에 이은 제4차 조사이다(여성가족부, 2023b). 조사대상은 전국 학생 청소년(초등4~6학년 및 중·고등학교 1~3학년) 17,140명이며, 조사내용은 매체, 행위, 약물, 업소, 근로보호 등 청소년의 매체이용 및 유해환경에 대한 종합적인 실태이다.

2. 청소년의 유해환경에 대한 대응능력 제고 등(제34조)

2.1 청소년의 유해환경 대응능력 제고 사업

여성가족부장관은 관계 중앙행정기관의 장과 협의하여 청소년의 유해환경에 대한 대응능력 제고와 청소년의 매체물 오용·남용으로 인한 피해의 예방 및 해소 등을 위하여 다음의 사업을 추진할 수 있다(제1항).

청소년 유해환경 대응능력 제고 관련 사업(제34조 제1항)
1. 청소년의 유해환경에 대한 대응능력 제고를 위한 교육 및 프로그램의 개발과 보급
2. 청소년의 유해환경에 대한 대응능력 제고와 관련된 전문인력의 양성
3. 청소년의 매체물 이용과 관련한 상담 및 안내
4. 매체물 오용·남용으로 피해를 입은 청소년에 대한 전문적 상담과 치료 등
5. 청소년유해약물 피해 예방 및 피해를 입은 청소년에 대한 치료와 재활

2.2 사업의 위탁

여성가족부장관은 제1항 각 호의 사업을 청소년보호를 목적으로 하는 법인 또는 단체에 위탁하여 실시할 수 있다. 이 경우 여성가족부장관은 예산의 범위에서 사업 수행에 필요한 경비의 전부 또는 일부를 지원할 수 있다(제2호).

3. 환각물질 중독치료 등(제34조의2)

이 조항은 청소년의 피해를 회복하기 위한 조항으로 청소년보호법의 다른 조항과는 달리 청소년회복에 해당한다. 앞서 인터넷게임 중독이 행위에 의한 중독이라면 제34조의2에서 다루는 환각물질에 의한 중독은 물질에 의한 중독이라는 점이 다르다.

3.1 청소년 환각물질 중독 전문 치료기관 지정

여성가족부장관은 다음의 사항을 지원하기 위하여 중독정신의학 또는 청소년정신의학 전문의 등의 인력과 관련 장비를 갖춘 시설 또는 기관을 청소년 환각물질 중독 전문 치료기관(이하 "청소년 전문 치료기관"이라 한다)으로 지정·운영할 수 있다. 이 경우 판별 검사, 치료와 재활에 필요한 비용의 전부 또는 일부를 지원할 수 있다(제1항).

청소년전문치료기관을 통한 환각물질 중독치료(제34조의2 제1항)
1. 환각물질 흡입 청소년의 중독 여부 판별 검사 2. 환각물질 중독으로 판명된 청소년에 대한 치료와 재활

3.2 환각 물질 중독 판별 검사

여성가족부장관은 환각물질 흡입 청소년에 대하여 본인, 친권자 등 대통령령(시행령 제31조의2)으로 정하는 사람의 신청, 소년법에 따른 법원의 보호처분결정 또는 검사의 조건부기소유예처분 등이 있는 경우 청소년 전문 치료기관에서 중독 여부를 판별하기 위한 검사를 받도록 지원할 수 있다. 이 경우 검사 기간은 1개월 이내로 한다.

3.3 치료 및 재활

여성가족부장관은 환각물질 중독자로 판명된 청소년에 대하여 본인, 친권자 등 대통령령(시행령 제31조의4)으로 정하는 사람의 신청, 소년법에 따른 법원의 보호처분결정 또는 검사의 조건부기소유예처분 등이 있는 경우 청소년 전문치료기관에서 치료와 재활을 받도록 지원할 수 있다. 이 경우 치료 및 재활 기간은 6개월 이내로 하되, 3개월의 범위에서 연장할 수 있다(제3항). 여성가족부장관은 제2항 및 제3항에 따른 결정을 하는 경우에 정신과 전문의 등에게 자문할 수 있다(제4항).

3.4 비밀누설 금지

청소년 전문 치료기관의 장과 그 종사자 또는 그 직에 있었던 사람은 직무상 알게 된 비밀을 누설하여서는 아니 된다(제5항).

3.5 운영 및 방법 등

제1항부터 제4항까지의 규정에 따른 청소년 전문 치료기관의 지정·운영, 중

독 판별 검사 및 치료와 재활, 친권자 등의 신청 및 자문, 그 밖에 필요한 사항은 대통령령(시행령 제31조의2, 제31조의4, 제31조의5)으로 정한다(제6항).

4. 청소년 보호·재활센터의 설치·운영(제35조)

여성가족부장관은 청소년유해환경으로부터 청소년을 보호하고 피해 청소년의 치료와 재활을 지원하기 위하여 청소년 보호·재활센터를 설치·운영할 수 있다. 여성가족부장관은 청소년 보호·재활센터의 설치·운영을 청소년 보호를 목적으로 하는 법인 또는 단체에 위탁할 수 있다. 이 경우 청소년 보호·재활센터의 설치·운영에 필요한 경비의 전부 또는 일부를 지원할 수 있다. 청소년 보호·재활센터의 설치·운영에 필요한 세부사항은 대통령령(시행령 제32조)으로 정한다(제35조).

청소년 보호·재활센터의 사업은 다음과 같다(시행령 제32조).

청소년 보호·재활센터의 사업(시행령 제32조)
1. 학습·정서·행동상의 장애를 가진 청소년에 대한 보호·상담 및 치료·재활 지원
2. 약물 또는 인터넷 중독 청소년에 대한 보호·상담 및 치료·재활 지원
3. 청소년유해환경으로 인한 피해 청소년 실태 파악 및 지원을 위한 조사·연구, 치료 프로그램 개발 및 자료 구축·관리
4. 그 밖에 청소년유해환경으로 인한 피해 예방, 상담 및 치료·재활을 위해 필요하다고 여성가족부장관이 인정하는 사항

국립중앙청소년디딤센터와 국립 청소년 인터넷 드림마을이 청소년 보호·재활센터이다.

앞서 설명하였듯이 국립 청소년 인터넷 드림마을은 인터넷 및 스마트폰 과의존을 치유하기 위한 프로그램을 운영한다.

국립중앙청소년디딤센터는 정서·행동에 어려움이 있는 만 9세~만 18세 청소년을 대상으로 상담·치료·보호·교육의 종합적이고 전문적인 서비스를 제공한다(국립중앙청소년디딤센터, 2021). 국립중앙청소년디딤센터에서는 장기 치료·재활과정과 단기 치료·재활과정을 운영한다. 프로그램 운영과정은 1개월간 운영되는 오름과정과 4개월간 운영되는 디딤과정, 4박5일 운영되는 힐링캠프, 사후관리 프로그램인 힐링페스티벌 등이 있다.

국립청소년 인터넷드림마을	국립중앙 청소년디딤센터

주제 7-5 청소년보호위원회와 유해환경 및 선도 · 보호 대상 청소년에 대한 조치 등

1. 청소년보호위원회

1.1 청소년보호위원회의 구성

청소년보호위원회는 여성가족부 소속의 청소년보호 업무를 하는 전문위원회이다.

1) 청소년보호위원회의 위원(제37조)

위원회는 위원장 1명을 포함한 11명 이내의 위원으로 구성하되, 고위공무원단에 속하는 공무원 중 여성가족부장관이 지명하는 청소년 업무 담당 공무원 1명을 당연직 위원으로 한다(제1항). 위원회의 위원장은 청소년 관련 경험과 식견이 풍부한 사람 중에서 여성가족부장관의 제청으로 대통령이 임명하고, 그 밖의 위원은 다음 각 호의 어느 하나에 해당하는 사람 중에서 위원장의 추천을 받아 여성가족부장관의 제청으로 대통령이 임명하거나 위촉한다(제2항).

1. 판사, 검사 또는 변호사로 5년 이상 재직한 사람
2. 대학이나 공인된 연구기관에서 부교수 이상 또는 이에 상당하는 직에 있거나 있었던 사람으로서 청소년 관련 분야를 전공한 사람
3. 3급 또는 3급 상당 이상의 공무원이나 고위공무원단에 속하는 공무원과 공공기관에서 이에 상당하는 직에 있거나 있었던 사람으로서 청소년 관련 업무에 실무 경험이 있는 사람
4. 청소년 시설 · 단체 및 각급 교육기관 등에서 청소년 관련 업무를 10년 이상 담당한 사람

2) 위원장의 직무(제38조)

위원장은 위원회를 대표하고 위원회의 업무를 총괄한다(제1항). 위원장이 부득이한 사유로 직무를 수행할 수 없을 때에는 위원장이 지명한 위원이 그 직무를 대행하며, 위원회의 회의를 소집하고 그 의장이 된다(제2항 및 제3항).

3) 위원의 임기(제39조)

위원의 임기는 2년으로 하며, 연임할 수 있다. 다만, 당연직 위원의 임기는 그 재임기간으로 한다(제1항). 당연직 위원이 아닌 위원에 결원이 생겼을 때에는 결원된 날부터 30일 이내에 보궐위원을 임명하거나 위촉하여야 하며, 보궐위원의 임기는 전임자 임기의 남은 기간으로 한다. 다만, 전임자 임기의 남은 기간이 3개월 미만이고 재임 중인 위원의 수가 8명 이상인 경우에는 보궐위원을 선임하지 아니할 수 있다(제2항).

4) 위원의 직무상 독립과 신분보장(제40조)

위원은 직무와 관련하여 외부의 지시나 간섭을 받지 아니한다(제1항). 위원은 금고 이상의 형을 선고받은 경우, 장기간의 심신쇠약으로 직무를 수행할 수 없게 된 경우 중 어느 하나에 해당하는 경우가 아니면 본인의 의사에 반하여 면직되지 아니한다(제2항).

1.2 청소년보호위원회의 심의·결정 사항

다음의 사항에 관하여 심의·결정하기 위하여 여성가족부장관 소속으로 청소년보호위원회를 둔다(제36조).

청소년보호위원회의 심의 · 결정 사항(제36조)
1. 청소년유해매체물, 청소년유해약물등, 청소년유해업소 등의 심의 · 결정 등에 관한 사항 2. 제54조제1항에 따른 과징금 부과에 관한 사항 3. 여성가족부장관이 청소년보호를 위하여 필요하다고 인정하여 심의를 요청한 사항 4. 그 밖에 다른 법률에서 위원회가 심의 · 결정하도록 정한 사항
참고. 제54조 제1항: 여성가족부장관은 제2조제2호사목 · 아목에 따른 매체물을 발행하거나 수입한 자가 제9조제1항 각 호의 심의기준에 저촉되는 매체물을 제13조 및 제14조에 준하는 청소년유해표시 또는 포장을 하지 아니하고 해당 청소년유해매체물의 결정 · 고시 전에 유통하였거나 유통

1.3 청소년보호위원회의 정족수

위원회의 회의는 재적위원 과반수의 출석으로 개의하고, 출석위원 과반수의 찬성으로 의결한다(제38조 제4항).

1.4 유해매체물 심의 분과위원회(제41조의2)

청소년유해매체물의 심의 및 결정은 전문성이 요구되는 분야로 전문성을 가진 분과위원회의 운영이 필요하다.

여성가족부장관은 청소년보호위원회의 청소년유해매체물 심의 · 결정을 지원하기 위하여 유해매체물 심의 분과위원회를 둘 수 있다(제1항). 분과위원회의 구성과 운영 등에 필요한 사항은 대통령령(시행령 제34조)으로 정한다(제2항). 시행령 제34조에 의하면 유해매체물 심의 분과위원회는 매체별로 둘 수 있다.

2. 유해환경에 대한 조치

2.1 보고 등(제42조)

청소년유해매체물과 청소년유해약물을 유통하는 자와 청소년유해업소에 대하여 청소년보호법 준수 여부를 확인하기 위하여 보고 및 자료제출 의무를 부과하고 이를 지키지 않는 경우에는 과태료를 부과하고 있다.

여성가족부장관 또는 시장 · 군수 · 구청장은 이 법에서 정하고 있는 사항의 이행 및 위반 여부를 확인하기 위하여 필요하다고 인정하면 청소년유해매체물과 청소년유해약물등을 유통하는 자와 청소년유해업소의 업주 등에게 대통령령(시행령 제36조)으로 정하는 바에 따라 필요한 보고와 자료 제출을 요구할 수 있다(제42조).

보고와 자료제출 요구를 받고도 따르지 아니하거나 거짓으로 보고한 경우에는 100만 원 이하의 과태료를 부과받는다(제64조 제2항 제1호).

2.2 검사 및 조사 등(제43조)

청소년보호의 실효성을 높이기 위하여 여성가족부장관이나 시 · 군 · 구청장이 직접 청소년유해환경을 검사 및 조사할 수 있다. 이러한 검사나 조사를 거부하거나 방해 또는 기피하는 사람은 300만 원 이하의 벌금에 처한다(제61조 제2항).

여성가족부장관 또는 시장 · 군수 · 구청장은 이 법에서 정하고 있는 사항의 이행 및 위반 여부를 확인하기 위하여 필요하다고 인정하면 소속 공무원으로 하여금 청소년유해매체물 및 청소년유해약물등의 유통과 청소년의 청소년유해업소 고용 및 출입 등에 관련된 장부, 서류, 장소, 그 밖에 필요한 물건을 검사 · 조사하게 할 수 있으며, 대통령령으로 정하는 장소에서 당사자 · 이해관계인 또는 참고인의 진술을 듣게 할 수 있다(제1항). 여성가족부장관 또는 시장 · 군수

· 구청장은 필요하다고 인정하면 특별한 학식 · 경험이 있는 자에게 감정을 의뢰할 수 있다(제2항). 제1항에 따라 업무를 수행하는 공무원은 그 권한을 표시하는 증표를 지니고 이를 관계인에게 보여주어야 한다(제3항).

2.3 수거 · 파기(제44조)

청소년유매체물이나 청소년유해약물이 청소년유해표시가 되어 있지 않거나, 심의를 받지 않고 유통되고 있는 매체물로 청소년유해매체물로 결정된 경우에는 이를 수거 및 파기할 수 있도록 하고 있다. 특히 제44조 제1항의 수거 명령을 위반하는 경우에는 제58조 제6호에 따라서 3년 이하의 징역 또는 3천만 원 이하의 벌금에 처해질 수 있다.

여성가족부장관 또는 시장 · 군수 · 구청장은 청소년유해매체물 및 청소년유해약물등이 다음의 어느 하나에 해당하면 소유자나 유통에 종사하는 자에게 그 청소년유해매체물 또는 청소년유해약물등의 수거를 명할 수 있다(제44조 제1항).

청소년유해매체물 및 청소년유해약물에 대해 수거를 명할 수 있는 경우(제44조 제1항)
1. 제13조제1항 및 제28조제7항에 따른 청소년유해표시가 되어 있지 아니하거나 제14조(제28조제10항에서 준용하는 경우를 포함한다)에 따라 포장되지 아니하고 유통되고 있는 경우 2. 청소년에게 유해한지에 대하여 각 심의기관의 심의를 받지 아니하고 유통되고 있는 매체물로서 청소년유해매체물로 결정된 경우

여성가족부장관 또는 시장 · 군수 · 구청장은 제1항에 따른 수거명령을 받을 자를 알 수 없거나 수거명령을 받은 자가 이에 따르지 아니할 경우에는 대통령령으로 정하는 바에 따라 청소년유해매체물 또는 청소년유해약물등을 직접 수거하거나 파기할 수 있다(제2항). 여성가족부장관, 시장 · 군수 · 구청장 또는 관할 경찰서장은 청소년이 소유하거나 소지하는 청소년유해약물등과 청소년유해매체물을 수거하여 폐기하거나 그 밖에 필요한 처분을 할 수 있다(제3항). 여성

가족부장관, 시장 · 군수 · 구청장 또는 관할 경찰서장은 제3항에 따른 처분을 한 경우에는 그 품명 · 수량 · 소유자 또는 소지자 및 그 처분 내용 등을 관계 장부에 적어야 한다(제4항). 수거 · 파기 등에 필요한 사항은 대통령령(시행령 제38조)으로 정한다(제5항).

2.4 시정명령(제45조)

표시나 포장 등의 의무를 위반한 경우에는 이에 대해서 시정을 명령할 수 있고(제45조), 시정명령을 따르는 경우에는 제63조에 따라서 형을 감경할 수 있도록 하고 있고, 불이행자에 대해서는 제64조에 따라서 과태료를 부과할 수 있다.

여성가족부장관 또는 시장 · 군수 · 구청장은 다음 각 호의 어느 하나에 해당하는 자에게 그 시정을 명할 수 있다(제45조 제1항).

시정명령 사항(제45조 제1항)

1. 제13조제1항 및 제28조제7항을 위반하여 청소년유해매체물 또는 청소년유해약물등에 청소년유해표시를 하지 아니한 자
2. 제14조(제28조제10항에서 준용하는 경우를 포함한다)를 위반하여 청소년유해매체물 또는 청소년유해약물등을 포장하지 아니한 자
3. 영리를 목적으로 제16조제2항을 위반하여 청소년유해매체물을 청소년유해표시가 되지 아니한 상태에서 판매나 대여를 위하여 전시하거나 진열한 자
4. 영리를 목적으로 제16조제3항을 위반하여 청소년유해매체물을 포장하지 아니한 상태에서 판매나 대여를 위하여 전시하거나 진열한 자
5. 영리를 목적으로 제17조제1항을 위반하여 청소년유해매체물을 구분 · 격리하지 아니하고 판매나 대여를 위하여 전시하거나 진열한 자
6. 영리를 목적으로 제17조제2항을 위반하여 청소년유해매체물로서 제2조제2호가목부터 다목까지 및 사목부터 자목까지에 해당하는 매체물을 자동기계장치나 무인판매장치를 통하여 유통시킬 목적으로 전시하거나 진열한 자
7. 제19조제1항을 위반하여 청소년유해매체물로서 제2조제2호차목에 해당하는 매체물 중 「옥외광고물 등의 관리와 옥외광고산업 진흥에 관한 법률」에 따른 옥외광고물을 청소년 출입 · 고용금지업소 외의 업소나 일반인들이 통행하는 장소에 공공연하게 설치 · 부착 또는 배포한 자 또는 상업적 광고선전물을 청소년의 접근을 제한하는 기능이 없는 컴퓨터 통신을 통하여 설치 · 부착 또는 배포한 자

7의2. 제28조제5항을 위반하여 주류등의 판매 · 대여 · 배포를 금지하는 내용을 표시하지 아니한 자

8. 제29조제6항을 위반하여 청소년유해업소에 청소년의 출입과 고용을 제한하는 내용을 표시하지 아니한 자

제1항에 따른 시정명령의 종류 · 절차 및 그 이행 등에 필요한 사항은 대통령령으로 정한다(제45조 제2항).

제45조 제1항 제1호 · 제2호 · 제7호 · 제7호의2 · 제8호에 대한 시정명령을 이행하지 아니한 자에게는 500만 원 이하의 과태료를 부과하며(제1항). 제45조 제1항 제3호부터 제6호까지에 따른 시정명령을 이행하지 아니한 자에 대해서는 100만 원 이하의 과태료를 부과한다(제2항 제2호).

2.5 처분의 이유 명시(제46조)

여성가족부장관 또는 시장 · 군수 · 구청장은 제44조와 제45조에 따른 처분을 할 때에는 대통령령으로 정하는 바에 따라 처분의 이유를 구체적으로 밝혀야 한다(제46조).

3. 선도 · 보호조치 대상 청소년에 대한 조치

선도나 보호조치 대상이 되는 청소년의 소속 학교의 장 및 친권자등에게 청소년의 위반행위 원인 제공과 관련하여 그 사실을 통보하는 제도로 가정과 학교의 책임성을 강화하기 위한 제도이다.

3.1 위반행위 원인 제공 사실 통보

여성가족부장관, 시장 · 군수 · 구청장 및 관할 경찰서장은 제16조 제1항, 제28조 제1항, 제29조 제1항 · 제2항, 제30조 제1호부터 제3호까지 및 제7호부터 제9호까지를 위반하는 행위를 적극적으로 유발하게 하거나 나이를 속이는 등 그 위반행위의 원인을 제공한 청소년에 대하여는 친권자등에게 그 사실을 통보하여야 한다(제1항).

3.2 선도 · 보호조치 필요 통보

여성가족부장관, 시장 · 군수 · 구청장 및 관할 경찰서장은 제1항의 청소년 중 그 내용 · 정도 등을 고려하여 선도 · 보호조치가 필요하다고 인정되는 청소년에 대하여는 소속 학교의 장(학생인 경우만 해당한다) 및 친권자등에게 그 사실을 통보하여야 한다(제2항).

4. 청소년보호를 위한 지원

4.1 관계 행정기관의 장의 협조(제47조)

여성가족부장관은 이 법의 시행을 위하여 필요하다고 인정할 때에는 관계 행정기관의 장의 의견을 들을 수 있다. 여성가족부장관은 이 법에 따른 의무를 반드시 이행하도록 하기 위하여 필요하다고 인정할 때에는 관계 행정기관의 장에게 필요한 협조를 의뢰할 수 있다(제47조).

4.2 민간단체에 대한 행정적 지원 등(제48조)

여성가족부장관 또는 지방자치단체의 장은 청소년유해환경 개선활동을 수행하는 민간단체에 행정적 · 재정적 지원을 할 수 있으며, 지방자치단체의 장은 필요한 경우 효율적인 업무 수행을 위하여 대통령령(시행령 제40조)으로 정하는 바에 따라 청소년유해환경으로부터 청소년을 보호하는 활동을 하고 있음을 나타내는 증표를 발급할 수 있다. 민간단체의 구체적인 종류 등은 여성가족부령(시행규칙 제9조)으로 정한다. 여성가족부령에서 법 제

청소년유해감시단 현황

48조 제2항에 따른 민간단체는 청소년유해환경감시단과 시민단체 청소년유해감시단으로 규정하고 있다.

여성가족부(2021)에 따르면 청소년유해감시단은 청소년보호법 위반행위에 대한 감시 및 신고·고발활동, 청소년의 보호·선도 및 건전생활의 지도, 청소년유해환경 정화를 위한 업주·지역주민 등 대국민 계도활동, 캠페인 전개, 유해환경 교육 및 홍보 등 청소년 보호를 위한 유해환경 정화활동, 아동 안전 및 보호활동 등의 역할을 수행한다.

표 7.11 **2022년 6월말 현재 전국 청소년유해감시단 지정현황**(여성가족부, 2023)

구분	계	서울	부산	대구	인천	광주	대전	울산	세종	경기	강원	충북	충남	전북	전남	경북	경남	제주
감시단	249	48	17	7	6	5	5	7	2	57	11	6	18	9	26	8	12	5
감시단원	20,294	7,499	1,046	372	161	332	323	848	431	3,941	436	228	1,792	533	1,534	279	380	159

시행규칙 제9조(민간의 감시·고발 단체) ① 시장·군수·구청장(자치구의 구청장을 말한다)은 법 제48조제1항 및 영 제40조에 따라 청소년유해환경 개선활동을 수행하는 학교 관련 단체 또는 시민단체를 청소년유해환경감시단 운영기관으로 지정할 수 있다.
② 법 제48조제2항에 따른 민간단체의 종류는 학교 관련 청소년유해환경감시단과 시민단체 청소년유해환경감시단으로 한다.

4.3 청소년유해환경 신고와 포상(제49조)

청소년유해환경 관련 법 위반에 대해서 이를 시·군·구청장에게 신고할 수 있게 하고, 신고자에게 포상하여 청소년보호를 강화하고자 하는 제도를 마련해 두고 있다.

다음의 어느 하나에 해당하는 경우에는 누구든지 그 사실을 시장·군수·구청장에게 신고하여야 한다(제49조 제1항).

청소년 유해환경신고 사항(제49조 제1항)
1. 청소년에게 유해하다고 생각되는 매체물과 약물 등이 청소년에게 유통되고 있는 것을 발견하였을 때 2. 청소년에게 유해한 업소에 청소년이 고용되어 있거나 출입하고 있는 것을 발견하였을 때 3. 그 밖에 이 법을 위반하는 사실이 있다고 인정할 때

시장 · 군수 · 구청장은 제1항에 따른 신고의 활성화를 위하여 필요한 시책을 시행하여야 하며 필요한 경우 신고자 포상 등을 할 수 있다(제49조 제2항).

4.4 지방청소년사무소의 설치 등(제51조)

특별시장 · 광역시장 · 특별자치시장 · 도지사 또는 특별자치도지사는 그 관할 구역의 청소년을 보호하기 위하여 조례로 정하는 바에 따라 지방청소년사무소를 설치하거나 그 밖에 필요한 조치를 할 수 있다(제51조).

4.5 권한의 위탁(제52조)

여성가족부장관은 이 법에 따른 권한의 일부를 대통령령으로 정하는 바에 따라 청소년 보호, 매체물 또는 약물 등과 관련된 비영리법인 또는 단체에 위탁할 수 있다(제52조).

5. 과징금(제54조)

과징금은 경제적 이익을 환수하거나 금전적 제재의 성격으로 활용되지만, 행정기관이 부과하며, 경제적 이익 측면이 강하다는 특징이 있다(정부입법지원센터, 2020).

여성가족부장관은 제2조 제2호 사목 · 아목에 따른 매체물을 발행하거나 수입한 자가 제9조 제1항 각 호의 심의기준에 저촉되는 매체물을 제13조 및 제14조에 준하는 청소년유해표시 또는 포장을 하지 아니하고 해당 청소년유해매체물의 결정·고시 전에 유통하였거나 유통 중일 때에는 그 매체물을 발행하거나 수입한 자에게 2천만 원 이하의 과징금을 부과·징수할 수 있다(제1항).

시장·군수·구청장은 제58조 제1호·제3호·제4호 또는 제59조 제6호·제8호에 해당하는 행위로 인하여 이익을 취득한 자에 대하여 과징금을 부과하는 경우 청소년이 위·변조 또는 도용된 신분증을 사용하여 그 행위자로 하여금 청소년인 사실을 알지 못하게 한 사정 또는 행위자에게 폭행 또는 협박을 하여 청소년임을 확인하지 못하게 한 사정이 인정되면 대통령령으로 정하는 바에 따라 과징금을 부과·징수하지 아니할 수 있다(제3항).

과징금으로 징수한 금액은 징수 주체가 사용하되, 청소년유해환경 개선을 위한 프로그램의 개발과 보급, 청소년에게 유익한 매체물의 제작과 지원, 민간의 청소년 선도·보호사업 및 청소년유해환경 개선을 위한 시민운동 지원, 그 밖에 청소년 선도·보호를 위한 사업으로서 대통령령으로 정하는 사업용도로 사용하여야 한다(제6항).

6. 형벌

6.1 청소년유해행위에 대한 처벌

1) 청소년 성적 접대행위 관련(제55조)

제30조 제1호의 위반행위를 한 자는 1년 이상 10년 이하의 징역에 처한다.

제30조(청소년유해행위의 금지) 누구든지 청소년에게 다음 각 호의 어느 하나에 해당하는 행위를 하여서는 아니 된다.

1. 영리를 목적으로 청소년으로 하여금 신체적인 접촉 또는 은밀한 부분의 노출 등 성적 접대행위를 하게 하거나 이러한 행위를 알선·매개하는 행위

2) 청소년 접객행위와 음란행위 관련(제56조)

제30조 제2호 또는 제3호의 위반행위를 한 자는 10년 이하의 징역에 처한다.

제30조(청소년유해행위의 금지) 누구든지 청소년에게 다음 각 호의 어느 하나에 해당하는 행위를 하여서는 아니 된다.
2. 영리를 목적으로 청소년으로 하여금 손님과 함께 술을 마시거나 노래 또는 춤 등으로 손님의 유흥을 돋우는 접객행위를 하게 하거나 이러한 행위를 알선·매개하는 행위
3. 영리나 흥행을 목적으로 청소년에게 음란한 행위를 하게 하는 행위

3) 관람, 구걸 및 학대 관련(제57조)

제30조 제4호부터 제6호까지의 위반행위를 한 자는 5년 이하의 징역에 처한다.

제30조(청소년유해행위의 금지) 누구든지 청소년에게 다음 각 호의 어느 하나에 해당하는 행위를 하여서는 아니 된다.
4. 영리나 흥행을 목적으로 청소년의 장애나 기형 등의 모습을 일반인들에게 관람시키는 행위
5. 청소년에게 구걸을 시키거나 청소년을 이용하여 구걸하는 행위
6. 청소년을 학대하는 행위

6.2 청소년유해환경 관련 처벌

1) 3년 이하의 징역 또는 3천만 원 이하의 벌금(제58조)

다음 각 호의 어느 하나에 해당하는 자는 3년 이하의 징역 또는 3천만 원 이하의 벌금에 처한다. <개정 2016. 3. 2., 2016. 12. 20.>

3년 이하의 징역 또는 3천만 원 이하의 벌금 사항(제58조)
1. 영리를 목적으로 제16조제1항을 위반하여 청소년에게 청소년유해매체물을 판매 · 대여 · 배포하거나 시청 · 관람 · 이용하도록 제공한 자 2. 영리를 목적으로 제22조를 위반하여 청소년을 대상으로 청소년유해매체물을 유통하게 한 자 3. 제28조제1항을 위반하여 청소년에게 제2조제4호가목4) · 5)의 청소년유해약물 또는 같은 호 나목1) · 2)의 청소년유해물건을 판매 · 대여 · 배포(자동기계장치 · 무인판매장치 · 통신장치를 통하여 판매 · 대여 · 배포한 경우를 포함한다)한 자 4. 제29조제1항을 위반하여 청소년을 청소년유해업소에 고용한 자 5. 제30조 제7호부터 제9호까지의 위반행위를 한 자 6. 제44조제1항을 위반하여 청소년유해매체물 또는 청소년유해약물등을 수거하지 아니한 자

2) 2년 이하의 징역 또는 2천만 원 이하의 벌금(제59조)

다음 각 호의 어느 하나에 해당하는 자는 2년 이하의 징역 또는 2천만 원 이하의 벌금에 처한다.

제59조의 죄를 범한 자가 제45조에 따른 시정명령을 받고 이를 이행하면 그 형을 감경할 수 있다(제63조).

3) 500만 원 이하의 벌금(제60조)

제15조(제28조 제10항에서 준용하는 경우를 포함한다)를 위반하여 청소년유해매체물이나 청소년유해약물등의 청소년유해표시 또는 포장을 훼손한 자는 500만 원 이하의 벌금에 처한다.

제15조(표시 · 포장의 훼손 금지) 누구든지 제13조에 따른 청소년유해표시와 제14조에 따른 포장을 훼손하여서는 아니 된다.

2년 이하의 징역 또는 2천만 원 이하의 벌금 사항

1. 제13조제1항 및 제28조제7항을 위반하여 청소년유해매체물 또는 청소년유해약물등에 청소년유해표시를 하지 아니한 자
2. 제14조(제28조제10항에서 준용하는 경우를 포함한다)를 위반하여 청소년유해매체물 또는 청소년유해약물등을 포장하지 아니한 자
3. 제18조를 위반하여 청소년유해매체물을 방송한 자
4. 제19조제1항을 위반하여 청소년유해매체물로서 제2조제2호차목에 해당하는 매체물 중 「옥외광고물 등의 관리와 옥외광고산업 진흥에 관한 법률」에 따른 옥외광고물을 청소년 출입 · 고용금지업소 외의 업소나 일반인들이 통행하는 장소에 공공연하게 설치 · 부착 또는 배포한 자 또는 상업적 광고선전물을 청소년의 접근을 제한하는 기능이 없는 컴퓨터 통신을 통하여 설치 · 부착 또는 배포한 자
5. 제26조를 위반하여 심야시간대에 16세 미만의 청소년에게 인터넷게임을 제공한 자
6. 제28조제1항을 위반하여 청소년에게 제2조제4호가목1) · 2)의 청소년유해약물 또는 같은 호 나목3)의 청소년유해물건을 판매 · 대여 · 배포(자동기계장치 · 무인판매장치 · 통신장치를 통하여 판매 · 대여 · 배포한 경우를 포함한다)하거나 영리를 목적으로 무상 제공한 자
7. 제28조제2항을 위반하여 청소년의 의뢰를 받아 제2조제4호가목1) · 2)의 청소년유해약물을 구입하여 청소년에게 제공한 자

7의2. 영리를 목적으로 제28조제3항을 위반하여 청소년에게 청소년유해약물등을 구매하게 한 자

7의3. 제28조제5항을 위반하여 주류등의 판매 · 대여 · 배포를 금지하는 내용을 표시하지 아니한 자

8. 제29조제2항을 위반하여 청소년을 청소년 출입 · 고용금지업소에 출입시킨 자
9. 제29조제6항을 위반하여 청소년유해업소에 청소년의 출입과 고용을 제한하는 내용을 표시하지 아니한 자

6.3 직무상 비밀 누설 관련 처벌(제61조)

제34조의2 제5항을 위반하여 직무상 알게 된 비밀을 누설한 사람은 2년 이하의 징역 또는 2천만 원 이하의 벌금에 처한다.

제34조의2(환각물질 중독치료 등) ⑤ 청소년 전문 치료기관의 장과 그 종사자 또는 그 직에 있었던 사람은 직무상 알게 된 비밀을 누설하여서는 아니 된다.

제43조를 위반하여 관계 공무원의 검사 및 조사를 거부 · 방해 또는 기피한 사람은 300만 원 이하의 벌금에 처한다.

제43조(검사 및 조사 등) ① 여성가족부장관 또는 시장 · 군수 · 구청장은 이 법에서 정하고 있는 사항의 이행 및 위반 여부를 확인하기 위하여 필요하다고 인정하면 소속 공무원으로 하여금 청소년유해매체물 및 청소년유해약물등의 유통과 청소년의 청소년유해업소 고용 및 출입 등에 관련된 장부, 서류, 장소, 그 밖에 필요한 물건을 검사 · 조사하게 할 수 있으며, 대통령령으로 정하는 장소에서 당

사자 · 이해관계인 또는 참고인의 진술을 듣게 할 수 있다.
② 여성가족부장관 또는 시장 · 군수 · 구청장은 필요하다고 인정하면 특별한 학식 · 경험이 있는 자에게 감정을 의뢰할 수 있다.
③ 제1항에 따라 업무를 수행하는 공무원은 그 권한을 표시하는 증표를 지니고 이를 관계인에게 보여주어야 한다.

6.4 양벌규정(제62조)

양벌규정은 대표자와 법인의 책임성을 강화하고, 소위 종업원만 법적 책임을 지고 대표자나 법인은 법적 책임을 지지 않아 생기는 문제 - 소위 꼬리 자르기 등 - 을 방지하기 위하여 규정하는 경우가 많다.

법인의 대표자나 법인 또는 개인의 대리인, 사용인, 그 밖의 종업원이 그 법인 또는 개인의 업무에 관하여 제55조부터 제57조까지의 어느 하나에 해당하는 위반행위를 하면 그 행위자를 벌하는 외에 그 법인 또는 개인을 5천만 원 이하의 벌금에 처하고, 제58조부터 제61조까지의 어느 하나에 해당하는 위반행위를 하면 그 행위자를 벌하는 외에 그 법인 또는 개인에게도 해당 조문의 벌금형을 과(科)한다. 다만, 법인 또는 개인이 그 위반행위를 방지하기 위하여 해당 업무에 관하여 상당한 주의와 감독을 게을리하지 아니한 경우에는 그러하지 아니하다.

6.5 벌칙 적용 시의 공무원 의제(제53조)

청소년보호위원회의 공공성 및 책임성을 강화하기 위하여 청소년보호위원회의 사무에 종사하는 사람에게는 뇌물 등에 관련하여 공무원에 준하여 처벌하도록 하고 있다.

청소년보호위원회의 사무에 종사하는 사람 중 공무원이 아닌 위원 또는 직원은 형법 제129조부터 제132조까지 및 특정범죄 가중처벌 등에 관한 법률 제2조를 적용할 때에는 공무원으로 본다(제53조).

7. 과태료(제64조)

7.1 500만 원 이하의 과태료

제45조 제1항 제1호 · 제2호 · 제7호 · 제7호의2 · 제8호에 대한 시정명령을 이행하지 아니한 자에게는 500만 원 이하의 과태료를 부과한다.

제45조(시정명령) ① 여성가족부장관 또는 시장 · 군수 · 구청장은 다음 각 호의 어느 하나에 해당하는 자에게 그 시정을 명할 수 있다.

1. 제13조제1항 및 제28조제7항을 위반하여 청소년유해매체물 또는 청소년유해약물등에 청소년유해표시를 하지 아니한 자
2. 제14조(제28조제10항에서 준용하는 경우를 포함한다)를 위반하여 청소년유해매체물 또는 청소년유해약물등을 포장하지 아니한 자

7. 제19조제1항을 위반하여 청소년유해매체물로서 제2조제2호차목에 해당하는 매체물 중 「옥외광고물 등의 관리와 옥외광고산업 진흥에 관한 법률」에 따른 옥외광고물을 청소년 출입 · 고용금지업소 외의 업소나 일반인들이 통행하는 장소에 공공연하게 설치 · 부착 또는 배포한 자 또는 상업적 광고선전물을 청소년의 접근을 제한하는 기능이 없는 컴퓨터 통신을 통하여 설치 · 부착 또는 배포한 자

7의2. 제28조제5항을 위반하여 주류등의 판매 · 대여 · 배포를 금지하는 내용을 표시하지 아니한 자

8. 제29조제6항을 위반하여 청소년유해업소에 청소년의 출입과 고용을 제한하는 내용을 표시하지 아니한 자

7.2 100만 원 이하의 과태료

다음 각 호의 어느 하나에 해당하는 자에게는 100만 원 이하의 과태료를 부과한다.

1. 제42조에 따른 보고와 자료 제출을 요구받고도 요구에 따르지 아니한 자 또는 거짓으로 보고하거나 자료를 제출한 자
2. 제45조제1항제3호부터 제6호까지에 따른 시정명령을 이행하지 아니한 자

제1항 및 제2항에 따른 과태료는 대통령령으로 정하는 바에 따라 여성가족부장관 또는 시장 · 군수 · 구청장이 부과 · 징수한다.

8. 과제

청소년보호법은 급변하는 기술과 사회환경을 반영하여 청소년보호 관련 제도를 발전시켜왔다. 청소년보호법은 청소년이 유해환경에 접촉하지 못하도록 유해환경을 규제하는 데에 많은 힘을 쏟았다. 그러나 유해환경에 접근한 청소년을 회복시킬 수 있는 장치에 대해서는 조금 더 고민이 필요하다. 또한 청소년보호법이 예술의 자유 등 성인의 권리를 침해한다는 입장 또한 있다. 청소년을 유해환경으로부터 더욱 철저히 보호하면서 청소년의 회복을 강화시키려는 노력이 필요하다.

8.1. 청소년 회복 제도 강화

청소년에게 술이나 담배 등 유해물질을 판매한 업소는 처벌되지만 술이나 담배를 산 청소년은 처벌되지 않는다. 청소년이 업소를 속이면서 유해 환경에 접근하는 경우에 청소년이 처벌되지 않는 점에 대해서 논란이 되고 있다. 적극적으로 혹은 위법적으로 청소년유해환경에 접근한 청소년을 처벌하는 것만이 능사가 아니다. 청소년의 처벌보다 유해환경에 접근한 청소년을 회복시키는 것이 훨씬 더 중요한 과제이다. 이를 위해서 청소년 치료 · 재활 시설의 확충과 청소년 접근성 강화, 청소년 치료 · 재활을 위한 청소년보호법 정비 등이 필요하다.

8.2 글로벌 유해환경으로부터의 청소년보호

기술 환경이 급속히 발달하고 국경을 넘나들며 소비가 일어나는 시기에는 청소년들은 국외 유해환경에 손쉽게 노출되고 있다. 국외 유해환경은 국내법의 규제를 받지 않고, 각국의 규제가 상이하여 현재의 규제 방법으로는 청소년을 보호하기가 쉽게 않기 때문에 해결방안 마련이 필요하다. 또한 청소년보호와 성인의 자유가 대립되는 지점이기도 하다.

8.3 인터넷·스마트폰 과의존으로부터 청소년의 보호

청소년을 인터넷·스마트폰 과의존으로부터 보호하는 것은 여전히 중요한 청소년보호법의 과제이다. 한국지능정보사회진흥원(2020)에 따르면, 청소년의 인터넷·스마트폰 과의존 위험도는 여전히 높으며 코로나로 인해 더 심각해졌다. 청소년의 인터넷·스마트폰 과의존 위험을 예방하기 위한 장치가 여전히 필요하다.

CHAPTER 08

아동 · 청소년의 성보호에 관한 법률

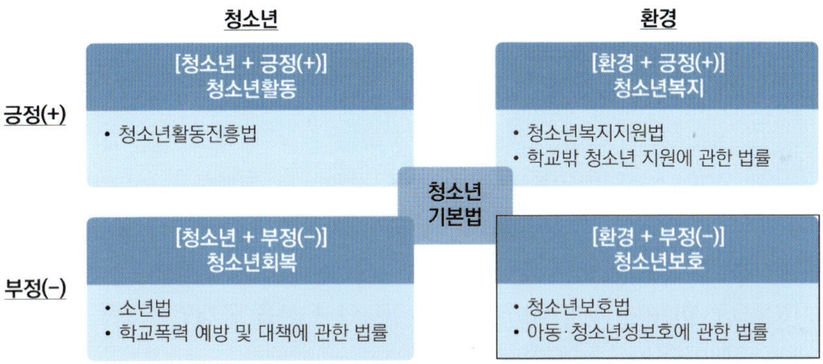

그림 8.1 아동 · 청소년 성보호에 관한 법률의 청소년육성제도상 위치

아동 · 청소년 성보호에 관한 법률의 청소년육성제도상의 위치는 청소년보호에 속한다. 아동 · 청소년 성보호에 관한 법률은 아동 · 청소년의 성을 착취하려는 유해환경을 강력하게 처벌하고, 신상공개 등을 통하여 추가적인 아동 · 청소년 성착취를 예방하려는 목적도 가지고 있다. 아동 · 청소년 성보호에 관한 법률은 2000년 7월에 제정된 후에 지속적으로 개정 작업이 이루어지고 있다. 최근 들어서 그루밍 범죄 등 신종 아동 · 청소년 성범죄가 부각되면서 이를 예방하기 위한 입법이 계속되고 있다.

주제 8-1 아동·청소년의 성보호에 관한 법률 제정 배경, 연혁, 총칙

1. 아동·청소년 성보호에 관한 법률의 제정 배경

아동·청소년의 성보호에 관한 법률

아동·청소년 성보호에 관한 법률은 청소년의 성을 사거나 관련한 중개 행위 및 청소년 대상 성폭력 등에 대한 처벌이 약하고, 청소년들 보호하는 데 기존 법률이 미흡하여 만들어진 법률로 약칭 청소년성보호법이라고 한다.

청소년성보호법의 제정이유를 살펴보면 다음과 같다.

> 청소년의 성을 사는 행위, 성매매를 조장하는 온갖 형태의 중간매개행위 및 청소년에 대한 성폭력행위를 하는 자들을 강력하게 처벌하고, 성매매와 성폭력행위의 대상이 된 청소년을 보호·구제하는 장치를 마련함으로써 청소년의 인권을 보장하고 건전한 사회구성원으로 복귀할 수 있도록 하는 한편, 청소년을 대상으로 하는 성매매 및 성폭력 행위자의 신상을 공개함으로써 범죄예방 효과를 극대화하려는 것임(법제처, 2019).

청소년성보호법에 의해서 성범죄를 강력하게 처벌할 뿐만 아니라 유해환경에 접촉하게 된 청소년을 보호·구제하고, 청소년성범죄자들에 대해서 신상을 공개함으로써 청소년 대상 성범죄를 예방하고자 본 법이 제정되었다.

2. 아동 · 청소년 성보호에 관한 법률의 연혁

(출처. 국가법령정보. 관련 정보 발췌 및 요약)

2000. 2. 3. 제정 (시행 2000.7.1, 법률 제6261호) 청소년의 성을 사는 행위, 성매매를 조장하는 온갖 형태의 중간매개행위 및 청소년에 대한 성폭력행위를 하는 자들을 강력하게 처벌하고, 성매매와 성폭력행위의 대상이 된 청소년을 보호 · 구제하는 장치를 마련함으로써 청소년의 인권을 보장하고 건전한 사회구성원으로 복귀할 수 있도록 하는 한편, 청소년을 대상으로 하는 성매매 및 성폭력 행위자의 신상을 공개함으로써 범죄예방효과를 극대화하려는 것임.

2007. 8. 3. 전부개정 (시행 2008.2.4, 법률 제8634호) 청소년 대상 성범죄에 대한 친고죄를 반의사불벌죄로 변경하고, 성범죄자 등록 · 열람 등의 대상을 확대하는 한편, 가해자가 친권자인 경우 격리 및 보호결정을 하게 함.

2009. 6. 9. 전부개정 (시행 2010.1.1, 법률 제9765호) 제명을 「청소년의 성보호에 관한 법률」에서 「아동 · 청소년의 성보호에 관한 법률」로 개정함. 아동 · 청소년을 대상으로 한 유사 성교 행위 및 성매수 유인행위 처벌 규정을 신설하며, 성범죄 피해자 및 보호자에 대한 합의 강요행위를 처벌하는 규정을 신설함. 아동 · 청소년 성범죄자는 재범가능성 및 범죄의 경중 등을 고려하여 정보통신망을 통하여 신상정보를 공개하도록 함.

2010. 4. 15. (시행 2010.4.15, 법률 제10260호) 음주나 약물상태에서의 성폭력범죄에 대해 「형법」상의 감경조항을 적용하지 않을 수 있도록 하는 등 처벌을 강화하고, 성범죄자의 신상정보를 지역주민에게 우편으로 고지함. 진술녹화제도와 증거보전의 특례, 신뢰관계 있는 자의 동석제도를 도입함. 아동 · 청소년 관련 교육기관에 취업을 제한할 수 있는 성범죄 및 성범죄자의 범위를 확대하는 등 관련규정을 보완 · 신설함.

2010. 7. 23. (시행 2010.8.24, 법률 제10391호) 법 개정 이전에 유죄판결과 열람명령을 받은 성범죄자 등에 대해서도 정보통신망을 이용하여 신상정보를 공개할 수 있도록 함.

2011. 9. 15. (시행 2012.3.16, 법률 제11047호) 아동 · 청소년의 성적 행위를 표현한 아동 · 청소년이용음란물의 범위를 확대하고, 온라인서비스제공자

에 의하여 제공되는 정보통신망을 이용한 불법 음란물의 유통을 방치한 온라인서비스제공자를 처벌하며, 장애인인 아동 · 청소년에 대한 간음등에 대한 처벌을 강화하고, 성범죄 피해아동 · 청소년 등에 대한 변호인 선임의 특례를 정하며, 성매매범죄를 신고한 자에게 포상금 지급, 형의 집행종료 후 보호관찰제도 도입함.

2012. 2. 1. (시행 2012.8.2, 법률 제11287호) '아동 · 청소년대상 성범죄'의 범위를 확대하고, 13세 미만의 여자 및 신체적인 또는 정신적인 장애가 있는 여자에 대하여 강간 · 준강간의 죄를 범한 경우에는 공소시효의 적용을 배제하며, 반의사불벌죄로 규정하고 있던 '업무상 위력 등에 의한 추행'의 죄를 비친고죄화 하고, 아동 · 청소년 대상 성범죄자 취업제한 대상에 가정을 직접 방문하여 아동 · 청소년에게 교육서비스를 제공하는 업무를 추가하며, 취업제한 대상 기관에 의료기관을 추가함.

2012. 12. 18. 전부개정 (시행 2013.6.19, 법률 제11572호) 공중 밀집 장소에서의 추행, 통신매체를 이용한 음란행위 등 반의사불벌죄로 규정되어 있던 조항을 삭제하고, 아동 · 청소년이용음란물의 범위와 소지 개념을 명확히 하며, 음주 또는 약물로 인한 감경 배제 규정의 적용 대상을 확대함. 신상정보 고지 제도를 확대하며, 성범죄자의 취업제한 기관을 확대하여 성범죄자에 대한 관리를 보다 강화함.

2016. 5. 29. (시행 2016.11.30, 법률 제14236호) 성범죄자 재범방지교육의 효과성 평가를 위하여 교육 이수자에 대한 재범률 조사를 실시할 수 있도록 근거를 마련하고, 성범죄자 신상정보 공개 기간을 계산함에 있어 다른 범죄로 교정 시설에 수용된 기간을 제외함. 성범죄자 취업제한 대상기관에 위탁 교육기관을 추가하여 사각지대를 해소하고 가정방문 학습교사 사업장을 아동 · 청소년 관련 기관 등에 포함하여 성범죄 경력조회 절차를 간소화함. 아동 · 청소년 관련기관 등을 운영하려는 자에 대한 지자체 장의 성범죄 경력조회 요청을 의무화하고 아동 · 청소년 관련 기관 취업자 등의 본인 성범죄 경력조회 근거를 마련하며, 취업제한 점검 · 확인 횟수를 연1회로 규정함.

2018. 1. 16. (시행 2018.7.17, 법률 제15352호) 성범죄자의 거주지에 대한 정정 청구에 대한 법적 근거를 마련하고 관련 절차를 정비함. 아동 · 청소년

대상 성범죄 또는 성인대상 성범죄자에 대하여 법원은 성범죄로 형 또는 치료감호를 선고하면서 이와 동시에 아동 · 청소년 관련기관 등에의 취업 제한 명령을 선고하도록 하되 그 기간을 죄의 경중 및 재범 위험성을 고려하여 차등하도록 함. 아울러 아동 · 청소년대상 성범죄의 신고의무자 및 취업제한기관에 「고등교육법」에 따른 학교, 시 · 도교육청 또는 교육지원청이 직접 설치 · 운영하거나 위탁하여 운영하는 시설 등을 포함함.

2018. 3. 13. (시행 2018.9.14, 법률 제15452호) 성범죄자 취업제한 대상기관에 「지방자치법」 제144조에 따른 공공시설 및 「지방교육자치에 관한 법률」 제32조에 따른 교육기관을 추가함.

2019. 1 .15. (시행 2019.7.16, 법률 제16275호) 19세 이상의 사람이 13세 이상 16세 미만인 아동 · 청소년의 궁박(窮迫)한 상태를 이용하여 해당 아동 · 청소년을 간음하거나 추행하는 경우 등을 장애인인 아동 · 청소년에 대한 간음 등에 준하여 처벌함. 「성폭력범죄의 처벌 등에 관한 특례법」 제7조제5항에 따른 위계 또는 위력으로써 13세 미만의 아동 · 청소년을 간음하거나, 추행한 자에 대해서도 공소시효를 적용하지 않도록 함.

2019. 11. 26. (시행 2020.5.27, 법률 제 16622호) 아동 · 청소년대상 성범죄 발생 사실의 신고의무 대상자를 체육단체의 장과 그 종사자로 확대하고, 성범죄자의 취업 제한 대상 시설 등에 아동 · 청소년과의 접촉이 많은 국제학교 등을 추가함.

2020. 5. 19. (시행 2020.11.20, 법률 제17282호) 피해아동 · 청소년에 아동 · 청소년의 성을 사는 행위의 피해자가 된 성매매 피해아동 · 청소년을 포함하도록 함. 대상아동 · 청소년의 정의 규정과 대상아동 · 청소년에 대한 「소년법」의 적용 조항을 삭제함. 장애 아동 · 청소년을 대상으로 성범죄를 범한 경우 그 죄에 정한 형의 2분의 1까지 가중처벌함. 「형법」 제305조에 따른 미성년자에 대한 간음 · 추행의 죄에 대하여 공소시효를 배제함. 검사 또는 사법경찰관은 성매매 피해아동 · 청소년을 발견한 경우 신속하게 사건을 수사한 후 여성가족부장관 및 성매매 피해아동 · 청소년지원센터를 관할하는 시 · 도지사에 통지하도록 하고, 통지를 받은 여성가족부장관은 해당 성매매 피해아동 · 청소년에 대하여 교육 · 상담 및 지원 프로그램 참여 등의 조치를 하도록 함. 여성가족부장관 또는 시

·도지사 및 시장·군수·구청장은 성매매 피해아동·청소년의 보호를 위하여 성매매 피해아동·청소년 지원센터를 설치·운영할 수 있도록 함. 등록정보의 공개 및 고지 대상을 아동·청소년대상 성범죄를 저지른 자로 확대함.

2020. 6. 2. (시행 2020.6.2, 법률 제17338호) 아동·청소년을 대상으로 하는 음란물이 막연한 '이용'이 아닌 아동 청소년에 대한 성착취 및 성학대라는 측면을 부각시키고, 아동·청소년 성착취물 관련 범주에 대한 처벌을 강화하고, 관련 범죄를 저지른 사람을 수사기관에 신고한 사람에게 포상금을 지급할 수 있는 근거를 마련함.

2020. 12. 8. (시행 2021.6.9, 법률 제17641호) 16세 미만의 아동·청소년을 대상으로 성을 사는 행위 등을 한 경우 가중처벌하며, 여성가족부장관이 아동·청소년성착취물 관련 범죄 실태조사를 하고, 구법상 등록대상자 및 열람대상자의 공개정보의 유형 및 범위를 확대함. 13세 미만 혹은 신체적·정신적 장애로 의사소통이나 의사표현에 어려움이 있는 피해아동·청소년이 진술조력인의 조력을 받을 수 있도록 하고, 피해아동·청소년에 대한 가해자 및 그 대리인의 접근금지 범위에 유치원을 추가하며, 아동·청소년대상 성범죄 발생 사실 신고의무기관의 유형을 확대함.

2021. 3. 23. (시행 2021.9.24, 법률 제17972호) 텔레그램 n번방과 같이 청소년대상 '온라인 그루밍'을 처벌하기 위하여 관련 규정을 강화함. 아동·청소년의 성을 사기 위해 권유·유인하는 경우의 법정형을 상향함. 아동·청소년에 대한 성적 착취를 목적으로 성적 욕망이나 수치심 또는 혐오감을 유발하는 대화를 지속적 또는 반복적으로 하는 행위 등의 처벌 규정을 마련함. 아동·청소년성착취물 제작·수입·수출죄의 경우에는 「형사소송법」상 공소시효를 적용하지 아니하도록 하도록 함. 아동·청소년대상 디지털 성범죄에 대한 신분비공개수사 및 신분위장수사를 허용하는 수사 특례 규정을 마련함.

2023. 4. 11. (시행 2023.10.12, 법률 제19337호) 아동·청소년대상 성범죄 발생 신고의무기관과 범죄자 등록정보 고지대상, 성범죄자 취업제한기관 등의 범위를 확대하고 성범죄자인 간호조무사·의료기사의 의료기관 취업을 제한함. 무기징역, 유기징역 등의 표현을 무기, 징역 등으로 변경함.

3. 목적(제1조)

이 법은 아동·청소년대상 성범죄의 처벌과 절차에 관한 특례를 규정하고 피해아동·청소년을 위한 구제 및 지원 절차를 마련하며 아동·청소년대상 성범죄자를 체계적으로 관리함으로써 아동·청소년을 성범죄로부터 보호하고 아동·청소년이 건강한 사회구성원으로 성장할 수 있도록 함을 목적으로 한다.

4. 정의(제2조)

아동·청소년의 성보호에 관한 법률은 가장 빈번하게 개정되는 법률 중 하나이다. 아동·청소년을 대상으로 하는 성범죄가 지능화된 데 비하여 아직 사회 인식이 낮아서 이를 개선하고자 관련 조항이 변경되며, 정의 또한 2020년 5월 19일에 개정되어서 과거 아동·청소년이용음란물이 아동·청소년성착취물로 명칭이 변경되었다. 또한 대상아동·청소년이라는 모호한 개념을 삭제하는 대신 개념을 명확히 하고 그 범위를 확대하여 성매매 피해아동·청소년의 개념을 신설하였다.

4.1 아동 · 청소년

"아동·청소년"이란 19세 미만의 자를 말한다. 다만, 19세에 도달하는 연도의 1월 1일을 맞이한 자는 제외한다(제1호).

4.2 아동 · 청소년대상 성범죄

"아동·청소년대상 성범죄"란 다음 각 목의 어느 하나에 해당하는 죄를 말한다(제2호).

아동 · 청소년대상 성범죄
가. 제7조, 제7조의2, 제8조, 제8조의2, 제9조부터 제15조까지 및 제15조의2의 죄 나. 아동 · 청소년에 대한 「성폭력범죄의 처벌 등에 관한 특례법」 제3조부터 제15조까지의 죄 다. 아동 · 청소년에 대한 「형법」 제297조, 제297조의2 및 제298조부터 제301조까지, 제301조의2, 제302조, 제303조, 제305조, 제339조 및 제342조(제339조의 미수범에 한정한다)의 죄 라. 아동 · 청소년에 대한 「아동복지법」 제17조제2호의 죄

4.3 아동 · 청소년대상 성폭력범죄

"아동 · 청소년대상 성폭력범죄"란 아동 · 청소년대상 성범죄에서 아동 · 청소년대상 성범죄에서 제11조부터 제15조까지 및 제15조의2의 죄를 제외한 죄를 말한다(제3호).

"성인대상 성범죄"란 성폭력범죄의 처벌 등에 관한 특례법 제2조에 따른 성폭력범죄를 말한다. 다만, 아동 · 청소년에 대한 형법 제302조 및 제305조의 죄는 제외한다(제3호의2).

4.4 아동 · 청소년의 성을 사는 행위

아동 · 청소년의 성을 사는 행위에 성행위, 유사성행위와 더불어 성적 노출, 자위행위를 추가하여, 성매매처벌법 제2조 제1항 제1호의 "성매매"의 개념을 확장하였다. 아동 · 청소년의 성을 사는 행위는 원조교제 등의 형태로 진행되거나 가정 밖 청소년(가출청소년)에 대하여 편의를 제공하는 형태로도 이루어지고 있다.

"아동 · 청소년의 성을 사는 행위"란 아동 · 청소년, 아동 · 청소년의 성(性)을 사는 행위를 알선한 자 또는 아동 · 청소년을 실질적으로 보호 · 감독하는 자 등에게 금품이나 그 밖의 재산상 이익, 직무 · 편의제공 등 대가를 제공하거나 약속하고, 성교행위, 구강 · 항문 등 신체의 일부나 도구를 이용한 유사 성교 행위, 신체의 전부 또는 일부를 접촉 · 노출하는 행위로서 일반인의 성적 수치심이나 혐오감을 일으키는 행위, 자위행위 등의 행위를 아동 · 청소년을 대상으로 하거나 아동 · 청소년으로 하여금 하게 하는 것을 말한다(제4호).

4.5 아동 · 청소년성착취물

아동 · 청소년성착취물은 텔레그램 n번방에서 보듯이 아동 · 청소년에게 극심한 피해를 입히고 있다. 아동 · 청소년성착취물에는 사람을 촬영하는 경우는 물론 애니메이션 등 사람의 표현물까지 포함한다.

"아동 · 청소년성착취물"[1])이란 아동 · 청소년 또는 아동 · 청소년으로 명백하게 인식될 수 있는 사람이나 표현물이 등장하여 제4호의 어느 하나에 해당하는 행위를 하거나 그 밖의 성적 행위를 하는 내용을 표현하는 것으로서 필름 · 비디오물 · 게임물 또는 컴퓨터나 그 밖의 통신매체를 통한 화상 · 영상 등의 형태로 된 것을 말한다(제5호).

4.6 피해아동 · 청소년

피해아동 · 청소년의 정의는 아동 · 청소년에 대한 강간 · 강제추행의 예비음모의 죄(제7조의2), 13세 이상 16세 미만 아동 · 청소년에 대한 간음 · 추행에 관한 죄(제8조의2), 아동 · 청소년에 대한 성착취 목적 대화 등의 죄(제15조의2)가 추가되면서 피해아동 · 청소년의 개념이 확장되었다.

"피해아동 · 청소년"이란 제2호 나목부터 라목까지, 제7조, 제7조의2, 제8조, 제8조의2, 제9조부터 제15조까지 및 제15조의2의 죄의 피해자가 된 아동 · 청소년(제13조 제1항의 죄의 상대방이 된 아동 · 청소년을 포함한다)을 말한다(제6호).

1) 과거 "아동 · 청소년이용음란물"이란 표현이 가볍게 해석되는 경향이 있어 아동에 대한 성착취 및 성학대의 의미를 부각하고자 용어를 변경하였음.

4.7 성매매 피해아동 · 청소년

성매매 피해아동 · 청소년의 정의는 성매매의 피해를 입은 아동 · 청소년에 대한 회복조치를 강화하기 위하여 종전 "대상아동 · 청소년"이란 모호한 개념을 분명히 하고, 범위를 제13조 제1항의 죄의 상대방에서 제13조 제2항, 제14조, 제15조의 죄로 인한 피해까지로 확대한 것이다.

"성매매 피해아동 · 청소년"이란 피해아동 · 청소년 중 제13조 제1항의 죄의 상대방 또는 제13조 제2항 · 제14조 · 제15조의 죄의 피해자가 된 아동 · 청소년을 말한다(제6호의2). 참고로, 제13조 제1항의 죄는 아동 · 청소년의 성을 사는 행위를 한 죄이며, 제13조 제2항은 아동 · 청소년의 성을 사기 위하여 아동 · 청소년을 유인하거나 권유하는 죄이며, 제14조는 아동 · 청소년에 대하여 성매매와 관련한 강요행위의 죄이다. 제15조는 성매매의 알선영업행위 등의 죄이다.

4.8 등록정보

"등록정보"란 법무부장관이 성폭력범죄의 처벌 등에 관한 특례법 제42조 제1항의 등록대상자에 대하여 같은 법 제44조 제1항에 따라 등록한 정보를 말한다.

성폭력범죄의 처벌 등에 관한 특례법 제42조(신상정보 등록대상자) ① 제2조제1항제3호 · 제4호, 같은 조 제2항(제1항제3호 · 제4호에 한정한다), 제3조부터 제15조까지의 범죄 및 「아동 · 청소년의 성보호에 관한 법률」 제2조제2호가목 · 라목의 범죄(이하 "등록대상 성범죄"라 한다)로 유죄판결이나 약식명령이 확정된 자 또는 같은 법 제49조제1항제4호에 따라 공개명령이 확정된 자는 신상정보 등록대상자(이하 "등록대상자"라 한다)가 된다. 다만, 제12조 · 제13조의 범죄 및 「아동 · 청소년의 성보호에 관한 법률」 제11조제3항 및 제5항의 범죄로 벌금형을 선고받은 자는 제외한다. <개정 2016. 12. 20.>

제44조(등록대상자의 신상정보 등록 등) ① 법무부장관은 제43조제5항, 제6항 및 제43조의2제3항에 따라 송달받은 정보와 다음 각 호의 등록대상자 정보를 등록하여야 한다. <개정 2016. 12. 20., 2020. 2. 4.>

1. 등록대상 성범죄 경력정보
2. 성범죄 전과사실(죄명, 횟수)
3. 「전자장치 부착 등에 관한 법률」에 따른 전자장치 부착 여부

5. 해석상 · 적용상의 주의(제3조)

아동 · 청소년 성보호에 관한 법률을 단순하게 적용하면 아동 · 청소년의 권익에 문제가 생길 수 있다. 이를 고려하여 "이 법을 해석 · 적용할 때에는 아동 · 청소년의 권익을 우선적으로 고려하여야 하며, 이해관계인과 그 가족의 권리가 부당하게 침해되지 아니하도록 주의하여야 한다(제3조)"는 조항을 두고 있다. 성 관련 문제는 우리 사회에서 매우 민감하며 성감수성이 일선 현장에서 제대로 반영되지 않는 문제가 있으므로 본 해석상 적용상 주의사항의 의미는 여전하다.

6. 국가와 지방자치단체의 의무(제4조)

국가와 지방자치단체는 아동 · 청소년대상 성범죄를 예방하고, 아동 · 청소년을 성적 착취와 학대 행위로부터 보호하기 위한 조사 · 연구 · 교육 및 계도와 더불어 법적 · 제도적 장치를 마련하며 필요한 재원을 조달하여야 한다. 국가는 아동 · 청소년에 대한 성적 착취와 학대 행위가 국제적 범죄임을 인식하고 범죄 정보의 공유, 범죄 조사 · 연구, 국제사법 공조, 범죄인 인도 등 국제협력을 강화하는 노력을 하여야 한다(제4조).

아동 · 청소년 대상 성범죄는 국제적으로도 심각한 범죄로 다루어지며, 국가와 지방자치단체가 이를 예방하고 피해자를 보호할 의무가 있다. 아동 · 청소년 대상 성범죄는 원정 아동 · 청소년 성매매, 아동 · 청소년성착취물의 인터넷을 통한 국제적 유통 등으로 인해 국제 공조의 필요성이 매우 높은 범죄이다.

7. 사회의 책임(제5조)

아동 · 청소년을 보호하기 위해서는 개인의 노력뿐만 아니라 사회적, 국가적 노력이 필요하다. 이를 명확히 하고자 "모든 국민"에게 관련 의무를 부과하고 있다.

모든 국민은 아동 · 청소년이 이 법에서 정한 범죄의 상대방이나 피해자가 되거나 이 법에서 정한 범죄를 저지르지 아니하도록 사회 환경을 정비하고 아동 · 청소년을 보호 · 선도 · 교육하는 데에 최선을 다하여야 한다(제5조).

8. 홍보영상의 제작 · 배포 · 송출(제6조)

여성가족부장관은 아동 · 청소년대상 성범죄의 예방과 계도, 피해자의 치료와 재활 등에 관한 홍보영상을 제작하여 방송법 제2조 제23호의 방송편성책임자에게 배포하여야 한다. 여성가족부장관은 방송법 제2조 제3호 가목의 지상파방송사업자(이하 "방송사업자"라 한다)에게 같은 법 제73조 제4항에 따라 대통령령으로 정하는 비상업적 공익광고 편성비율의 범위에서 제1항의 홍보영상을 채널별로 송출하도록 요청할 수 있다. 방송사업자는 제1항의 홍보영상 외에 독자적인 홍보영상을 제작하여 송출할 수 있다. 이 경우 여성가족부장관에게 필요한 협조 및 지원을 요청할 수 있다(제6조).

주제 8-2 처벌과 절차에 관한 특례

1. 아동 · 청소년 대상 성범죄의 종류와 처벌

1.1 강간, 강제추행, 간음 등

1) 아동 · 청소년에 대한 강간 · 강제추행 등(제7조, 제7조의2)

아동청소년에 대한 강간 · 강제추행 등을 범한 사람에 대해서는 강력한 처벌을 규정하고 있다. 폭행 또는 협박으로 아동 · 청소년을 강간한 사람은 무기징역 또는 5년 이상의 유기징역의 처벌을 받을 수 있다.

제7조(아동 · 청소년에 대한 강간 · 강제추행 등) ① 폭행 또는 협박으로 아동 · 청소년을 강간한 사람은 무기징역 또는 5년 이상의 유기징역에 처한다.
② 아동 · 청소년에 대하여 폭행이나 협박으로 다음 각 호의 어느 하나에 해당하는 행위를 한 자는 5년 이상의 유기징역에 처한다.
1. 구강 · 항문 등 신체(성기는 제외한다)의 내부에 성기를 넣는 행위
2. 성기 · 항문에 손가락 등 신체(성기는 제외한다)의 일부나 도구를 넣는 행위
③ 아동 · 청소년에 대하여 「형법」 제298조의 죄를 범한 자는 2년 이상의 유기징역 또는 1천만 원 이상 3천만 원 이하의 벌금에 처한다.
④ 아동 · 청소년에 대하여 「형법」 제299조의 죄를 범한 자는 제1항부터 제3항까지의 예에 따른다.
⑤ 위계(僞計) 또는 위력으로써 아동 · 청소년을 간음하거나 아동 · 청소년을 추행한 자는 제1항부터 제3항까지의 예에 따른다.
⑥ 제1항부터 제5항까지의 미수범은 처벌한다.

아동 · 청소년에 대하여 형법 제298조의 죄를 범한 자는 2년 이상의 유기징역 또는 1천만 원 이상 3천만 원 이하의 벌금에 처한다. 아동 · 청소년에 대하여 형법 제299조의 죄를 범한 자는 제1항부터 제3항까지의 예에 따른다. 위계(僞計) 또는 위력으로써 아동 · 청소년을 간음하거나 아동 · 청소년을 추행한

자는 제1항부터 제3항까지의 예에 따른다. 본 범죄의 미수범은 처벌한다(제7조).

또한 아동·청소년에 대한 강간, 강제추행 등의 죄를 범하기 위하여 사전에 계획이나 준비를 하거나 모의를 한 경우에도 처벌한다. 통상의 범죄는 예비나 음모를 처벌하지 않는 것에 비추어 볼 때, 처벌 규정을 강화한 것으로 볼 수 있다.

제7조의2(예비, 음모) 제7조의 죄를 범할 목적으로 예비 또는 음모한 사람은 3년 이하의 징역에 처한다. [본조신설 2020. 6. 2.]

2) 장애인인 아동·청소년에 대한 간음 등(제8조)

장애인인 아동·청소년을 대상으로 간음을 하거나 장애인인 아동·청소년으로 하여금 다른 사람을 간음하게 하는 행위 모두 처벌된다. 이때 장애인인 아동·청소년이란 장애인복지법 제2조 제1항에 따른 장애인으로서 신체적인 또는 정신적인 장애로 사물을 변별하거나 의사를 결정할 능력이 미약한 13세 이상의 아동·청소년을 말한다. 다만, 행위의 주체는 19세 이상의 사람으로 제한된다.

장애인인 아동·청소년에 대한 추행 혹은 장애인인 아동·청소년으로 하여금 추행을 하도록 한 경우에도 처벌된다. 19세 이상의 사람이 장애 아동·청소년을 추행한 경우 또는 장애 아동·청소년으로 하여금 다른 사람을 추행하게 하는 경우에는 10년 이하의 징역 또는 5천만 원 이하의 벌금에 처한다(제8조). 제18조 제2항의 벌금 조항은 최근(2021년 3월 23일 개정) '1천500만 원 이하의 벌금'에서 '5천만 원으로' 상향되었다.

제8조(장애인인 아동·청소년에 대한 간음 등) ① 19세 이상의 사람이 장애 아동·청소년(「장애인복지법」 제2조제1항에 따른 장애인으로서 신체적인 또는 정신적인 장애로 사물을 변별하거나 의사를 결정할 능력이 미약한 13세 이상의 아동·청소년을 말한다. 이하 같다)을 간음하거나 장애 아동·청소년으로 하여금 다른 사람을 간음하게 하는 경우에는 3년 이상의 유기징역에 처한다. <개정 2020. 5. 19.>

② 19세 이상의 사람이 13세 이상의 장애 아동 · 청소년을 추행한 경우 또는 13세 이상의 장애 아동 · 청소년으로 하여금 다른 사람을 추행하게 하는 경우에는 10년 이하의 징역 또는 5천만 원 이하의 벌금에 처한다. <개정 2020. 12. 8., 2021. 3. 23.>
[시행일: 2021. 9. 24.] 제8조

3) 13세 이상 16세 미만 아동 · 청소년에 대한 간음 등(제8조의2)

아동 · 청소년이 경제적으로나 사회적 기타 여러 이유로 곤란한 상태에 있을 때, 즉 궁박한 상태에 있을 때, 이를 이용하여 아동 · 청소년을 간음하거나 다른 사람을 간음하게 한 경우에도 3년 이상의 유기징역에 해당하는 처벌을 받도록 하는 조항을 2019년 1월 15일에 신설하였다. 또한 추행의 경우에도 처벌된다. 최근 법 개정을 통하여 추행의 벌금형을 기존 '1천500만 원 이하'에서 '5천만 원 이하'로 상향 조정하여, 13세 이상 16세 미만 아동 · 청소년에 대한 간음 및 추행에 대한 엄벌 의지를 밝혔다.

제8조의2(13세 이상 16세 미만 아동 · 청소년에 대한 간음 등) ① 19세 이상의 사람이 13세 이상 16세 미만인 아동 · 청소년(제8조에 따른 장애 아동 · 청소년으로서 16세 미만인 자는 제외한다. 이하 이 조에서 같다)의 궁박(窮迫)한 상태를 이용하여 해당 아동 · 청소년을 간음하거나 해당 아동 · 청소년으로 하여금 다른 사람을 간음하게 하는 경우에는 3년 이상의 유기징역에 처한다.
② 19세 이상의 사람이 13세 이상 16세 미만인 아동 · 청소년의 궁박한 상태를 이용하여 해당 아동 · 청소년을 추행한 경우 또는 해당 아동 · 청소년으로 하여금 다른 사람을 추행하게 하는 경우에는 10년 이하의 징역 또는 5천만 원 이하의 벌금에 처한다. <개정 2021. 3. 23.>
[본조신설 2019. 1. 15.] [시행일: 2021. 9. 24.] 제8조의2

4) 강간 등 상해 · 치상 및 강간 등 살인 · 치사[2](제9조, 제10조)

아동 · 청소년에 대한 강간 및 강제추행의 죄(제7조)를 저지른 사람이 다른 사람을 상해하거나 상해에 이르게 한 때에는 무기징역 또는 7년 이상의 징역에

2) 살인과 치사는 그 동기에 있어서 구분이 된다. 살인의 경우에는 다른 사람을 죽이고자 하는 의도가 있어야 한다. 살인의 의도가 있는 경우에는 살인, 그럴 의도가 없었다면 치사가 된다.

처하며(제9조), 다른 사람을 살해한 때에는 사형 또는 무기징역에 처하며, 살해는 아니지만 관련 범죄를 통해서 다른 사람을 사망에 이르게 한 때에는 사형, 무기징역 또는 10년 이상의 징역에 처한다(제10조).

제9조(강간 등 상해 · 치상) 제7조의 죄를 범한 사람이 다른 사람을 상해하거나 상해에 이르게 한 때에는 무기징역 또는 7년 이상의 징역에 처한다.
제10조(강간 등 살인 · 치사) ① 제7조의 죄를 범한 사람이 다른 사람을 살해한 때에는 사형 또는 무기징역에 처한다.
② 제7조의 죄를 범한 사람이 다른 사람을 사망에 이르게 한 때에는 사형, 무기징역 또는 10년 이상의 징역에 처한다.

1.2 아동 · 청소년 성착취물 관련 범죄(제11조)

아동 · 청소년 "이용음란물"이라는 용어가 가볍게 여겨지는 경우가 많아서 용어를 아동 · 청소년 "성착취물"로 변경하였고, 처벌이 강화되었다. 우선 아동 · 청소년성착취물을 구입하거나 아동 · 청소년성착취물인 줄 알면서 이를 소지한 경우 종래에는 처벌이 없었지만 법 개정으로 1년 이상의 징역에 처할 수 있다(제11조 제5항). 또한 아동 · 청소년성착취물 제작 · 배포 등을 상습적으로 범한 사람에 대해서는 형의 2분의 1에 이르기까지 처벌을 가중할 수 있다.

아동 · 청소년성착취물의 제작 · 배포 등에 대한 죄는 아동 · 청소년성착취물을 제작 · 수입 · 수출하는 경우, 영리를 목적으로 판매 · 대여 · 배포 · 제공하거나 이를 목적으로 소지 · 운반 · 광고 · 소개하거나 공연히 전시 또는 상영한 경우, 배포 · 제공하거나 이를 목적으로 광고 · 소개하거나 공연히 전시 또는 상영한 경우, 아동 · 청소년성착취물을 제작할 것이라는 정황을 알면서 아동 · 청소년을 아동 · 청소년성착취물의 제작자에게 알선한 경우, 아동 · 청소년성착취물을 구입하거나 아동 · 청소년성착취물임을 알면서 이를 소지 · 시청한 경우이다. 이들 범죄에 대해서는 미수범도 처벌한다.

특히 제11조 제1항의 아동 · 청소년성착취물을 제작 · 수입 또는 수출한 죄에 대해서는 공소시효를 적용하지 아니한다(제20조 제4항 제2호).

제11조(아동 · 청소년성착취물의 제작 · 배포 등) ① 아동 · 청소년성착취물을 제작 · 수입 또는 수출한 자는 무기징역 또는 5년 이상의 유기징역에 처한다. <개정 2020. 6. 2.>
② 영리를 목적으로 아동 · 청소년성착취물을 판매 · 대여 · 배포 · 제공하거나 이를 목적으로 소지 · 운반 · 광고 · 소개하거나 공연히 전시 또는 상영한 자는 5년 이상의 징역에 처한다. <개정 2020. 6. 2.>
③ 아동 · 청소년성착취물을 배포 · 제공하거나 이를 목적으로 광고 · 소개하거나 공연히 전시 또는 상영한 자는 3년 이상의 징역에 처한다. <개정 2020. 6. 2.>
④ 아동 · 청소년성착취물을 제작할 것이라는 정황을 알면서 아동 · 청소년을 아동 · 청소년성착취물의 제작자에게 알선한 자는 3년 이상의 징역에 처한다. <개정 2020. 6. 2.>
⑤ 아동 · 청소년성착취물을 구입하거나 아동 · 청소년성착취물임을 알면서 이를 소지 · 시청한 자는 1년 이상의 징역에 처한다. <개정 2020. 6. 2.>
⑥ 제1항의 미수범은 처벌한다.
⑦ 상습적으로 제1항의 죄를 범한 자는 그 죄에 대하여 정하는 형의 2분의 1까지 가중한다.

1.3 아동 · 청소년 성매매 관련 범죄

1) 아동 · 청소년 매매행위(제12조)

아동 · 청소년을 인신 매매하여 성매매나 성착취물의 대상으로 삼을 수 있다. 청소년성보호법은 이러한 행위가 이루어지지 않도록 처벌하도록 규정하고 있다. 아동 · 청소년의 성을 사는 행위 또는 아동 · 청소년성착취물을 제작하는 행위의 대상이 될 것을 알면서 아동 · 청소년을 매매 또는 국외에 이송하거나 국외에 거주하는 아동 · 청소년을 국내에 이송한 자는 무기징역 또는 5년 이상의 징역에 처한다. 본 범죄의 미수범은 처벌한다(제12조).

제12조(아동 · 청소년 매매행위) ① 아동 · 청소년의 성을 사는 행위 또는 아동 · 청소년성착취물을 제작하는 행위의 대상이 될 것을 알면서 아동 · 청소년을 매매 또는 국외에 이송하거나 국외에 거주하는 아동 · 청소년을 국내에 이송한 자는 무기징역 또는 5년 이상의 징역에 처한다. <개정 2020. 6. 2.>
② 제1항의 미수범은 처벌한다.

2) 아동 · 청소년의 성을 사는 행위 등(제13조)

아동 · 청소년을 대상으로 하는 성매매는 근절되어야 한다. 관련하여 이를 처벌하는 조항을 두고 있다. 최근에는 장애 아동 · 청소년을 대상으로 하는 성범죄는 이를 가중 처벌하는 규정을 신설하였다(제13조 제3항).

아동 · 청소년의 성을 사는 행위를 한 자는 1년 이상 10년 이하의 징역 또는 2천만 원 이상 5천만 원 이하의 벌금에 처한다. 아동 · 청소년의 성을 사기 위하여 아동 · 청소년을 유인하거나 성을 팔도록 권유한 자는 3년 이하의 징역 또는 3천만 원 이하의 벌금에 처한다(제13조). 제13조 제2항의 아동 · 청소년 유인 및 성매매 권유는 처벌을 종전 1년 이하의 징역 또는 1천만 원 이하의 벌금에서 3년 이하의 징역 또는 3천만 원 이하의 벌금으로 대폭 상향하였다. 이는 제14조, 제15조와 더불어 성매매 행위를 한 자부터 이와 관련되어 아동 · 청소년을 유인한 자, 성매매를 권유한 자까지 성매매의 고리를 형성하는 관계자 모두를 처벌하기 위한 규정이다.

제13조(아동 · 청소년의 성을 사는 행위 등) ① 아동 · 청소년의 성을 사는 행위를 한 자는 1년 이상 10년 이하의 징역 또는 2천만 원 이상 5천만 원 이하의 벌금에 처한다.
② 아동 · 청소년의 성을 사기 위하여 아동 · 청소년을 유인하거나 성을 팔도록 권유한 자는 3년 이하의 징역 또는 3천만 원 이하의 벌금에 처한다.
③ 장애 아동 · 청소년을 대상으로 제1항 또는 제2항의 죄를 범한 경우에는 그 죄에 정한 형의 2분의 1까지 가중처벌한다. <신설 2020. 5. 19.> [시행일: 2020. 11. 20.] 제13조

3) 아동 · 청소년에 대한 강요행위 등(제14조)

아동 · 청소년은 사회적 · 경제적으로 약자에 속한다. 아동 · 청소년의 이러한 약점을 빌미로 아동청소년의 성을 착취하거나 아동 · 청소년에게 이와 관련한 해로운 행위를 권하는 경우 처벌된다. 예를 들어, 폭행이나 협박을 한다든지, 혹은 빚-채무를 이용하여 위계 또는 위력으로 청소년에게 강요를 한다든지, 혹은 학교나 단체 등에서 업무나 고용 등의 관계로 강요한다든지 혹은 영업을 빌

미로 강요를 한다든지 하는 행위를 하는 경우이다(제14조 제1항). 제1항 제1호부터 제3호까지의 죄를 범한 자가 그 대가의 전부 또는 일부를 받거나 이를 요구 또는 약속한 때에는 7년 이상의 유기징역에 처한다(제14조 제2항). 또한 성매매를 하도록 유인 · 권유한 경우도 처벌되며, 미수범도 처벌된다.

제14조(아동 · 청소년에 대한 강요행위 등) ① 다음 각 호의 어느 하나에 해당하는 자는 5년 이상의 유기징역에 처한다.
1. 폭행이나 협박으로 아동 · 청소년으로 하여금 아동 · 청소년의 성을 사는 행위의 상대방이 되게 한 자
2. 선불금(先拂金), 그 밖의 채무를 이용하는 등의 방법으로 아동 · 청소년을 곤경에 빠뜨리거나 위계 또는 위력으로 아동 · 청소년으로 하여금 아동 · 청소년의 성을 사는 행위의 상대방이 되게 한 자
3. 업무 · 고용이나 그 밖의 관계로 자신의 보호 또는 감독을 받는 것을 이용하여 아동 · 청소년으로 하여금 아동 · 청소년의 성을 사는 행위의 상대방이 되게 한 자
4. 영업으로 아동 · 청소년을 아동 · 청소년의 성을 사는 행위의 상대방이 되도록 유인 · 권유한 자

② 제1항제1호부터 제3호까지의 죄를 범한 자가 그 대가의 전부 또는 일부를 받거나 이를 요구 또는 약속한 때에는 7년 이상의 유기징역에 처한다.
③ 아동 · 청소년의 성을 사는 행위의 상대방이 되도록 유인 · 권유한 자는 7년 이하의 징역 또는 5천만 원 이하의 벌금에 처한다.
④ 제1항과 제2항의 미수범은 처벌한다.

4) 아동 · 청소년 대상 성매매 알선영업행위 등(제15조)

아동 · 청소년을 대상으로 하는 성매매에 장소를 제공하거나, 행위를 알선하거나, 자금 · 토지, 건물 등을 제공하거나 아동 · 청소년을 고용한 경우, 모두 처벌을 받으며 처벌 또한 7년 이상의 유기징역으로 강력하다(제15조).

제15조(알선영업행위 등) ① 다음 각 호의 어느 하나에 해당하는 자는 7년 이상의 유기징역에 처한다(제15조 제1항).
1. 아동 · 청소년의 성을 사는 행위의 장소를 제공하는 행위를 업으로 하는 자
2. 아동 · 청소년의 성을 사는 행위를 알선하거나 정보통신망(「정보통신망 이용촉진 및 정보보호 등에 관한 법률」 제2조제1항제1호의 정보통신망을 말한다. 이하 같다)에서 알선정보를 제공하는 행위를 업으로 하는 자
3. 제1호 또는 제2호의 범죄에 사용되는 사실을 알면서 자금 · 토지 또는 건물을 제공한 자

4. 영업으로 아동 · 청소년의 성을 사는 행위의 장소를 제공 · 알선하는 업소에 아동 · 청소년을 고용하도록 한 자

5) 아동 · 청소년에 대한 성착취 목적 대화 등(제15조의2)

정보통신망을 통하여 아동 · 청소년에 대하여 성적 욕망, 수치심 또는 혐오감을 유발하는 행위를 통해 아동 · 청소년에 대한 성착취를 하는 경우에 대한 처벌을 하기 위한 조항으로 2021년 3월 23일에 신설된 조항이다.

19세 이상의 사람이 성적 착취를 목적으로 정보통신망을 통하여 아동 · 청소년에게 성적 욕망이나 수치심 또는 혐오감을 유발할 수 있는 대화를 지속적 또는 반복적으로 하거나 그러한 대화에 지속적 또는 반복적으로 참여시키는 행위를 하거나, 제2조 제4호 각목의 성행위나 유사성행위, 신체노출, 자위행위를 하도록 권유하는 경우 이를 3년 이하의 징역 또는 3천만 원 이하의 벌금에 처하도록 하고 있다. 19세 미만의 사람이 16세 미만의 아동 청소년에게 이와 같은 범죄를 저지른 경우 성적 착취 목적을 따지지 않고 그 행위만으로도 처벌을 한다. 제1항과 제2항의 차이는 제1항은 "성적 착취" 목적이 있어야 처벌을 하는 반면, 제2항은 16세 미만의 아동 · 청소년을 대상으로 하는 경우에 목적을 따지지 않고 처벌을 하는 점에 있다.

제15조의2(아동 · 청소년에 대한 성착취 목적 대화 등) ① 19세 이상의 사람이 성적 착취를 목적으로 정보통신망을 통하여 아동 · 청소년에게 다음 각 호의 어느 하나에 해당하는 행위를 한 경우에는 3년 이하의 징역 또는 3천만 원 이하의 벌금에 처한다.

1. 성적 욕망이나 수치심 또는 혐오감을 유발할 수 있는 대화를 지속적 또는 반복적으로 하거나 그러한 대화에 지속적 또는 반복적으로 참여시키는 행위
2. 제2조제4호 각 목의 어느 하나에 해당하는 행위를 하도록 유인 · 권유하는 행위

② 19세 이상의 사람이 정보통신망을 통하여 16세 미만인 아동 · 청소년에게 제1항 각 호의 어느 하나에 해당하는 행위를 한 경우 제1항과 동일한 형으로 처벌한다.

[본조신설 2021. 3. 23.][시행일: 2021. 9. 24.] 제15조의2

1.4 피해자 등에 대한 합의 강요행위

아동·청소년을 대상으로 하는 성범죄를 저지르고 이를 무마하기 위하여 폭행이나 협박을 행사하여 합의를 강요하는 경우에는 처벌을 받는다. 재판에 있어서 피해자의 합의는 죄를 경감하는 사유가 되기 때문에 가해자는 피해자를 대상으로 합의를 받기 위하여 노력을 하는데 이를 협박이나 강요를 통해서 강제한다면 이는 법질서를 교란하는 행위로 강력한 처벌을 받는다.

제16조(피해자 등에 대한 강요행위) 폭행이나 협박으로 아동·청소년대상 성범죄의 피해자 또는 「아동복지법」 제3조제3호에 따른 보호자를 상대로 합의를 강요한 자는 7년 이하의 유기징역에 처한다.

2. 처벌 등 관련 특례와 신고 포상금

2.1 아동·청소년 대상 성범죄 신고의무자의 성범죄에 대한 가중처벌(제18조)

아동·청소년의 성보호에 관한 법률에서는 아동·청소년 관련 기관–예를 들어 유치원이나, 초등학교, 의료기관, 아동복지시설, 어린이집 등–의 장이나 종사자가 직무상 아동·청소년 대상 성범죄가 발생한 사실을 알면 신고를 의무화하고 있다. 이들에게 아동·청소년을 보호하는 특별한 의무를 부과하고 있다.

아동·청소년 관련 기관의 장이나 종사자가 아동·청소년을 대상으로 성범죄를 범한다면, 아동·청소년을 제대로 보호하는 것이 힘들어진다. 이에 아동·청소년의 성보호에 관한 법률 제18조에서는 같은 법 제34조 제2항 각 호의 기관·시설 또는 단체의 장과 그 종사자가 자기의 보호·감독 또는 진료를 받는 아동·청소년을 대상으로 성범죄를 범한 경우에는 그 죄에 정한 형의 2분의 1까지 가중 처벌하는 규정을 두고 있다(제18조).

2.2 「형법」상 감경규정에 관한 특례(제19조)

아동 · 청소년의 성보호에 관한 법률에서는 이러한 점을 고려하여 음주 또는 약물로 인한 심신장애 상태에서 아동 · 청소년대상 성폭력범죄를 범한 때에는 형법 제10조 제1항 · 제2항 및 제11조를 적용하지 아니할 수 있게 하였다(제19조). 형법 제10조는 심신장애로 사물을 변별한 능력이 없거나 의사를 결정할 능력이 없는 사람의 행위는 벌하지 않도록 하고 있고, 심신장애로 사물 변별 능력이나 의사결정 능력이 미약한 경우에는 형을 감경할 수 있게 되어 있다. 다수의 성범죄가 음주 또는 약물을 복용한 상태에서 이루어지고 음주 또는 약물이 이를 촉발할 수 있다는 점을 감안한다면 이는 면책이나 감경 사유가 아니라 오히려 가중처벌 사유이어야 한다. 청소년성보호법의 대상이 되는 범죄는 아동 · 청소년대상 성폭력범죄로 아동 · 청소년대상 성범죄와는 그 범위에서 차이가 있다.

> **제19조(「형법」상 감경규정에 관한 특례)** 음주 또는 약물로 인한 심신장애 상태에서 아동 · 청소년대상 성폭력범죄를 범한 때에는 「형법」 제10조제1항 · 제2항 및 제11조를 적용하지 아니할 수 있다.

2.3 공소시효에 관한 특례(제20조)

오래 전에 일어난 범죄를 처벌하는 경우에는 증거를 찾기가 어렵고, 사실관계를 확인하기 어렵고, 자칫 법적 안정성을 해칠 우려가 있어서 공소시효 제도를 두고 있다. 공소시효에 의하면 일정 기간이 지난 행위에 대해서는 법정에서 처벌을 다투지 않는다.

그러나 아동 · 청소년 대상 성범죄의 경우에는 아동 · 청소년이 자신을 방어하기 어려울 뿐만 아니라 가까운 사람에 의해서 저질러지는 경우도 많아서 공소시효를 다른 범죄와 동일하게 한다면 범죄의 피해를 받은 아동 · 청소년을 제대로 보호하지 못하게 된다.

이에 아동·청소년대상 성범죄의 경우에는 아동·청소년대상 성범죄의 공소시효를 피해를 당한 아동·청소년이 성년에 달한 날부터 진행한다. 아동·청소년에 대한 강간·강제추행 등 제7조의 범죄는 DNA 등 과학적 증가가 있는 경우 공소시효가 10년 연장된다. 또한 13세 미만이거나 장애가 있는 아동·청소년에 대한 강간, 강제추행 등 일정한 죄에 대해서는 공소시효를 배제하고 있으며, 강간 등 살인·치사 등 특정 범죄에 대해서도 공소시효를 배제하고 있다(제20조). 최근 공소시효가 배제되는 죄에 제11조 제1항 아동·청소년성착취물을 제작·수입 또는 수출한 죄를 추가하였다.

제20조(공소시효에 관한 특례) ① 아동·청소년대상 성범죄의 공소시효는 「형사소송법」 제252조제1항에도 불구하고 해당 성범죄로 피해를 당한 아동·청소년이 성년에 달한 날부터 진행한다.
② 제7조의 죄는 디엔에이(DNA)증거 등 그 죄를 증명할 수 있는 과학적인 증거가 있는 때에는 공소시효가 10년 연장된다.
③ 13세 미만의 사람 및 신체적인 또는 정신적인 장애가 있는 사람에 대하여 다음 각 호의 죄를 범한 경우에는 제1항과 제2항에도 불구하고 「형사소송법」 제249조부터 제253조까지 및 「군사법원법」 제291조부터 제295조까지에 규정된 공소시효를 적용하지 아니한다. <개정 2019. 1. 15., 2020. 5. 19.>
1. 「형법」 제297조(강간), 제298조(강제추행), 제299조(준강간, 준강제추행), 제301조(강간등 상해·치상), 제301조의2(강간등 살인·치사) 또는 제305조(미성년자에 대한 간음, 추행)의 죄
2. 제9조 및 제10조의 죄
3. 「성폭력범죄의 처벌 등에 관한 특례법」 제6조제2항, 제7조제2항·제5항, 제8조, 제9조의 죄

④ 다음 각 호의 죄를 범한 경우에는 제1항과 제2항에도 불구하고「형사소송법」 제249조부터 제253조까지 및 「군사법원법」 제291조부터 제295조까지에 규정된 공소시효를 적용하지 아니한다.
1. 「형법」 제301조의2(강간등 살인·치사)의 죄(강간등 살인에 한정한다)
2. 제10조제1항의 죄 및 제11조제1항의 죄
3. 「성폭력범죄의 처벌 등에 관한 특례법」 제9조제1항의 죄

[시행일: 2021. 9. 24.] 제20조

2.4 양벌규정(제32조)

양벌규정이란 범죄가 조직의 업무와 관련되는 경우에 범죄를 저지른 행위자를 처벌함과 동시에 그 행위자가 속한 법인 및 행위자를 같이 처벌하는 것을 의미한다. 아동·청소년대상 성범죄 중 제11조 제1항부터 제6항까지, 제12조, 제13조, 제14조, 제15조, 제31조 제3항에 해당하는 범죄의 경우에는 행위자 이외의 법인 또는 개인을 처벌한다. 그러나 법인 또는 개인이 그 위반행위를 방지하기 위하여 해당 업무에 관하여 상당한 주의와 감독을 게을리하지 아니한 경우에는 그러하지 아니하다(제32조).

제32조(양벌규정) 법인의 대표자나 법인 또는 개인의 대리인, 사용인, 그 밖의 종업원이 그 법인 또는 개인의 업무에 관하여 제14조제3항, 제15조제2항 · 제3항 또는 제31조제3항의 어느 하나에 해당하는 위반행위를 하면 그 행위자를 벌하는 외에 그 법인 또는 개인에게도 해당 조문의 벌금형을 과(科)하고, 제11조제1항부터 제6항까지, 제12조, 제14조제1항 · 제2항 · 제4항 또는 제15조제1항의 어느 하나에 해당하는 위반행위를 하면 그 행위자를 벌하는 외에 그 법인 또는 개인을 5천만원 이하의 벌금에 처한다. 다만, 법인 또는 개인이 그 위반행위를 방지하기 위하여 해당 업무에 관하여 상당한 주의와 감독을 게을리하지 아니한 경우에는 그러하지 아니하다.

2.5 내국인의 국외범 처벌(제33조)

한국 국민이 해외에서 아동·청소년대상 범죄를 저지른 경우에도 당연히 처벌된다. 한국은 처벌권은 기본적으로는 대한민국 영토 내로 국한되지만, 한국 국민이 해외에 나가서 저지른 범죄에 대해서 처벌을 할 수 있다. 예를 들어 한국 국민이 해외에서 아동·청소년 대상으로 성을 사는 행위를 하는 경우에 처벌이 가능하다. 다만, 해외에서 저지른 범죄의 경우에는 범죄 정보를 입수하는 것이 필요하기 때문에 관련 특례조항을 두어 외국으로부터 범죄정보를 신속히 입수하여 처벌하도록 노력할 것을 규정하고 있다(제33조).

2.6 포상금(제59조)

여성가족부장관은 제8조, 제8조의2 및 제13조부터 제15조까지에 해당하는 범죄를 저지른 사람을 수사기관에 신고한 사람에 대하여는 예산의 범위에서 포상금을 지급할 수 있다(제1항). 제1항에 따른 포상금의 지급 기준, 방법과 절차 및 구체적인 지급액 등에 필요한 사항은 대통령령으로 정한다(제2항).

3. 재범 방지를 위한 처분 등

3.1 형벌과 수강명령 등의 병과(제21조)

법원은 형법상 처벌인 형벌을 내릴 때, 재발 방지를 위해서 각종 처분을 함께 내릴 수 있다. 즉, 병과(倂科)할 수 있다. 개략적인 사항은 표 8.1에 나와 있다.

법원은 아동 · 청소년대상 성범죄를 범한 소년법 제2조의 소년 - 만 19세 미만인 자 - 에 대하여 형의 선고를 유예하는 경우에는 반드시 보호관찰을 명하여야 한다(제1항).

또한 법원은 아동 · 청소년대상 성범죄를 범한 자에 대하여는 500시간 범위 내에서 수강명령 또는 성폭력 치료프로그램의 이수명령을 내릴 수 있다(제2항). 아동 · 청소년대상 성범죄를 범한 자에 대하여 제2항의 수강명령은 형의 집행을 유예할 경우에 그 집행유예기간 내에서 병과하고, 이수명령은 벌금 이상의 형을 선고하거나 약식명령을 고지할 경우에 병과한다(제3항).

표 8.1 형벌과 병과되는 처분

대상	형벌과 병과되는 처분
아동 · 청소년대상 성범죄를 범한 소년법 제2조의 소년 (19세 미만인 자)	형의 선고를 유예하는 경우에는 보호관찰 처분 필수
아동 · 청소년대상 성범죄를 범한 자	500시간 범위 내 재범 예방 필요한 수강명령 또는 성폭력 치료프로그램 이수명령(이하 이수명령)
형 집행 유예인 경우	수강명령 – 형의 집행을 유예할 경우 그 집행유예 기관 내 이수명령 – 벌금 이상의 형을 선고하거나 약식명령을 고지할 경우 보호관찰 또는 사회봉사 중 하나 이상 병과 가능

제2항에 따른 수강명령 또는 이수명령은 다음과 같다(제7항).

수강명령 또는 이수명령의 내용
1. 일탈적 이상행동의 진단 · 상담 2. 성에 대한 건전한 이해를 위한 교육 3. 그 밖에 성범죄를 범한 사람의 재범예방을 위하여 필요한 사항

보호관찰소의 장 또는 교정시설의 장은 제2항에 따른 수강명령 또는 이수명령 집행의 전부 또는 일부를 여성가족부장관에게 위탁할 수 있다(제8항).

3.2 재범 여부 조사(제21조의2)

아동 · 청소년대상 성범죄자들에게 처분되는 수강명령이나 이수명령의 효과를 평가하기 위하여 법무부장관이 수강명령이나 이수명령을 받아 관련 프로그램을 소화한 사람들과 관련한 재범여부를 조사할 수 있고, 수강명령이나 이수명령의 집행을 마친 때로부터 5년 동안의 범죄경력자료 및 수사경력 자료를 요청할 수 있다(제21조의2).

제21조의2(재범여부 조사) ① 법무부장관은 제21조제2항에 따라 수강명령 또는 이수명령을 선고받아 그 집행을 마친 사람에 대하여 그 효과를 평가하기 위하여 아동 · 청소년대상 성범죄 재범여부를 조사할 수 있다.
② 법무부장관은 제1항에 따른 재범여부 조사를 위하여 수강명령 또는 이수명령의 집행을 마친 때부터 5년 동안 관계 기관의 장에게 그 사람에 관한 범죄경력자료 및 수사경력자료를 요청할 수 있다. [본조신설 2016. 5. 29.]

3.3 판결 전 조사(제22조)

법원은 피고인에 대하여 제21조에 따른 보호관찰, 사회봉사, 수강명령 또는 이수명령을 부과하거나 제56조에 따른 취업제한 명령을 부과하기 위하여 필요하다고 인정하면 그 법원의 소재지 또는 피고인의 주거지를 관할하는 보호관찰소의 장에게 피고인의 신체적 · 심리적 특성 및 상태, 정신성적 발달과정, 성장배경, 가정환경, 직업, 생활환경, 교우관계, 범행동기, 병력(病歷), 피해자와의 관계, 재범위험성 등 피고인에 관한 사항의 조사를 요구할 수 있다(제22조 제1항).

보호관찰, 사회봉사, 수강명령, 또는 이수명령 부과 관련 판결 전 조사 사항
피고인의 신체적 · 심리적 특성 및 상태, 정신성적 발달과정, 성장배경, 가정환경, 직업, 생활환경, 교우관계, 범행동기, 병력(病歷), 피해자와의 관계, 재범위험성 등

주제 8-3 아동·청소년대상 성범죄의 피해자 보호

1. 피해자에 대한 보호 및 소송 절차상 특례

1.1 친권상실청구 등(제23조)

아동·청소년대상 성범죄자가 아동·청소년의 친권자나 후견인인 경우 아동·청소년은 추가적인 피해를 받을 수 있다. 이에 아동·청소년대상 성범죄 사건을 수사하는 검사는 그 사건의 가해자가 피해아동·청소년의 친권자나 후견인인 경우에 법원에 민법 제924조의 친권상실선고 또는 같은 법 제940조의 후견인 변경 결정을 청구하여야 한다. 다만, 친권상실선고 또는 후견인 변경 결정을 하여서는 아니 될 특별한 사정이 있는 경우에는 그러하지 아니하다(제23조 제1항).

아동보호전문기관, 성폭력피해자보소시설, 청소년상담복지센터와 청소년쉼터 등에서 이러한 청구를 요청할 수 있게 하여 아동·청소년을 보호하고자 할 수 있는 조항 또한 마련해 놓았다. 이러한 청구 요청을 받은 경우 검사는 요청받은 날부터 30일 내에 해당 기관·시설 또는 단체의 장에게 그 처리 결과를 통보하여야 한다. 아동·청소년 시설 및 기관에서 이러한 처리에 이의가 있을 경우에 법원에 직접 청구를 할 수 있다(제23조 제2항, 제3항, 제4항).

친권상실 청구 요청을 할 수 있는 시설 및 기관의 장의 범위

1. 「아동복지법」 제10조의2에 따른 아동권리보장원 또는 같은 법 제45조에 따른 아동보호전문기관
2. 「성폭력방지 및 피해자보호 등에 관한 법률」 제10조의 성폭력피해상담소 및 같은 법 제12조의 성폭력피해자보호시설
3. 「청소년복지 지원법」 제29조제1항에 따른 청소년상담복지센터 및 같은 법 제31조제1호에 따른 청소년쉼터

1.2 피해아동 · 청소년의 보호조치 결정(제24조)

법원은 아동 · 청소년대상 성범죄 사건의 가해자에게 민법 제924조에 따라 친권상실선고를 하는 경우에는 피해아동 · 청소년을 다른 친권자 또는 친족에게 인도하거나 제45조 또는 제46조의 기관 · 시설 또는 단체에 인도하는 등의 보호조치를 결정할 수 있다. 이 경우 그 아동 · 청소년의 의견을 존중하여야 한다(제24조).

1.3 수사 및 재판 절차에서의 배려(제25조)

수사기관과 법원 및 소송관계인은 아동 · 청소년대상 성범죄를 당한 피해자의 나이, 심리 상태 또는 후유장애의 유무 등을 신중하게 고려하여 조사 및 심리 · 재판 과정에서 피해자의 인격이나 명예가 손상되거나 사적인 비밀이 침해되지 아니하도록 주의하여야 한다. 수사기관과 법원은 아동 · 청소년대상 성범죄의 피해자를 조사하거나 심리 · 재판할 때 피해자가 편안한 상태에서 진술할 수 있는 환경을 조성하여야 하며, 조사 및 심리 · 재판 횟수는 필요한 범위에서 최소한으로 하여야 한다(제25조).

1.4 아동 · 청소년대상 디지털 성범죄의 수사 특례(제25조의2)

아동 · 청소년대상 디지털 성범죄의 경우 매우 은밀한 경로로 이루어지기 때문에 종전의 수사기법으로 이를 수사하기가 쉽지 않고, 대규모의 피해자가 발생한 후에야 성범죄가 밝혀지는 경우가 종종 있다. 아동 · 청소년대상 디지털 성범죄의 특수성을 감안하여 신분비공개 수사, 신분위장수사, 긴급 신분위장수사 기법을 도입한다(제25조의2, 제25조의4).

사법경찰이 신분위장수사 시 부득이하게 할 수 있는 행위(제25조의2 제2항)
1. 신분을 위장하기 위한 문서, 도화 및 전자기록 등의 작성, 변경 또는 행사 2. 위장 신분을 사용한 계약 · 거래 3. 아동 · 청소년성착취물 또는 「성폭력범죄의 처벌 등에 관한 특례법」 제14조제2항의 촬영물 또는 복제물(복제물의 복제물을 포함한다)의 소지, 판매 또는 광고

일반적인 수사의 경우에는 경찰관이 신분을 공개하고 수사를 진행하며 신분위장수사는 소위 함정수사라고 하여 금지하고 있다. 제25조의2와 제25조의4의 경우에는 아동·청소년대상 디지털 성범죄의 특수성을 감안하여 이러한 원칙의 예외를 둔 것이다.

신분비공개수사 또는 신분위장수사 시에는 부득이한 사유로 위법행위를 할 수 있고, 통상의 경우 처벌된다. 본 법에서는 디지털 성범죄 수사의 특수성을 감안하여, 그 행위에 고의나 중대한 과실이 없는 경우에는 벌하지 아니한다(제25조의3). 즉, 과실이 경한 경우에는 처벌되지 아니한다.

제25조의2(아동 · 청소년대상 디지털 성범죄의 수사 특례) ① 사법경찰관리는 다음 각 호의 어느 하나에 해당하는 범죄(이하 "디지털 성범죄"라 한다)에 대하여 신분을 비공개하고 범죄현장(정보통신망을 포함한다) 또는 범인으로 추정되는 자들에게 접근하여 범죄행위의 증거 및 자료 등을 수집(이하 "신분비공개수사"라 한다)할 수 있다.

1. 제11조 및 제15조의2의 죄
2. 아동 · 청소년에 대한 「성폭력범죄의 처벌 등에 관한 특례법」 제14조제2항 및 제3항의 죄

② 사법경찰관리는 디지털 성범죄를 계획 또는 실행하고 있거나 실행하였다고 의심할 만한 충분한 이유가 있고, 다른 방법으로는 그 범죄의 실행을 저지하거나 범인의 체포 또는 증거의 수집이 어려운 경우에 한정하여 수사 목적을 달성하기 위하여 부득이한 때에는 다음 각 호의 행위(이하 "신분위장수사"라 한다)를 할 수 있다.

1. 신분을 위장하기 위한 문서, 도화 및 전자기록 등의 작성, 변경 또는 행사
2. 위장 신분을 사용한 계약 · 거래
3. 아동 · 청소년성착취물 또는 「성폭력범죄의 처벌 등에 관한 특례법」 제14조제2항의 촬영물 또는 복제물(복제물의 복제물을 포함한다)의 소지, 판매 또는 광고

③ 제1항에 따른 수사의 방법 등에 필요한 사항은 대통령령으로 정한다.

[본조신설 2021. 3. 23.][시행일: 2021. 9. 24.] 제25조의2

제25조의4(아동 · 청소년대상 디지털 성범죄에 대한 긴급 신분위장수사) ① 사법경찰관리는 제25조의2제2항의 요건을 구비하고, 제25조의3제3항부터 제8항까지에 따른 절차를 거칠 수 없는 긴급을

요하는 때에는 법원의 허가 없이 신분위장수사를 할 수 있다.
② 사법경찰관리는 제1항에 따른 신분위장수사 개시 후 지체 없이 검사에게 허가를 신청하여야 하고, 사법경찰관리는 48시간 이내에 법원의 허가를 받지 못한 때에는 즉시 신분위장수사를 중지하여야 한다.
③ 제1항 및 제2항에 따른 신분위장수사 기간에 대해서는 제25조의3제7항 및 제8항을 준용한다.
[본조신설 2021. 3. 23.] [시행일: 2021. 9. 24.] 제25조의4
제25조의8(면책) ① 사법경찰관리가 신분비공개수사 또는 신분위장수사 중 부득이한 사유로 위법행위를 한 경우 그 행위에 고의나 중대한 과실이 없는 경우에는 벌하지 아니한다.
② 제1항에 따른 위법행위가 「국가공무원법」 제78조제1항에 따른 징계 사유에 해당하더라도 그 행위에 고의나 중대한 과실이 없는 경우에는 징계 요구 또는 문책 요구 등 책임을 묻지 아니한다.
③ 신분비공개수사 또는 신분위장수사 행위로 타인에게 손해가 발생한 경우라도 사법경찰관리는 그 행위에 고의나 중대한 과실이 없는 경우에는 그 손해에 대한 책임을 지지 아니한다.
[본조신설 2021. 3. 23.][시행일: 2021. 9. 24.] 제25조의8

1.5 영상물의 촬영 · 보존 등(제26조)

아동 · 청소년대상 성범죄 피해자가 범죄 피해를 진술하거나 조사를 받는 과정이 피해자에게 이차가해나 정신적 충격 등 피해를 발생시키는 것을 최소화하기 위하여 진술내용과 조사과정을 영상물 녹화장치로 촬영보존을 의무화하고 있다(제26조 제1항). 피해자나 법정 대리인이 이를 원하지 않을 때에는 촬영을 해서는 안 되지만, 가해자가 친권자 중 일방인 경우에는 촬영을 해야 한다(제26조 제2항).

녹화된 영상물은 피해자 또는 변호사 앞에서 봉인하고 피해자가 기명날인 또는 서명하게 한다(제26조 제3항). 제26조 제1항부터 제4항까지의 절차에 따라 촬영한 영상물에 수록된 피해자의 진술은 일정한 요건을 갖추는 경우(공판준비기일 또는 공판기일에 피해자 또는 조사과정에 동석하였던 신뢰관계에 있는 자의 진술에 의하여 그 성립의 진정함이 인정된 때)에는 증거로 할 수 있다(제26조 제6항).

1.6 증거보전의 특례(제27조)

범죄 피해자가 재판에 출석하여 증언을 하는 것이 재판상 일반적이지만, 아동·청소년대상 성범죄의 경우에는 특수성을 인정하여서 피해자가 공판기일에 출석하여 증언하는 것이 현저히 곤란할 경우에 제26조의 영상물 또는 그 밖의 증거물에 대해서 증거보전을 청구할 수 있고, 검사는 그 요청이 상당한 이유가 있는 경우에는 증거보전을 청구해야 한다(제27조).

1.7 신뢰관계에 있는 사람의 동석(제28조)

아동·청소년대상 성범죄 피해자가 증언하는 경우에 피해자는 엄청난 심리적인 압박을 느끼게 되며, 이는 피해자가 관련 증언을 제대로 하지 못하여 범죄자를 제대로 처벌하지 못할 수 있다. 이를 방지하기 위하여 법원은 아동·청소년 대상 성범죄 피해자와 신뢰관계에 있는 사람을 동석시켜야 하며, 이는 수사기관의 조사에도 준용된다(제28조).

1.8 피해아동·청소년 등에 대한 변호사선임의 특례(제30조)

아동·청소년대상 성범죄의 피해자 및 그 법정대리인은 형사절차상 입을 수 있는 피해를 방어하고 법률적 조력을 보장하기 위하여 변호사를 선임할 수 있다(제30조 제1항). 제1항에 따른 변호사에 관하여는 성폭력범죄의 처벌 등에 관한 특례법 제27조 제2항부터 제6항까지를 준용한다(제30조 제2항).

2. 비밀누설 금지(제31조)

아동·청소년대상 성범죄의 경우에는 피해아동·청소년을 보호하는 것이 우선되기 때문에 엄격하게 비밀을 유지할 필요가 있다. 이 때문에 법 제31조에 따라서 아동 · 청소년대상 성범죄의 수사 또는 재판을 담당하거나 관여하는 공무원 또는 그 직에 있었던 사람은 피해아동 · 청소년의 주소 · 성명 · 연령 · 학교 또는 직업 · 용모 등 그 아동 · 청소년을 특정할 수 있는 인적사항이나 사진 등 또는 그 아동 · 청소년의 사생활에 관한 비밀을 공개하거나 타인에게 누설하여서는 아니 된다(제31조 제1항). 이러한 규정은 청소년보호시설이나 상담시설(제45조 및 제46조)의 장이나 보조자 또는 그 직에 있었던 자에게도 적용된다(제31조 제2항).

비단 이들뿐만 아니라 일반 국민들 누구든지 피해아동 · 청소년의 주소 · 성명 · 연령 · 학교 또는 직업 · 용모 등 그 아동 · 청소년을 특정하여 파악할 수 있는 인적사항이나 사진 등을 신문 등 인쇄물에 싣거나 방송법 제2조 제1호에 따른 방송(이하 "방송"이라 한다) 또는 정보통신망을 통하여 공개하여서는 아니 된다(제31조 제3항).

비밀누설에 대해서는 7년 이하의 징역 또는 5천만 원 이하의 벌금에 처하며, 징역형과 벌금형은 병과할 수 있다(제31조 제4항).

3. 아동 · 청소년대상 성범죄의 신고 · 응급조치와 지원

3.1 아동 · 청소년대상 성범죄의 신고(제34조)

아동 · 청소년 대상 성범죄의 경우 누구나 수사기관에 신고할 수 있다(제34조 제1항).

1) 아동 · 청소년 대상 성범죄 신고 의무자

일정한 요건에 해당하는 기관 · 시설 또는 단체의 장과 그 종사자는 '직무상' 아동 · 청소년대상 성범죄의 발생 사실을 알게 된 때에는 신고 의무를 가지게 되며(제34조 제2항), 신고의무를 지키지 않는 경우에는 제67조 제4항에 의해서 300만 원 이하의 과태료를 부과받게 된다. 또한 아동·청소년대상 성범죄의 신고의무자가 자신의 보호·감독 또는 진료를 받는 아동·청소년을 대상으로 성범죄를 저지를 경우 그 죄에 정한 형의 2분의 1까지 가중 처벌된다.

아동·청소년대상 성범죄 신고 의무자는 다음과 같으며 최근에 제6호에 육아종합지원센터 및 시간제보육서비스지정기관이 추가되었다.

아동·청소년대상 성범죄 신고 의무자(제34조 제2항)
1. 「유아교육법」 제2조제2호의 유치원 2. 「초·중등교육법」 제2조의 학교 및 「고등교육법」 제2조의 학교 3. 「의료법」 제3조의 의료기관 4. 「아동복지법」 제3조제10호의 아동복지시설 5. 「장애인복지법」 제58조의 장애인복지시설 6. 「영유아보육법」 제2조제3호의 어린이집, 같은 법 제7조에 따른 육아종합지원센터 및 같은 법 제26조의2에 따른 시간제보육서비스지정기관 7. 「학원의 설립·운영 및 과외교습에 관한 법률」 제2조제1호의 학원 및 같은 조 제2호의 교습소 8. 「성매매방지 및 피해자보호 등에 관한 법률」 제5조의 성매매피해자등을 위한 지원시설 및 같은 법 제10조의 성매매피해상담소 9. 「한부모가족지원법」 제19조에 따른 한부모가족복지시설 10. 「가정폭력방지 및 피해자보호 등에 관한 법률」 제5조의 가정폭력 관련 상담소 및 같은 법 제7조의 가정폭력피해자 보호시설 11. 「성폭력방지 및 피해자보호 등에 관한 법률」 제10조의 성폭력피해상담소 및 같은 법 제12조의 성폭력피해자보호시설 12. 「청소년활동 진흥법」 제2조제2호의 청소년활동시설 13. 「청소년복지 지원법」 제29조제1항에 따른 청소년상담복지센터 및 같은 법 제31조제1호에 따른 청소년쉼터 14. 「청소년 보호법」 제35조의 청소년 보호·재활센터 15. 「국민체육진흥법」 제2조제9호가목 및 나목의 체육단체 16. 「대중문화예술산업발전법」 제2조제7호에 따른 대중문화예술기획업자가 같은 조 제6호에 따른 대중문화예술기획업 중 같은 조 제3호에 따른 대중문화예술인에 대한 훈련·지도·상담 등을 하는 영업장(이하 "대중문화예술기획업소"라 한다)

2) 신고자의 신원보호

신고자는 법에 따라 신원이 보호된다. 즉, 다른 법률에 규정이 있는 경우를 제외하고는 누구든지 신고자 등의 인적사항이나 사진 등 그 신원을 알 수 있는 정보나 자료를 출판물에 게재하거나 방송 또는 정보통신망을 통하여 공개하여서는 아니 되며(제34조 제3항), 이를 위반한 경우 제65조 제4항에 따라서 1년 이하의 징역 또는 500만 원 이하의 벌금에 처해질 수 있다.

3.2 신고의무자에 대한 교육(제35조)

신고의무자가 아동 · 청소년을 보호하기 위해서는 아동 · 청소년대상 성범죄 예방 및 신고의무 관련 내용을 숙지할 필요가 있다. 따라서 관계 행정기관의 장은 제34조 제2항 각 호의 기관 · 시설 또는 단체의 장과 그 종사자의 자격취득 과정에 아동 · 청소년대상 성범죄 예방 및 신고의무와 관련된 교육내용을 포함시켜야 하고(제35조 제1항), 여성가족부장관은 제34조 제2항 각 호의 기관 · 시설 또는 단체의 장과 그 종사자에 대하여 성범죄 예방 및 신고의무와 관련된 교육을 실시할 수 있다(제35조 제2항). 교육에 필요한 사항은 대통령령으로 정한다(제35조 제3항).

3.3 피해아동 · 청소년의 보호(제36조)

아동 · 청소년대상 성범죄자가 피해자와 동일한 가정구성원인 경우에는 아동 · 청소년에게 심각한 위해가 가해질 수 있기 때문에 이 경우에는 특별히 보호조치가 취해져야 한다. 이때 보호조치 등은 가정폭력범죄의 처벌에 관한 특례법을 따른다. 즉, 아동 · 청소년대상 성범죄를 저지른 자가 피해아동 · 청소년과 가정폭력범죄의 처벌 등에 관한 특례법 제2조 제2호의 가정구성원인 관계에 있는 경우로서 피해아동 · 청소년을 보호할 필요가 있는 때에는 같은 법 제5조, 제8조, 제29조 및 제49조부터 제53조까지의 규정을 준용한다(제36조).

이에 따르면 피해아동 · 청소년을 보호하기 위하여 가정폭력처벌법 제5조의 응급조치를 취할 수 있으며, 판사는 제29조에 따라 임시조치를 취할 수 있다.

「가정폭력범죄의 처벌 등에 관한 특례법」 가정폭력범죄에 대한 응급조치(제5조)
1. 폭력행위의 제지, 가정폭력행위자 · 피해자의 분리 및 범죄수사
2. 피해자를 가정폭력 관련 상담소 또는 보호시설로 인도(피해자가 동의한 경우만 해당한다)
3. 긴급치료가 필요한 피해자를 의료기관으로 인도
4. 폭력행위 재발 시 제8조에 따라 임시조치를 신청할 수 있음을 통보 [전문개정 2011. 4. 12.]

「가정폭력범죄의 처벌 등에 관한 특례법」 가정폭력범죄에 대한 임시조치(제29조)
1. 피해자 또는 가정구성원의 주거 또는 점유하는 방실(房室)로부터의 퇴거 등 격리
2. 피해자 또는 가정구성원의 주거, 직장 등에서 100미터 이내의 접근 금지
3. 피해자 또는 가정구성원에 대한 「전기통신기본법」 제2조제1호의 전기통신을 이용한 접근 금지
4. 의료기관이나 그 밖의 요양소에의 위탁
5. 국가경찰관서의 유치장 또는 구치소에의 유치

「가정폭력범죄의 처벌 등에 관한 특례법」 제2조의 "가정구성원"
가. 배우자(사실상 혼인관계에 있는 사람을 포함한다. 이하 같다) 또는 배우자였던 사람
나. 자기 또는 배우자와 직계존비속관계(사실상의 양친자관계를 포함한다. 이하 같다)에 있거나 있었던 사람
다. 계부모와 자녀의 관계 또는 적모(嫡母)와 서자(庶子)의 관계에 있거나 있었던 사람
라. 동거하는 친족

3.4 피해아동 · 청소년 등의 상담 및 치료(제37조)

가해자를 처벌하는 것도 중요하지만 피해아동 · 청소년의 신체적 · 정신적 피해를 치료하고 상담하는 것은 더 중요하다할 수 있다. 아동 · 청소년의 성보호에 관한 법률에서는 다음의 조항을 두어 피해아동 · 청소년의 상담 및 치료를 돕고자 한다.

국가는 피해아동 · 청소년 등의 신체적 · 정신적 회복을 위하여 제46조의 상담시설 또는 성폭력방지 및 피해자보호 등에 관한 법률 제27조의 성폭력 전담의료기관으로 하여금 피해아동 · 청소년, 피해아동 · 청소년의 보호자 및 형제 자매, 그 밖에 대통령령으로 정하는 사람에게 상담이나 치료프로그램(이하 "상담 · 치료프로그램"이라 한다)을 제공하도록 요청할 수 있다(제37조 제1항). 대통령령으로 정하는 사람은 피해아동 · 청소년과 같은 시설에서 보호받고 있는 아동 · 청소년, 피해아동 · 청소년과 같은 학교에 다니는 아동 · 청소년으로서 정신적 피해가 우려되는 사람, 법 제37조 제1항 제2호에 따른 사람 외에 피해아동 · 청소년과 함께 거주하는 가족으로서 상담 및 치료를 필요로 하는 사람이다(시행령 제7조).

4. 피해아동 · 청소년의 보호

4.1 피해아동 · 청소년 등을 위한 조치(제41조)

성범죄의 가해자가 피해아동 · 청소년에게 위험이 되는 경우에 이를 방지하기 위한 조치를 취할 수가 있다. 관련 조치는 검사의 청구에 따라서 법원이 판결하게 된다.

검사는 성범죄의 피해를 받은 아동 · 청소년을 위하여 지속적으로 위해의 배제와 보호가 필요하다고 인정하는 경우, 다음의 조치를 취할 수 있다(제41조).

피해아동 · 청소년을 위한 조치
1. 가해자에 대한 「보호관찰 등에 관한 법률」에 따른 보호관찰
2. 피해를 받은 아동 · 청소년의 주거 등으로부터 가해자를 분리하거나 퇴거하는 조치
3. 피해를 받은 아동 · 청소년의 주거, 학교 등으로부터 100미터 이내에 가해자 또는 가해자의 대리인의 접근을 금지하는 조치(2021년 6월 9일부터 시행)
4. 「전기통신기본법」 제2조제1호의 전기통신이나 우편물을 이용하여 가해자가 피해를 받은 아동 · 청소년 또는 그 보호자와 접촉을 하는 행위의 금지
5. 제45조에 따른 보호시설에 대한 보호위탁결정 등 피해를 받은 아동 · 청소년의 보호를 위하여 필요한 조치

4.2 피해아동 · 청소년 등에 대한 보호처분의 판결 등(제42조)

법원은 검찰의 청구가 이유 있다고 인정할 경우에는 제41조의 보호처분을 6개월의 범위에서 기간을 정하여 판결로 보호처분을 선고하여야 한다(제42조 제1항).

제41조 각 호의 보호처분은 병과할 수 있기 때문에(제42조 제1항), 보호관찰이나 가해자의 퇴거 조치, 접근 금지 등이 함께 내려질 수 있다. 검사는 보호처분 기간의 연장이 필요하다고 인정하는 경우 법원에 그 기간의 연장을 청구할 수 있고, 보호처분 기간의 연장 횟수는 3회 이내로 하고, 연장기간은 각각 6개월 이내로 한다(제42조 제3항). 보호처분 청구사건의 판결은 아동 · 청소년대상 성범죄 사건의 판결과 동시에 선고하여야 한다(제42조 제4항). 피해자 또는 법정대리인은 제41조 제1호 및 제2호의 보호처분 후 주거 등을 옮긴 때에는 관할 법원

에 보호처분 결정의 변경을 신청할 수 있다(제42조 제5항). 법원은 제1항에 따른 보호처분을 결정한 때에는 검사, 피해자, 가해자, 보호관찰관 및 보호처분을 위탁받아 행하는 보호시설의 장에게 각각 통지하여야 한다. 다만, 보호시설이 민간에 의하여 운영되는 기관인 경우에는 그 시설의 장으로부터 수탁에 대한 동의를 받아야 한다(제42조 제6항). 보호처분 결정의 집행에 관하여 필요한 사항은 가정폭력범죄의 처벌 등에 관한 특례법 제43조를 준용한다(제42조 제7항).

주제 8-4 아동 · 청소년의 회복(선도 · 보호), 관련 시설 등

1. 아동 · 청소년의 선도보호 등

1.1 성매매 피해아동 · 청소년에 대한 조치 등(제38조)

성매매알선 등 행위의 처벌에 관한 법률 제21조 제1항에 의하면 성을 파는 사람과 사는 사람이 동시에 처벌을 받게 된다. 그러나 청소년성보호법에서는 아동 · 청소년대상 성매매 범죄의 경우에는 성인의 아동 · 청소년에 대한 성착취 성격이 강하기 때문에 성매매의 상대방[3)]인 아동 · 청소년을 피해자로 파악한다. 따라서 이들 성매매 피해아동 · 청소년에 대해서는 처벌보다는 보호 및 재활을 하는 것이 오히려 필요하다는 판단에 따라 처벌하지 아니한다(제38조 제1항). 기존에는 성매매 피해아동 · 청소년에 대해서 소년원 송치나 보호처분에 관한 조항을 두고 있었는데, 2020년 5월 19일 법 개정으로 관련 조항인 제39조 및 제40조가 삭제되었다.

사법경찰관은 성매매 피해아동 · 청소년을 발견한 경우에는 신속하게 사건을 수사한 후에 여성가족부장관 및 성매매 피해아동 · 청소년 지원센터를 관할하는 시 · 도지사에게 통지하여야 하며, 여성가족부장관은 통지를 받은 후에 보호시설이나 상담시설과 아동 · 청소년을 연결하거나 성매매 피해아동 · 청소년 지원센터에서 제공하는 교육 · 상담 및 지원 프로그램에 참여 등의 조치를 취해야 한다(제38조).

성매매 피해아동 청소년 통지 시 여성가족부장관의 조치(제38조 제3항)
1. 제45조에 따른 보호시설 또는 제46조에 따른 상담시설과의 연계
2. 제47조의2에 따른 성매매 피해아동 · 청소년 지원센터에서 제공하는 교육 · 상담 및 지원 프로그램 등의 참여

3) 성을 파는 사람을 말한다.

제38조(성매매 피해아동 · 청소년에 대한 조치 등)

① 「성매매알선 등 행위의 처벌에 관한 법률」 제21조제1항에도 불구하고 제13조제1항의 죄의 상대방이 된 아동 · 청소년에 대하여는 보호를 위하여 처벌하지 아니한다. <개정 2020. 5. 19.>

② 검사 또는 사법경찰관은 성매매 피해아동 · 청소년을 발견한 경우 신속하게 사건을 수사한 후 지체 없이 여성가족부장관 및 제47조의2에 따른 성매매 피해아동 · 청소년 지원센터를 관할하는 특별시장 · 광역시장 · 특별자치시장 · 도지사 · 특별자치도지사(이하 "시 · 도지사"라 한다)에게 통지하여야 한다. <개정 2020. 5. 19.>

③ 여성가족부장관은 제2항에 따른 통지를 받은 경우 해당 성매매 피해아동 · 청소년에 대하여 다음 각 호의 어느 하나에 해당하는 조치를 하여야 한다. <개정 2020. 5. 19.>

1. 제45조에 따른 보호시설 또는 제46조에 따른 상담시설과의 연계
2. 제47조의2에 따른 성매매 피해아동 · 청소년 지원센터에서 제공하는 교육 · 상담 및 지원 프로그램 등의 참여

④ 삭제 <2020. 5. 19.>[제목개정 2020. 5. 19.][시행일: 2020. 11. 20.] 제38조

1.2 가해아동 · 청소년의 처리(제44조)

가해아동 · 청소년의 경우에는 그 연령에 따라서 처리 방법이 다르다. 10세 이상 14세 미만의 아동 · 청소년이 제2조 제2호 나목 및 다목의 죄와 제7조의 죄를 범한 경우에 수사기관은 신속히 수사하고, 그 사건을 관할 법원 소년부에 송치하여야 한다(제1항). 이 경우 특별한 사정이 없으며 그 사실을 가해아동 · 청소년의 법정대리인 등에게 통지하여야 한다(제2항).

14세 이상 16세 미만의 아동 · 청소년이 제1항의 죄를 범하여 그 사건이 관할 법원 소년부로 송치된 경우 송치받은 법원 소년부 판사는 그 아동 · 청소년에게 소년법상의 보호처분이나 청소년보호법상의 청소년보호 · 재활센터에 선도보호를 위탁하는 보호처분 중 하나에 해당하는 보호처분을 할 수 있다(제2항).

판사는 가해아동 · 청소년에 대해서 재범예방에 대한 수강명령을 하여야 하며, 검사는 가해아동 · 청소년에 대하여 소년부 송치가 적절하지 아니한 경우에는 교육과정이나 상담과정을 마치게 하여야 한다(제4항 및 제5항).

2. 아동 · 청소년 성보호를 위한 시설

2.1 보호시설(제45조)

아동 · 청소년의 성보호에 관한 법률에 의하면 보호시설은 1) 성매매방지 및 피해자보호 등에 관한 법률 제9조 제1항 제2호의 청소년 지원시설, 2) 청소년 상담복지센터 및 3) 청소년쉼터 또는 4) 청소년 보호 · 재활센터로 구성된다(제45조).

이들 보호시설은 상담시설이 수행하는 아동 · 청소년대상 성범죄(제7조부터 제18조까지) 신고 접수와 함께 성매매 피해아동 · 청소년의 보호 · 자립지원, 장기치료가 필요한 성매매 피해아동 · 청소년의 다른 기관과의 연계 및 위탁업무를 수행한다(제45조).

보호시설의 업무(제45조)
1. 제46조제1항 각 호의 업무
2. 성매매 피해아동 · 청소년의 보호 · 자립지원
3. 장기치료가 필요한 성매매 피해아동 · 청소년의 다른 기관과의 연계 및 위탁

2.2 상담시설(제46조)

아동 · 청소년의 성보호에 관한 법률에 의하면 상담시설은 성매매 피해 관련 상담 시설과 성폭력 피해자 보호시설로 구분된다.

1) 성매매 피해 관련 상담시설

성매매 피해 관련 상담시설에는 1) 제17조의 성매매피해상담소와 2) 청소년 상담복지센터가 있다. 이들 시설의 업무는 다음과 같다.

성매매 피해 관련 상담시설의 업무(제46조 제1항)
1. 제7조부터 제18조까지의 범죄 신고의 접수 및 상담 2. 성매매 피해아동 · 청소년과 병원 또는 관련 시설과의 연계 및 위탁 3. 그 밖에 아동 · 청소년 성매매 등과 관련한 조사 · 연구

2) 성폭력 피해자 보호시설

성폭력 피해자 보호시설에는 1) 성폭력피해상담소, 2) 성폭력피해자보호시설이 있다(제46조 제2항). 성폭력 피해자 보호시설의 업무는 다음과 같다.

성폭력피해자 보호시설의 업무(제46조 제2항)
1. 제7조, 제8조, 제8조의2, 제9조부터 제11조까지 및 제16조의 범죄에 대한 신고의 접수 및 상담 2. 아동 · 청소년대상 성폭력범죄로 인하여 정상적인 생활이 어렵거나 그 밖의 사정으로 긴급히 보호를 필요로 하는 피해아동 · 청소년을 병원이나 성폭력피해자보호시설로 데려다 주거나 일시 보호하는 업무 3. 피해아동 · 청소년의 신체적 · 정신적 안정회복과 사회복귀를 돕는 업무 4. 가해자에 대한 민사상 · 형사상 소송과 피해배상청구 등의 사법처리절차에 관하여 대한변호사협회 · 대한법률구조공단 등 관계 기관에 필요한 협조와 지원을 요청하는 업무 5. 아동 · 청소년대상 성폭력범죄의 가해아동 · 청소년과 그 법정대리인에 대한 교육 · 상담 프로그램의 운영 6. 아동 · 청소년 관련 성보호 전문가에 대한 교육 7. 아동 · 청소년대상 성폭력범죄의 예방과 방지를 위한 홍보 8. 아동 · 청소년대상 성폭력범죄 및 그 피해에 관한 조사 · 연구 9. 그 밖에 피해아동 · 청소년의 보호를 위하여 필요한 업무

이중 제5호의 성폭력범죄의 가해아동 · 청소년과 그 법정대리인에 대한 교육 · 상담 프로그램의 운영 및 아동 · 청소년 관련 성보호 전문가에 대한 교육은 새롭게 추가된 부분이다.

2.3 아동 · 청소년대상 성교육 전문기관의 설치 · 운영(제47조)

국가와 지방자치단체는 아동 · 청소년의 건전한 성가치관 조성과 성범죄 예방을 위하여 아동 · 청소년대상 성교육 전문기관을 설치하거나 해당 업무를 전문단체에 위탁할 수 있다(제47조 제1항).

제1항에 따른 위탁 관련 사항, 성교육 전문기관에 두는 종사자 등 직원의 자격

및 설치기준과 운영에 관하여 필요한 사항은 대통령령으로 정한다(제47조 제2항).

대통령령에 의하면 1) 성폭력방지 및 피해자보호 등에 관한 법률 제10조에 따른 성폭력피해상담소를 설치 · 운영하는 단체, 2) 청소년활동진흥법 제10조 제1호 가목부터 다목까지의 규정에 따른 청소년수련관, 청소년수련원 또는 청소년문화의집을 설치 · 운영하는 단체, 3) 청소년기본법 제3조 제8호에 따른 청소년단체, 4) 성교육을 주된 업무로 하는 단체에 성교육 관련 업무를 위탁할 수 있다.

2.4 성매매 피해아동 · 청소년 지원센터의 설치(제47조의2)

성매매 피해아동 · 청소년에 대한 지원을 강화하기 위하여 최근 법개정을 통하여 성매매 피해아동 · 청소년 지원센터의 설치가 추가되었다. 여성가족부장관 또는 시 · 도지사 및 시장 · 군수 · 구청장은 성매매 피해아동 · 청소년의 보호를 위하여 성매매 피해아동 · 청소년 지원센터를 설치 · 운영할 수 있다(제1항). 국가와 지방자치단체는 그 경비의 일부를 보조할 수 있으며, 센터의 운영은 비영리법인 또는 단체에 위탁할 수 있다. 성매매 피해아동 · 청소년 지원센터의 업무는 다음과 같다(제2항).

성매매 피해아동 · 청소년 지원센터의 업무(제47조의2 제2항)
1. 제12조부터 제15조까지의 범죄에 대한 신고의 접수 및 상담 2. 성매매 피해아동 · 청소년의 교육 · 상담 및 지원 3. 성매매 피해아동 · 청소년을 병원이나 「성매매방지 및 피해자보호 등에 관한 법률」 제9조에 따른 지원시설로 데려다 주거나 일시 보호하는 업무 4. 성매매 피해아동 · 청소년의 신체적 · 정신적 치료 · 안정회복과 사회복귀를 돕는 업무 5. 성매매 피해아동 · 청소년의 법정대리인을 대상으로 한 교육 · 상담프로그램 운영 6. 아동 · 청소년 성매매 등에 관한 조사 · 연구 7. 그 밖에 성매매 피해아동 · 청소년의 보호 및 지원을 위하여 필요한 업무로서 대통령령으로 정하는 업무

주제 8-5 성범죄자 신상정보 공개와 취업제한

1. 성범죄자 신상정보 공개와 취업제한 등

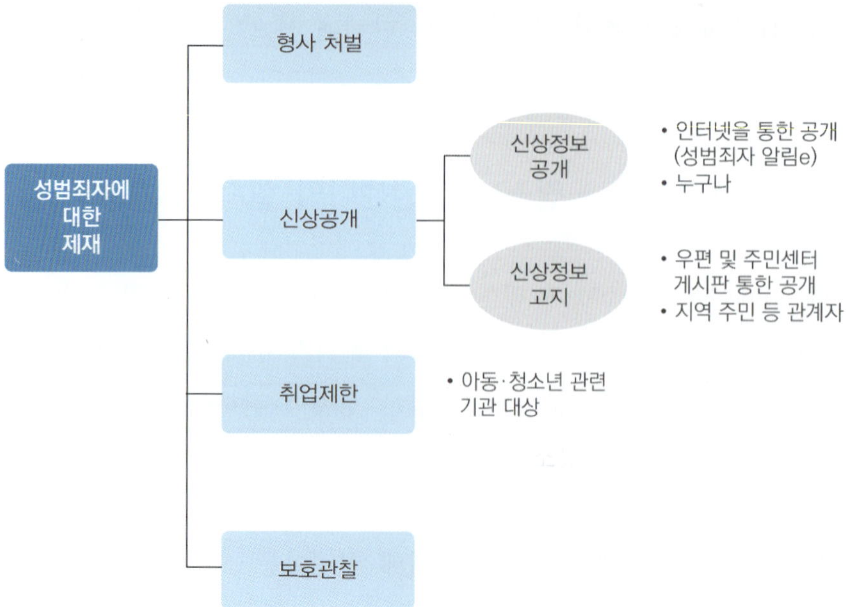

그림 8.2 **성범죄자에 대한 청소년성보호법상 제재**

1.1 등록정보의 공개(제49조)

성범죄자로 인한 추가 피해를 예방하기 위하여 일정한 요건에 해당되는 경우에는 등록정보를 공개할 수 있다.

1) 신상정보 공개 대상자

법원은 판결로 제49조 제4항의 공개정보를 성폭력범죄의 처벌 등에 관한 특례법 제45조 제1항의 등록기간 동안 정보통신망을 이용하여 공개하도록 하는 명령 – 공개명령 – 을 등록대상 사건의 판결과 동시에 선고하여야 한다. 다만, 피고인이 아동 · 청소년인 경우, 그 밖에 신상정보를 공개하여서는 아니 될 특별한 사정이 있다고 판단하는 경우에는 그러하지 아니하다(제1항).

신상정보 공개 대상자(제49조 제1항)
1. 아동 · 청소년대상 성범죄를 저지른 자 2. 「성폭력범죄의 처벌 등에 관한 특례법」 제2조제1항제3호 · 제4호, 같은 조 제2항(제1항제3호 · 제4호에 한정한다), 제3조부터 제15조까지의 범죄를 저지른 자 3. 제1호 또는 제2호의 죄를 범하였으나 「형법」 제10조제1항에 따라 처벌할 수 없는 자로서 제1호 또는 제2호의 죄를 다시 범할 위험성이 있다고 인정되는 자

2) 공개되는 등록정보와 열람 절차

공개하도록 제공되는 정보는 다음과 같다. 공개되는 등록정보는 개인을 식별할 수 있도록 성명, 나이, 주소 및 실제 거주지, 신체정보(키와 몸무게), 사진, 등록대상 성범죄 요지, 성폭력범죄 전과의 죄명 및 횟수, 전자장치 부착 여부 등이다(제4항).

공개정보의 구체적인 형태와 내용에 관하여는 대통령령으로 정한다(제5항). 공개정보를 정보통신망을 이용하여 열람하고자 하는 자는 실명인증 절차를 거쳐야 한다(제6항). 실명인증, 공개정보 유출 방지를 위한 기술 및 관리에 관한 구체적인 방법과 절차는 대통령령으로 정한다(제7항).

1.2 등록정보의 고지(제50조, 제51조)

등록정보의 고지란 아동 · 청소년 성범죄를 예방하기 위하여 아동 · 청소년의 보호와 관련된 사람들에게 성범죄자의 전입 혹은 전출 등의 사유를 알리는 제도이다. 아동 · 청소년 대상 성범죄자 등이 전입이나 전출 등의 사유가 발생한 경우, 이와 관련된 고지정보를 아동 · 청소년의 친권자 법정대리인이 있는 가구나 어린이집의 원장, 유치원의 장, 학교의 장, 주민자치센터의 장, 학교교과교습학원의 장, 지역아동센터의 장, 청소년수련시설의 장에게 고지하도록 하고 있다(제50조).

3) 등록정보의 고지 관련 신상정보 공개대상자

법원은 공개대상자 중 다음 각 호의 어느 하나에 해당하는 자에 대하여 판결로 제49조에 따른 공개명령 기간 동안 제4항에 따른 고지정보를 제5항에 규정된 사람에 대하여 고지하도록 하는 명령 – 고지명령 – 을 등록대상 성범죄 사건의 판결과 동시에 선고하여야 한다. 다만, 피고인이 아동·청소년인 경우, 그 밖에 신상정보를 고지하여서는 아니 될 특별한 사정이 있다고 판단하는 경우에는 그러하지 아니하다(제50조 제1항).

4) 고지대상 정보(제50조 제4항)

고지대상 정보는 제49조 제4항의 고지 정보 공개정보와 고지대상자가 전출하는 경우에는 그 대상자의 전출 정보를 포함한다.

5) 고지를 받는 사람(제50조 제5항, 제51조 제4항)

고지를 받는 사람은 다음과 같다.

고지를 받는 사람(제50조 제5항, 제51조 제4항)
• 고지대상자가 거주하는 읍 · 면 · 동의 아동 · 청소년이 속한 세대주 • 「영유아보육법」에 따른 어린이집의 원장 및 육아종합지원센터 · 시간제보육서비스지정기관의 장 • 「유아교육법」에 따른 유치원의 장 • 「초 · 중등교육법」 제2조에 따른 학교의 장 • 읍 · 면사무소와 동 주민자치센터의 장(경계를 같이 하는 읍 · 면 또는 동을 포함한다) • 「학원의 설립 · 운영 및 과외교습에 관한 법률」 제2조제2호에 따른 교습소의 장, 같은 조 제3호에 따른 개인과외교습자 및 제2조의2에 따른 학교교과교습학원의 장 • 「아동복지법」 제52조제1항에 따른 아동복지시설 중 다음 각목의 시설의 장 가. 아동양육시설, 나. 아동일시보호시설, 다. 아동보호치료시설, 라. 공동생활가정, 마. 지역아동센터 • 「청소년복지 지원법」 제31조에 따른 청소년복지시설의 장 • 「청소년활동 진흥법」 제10조제1호에 따른 청소년수련시설의 장

6) 고지명령의 집행

고지명령의 집행은 여성가족부장관이 한다(제51조 제1항). 여성가족부장관은 우편 · 이동통신단말장치 등 여성가족부령으로 정하는 바에 따라 제50조 제5항의 사람들에게 고지정보를 송부하며, 읍 · 면 사무소 또는 동(경계를 같이 하는 읍 · 면 또는 동을 포함한다) 주민자치센터 게시판에 30일간 게시하는 방법으로 고지명령을 집행한다(제51조 제4항).

1.3 공개명령의 집행(제52조)

고지명령은 우편송부 및 게시판 게시의 형태로 집행을 하지만, 공개명령은 여성가족부장관이 정보통신망을 이용하여 집행한다(제52조 제1항). 법원은 공개명령의 판결이 확정되면 판결문 등본을 판결이 확정된 날부터 14일 이내에 법무부장관에게 송달하여야 하며, 법무부장관은 제49조 제2항에 따른 공개기간 동안 공개명령이 집행될 수 있도록 최초등록 및 변경등록 시 공개대상자, 공개기간 및 같은 조 제3항 각 호에 규정된 공개정보를 지체 없이 여성가족부장관에게 송부하여야 한다(제52조 제2항). 공개명령의 집행 · 공개절차 · 관리 등에 관한 세부사항은 대통령령으로 정한다(제52조 제3항).

1.4 계도 및 범죄정보의 공표(제53조)

여성가족부장관은 아동 · 청소년대상 성범죄의 발생추세와 동향, 그 밖에 계도에 필요한 사항을 연 2회 이상 공표하여야 한다(제53조 제1항). 여성가족부장관은 제1항에 따른 성범죄 동향 분석 등을 위하여 성범죄로 유죄판결이 확정된 자에 대한 자료를 관계 행정기관에 요청할 수 있다(제53조 제2항).

1.5 비밀준수(제54조)

등록대상 성범죄자의 신상정보의 공개 및 고지 업무에 종사하거나 종사하였던 자는 직무상 알게 된 등록정보를 누설하여서는 아니 된다(제54조). 이를 위반하면 제65조 제1항에 따라서 5년 이하의 징역 또는 5천만 원 이하의 벌금에 처한다.

1.6 공개정보의 악용금지(제55조)

공개정보는 아동·청소년 등을 등록대상 성범죄로부터 보호하기 위하여 성범죄 우려가 있는 자를 확인할 목적으로만 사용되어야 하고(제55조 제1항), 공개정보를 확인한 자는 공개정보를 활용하여 신문·잡지등 출판물, 방송 또는 정보통신망을 이용한 공개, 공개정보의 수정 또는 삭제 행위를 하여서는 아니 된다(제55조 제2항). 이를 위반하는 경우에는 제65조 제1항에 따라서 5년 이하의 징역 또는 5천만 원 이하의 벌금에 처한다.

공개정보를 확인한 자는 공개정보를 등록대상 성범죄로부터 보호할 목적 외에 아동·청소년 관련기관등에의 고용을 제외한 고용, 주택 또는 사회복지시설의 이용, 교육기관의 교육 및 직업훈련 등과 관련된 목적으로 사용하여 공개대상자를 차별하여서는 아니 된다(제55조 제3항). 이를 위반하는 경우에는 제65조 제4항에 따라서 1년 이하의 징역 또는 500만 원 이하의 벌금에 처한다.

2. 아동 · 청소년 대상 성범죄자의 취업제한

2.1 아동 · 청소년 관련기관등에의 취업제한 등(제56조)

아동 · 청소년을 보호하기 위하여 아동 · 청소년 대상 성범죄 또는 성인 대상 성범죄를 저지른 사람의 경우에는 법원의 "취업제한 명령"을 통해서 일정 기간 취업이 제한된다.

법원은 아동 · 청소년 대상 성범죄 또는 성인 대상 성범죄로 형 또는 치료감호를 선고하는 경우에는 판결로, 그 형 또는 치료감호의 전부 또는 일부의 집행을 종료하거나 집행이 유예 · 면제된 날부터 일정 기간 동안 아동 · 청소년 관련기관등을 운영하거나 아동 · 청소년 관련기관등에 취업 또는 사실상 노무를 제공할 수 없도록 하는 명령인 취업제한 명령을 성범죄 사건의 판결과 동시에 선고하여야 한다. 다만, 재범의 위험성이 현저히 낮은 경우, 그 밖에 취업을 제한하여서는 아니 되는 특별한 사정이 있다고 판단하는 경우에는 그러하지 아니한다(제56조 제1항).

취업제한 기간은 10년을 초과하지 못한다(제56조 제2항). 법원은 제1항에 따라 취업제한 명령을 선고하려는 경우에는 정신건강의학과 의사, 심리학자, 사회복지학자, 그 밖의 관련 전문가로부터 취업제한 명령 대상자의 재범 위험성 등에 관한 의견을 들을 수 있다(제56조 제3항).

2.2 취업이 제한되는 아동 · 청소년 관련기관(제56조 제1항)

청소년보호법 제56조 제1항에 의하여 취업이 제한되는 아동 · 청소년 관련기관은 다음과 같다.

고지를 받는 사람(제50조 제5항, 제51조 제4항)
〈취업 제한 아동 · 청소년 관련기관〉 1. 「유아교육법」 제2조제2호의 유치원

고지를 받는 사람(제50조 제5항, 제51조 제4항)

2. 「초 · 중등교육법」 제2조의 학교, 같은 법 제28조와 같은 법 시행령 제54조에 따른 위탁 교육기관 및 「고등교육법」 제2조의 학교
2의2. 특별시 · 광역시 · 특별자치시 · 도 · 특별자치도 교육청 또는 「지방교육자치에 관한 법률」 제34조에 따른 교육지원청이 「초 · 중등교육법」 제28조에 따라 직접 설치 · 운영하거나 위탁하여 운영하는 학생상담지원시설 또는 위탁 교육시설
2의3. 「제주특별자치도 설치 및 국제자유도시 조성을 위한 특별법」 제223조에 따라 설립된 국제학교
3. 「학원의 설립 · 운영 및 과외교습에 관한 법률」 제2조제1호의 학원, 같은 조 제2호의 교습소 및 같은 조 제3호의 개인과외교습자(아동 · 청소년의 이용이 제한되지 아니하는 학원 · 교습소로서 교육부장관이 지정하는 학원 · 교습소 및 아동 · 청소년을 대상으로 하는 개인과외교습자를 말한다)
4. 「청소년 보호법」 제35조의 청소년 보호 · 재활센터
5. 「청소년활동 진흥법」 제2조제2호의 청소년활동시설
6. 「청소년복지 지원법」 제29조제1항에 따른 청소년상담복지센터, 같은 법 제30조제1항에 따른 이주배경청소년지원센터 및 같은 법 제31조에 따른 청소년복지시설
6의2. 「학교 밖 청소년 지원에 관한 법률」 제12조의 학교 밖 청소년 지원센터
7. 「영유아보육법」 제2조제3호의 어린이집, 같은 법 제7조에 따른 육아종합지원센터 및 같은 법 제26조의2에 따른 시간제보육서비스지정기관
8. 「아동복지법」 제3조제10호의 아동복지시설, 같은 법 제37조에 따른 통합서비스 수행기관 및 같은 법 제44조의2에 따른 다함께돌봄센터
9. 「성매매방지 및 피해자보호 등에 관한 법률」 제9조의 성매매피해자등을 위한 지원시설 및 같은 법 제17조의 성매매피해상담소
9의2. 성교육 전문기관 및 성매매 피해아동 · 청소년 지원센터
10. 「주택법」 제2조제3호의 공동주택의 관리사무소. 이 경우 경비업무에 직접 종사하는 사람에 한정한다.
11. 「체육시설의 설치 · 이용에 관한 법률」 제3조에 따라 설립된 체육시설 중 아동 · 청소년의 이용이 제한되지 아니하는 체육시설로서 문화체육관광부장관이 지정하는 체육시설
12. 「의료법」 제3조의 의료기관(같은 법 제2조의 의료인, 같은 법 제80조의 간호조무사 및 「의료기사 등에 관한 법률」 제2조의 의료기사로 한정한다)
13. 「게임산업진흥에 관한 법률」에 따른 다음 각 목의 영업을 하는 사업장
    가. 「게임산업진흥에 관한 법률」 제2조제7호의 인터넷컴퓨터게임시설제공업
    나. 「게임산업진흥에 관한 법률」 제2조제8호의 복합유통게임제공업
14. 「경비업법」 제2조제1호의 경비업을 행하는 법인. 이 경우 경비업무에 직접 종사하는 사람에 한정한다.
15. 영리의 목적으로 「청소년기본법」 제3조제3호의 청소년활동의 기획 · 주관 · 운영을 하는 사업장(이하 "청소년활동기획업소"라 한다)
16. 「대중문화예술산업발전법」 제2조제7호의 대중문화예술기획업자가 같은 조 제6호의 대중문화예술기획업 중 같은 조 제3호의 대중문화예술인에 대한 훈련 · 지도 · 상담 등을 하는 영업장(이하 "대중문화예술기획업소"라 한다)
17. 아동 · 청소년의 고용 또는 출입이 허용되는 다음 각 목의 어느 하나에 해당하는 기관 · 시설 또는 사업장(이하 이 호에서 "시설등"이라 한다)으로서 대통령령으로 정하는 유형의 시설등
    가. 아동 · 청소년과 해당 시설등의 운영자 · 근로자 또는 사실상 노무 제공자 사이에 업무상 또는 사실상 위력 관계가 존재하거나 존재할 개연성이 있는 시설등
    나. 아동 · 청소년이 선호하거나 자주 출입하는 시설등으로서 해당 시설등의 운영 과정에서 운영자 · 근로자 또는 사실상 노무 제공자에 의한 아동 · 청소년대상 성범죄의 발생이 우려되는 시설등
18. 가정을 방문하거나 아동 · 청소년이 찾아오는 방식 등으로 아동 · 청소년에게 직접교육서비스를 제공하는 사람을 모집하거나 채용하는 사업장(이하 "가정방문 등 학습교사 사업장"이라 한다). 이 경우 아동 · 청소년에게 직접교육서비스를 제공하는 업무에 종사하는 사람에 한정한다.
19. 「장애인 등에 대한 특수교육법」 제11조의 특수교육지원센터 및 같은 법 제28조에 따라 특수교육 관련서비스를 제공하는 기관 · 단체
20. 「지방자치법」 제161조에 따른 공공시설 중 아동 · 청소년이 이용하는 시설로서 행정안전부장관이 지정하는 공공시설

고지를 받는 사람(제50조 제5항, 제51조 제4항)
21. 「지방교육자치에 관한 법률」 제32조에 따른 교육기관 중 아동 · 청소년을 대상으로 하는 교육기관
22. 「어린이 식생활안전관리 특별법」 제21조제1항의 어린이급식관리지원센터
23. 「아이돌봄 지원법」 제11조에 따른 서비스제공기관
24. 「건강가정기본법」 제35조에 따른 건강가정지원센터

2.3 성범죄 경력 조회 대상자 및 성범죄 경력 조회

1) 아동 · 청소년 관련기관등을 운영자 성범죄 경력 조회

아동 · 청소년 관련기관등을 운영하려는 사람과 관련해서 아동 · 청소년 관련기관등의 설치 또는 설립 인가 · 신고를 관할하는 지방자치단체의 장, 교육감 또는 교육장은 아동 · 청소년 관련기관등을 운영하려는 자에 대한 성범죄 경력 조회를 관계 기관의 장에게 요청하여야 한다. 다만, 아동 · 청소년 관련기관등을 운영하려는 자가 성범죄 경력 조회 회신서를 지방자치단체의 장, 교육감 또는 교육장에게 직접 제출한 경우에는 성범죄 경력 조회를 한 것으로 본다(제56조 제4항).

2) 아동 · 청소년 관련기관 취업 혹은 노무 제공자 성범죄 경력 조회

아동 · 청소년 관련기관등의 장은 그 기관에 취업 중이거나 사실상 노무를 제공 중인 자 또는 취업하려 하거나 사실상 노무를 제공하려는 자(이하 "취업자등"이라 한다) 본인의 동의를 받아 관계 기관의 장에게 성범죄의 경력 조회를 요청하여야 한다. 다만, 취업자등이 성범죄 경력 조회 회신서를 아동 · 청소년 관련기관등의 장에게 직접 제출한 경우에는 성범죄 경력 조회를 한 것으로 본다(제56조 제5항). 제4항 및 제5항에 따라 성범죄 경력 조회 요청을 받은 관계 기관의 장은 성범죄 경력 조회 회신서를 발급하여야 한다(제56조 제6항).

교육감 또는 교육장은 유치원, 학교 및 위탁교육기관, 학생상담지원시설 및 위탁 교육시설 등의 아동 · 청소년 관련기관등의 취업자등에 대하여는 본인의 동의를 받아 성범죄의 경력을 확인할 수 있다. 이 경우 아동·청소년 관련기관등의 장이 성범죄 경력 조회를 한 것으로 본다(제56조 제8항).

2.4 성범죄의 경력자 점검·확인(제57조)

성범죄자가 아동·청소년 관련기관등에 근무하지 못하도록 하기 위하여 지속적으로 점검 및 확인이 필요하다. 법 제57조에서는 여성가족부장관 또는 관계 중앙행정기관의 장에게 점검·확인 의무를 부과하고 있다. 점검 및 확인의 주기는 연 1회 이상이다. 여성가족부장관 또는 관계 중앙행정기관의 장은 점검·확인 결과를 대통령령으로 정하는 바에 따라 인터넷 홈페이지 등을 이용하여 공개하여야 한다(제57조 제3항).

중앙행정기관의 장과 점검·확인 대상 시설

1. 교육부장관: 제56조제1항제2호의 기관 중 「고등교육법」 제2조의 학교
2. 행정안전부장관: 제56조제1항제20호의 공공시설
3. 여성가족부장관: 제56조제1항제4호의 청소년 보호·재활센터, 같은 항 제6호의 이주배경청소년지원센터 및 같은 항 제18호의 가정방문 등 학습교사 사업장
5. 경찰청장: 제56조제1항제14호의 경비업을 행하는 법인

지방자치단체장과 점검·확인 대상 시설

1. 제56조제1항제5호의 청소년활동시설
2. 제56조제1항제6호의 청소년상담복지센터 및 청소년복지시설

2의2. 제56조제1항제6호의2의 학교 밖 청소년 지원센터

3. 제56조제1항제7호의 어린이집, 육아종합지원센터 및 시간제보육서비스지정기관
4. 제56조제1항제8호의 아동복지시설, 통합서비스 수행기관 및 다함께돌봄센터
5. 제56조제1항제9호의 성매매피해자등을 위한 지원시설 및 성매매피해상담소
6. 제56조제1항제10호의 공동주택의 관리사무소
7. 제56조제1항제11호의 체육시설
8. 제56조제1항제12호의 의료기관
9. 제56조제1항제13호 각 목의 인터넷컴퓨터게임시설제공업 또는 복합유통게임제공업을 하는 사업장
10. 제56조제1항제15호의 청소년활동기획업소
11. 제56조제1항제16호의 대중문화예술기획업소
12. 제56조제1항제17호의 아동·청소년의 고용 또는 출입이 허용되는 시설등으로서 대통령령으로 정하는 유형의 시설등
14. 제56조제1항제22호의 어린이급식관리지원센터
15. 제56조제1항제23호의 서비스제공기관
16. 제56조제1항제24호의 건강가정지원센터
17. 제56조제1항제25호의 다문화가족지원센터

교육감과 점검·확인 대상 시설

1. 제56조제1항제1호의 유치원
2. 제56조제1항제2호의 기관 중 「초·중등교육법」 제2조의 학교 및 같은 법 제28조에 따른 위탁 교육기관
3. 제56조제1항제2호의2의 학생상담지원시설 및 위탁 교육시설
4. 제56조제1항제2호의3의 국제학교
5. 제56조제1항제3호의 학원, 교습소 및 개인과외교습자
6. 제56조제1항제19호의 특수교육지원센터 및 특수교육 관련서비스를 제공하는 기관·단체
7. 제56조제1항제21호의 아동·청소년을 대상으로 하는 교육기관

그림 8.3 **성범죄자 알림e 홈페이지(https://www.sexoffender.go.kr)**

성범죄자 알림e

2.5 취업자의 해임요구 등(제58조)

중앙행정기관의 장, 시·도지사, 시장·군수·구청장 또는 교육감은 제56조 제1항에 따른 취업제한 기간에 아동·청소년 관련기관 등에 취업하거나 사실상 노무를 제공하는 자가 있으면 아동·청소년 관련기관 등의 장에게 그의 해임을 요구할 수 있다(제58조 제1항). 중앙행정기관의 장, 시·도지사, 시장·군수·구청장 또는 교육감은 제56조 제1항에 따른 취업제한 기간 중에 아동·청소년 관련

기관등을 운영 중인 아동·청소년 관련기관등의 장에게 운영 중인 아동·청소년 관련기관 등의 폐쇄를 요구할 수 있다(제58조 제2항). 중앙행정기관의 장, 시·도지사, 시장·군수·구청장 또는 교육감은 아동·청소년 관련기관등의 장이 제2항의 폐쇄요구를 정당한 사유 없이 거부하거나 1개월 이내에 요구사항을 이행하지 아니하는 경우에는 관계 행정기관의 장에게 해당 아동·청소년 관련기관등의 폐쇄, 등록·허가 등의 취소를 요구할 수 있다(제58조 제3항).

1) 취업제한 대상자가 아동·청소년 관련기관등에 취업한 경우	해임요구
2) 취업제한 대상자가 아동·청소년 관련기관등을 운영하는 경우	시설 폐쇄, 등록·허가 취소

2.6 권한의 위임(제60조)

제57조, 제58조 및 제67조에 따른 문화체육관광부장관, 보건복지부장관, 여성가족부장관 또는 국토교통부장관의 권한은 대통령령으로 정하는 바에 따라 그 일부를 특별시장·광역시장·특별자치시장·도지사·특별자치도지사 또는 시장·군수·구청장(자치구의 구청장을 말한다)에게 위임할 수 있다(제60조 제1항).

제57조, 제58조 및 제67조에 따른 교육부장관의 권한은 대통령령으로 정하는 바에 따라 그 일부를 교육감·교육장에게 위임할 수 있다(제60조 제2항).

제57조, 제58조 및 제67조에 따른 경찰청장의 권한은 대통령령으로 정하는 바에 따라 그 일부를 지방경찰청장에게 위임할 수 있다(제60조 제3항).

주제 8-6 성범죄자에 대한 보호관찰, 법 집행 관련 벌칙 및 아동 · 청소년의 성보호에 관한 법률의 과제

1. 성범죄자에 대한 보호관찰

1.1 보호관찰(제61조)

보호관찰이란 “범죄인을 교도소나 소년원 등 수용시설에 구금하지 않고, 가정과 학교 및 직장에서 정상적인 생활을 하도록 하되, 보호관찰관의 지도 · 감독을 통해 준수사항을 지키도록 하고 사회봉사명령이나 수강명령을 이행하도록 하여 범죄성을 개선하는 선진 형사정책 제도”이다(법무부, 2020). 보호관찰은 재범을 낮추기 위한 방법으로 활용된다.

검사는 아동 · 청소년대상 성범죄를 범하고 재범의 위험성이 있다고 인정되는 사람에 대하여는 형의 집행이 종료한 때부터 보호관찰 등에 관한 법률에 따른 보호관찰을 받도록 하는 명령인 보호관찰명령 법원에 청구하여야 한다(제61조 제1항). 법원은 공소가 제기된 아동 · 청소년대상 성범죄 사건을 심리한 결과 보호관찰명령을 선고할 필요가 있다고 인정하는 때에는 검사에게 보호관찰명령의 청구를 요청할 수 있다(제61조 제2항). 법원은 아동 · 청소년대상 성범죄를 범한 사람이 금고 이상의 선고형에 해당하고 보호관찰명령 청구가 이유 있다고 인정하는 때에는 2년 이상 5년 이하의 범위에서 기간을 정하여 보호관찰명령을 병과하여 선고하여야 한다(제61조 제3항).

법원은 보호관찰을 명하기 위하여 필요한 때에는 피고인의 주거지 또는 소속 법원 소재지를 관할하는 보호관찰소의 장에게 범죄 동기, 피해자와의 관계, 심리상태, 재범의 위험성 등 피고인에 관하여 필요한 사항의 조사를 요청할 수 있다. 이 경우 보호관찰소의 장은 지체 없이 이를 조사하여 서면으로 해당 법원에 통보하여야 한다(제61조 제4항).

1.2 보호관찰 대상자의 보호관찰 기간 연장 등(제62조)

일반적으로 보호관찰은 5년 이하의 범위 내에서 선고되지만, 보호관찰 시 준수사항을 위반하는 등 재범의 위험성이 증대한 경우에는 법원이 보호관찰소의 장의 신청에 따른 검사의 청구로 제61조 제3항에 따른 5년을 초과하여 보호관찰의 기간을 연장할 수 있다(제62조 제1항). 제1항의 준수사항은 재판장이 재판정에서 설명하고 서면으로도 알려 주어야 한다(제62조 제2항).

1.3 보호관찰 대상자의 신고 의무(제63조)

보호관찰 대상자는 출소 후의 거주 예정지, 근무 예정지, 교우(交友) 관계, 그 밖에 보호관찰을 위하여 필요한 사항으로서 대통령령으로 정하는 사항을 출소 전에 미리 교도소·소년교도소·구치소·군교도소 또는 치료감호시설의 장에게 신고하여야 하며(제63조 제1항), 출소 후 10일 이내에 거주지, 직업 등 보호관찰을 위하여 필요한 사항으로서 대통령령으로 정하는 사항을 보호관찰관에게 서면으로 신고하여야 한다(제63조 제2항).

1.4 보호관찰의 종료(제64조)

보호관찰 등에 관한 법률에 따른 보호관찰 심사위원회는 보호관찰 대상자의 관찰성적이 양호하여 재범의 위험성이 없다고 판단하는 경우 보호관찰 기간이 끝나기 전이라도 보호관찰의 종료를 결정할 수 있다(제64조).

2. 벌칙

2.1 형벌(제65조, 제66조)

1) 5년 이하의 징역 또는 5천만 원 이하의 벌금(제65조 제1항)

1. 제54조를 위반하여 직무상 알게 된 등록정보를 누설한 자
2. 제55조제1항 또는 제2항을 위반한 자
3. 정당한 권한 없이 등록정보를 변경하거나 말소한 자

2) 2년 이하의 징역 또는 2천만 원 이하의 벌금(제65조 제2항)

제42조에 따른 보호처분을 위반한 자

3) 1년 이하의 징역 또는 1천만 원 이하의 벌금(제65조 제3항)

제21조제2항에 따라 징역형 이상의 실형과 이수명령이 병과된 자가 보호관찰소의 장 또는 교정시설의 장의 이수명령 이행에 관한 지시에 불응하여 「보호관찰 등에 관한 법률」 또는 「형의 집행 및 수용자의 처우에 관한 법률」에 따른 경고를 받은 후 재차 정당한 사유 없이 이수명령 이행에 관한 지시에 불응한 경우

4) 1년 이하의 징역 또는 500만 원 이하의 벌금(제65조 제4항)

1. 제34조제3항을 위반하여 신고자 등의 신원을 알 수 있는 정보나 자료를 출판물에 게재하거나 방송 또는 정보통신망을 통하여 공개한 자
2. 제55조제3항을 위반한 자

5) 1천만 원 이하의 벌금(제65조 제5항)

제21조제2항에 따라 벌금형과 이수명령이 병과된 자가 보호관찰소의 장의 이수명령 이행에 관한 지시에 불응하여 「보호관찰 등에 관한 법률」에 따른 경고를 받은 후 재차 정당한 사유 없이 이수명령 이행에 관한 지시에 불응한 경우

6) 3년 이하의 징역 또는 500만 원 이하의 벌금(제66조)

보호관찰 대상자가 제62조제1항에 따른 제재조치를 받은 이후 재차 정당한 이유 없이 준수사항을 위반한 경우

2.2 과태료(제67조)

1) 1천만 원 이하의 과태료(제67조 제2항)

1. 제37조제2항을 위반하여 상담 · 치료프로그램의 제공을 정당한 이유 없이 거부한 상담시설 또는 의료기관의 장
2. 제58조에 따른 해임요구를 정당한 사유 없이 거부하거나 1개월 이내에 이행하지 아니하는 아동 · 청소년 관련기관등의 장

2) 500만 원 이하의 과태료(제67조 제3항)

제56조제5항을 위반하여 그 기관에 취업 중이거나 사실상 노무를 제공 중인 사람 또는 취업하려 하거나 사실상 노무를 제공하려는 사람에 대하여 성범죄의 경력을 확인하지 아니하는 경우

3) 300만 원 이하의 과태료(제67조 제4항)

> 제34조제2항 각 호의 어느 하나에 해당하는 기관 · 시설 또는 단체의 장과 그 종사자가 직무상 아동 · 청소년대상 성범죄 발생 사실을 알고 수사기관에 신고하지 아니하거나 거짓으로 신고한 경우에는 300만 원 이하의 과태료를 부과한다(제67조 제4항).

과태료는 교육부장관, 문화체육관광부장관, 보건복지부장관, 여성가족부장관, 국토교통부장관, 식품의약품안전처장, 경찰청장 또는 제주특별자치도교육감이 부과 · 징수한다(제67조 제5항).

3. 아동 · 청소년의 성보호에 관한 법률의 과제

3.1 가해자의 처벌의 실효성

아동 · 청소년 성보호에 관한 법률은 지속적으로 논란이 되어온 청소년의 성보호에 관한 법률이다. 최근 개정에서 만 13세 이상에서 만 16세 이상의 아동 · 청소년에 대한 보호도 이와 관련이 있다. 다만 아직도 가해자의 범위나 가해자의 처벌에 관련해서 미흡한 점이 여전히 존재하고 있다.

3.2 그루밍 범죄 관련 성범죄 피해자 연령의 상향

최근 들어 크게 이슈가 되고 있는 그루밍(grooming)을 통한 성범죄의 경우 아동 · 청소년이 항거를 하지 못하고 당하며, 청소년은 그 상처가 평생 남는 반면 가해자의 경우에는 처벌을 하지 못하는 경우도 종종 발생하고 있다. 청소년 대상 성범죄의 피해 구제는 여전히 본 법률의 과제이다. 성범죄의 피해자가 된 청소년의 치료는 그 기간이 오래 걸리고 치료의 난이도도 높으며, 비용 또한 크게 들기 때문이다. 또한 성매매를 한 청소년이 청소년성보호법에 의하여 피해자로 취급을 받는 것도 공식적인 것에 불과하며(김연주, 2015), 청소년 성범죄 피해자에 대한 낙인 등의 문제도 사회적으로 해결해 나갈 과제이다.

3.3 새롭게 등장하는 청소년유해환경에 대한 대처

청소년보호에서와 같이 청소년성보호법의 음란물 규정도 헌법상 보장되는 자유의 침해 소지가 있으며(김명수, 2014), 이와 관련한 사회적 합의 또한 필요하다. 아동음란물에 대해서 주관적 판단의 소지가 여전히 문제가 되고 있다(권양섭, 2014). 이러한 문제에도 불구하고 아동·청소년을 성착취로부터 보호하는 것은 여전히 절실한 문제이다. 새롭게 등장하는 청소년유해환경에 대처하여 아동·청소년 성보호에 관한 법률이 계속하여 강화되고 있다.

PART

VI

청소년회복 관련 제도

CHAPTER

09 소년법

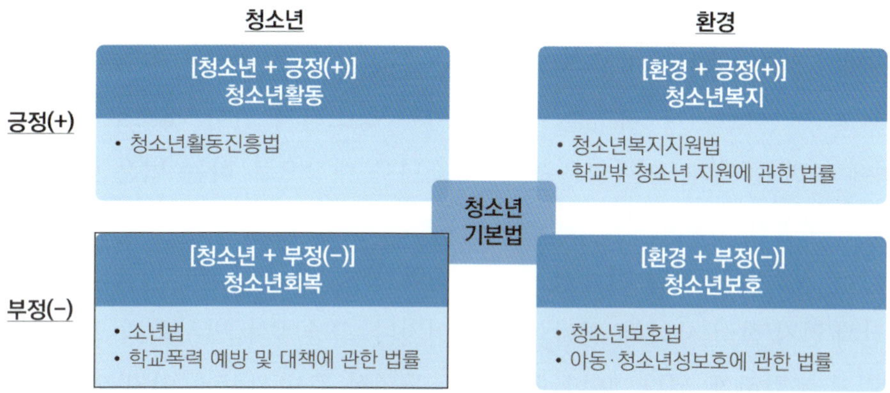

그림 9.1 **소년법의 청소년육성상에서의 위치**

소년법의 청소년육성제도상의 위치는 청소년회복에 해당한다. 소년법은 범죄를 저지르거나 저지를 우려가 있는 청소년을 회복시키기 위한 법이다. 소년법이 없다면, 형사미성년자인 촉법소년에게 어떠한 조치도 할 수 없는 문제가 생기며, 소년에게 사형 등 잔혹한 형벌을 가해 소년의 회복 가능성을 없애는 문제가 생긴다.

소년법은 형사처벌 및 형사소송절차상에 특례와 함께 청소년의 회복을 위한 보호조치 등을 담고 있다.

주제 9-1 소년법의 제정 배경, 연혁, 총칙

1. 소년법의 제정 배경 및 체제

1.1 소년법의 제정 배경

소년법

소년법은 청소년 관련 법 중 가장 오래된 법률 중 하나이다. 소년법은 1958년 제정되었으며, 이는 일제강점기에 만들어진 조선소년령을 대체하기 위한 입법이다[1]. 소년법이 일제강점기 소년에 대한 잘못된 인식을 기반으로 하므로, 소년법이라는 명칭은 많은 혼란을 일으킨다. 소년법은 범죄를 저지르거나 저지를 우려가 있는 청소년에 관한 것으로 청소년회복 영역에 관한 법이다. 소년법은 모든 청소년을 대상으로 하는 법은 아니기 때문에 명칭 개정이 필요하다.

자라나는 청소년은 발달 단계상 질풍노도의 시기, 정체감 혼돈의 시기를 겪게 되며, 신체/인지/정서/사회적 발달이 이루어지나 그중에서 반사회적 모습 또한 자연스럽게 포함하게 된다. 또한 청소년은 동일한 출발선상에 있지 않다. 현대 청소년 중 일부는 여전히 물질적 빈곤을 겪고 있고, 물질적 빈곤이 아니더라도 시간적·관계적 빈곤을 겪고 있으며, 학업 과중 및 불투명한 미래가 주는 스트레스를 떠안고 있다. 이들 문제는 청소년 개개인의 문제를 넘어서 우리 사회가 가지고 있는 구조적 문제를 반영한 것으로 볼 수 있다. 발달적·환경적으로 위기에 처한 청소년을 성인과 동일한 잣대로 처벌하게 되면 청소년의 발달을 저해할 뿐만 아니라 청소년에 대한 가정·사회·국가의 책임을 청소년 개인에게 전가(轉嫁)[2]시키는 것이다. 또한 청소년은 개인·가정·사회·국가의 노력으로 얼

1) 1958년 제정 소년법 부칙 제4항에서는 "조선소년령은 이를 폐지한다"라고 규정하고 있다.
2) 전가란 자신의 책임을 스스로 지지 않고 다른 사람에게 떠미는 것을 말한다.

마든지 다른 삶을 살 수 있고 변화할 수 있으므로 청소년에게 변화의 기회를 부여하는 것이 마땅할 수 있다. 이 때문에 소년법의 존속과 폐지를 둘러싼 다양한 논쟁에도 불구하고 소년법이 청소년 육성제도로서 여전히 필요한 것이다.

1.2 소년법의 체제[3)]

소년법은 총 4장 71개 조문 및 부칙으로 이루어져 있다. 제1장은 총칙이며, 제2장은 보호사건, 제3장은 형사사건, 제3장의2는 비행예방, 제4장은 벌칙으로 이루어져 있다. 이중 제3장의2 비행예방은 2007년 개정(법률 제8722호)을 통해서 도입된 내용이다.

표 9.1 소년법의 체제

장	절	조문 내용
제1장 총칙		제1조 목적, 제2조 소년 및 보호자
제2장 보호사건	제1절 통칙	제3조 관할 및 직능, 제4조 보호의 대상과 송치 및 통고, 제5조 송치서, 제6조 이송, 제7조 형사처분 등을 위한 관할 검찰청으로의 송치, 제8조 통지
	제2절 조사와 심리	제9조 조사 방치, 제10조 진술거부권의 고지, 제11조 조사명령, 제12조 전문가의 진단, 제13조 소환 및 동행영장, 제14조 긴급동행영장, 제15조 동행영장의 방식, 제16조 동행영장의 집행, 제17조 보조인 선임, 제17조의2 국선보조인, 제18조 임시조치, 제19조 심리 불개시의 결정, 제20조 심리 개시의 결정, 제21조 심리 기일의 지정, 제22조 기일 변경, 제23조 심리의 개시, 제24조 심리의 방식, 제25조 의견의 진술, 제25조의2 피해자 등의 진술권, 제25조의3 화해건고, 제26조 증인신문, 감정, 통역·번역, 제27조 검증, 압수, 수색, 제28조 원조, 협력, 제29조 불처분 결정, 제30조 기록의 작성, 제30조의2 기록의 열람·등사, 제31조 위임규정
	제3절 보호처분	제32조 보호처분의 결정, 제32조의2 보호관찰처분에 따른 부가처분 등 제33조 보호처분의 기간, 제34조 몰수의 대상, 제35조 결정의 집행, 제36조 보고와 의견 제출, 제37조 처분의 변경, 제38조 보호처분의 취소, 제39조 보호처분과 유죄판결, 제40조 보호처분의 경합, 제41조 비용의 보조, 제42조 증인 등의 비용
	제4절 항고	제43조 항고, 제44조 항고장의 제출, 제45조 항고의 재판, 제46조 집행정지, 제47조 재항고

3) 법률 제15757호 2018년 9월 18일 일부개정이 기준

장	절	조문 내용
제3장 형사사건	제1절 통칙	제48조 준거법례, 제49조 검사의 송치, 제49조의2 검사의 결정 전조사, 제49조의3 조건부 기소유예, 제50조 법원의 송치, 제51조 이송, 제52조 소년부 송치 시의 신병 처리, 제53조 보호처분의 효력, 제54조 공소시효의 정지, 제55조 구속영장의 제한,
제3장 형사사건	제2절 심판	제56조 조사의 위촉, 제57조 심리의 분리, 제58조 심리의 방침, 제59조 사형 및 무기형의 완화, 제60조 부정기형, 제61조 미결구금일수의 산입, 제62조 환형 처분의 금지, 제63조 징역 · 금고의 집행, 제64조 보호처분과 형의 집행, 제65조 가석방, 제66조 가석방 기간의 종료, 제67조 자격에 관한 법령의 적용
제3장의2 비행예방		제67조의2 비행 예방정책
제4장 벌칙		제68조 보도금지, 제69조 나이의 거짓 진술, 제70조 조회 응답, 제71조 소환의 불응 및 보호자 특별교육명령 불응
부칙		

2. 소년법의 연혁

(출처. 국가법령정보. 관련 정보 발췌 및 요약)

1958. 7. 24. 제정 (시행 1958.7.24, 법률 제489호) 법 적용 대상 소년을 20세 미만으로 하고 12세 이상 14세 미만 촉범소년, 12세 이상 우범소년을 규정. 소년에 관한 보호조치 및 형사처분에 관한 특별조치 등을 규정함.

1963. 7. 31. (시행 1963.10.1, 법률 제1376호) 가정법원의 발족[4]을 계기로 소년보호사건의 관할법원을 가정법원소년부 또는 지방법원소년부로 함. 우범소년의 범위를 "범죄성이 있는 자등과 교제" 등으로 확대함. 보호처분의 종류에 보호관찰 처분이 추가됨.

1977. 12. 31. (시행 1977.12.31, 법률 제3047호) 소년감별소[5] 신설로 법원소년부가 소년감별소의 감별결과의 의견을 참작할 수 있도록 하며, 18세 이상의 소년에 대해서 환형 처분[6]을 할 수 있게 함.

4) 1963년 10월 1일 서울가정법원 신설됨. 종전에는 서울지방법원 소년부지원에서 관련 사건을 맡음.
5) 소년감별소는 1995년 소년원법 개정을 통해서 "소년분류심사원"으로 명칭이 변경되며 감별심사결과도 "분류심사결과"로 명칭이 변경된다.
6) 벌금이나 과료 등을 내지 못하는 경우 이를 노역장에서 유치되어 노역(일)을 함으로써 벌금이나 과료를 대신하도록 하는 처분(법원도서관, 2019)

1988. 12. 31. 전부개정 (시행 1989.7.1, 법률 제4057호) 비행 청소년을 효율적으로 교화하기 위하여 보호처분을 다양화하고, 보호관찰 제도를 활성화함. 또한 소년심판절차에 진술거부권의 고지 등 적법절차를 보장. 사형·무기형 금지 연령을 16세 미만에서 18세 미만으로 상향 조정함.

2007. 5. 17. (시행 2008.1.1, 법률 제8439호) 종전 소년심판규칙에서 규정하였던 소년보호사건 기록과 열람 등사를 법률에서 직접 규정함.

2007. 12. 21. (시행 2008.6.22, 법률 제8722호) 법의 적용 연령을 만 19세 미만으로 하향 조정하고, 촉법소년과 우범소년의 연령도 각각 12세 이상에서 10세 이상으로 하향 조정함. 위탁소년에 대한 국선보조인을 선임할 수 있도록 하고, 보호처분의 다양화·내실화 및 보호처분의 기간 조정. 검사의 처분결정 전 사전조사제를 도입하고, 선도 등을 받게 하는 조건부 기소유제도 도입. 비행예방정책 기본 규정을 신설함.

2014. 1. 7. (시행 2014.1.7, 법률 제12192호) 제68조 보도금지를 위반할 경우 "징역이나 금고 또는 1천만 원 이하의 벌금"에서 금고를 삭제함.

2014. 12. 30. (시행 2015.7.1, 법률 제12890호) 보호자 특별교육명령 불이행 시 과태료 금액을 300만 원으로 상향.

2015. 12. 1. (시행 2015.12.1, 법률 제13524호) 소년원 송치 처분의 경우에도 송치 기간을 항고에 따른 송치기간에 산입.

2018. 9. 18. (시행 2018.9.18, 법률 제15757호)형의 선고유예가 실효되거나 집행유예가 실효·취소된 때에는 그 때에 형을 선고받은 것으로 봄.

3. 소년법의 주요 내용

3.1 총칙

1) 목적(제1조)

이 법은 반사회성(反社會性)이 있는 소년의 환경 조정과 품행 교정(矯正)을 위한 보호처분 등의 필요한 조치를 하고, 형사처분에 관한 특별조치를 함으로써 소년이 건전하게 성장하도록 돕는 것을 목적으로 한다(제1조).

2) 소년 및 보호자(제2조)

이 법에서 "소년"이란 19세 미만인 자를 말하며, "보호자"란 법률상 감호교육(監護教育)을 할 의무가 있는 자 또는 현재 감호하는 자를 말한다(제2조).

소년은 원래 20세 미만인 자였는데 이를 2007년에 하향 조정하게 된다. 민법상의 성년자 규정은 2011년에 20세에서 19세로 하향 조정된다. 민법과 소년법의 개정 시기가 다름을 고려해 볼 때, 소년법상의 소년은 단순히 미성년자가 아니라 소년법에서 규정한 특정 연령임을 알 수 있다. 아동복지법상의 아동은 만 18세 미만으로 소년법상의 소년과는 다소 차이를 보이고 있다. 유사한 대상을 규정하는 법률 간의 연령 차이는 법적 혼란을 일으킬 수 있기 때문에 관련 법상의 연령을 통일화할 필요성도 제기된다.

3) 보호의 대상과 송치 및 통고(제4조)

다음 각 호의 어느 하나에 해당하는 소년은 소년부의 보호사건으로 심리한다.

소년부 보호사건

1. 죄를 범한 소년
2. 형벌 법령에 저촉되는 행위를 한 10세 이상 14세 미만인 소년
3. 다음 각 목에 해당하는 사유가 있고 그의 성격이나 환경에 비추어 앞으로 형벌 법령에 저촉되는 행위를 할 우려가 있는 10세 이상인 소년
   가. 집단적으로 몰려다니며 주위 사람들에게 불안감을 조성하는 성벽(性癖)이 있는 것
   나. 정당한 이유 없이 가출하는 것
   다. 술을 마시고 소란을 피우거나 유해환경에 접하는 성벽이 있는 것

제1항 제2호 및 제3호에 해당하는 소년이 있을 때에는 경찰서장은 직접 관할 소년부에 송치(送致)하여야 한다. 제1항 각 호의 어느 하나에 해당하는 소년을 발견한 보호자 또는 학교·사회복리시설·보호관찰소(보호관찰지소를 포함한다. 이하 같다)의 장은 이를 관할 소년부에 통고할 수 있다.

4) 죄를 범한 소년: 범죄소년

흔히 범죄소년이라고 한다. 이는 범죄를 저지른 소년을 이야기하며 14세 이상을 말한다. 형법 제9조에서는 형사미성년을 14세 미만으로 규정하여 14세 이상은 형법상 처벌을 받을 수 있다. 따라서 죄를 범한 소년이란 14세 이상으로 형사적으로 성년이 되어 죄를 지은 소년이다.

5) 촉법소년

형벌 법령에 저촉되는 행위를 한 10세 이상 14세 미만인 소년을 촉법소년이라고 한다. 저촉이란 법을 어긴 것을 뜻하며, 촉법소년이란 법을 어겼으나 형사미성년이어서 형법상 처벌을 받지 않는 소년 중 10세 이상 14세 미만인 소년이다.

그림 9.2 **범죄소년, 촉법소년, 우범소년 구분**

6) 우범소년

집단적으로 몰려다니며 주위 사람들에게 불안감을 조성하는 성벽(性癖)이 있거나, 정당한 이유 없이 가출하거나, 술을 마시고 소란을 피우거나 유해환경에 접하는 성벽이 있는 등의 해당 사유가 있고, 그의 성격이나 환경에 비추어 앞으로 형벌 법령에 저촉되는 행위를 할 우려가 있는 10세 이상인 소년을 우범소년이라고 한다. 법을 저지를 우려가 있다는 이유로 보호조치를 할 수 있기 때문에 보다 세심한 결정이 요구되는 경우이다. 범죄를 저지른 것은 아니기 때문에 일반 형법으로 처벌이 불가능하지만 사회적으로는 이들을 보호할 필요성이 존재한다. 본 조항은 과거 1963년 개정 소년법에 비해서는 다소 합리적으로 변화한 것이지만 여전히 성벽(버릇이나 습관을 의미)라는 어려운 말을 사용함과 '불안감 조성' 등 모호한 말을 사용하거나 약물 중 '술'만을 적시한 점 등이 청소년육성과 관련해서 현시대에 뒤떨어진 조항일 수 있으므로 검토 및 개정이 필요하다 판단된다.

참고로 1963년 개정 소년법상 보호의 대상은 다음과 같았다.

가. 보호자의 정당한 감독에 복종하지 않는 성벽이 있는 것
나. 정당한 이유없이 가정에서 이탈하는 것
다. 범죄성이 있는 자 또는 부도덕한 자와 교제하거나 자기 또는 타인의 덕성을 해롭게 하는 성벽이 있는 것

통고는 보호의 대상인 범죄소년/촉범소년/우범소년을 발견한 보호자 또는 학교·사회복리시설·보호관찰소(보호관찰지소를 포함)의 장이 관할 소년부에 직접 사건을 접수시키는 것을 말한다. 경찰이나 검찰 등 수사기관을 거치지 않기 때문에 초기에 청소년을 보호할 수 있게 된다(대한민국법원 전자민원센터, 2019).

주제 9-2 소년법상 보호사건

1. 보호사건

1.1 보호사건 개념

보호사건이란 19세 미만 소년에 대해서 환경 조정 및 품행교정을 하기 위하여 「보호처분」을 하는 사건을 말한다. 보호사건의 절차는 접수 → 조사 → 심리 → 보호처분의 순서로 진행된다.

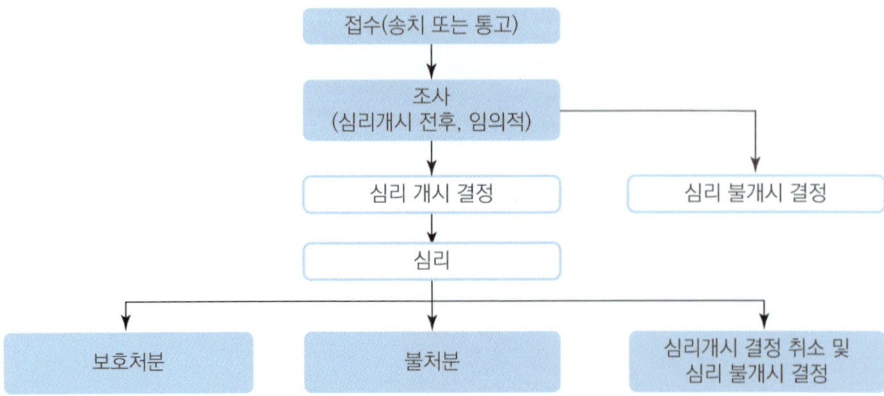

그림 9.3 소년보호재판 절차의 흐름도(출처: 대한민국법원, 2019)

1.2 관할 및 직능(제3조)

소년 보호사건의 관할은 소년의 행위지, 거주지 또는 현재지로 한다. 소년 보호사건은 가정법원소년부 또는 지방법원소년부[이하 "소년부(少年部)"라 한다]에 속한다. 소년 보호사건의 심리(審理)와 처분 결정은 소년부 단독판사가 한다(제3조).

1.3 송치서(제5조)

소년 보호사건을 송치하는 경우에는 송치서에 사건 본인의 주거 · 성명 · 생년월일 및 행위의 개요와 가정 상황을 적고, 그 밖의 참고자료를 첨부하여야 한다(제5조).

송치는 “사건, 기록 등을 다른 관공서에 보내는 것”(대한민국법원 전자민원센터, 2019)을 의미한다. 소년법 제4조 제2항의 송치는 촉법소년과 우범소년이 있을 때 경찰서장이 직접 관할 소년부에 사건을 보내는 것을 말한다. 참고로 소년법 제7조의 송치는 형사처분을 할 필요가 있어 검찰청 검사에게 사건을 보내는 것을 말한다. 경찰서장이 소년 보호사건을 송치할 때에는 송치서에 소년의 주거 · 성명 · 생년월일 및 행위의 개요와 가정 상황을 적고, 그 밖의 참고자료를 첨부하여야 한다(법 제5조). 경찰서장이 사건을 송치하면 소년부(가정법원소년부 또는 지방법원소년부)가 이를 접수하고 조사를 진행하게 된다.

1.4 이송(제6조)

보호사건을 송치받은 소년부는 보호의 적정을 기하기 위하여 필요하다고 인정하면 결정(決定)으로써 사건을 다른 관할 소년부에 이송할 수 있다. 소년부는 사건이 그 관할에 속하지 아니한다고 인정하면 결정으로써 그 사건을 관할 소년부에 이송하여야 한다(제6조).

보호사건을 송치받은 소년부는 보호의 적정을 기하기 위하여 필요하다고 인정하면 결정으로써 사건을 다른 관할 소년부에 이송할 수 있으며, 사건이 그 관할에 속하지 아니한다고 인정하면 결정으로써 그 사건을 관할 소년부에 이송하여야 한다(법 제6조).

1.5 형사처분 등을 위한 관할 검찰청으로의 송치(제7조)

소년부는 조사 또는 심리한 결과 금고 이상의 형에 해당하는 범죄 사실이 발견된 경우 그 동기와 죄질이 형사처분을 할 필요가 있다고 인정하면 결정으로써 사건을 관할 지방법원에 대응한 검찰청 검사에게 송치하여야 한다. 소년부는 조사 또는 심리한 결과 사건의 본인이 19세 이상인 것으로 밝혀진 경우에는 결정으로써 사건을 관할 지방법원에 대응하는 검찰청 검사에게 송치하여야 한다. 다만, 제51조에 따라 법원에 이송하여야 할 경우에는 그러하지 아니하다(제7조).

1.6 통지(제8조)

소년부는 제6조와 제7조에 따른 결정을 하였을 때에는 지체 없이 그 사유를 사건 본인과 그 보호자에게 알려야 한다(제8조).

소년부가 보호사건을 다른 관할 소년부에 이송하거나(제6조), 조사결과 금고 이상의 범죄 사실이 발견된 경우 그 동기와 죄질이 형사처분을 할 필요가 있다고 인정하면 결정으로써 사건을 관할 지방법원에 대응한 검찰청 검사에게 송치하는 경우(제7조)에는 지체 없이 그 사유를 사건 보인과 그 보호자에게 알려야 한다.

2. 보호사건에 대한 조사

2.1 조사 방침(제9조)

조사는 의학 · 심리학 · 교육학 · 사회학이나 그 밖의 전문적인 지식을 활용하여 소년과 보호자 또는 참고인의 품행, 경력, 가정 상황, 그 밖의 환경 등을 밝히도록 노력하여야 한다(제9조).

2.2 진술거부권의 고지(제10조)

소년부 또는 조사관이 범죄 사실에 관하여 소년을 조사할 때에는 미리 소년에게 불리한 진술을 거부할 수 있음을 알려야 한다(제10조).

참고

형사소송법 제244조의3(진술거부권등의 고지)

① 검사 또는 사법경찰관은 피의자를 신문하기 전에 다음 각 호의 사항을 알려주어야 한다.
1. 일체의 진술을 하지 아니하거나 개개의 질문에 대하여 진술을 하지 아니할 수 있다는 것
2. 진술을 하지 아니하더라도 불이익을 받지 아니한다는 것
3. 진술을 거부할 권리를 포기하고 행한 진술은 법정에서 유죄의 증거로 사용될 수 있다는 것
4. 신문을 받을 때에는 변호인을 참여하게 하는 등 변호인의 조력을 받을 수 있다는 것

2.3 조사명령(제11조)

소년부 판사는 조사관에게 사건 본인, 보호자 또는 참고인의 심문이나 그 밖에 필요한 사항을 조사하도록 명할 수 있다. 소년부는 제4조 제3항에 따라 통고된 소년을 심리할 필요가 있다고 인정하면 그 사건을 조사하여야 한다(제11조).

2.4 전문가의 진단(제12조)

소년부는 조사 또는 심리를 할 때에 정신건강의학과의사 · 심리학자 · 사회사업가 · 교육자나 그 밖의 전문가의 진단, 소년 분류심사원의 분류심사 결과와 의견, 보호관찰소의 조사결과와 의견 등을 고려하여야 한다(제12조).

2.5 소환 및 동행영장(제13조)

소년부 판사는 사건의 조사 또는 심리에 필요하다고 인정하면 기일을 지정하

여 사건 본인이나 보호자 또는 참고인을 소환할 수 있다. 사건 본인이나 보호자가 정당한 이유 없이 소환에 응하지 아니하면 소년부 판사는 동행영장을 발부할 수 있다(제13조).

2.6 긴급동행영장(제14조)

소년부 판사는 사건 본인을 보호하기 위하여 긴급조치가 필요하다고 인정하면 제13조 제1항에 따른 소환 없이 동행영장을 발부할 수 있다(제14조).

2.7 보조인 선임(제17조)

사건 본인이나 보호자는 소년부 판사의 허가를 받아 보조인을 선임할 수 있다. 보호자나 변호사를 보조인으로 선임하는 경우에는 제1항의 허가를 받지 아니하여도 된다. 보조인을 선임함에 있어서는 보조인과 연명날인한 서면을 제출하여야 한다. 이 경우 변호사가 아닌 사람을 보조인으로 선임할 경우에는 위 서면에 소년과 보조인과의 관계를 기재하여야 한다. 소년부 판사는 보조인이 심리절차를 고의로 지연시키는 등 심리진행을 방해하거나 소년의 이익에 반하는 행위를 할 우려가 있다고 판단하는 경우에는 보조인 선임의 허가를 취소할 수 있다. 보조인의 선임은 심급마다 하여야 한다. 형사소송법 중 변호인의 권리의무에 관한 규정은 소년 보호사건의 성질에 위배되지 아니하는 한 보조인에 대하여 준용한다(제17조).

2.8 국선보조인(제17조의2)

소년이 소년분류심사원에 위탁된 경우 보조인이 없을 때에는 법원은 변호사 등 적정한 자를 보조인으로 선정하여야 한다. 소년이 소년분류심사원에 위탁되지 아니하였을 때에도 다음의 경우 법원은 직권에 의하거나 소년 또는 보호자의 신청에 따라 보조인을 선정할 수 있다. 선정된 보조인에게 지급하는 비용에 대하여는 형사소송비용 등에 관한 법률을 준용한다(제17조의2).

1. 소년에게 신체적 · 정신적 장애가 의심되는 경우
2. 빈곤이나 그 밖의 사유로 보조인을 선임할 수 없는 경우
3. 그 밖에 소년부 판사가 보조인이 필요하다고 인정하는 경우

2.9 임시조치(제18조)

소년부 판사는 사건을 조사 또는 심리하는 데에 필요하다고 인정하면 소년의 감호에 관하여 결정으로써 다음 각 호의 어느 하나에 해당하는 조치를 할 수 있다(제18조 제1항).

1. 보호자, 소년을 보호할 수 있는 적당한 자 또는 시설에 위탁
2. 병원이나 그 밖의 요양소에 위탁
3. 소년분류심사원에 위탁

동행된 소년 또는 제52조 제1항에 따라 인도된 소년에 대하여는 도착한 때로부터 24시간 이내에 제1항의 조치를 하여야 한다. 제1항 제1호 및 제2호의 위탁기간은 3개월을, 제1항 제3호의 위탁기간은 1개월을 초과하지 못한다. 다만, 특별히 계속 조치할 필요가 있을 때에는 한 번에 한하여 결정으로써 연장할 수 있다. 제1항 제1호 및 제2호의 조치를 할 때에는 보호자 또는 위탁받은 자에게 소년의 감호에 관한 필요 사항을 지시할 수 있다. 소년부 판사는 제1항의 결정을 하였을 때에는 소년부 법원서기관 · 법원사무관 · 법원주사 · 법원주사보, 소년분류심사원 소속 공무원, 교도소 또는 구치소 소속 공무원, 보호관찰관 또는 사법경찰관리에게 그 결정을 집행하게 할 수 있다. 제1항의 조치는 언제든지 결정으로써 취소하거나 변경할 수 있다(제18조 제2항에서 제6항).

3. 보호사건에 대한 심리 등

3.1 심리 불개시의 결정(제19조)

소년부 판사는 송치서와 조사관의 조사보고에 따라 사건의 심리를 개시(開始)할 수 없거나 개시할 필요가 없다고 인정하면 심리를 개시하지 아니한다는 결정을 하여야 한다. 이 결정은 사건 본인과 보호자에게 알려야 한다. 이러한 결정이 있을 때에는 제18조의 임시조치는 취소된 것으로 본다(제19조 제1항 및 제3항).

사안이 가볍다는 이유로 심리를 개시하지 아니한다는 결정을 할 때에는 소년에게 훈계하거나 보호자에게 소년을 엄격히 관리하거나 교육하도록 고지할 수 있다. 소년부 판사는 소재가 분명하지 아니하다는 이유로 심리를 개시하지 아니한다는 결정을 받은 소년의 소재가 밝혀진 경우에는 그 결정을 취소하여야 한다(제19조 제2항 및 제4항).

3.2 심리 개시의 결정(제20조)

소년부 판사는 송치서와 조사관의 조사보고에 따라 사건을 심리할 필요가 있다고 인정하면 심리 개시 결정을 하여야 한다. 결정은 사건 본인과 보호자에게 알려야 한다. 이 경우 심리 개시 사유의 요지와 보조인을 선임할 수 있다는 취지를 아울러 알려야 한다(제20조).

3.3 심리의 개시(제23조)

심리 기일에는 소년부 판사와 서기가 참석하여야 한다. 조사관, 보호자 및 보조인은 심리 기일에 출석할 수 있다(제23조).

3.4 심리의 방식(제24조)

심리는 친절하고 온화하게 하여야 한다. 심리는 공개하지 아니한다. 다만, 소년부 판사는 적당하다고 인정하는 자에게 참석을 허가할 수 있다(제24조).

3.5 의견의 진술(제25조)

조사관, 보호자 및 보조인은 심리에 관하여 의견을 진술할 수 있다. 이 경우 소년부 판사는 필요하다고 인정하면 사건 본인의 퇴장을 명할 수 있다(제25조).

3.6 피해자 등의 진술권(제25조의2)

소년부 판사는 피해자 또는 그 법정대리인·변호인·배우자·직계친족·형제자매(이하 이 조에서 "대리인등"이라 한다)가 의견진술을 신청할 때에는 피해자나 그 대리인등에게 심리 기일에 의견을 진술할 기회를 주어야 한다. 다만, 다음 각 호의 어느 하나에 해당하는 경우에는 그러하지 아니하다(제25조의2).

1. 신청인이 이미 심리절차에서 충분히 진술하여 다시 진술할 필요가 없다고 인정되는 경우
2. 신청인의 진술로 심리절차가 현저하게 지연될 우려가 있는 경우

3.7 화해권고(제25조의3)

소년부 판사는 소년의 품행을 교정하고 피해자를 보호하기 위하여 필요하다고 인정하면 소년에게 피해 변상 등 피해자와의 화해를 권고할 수 있다. 소년부 판사는 제1항의 화해를 위하여 필요하다고 인정하면 기일을 지정하여 소년, 보호자 또는 참고인을 소환할 수 있다. 소년부 판사는 소년이 제1항의 권고에 따

라 피해자와 화해하였을 경우에는 보호처분을 결정할 때 이를 고려할 수 있다(제25조의3).

3.8 원조, 협력(제28조)

소년부 판사는 그 직무에 관하여 모든 행정기관, 학교, 병원, 그 밖의 공사단체(公私團體)에 필요한 원조와 협력을 요구할 수 있다. 요구를 거절할 때에는 정당한 이유를 제시하여야 한다(제28조).

3.9 불처분 결정(제29조)

소년부 판사는 심리 결과 보호처분을 할 수 없거나 할 필요가 없다고 인정하면 그 취지의 결정을 하고, 이를 사건 본인과 보호자에게 알려야 한다. 결정에 관하여는 제19조 제2항과 제3항을 준용한다(제29조).

3.10 기록의 열람·등사(제30조의2)

소년 보호사건의 기록과 증거물은 소년부 판사의 허가를 받은 경우에만 열람하거나 등사할 수 있다. 다만, 보조인이 심리 개시 결정 후에 소년 보호사건의 기록과 증거물을 열람하는 경우에는 소년부 판사의 허가를 받지 아니하여도 된다(제30조의2).

4. 보호처분

4.1 보호처분의 결정(제32조)

소년부 판사는 심리 결과 보호처분을 할 필요가 있다고 인정하면 결정으로써 다음 각 호의 어느 하나에 해당하는 처분을 하여야 한다(제32조 제1항).

보호처분
1. 보호자 또는 보호자를 대신하여 소년을 보호할 수 있는 자에게 감호 위탁 2. 수강명령 3. 사회봉사명령 4. 보호관찰관의 단기(短期) 보호관찰 5. 보호관찰관의 장기(長期) 보호관찰 6. 「아동복지법」에 따른 아동복지시설이나 그 밖의 소년보호시설에 감호 위탁 7. 병원, 요양소 또는 「보호소년 등의 처우에 관한 법률」에 따른 의료재활소년원에 위탁 8. 1개월 이내의 소년원 송치 9. 단기 소년원 송치 10. 장기 소년원 송치

다음 각 호 안의 처분 상호 간에는 그 전부 또는 일부를 병합할 수 있다(제32조 제2항).

1. 제1항제1호 · 제2호 · 제3호 · 제4호 처분
2. 제1항제1호 · 제2호 · 제3호 · 제5호 처분
3. 제1항제4호 · 제6호 처분
4. 제1항제5호 · 제6호 처분
5. 제1항제5호 · 제8호 처분

제1항 제3호의 처분은 14세 이상의 소년에게만 할 수 있으며, 제1항 제2호 및 제10호의 처분은 12세 이상의 소년에게만 할 수 있다. 제1항 각 호의 어느 하나에 해당하는 처분을 한 경우 소년부는 소년을 인도하면서 소년의 교정에 필요한 참고자료를 위탁받는 자나 처분을 집행하는 자에게 넘겨야 한다. 소년의 보

호처분은 그 소년의 장래 신상에 어떠한 영향도 미치지 아니한다(제32조 제3항에서 제6항).

4.2 보호관찰처분에 따른 부가처분 등(제32조의2)

제32조 제1항 제4호 또는 제5호의 처분을 할 때에 3개월 이내의 기간을 정하여 보호소년 등의 처우에 관한 법률에 따른 대안교육 또는 소년의 상담 · 선도 · 교화와 관련된 단체나 시설에서의 상담 · 교육을 받을 것을 동시에 명할 수 있다. 제32조 제1항 제4호 또는 제5호의 처분을 할 때에 1년 이내의 기간을 정하여 야간 등 특정 시간대의 외출을 제한하는 명령을 보호관찰대상자의 준수사항으로 부과할 수 있다. 소년부 판사는 가정상황 등을 고려하여 필요하다고 판단되면 보호자에게 소년원 · 소년분류심사원 또는 보호관찰소 등에서 실시하는 소년의 보호를 위한 특별교육을 받을 것을 명할 수 있다(제32조의2).

4.3 보호처분의 기간(제33조)

제32조 제1항 제1호 · 제6호 · 제7호의 위탁기간은 6개월로 하되, 소년부 판사는 결정으로써 6개월의 범위에서 한 번에 한하여 그 기간을 연장할 수 있다. 다만, 소년부 판사는 필요한 경우에는 언제든지 결정으로써 그 위탁을 종료시킬 수 있다.

1. 보호자 또는 보호자를 대신하여 소년을 보호할 수 있는 자에게 감호 위탁
6. 「아동복지법」에 따른 아동복지시설이나 그 밖의 소년보호시설에 감호 위탁
7. 병원, 요양소 또는 「보호소년 등의 처우에 관한 법률」에 따른 소년의료보호시설에 위탁

제32조 제1항 제4호의 단기 보호관찰기간은 1년으로 한다.

4. 보호관찰관의 단기(短期) 보호관찰

제32조 제1항 제5호의 장기 보호관찰기간은 2년으로 한다. 다만, 소년부 판사는 보호관찰관의 신청에 따라 결정으로써 1년의 범위에서 한 번에 한하여 그 기간을 연장할 수 있다.

5. 보호관찰관의 장기(長期) 보호관찰

제32조 제1항 제2호의 수강명령은 100시간을, 제32조 제1항 제3호의 사회봉사명령은 200시간을 초과할 수 없으며, 보호관찰관이 그 명령을 집행할 때에는 사건 본인의 정상적인 생활을 방해하지 아니하도록 하여야 한다.

2. 수강명령
3. 사회봉사명령

제32조 제1항 제9호에 따라 단기로 소년원에 송치된 소년의 보호기간은 6개월을 초과하지 못한다.

9. 단기 소년원 송치

제32조 제1항 제10호에 따라 장기로 소년원에 송치된 소년의 보호기간은 2년을 초과하지 못한다.

10. 장기 소년원 송치

제32조 제1항 제6호부터 제10호까지의 어느 하나에 해당하는 처분을 받은 소

년이 시설위탁이나 수용 이후 그 시설을 이탈하였을 때에는 위 처분기간은 진행이 정지되고, 재위탁 또는 재수용된 때로부터 다시 진행한다.

6. 「아동복지법」에 따른 아동복지시설이나 그 밖의 소년보호시설에 감호 위탁
7. 병원, 요양소 또는 「보호소년 등의 처우에 관한 법률」에 따른 소년의료보호시설에 위탁
8. 1개월 이내의 소년원 송치
9. 단기 소년원 송치
10. 장기 소년원 송치

4.4 결정의 집행(제35조)

소년부 판사는 제32조 제1항 또는 제32조의2에 따른 처분 결정을 하였을 때에는 조사관, 소년부 법원서기관 · 법원사무관 · 법원주사 · 법원주사보, 보호관찰관, 소년원 또는 소년분류심사원 소속 공무원, 그 밖에 위탁 또는 송치받을 기관 소속의 직원에게 그 결정을 집행하게 할 수 있다(제35조).

4.5 보고와 의견 제출(제36조)

소년부 판사는 제32조 제1항 제1호 · 제6호 · 제7호의 처분을 한 경우에는 위탁받은 자에게 소년에 관한 보고서나 의견서를 제출하도록 요구할 수 있다. 소년부 판사는 조사관에게 제32조 제1항 제1호 · 제6호 · 제7호의 처분에 관한 집행상황을 보고하게 할 수 있고, 필요하다고 인정되면 위탁받은 자에게 그 집행과 관련된 사항을 지시할 수 있다(제36조).

4.6 처분의 변경(제37조)

소년부 판사는 위탁받은 자나 보호처분을 집행하는 자의 신청에 따라 결정으로써 제32조의 보호처분과 제32조의2의 부가처분을 변경할 수 있다. 다만, 제32

조 제1항 제1호 · 제6호 · 제7호의 보호처분과 제32조의2 제1항의 부가처분은 직권으로 변경할 수 있다. 결정을 집행할 때에는 제35조를 준용한다. 결정은 지체 없이 사건 본인과 보호자에게 알리고 그 취지를 위탁받은 자나 보호처분을 집행하는 자에게 알려야 한다(제37조).

4.7 보호처분의 취소(제38조)

보호처분이 계속 중일 때에 사건 본인이 처분 당시 19세 이상인 것으로 밝혀진 경우에는 소년부 판사는 결정으로써 그 보호처분을 취소하고 다음의 구분에 따라 처리하여야 한다(제38조 제1항).

1. 검사 · 경찰서장의 송치 또는 제4조제3항의 통고에 의한 사건인 경우에는 관할 지방법원에 대응하는 검찰청 검사에게 송치한다.
2. 제50조에 따라 법원이 송치한 사건인 경우에는 송치한 법원에 이송한다.

제4조 제1항 제1호 · 제2호의 소년에 대한 보호처분이 계속 중일 때에 사건 본인이 행위 당시 10세 미만으로 밝혀진 경우 또는 제4조 제1항 제3호의 소년에 대한 보호처분이 계속 중일 때에 사건 본인이 처분 당시 10세 미만으로 밝혀진 경우에는 소년부 판사는 결정으로써 그 보호처분을 취소하여야 한다(제38조 제2항).

4.8 보호처분과 유죄판결(제39조)

보호처분이 계속 중일 때에 사건 본인에 대하여 유죄판결이 확정된 경우에 보호처분을 한 소년부 판사는 그 처분을 존속할 필요가 없다고 인정하면 결정으로써 보호처분을 취소할 수 있다(제39조).

4.9 보호처분의 경합

보호처분이 계속 중일 때에 사건 본인에 대하여 새로운 보호처분이 있었을 때에는 그 처분을 한 소년부 판사는 이전의 보호처분을 한 소년부에 조회하여 어느 하나의 보호처분을 취소하여야 한다(제40조).

4.10 비용의 보조

제18조 제1항 제1호 · 제2호의 조치에 관한 결정이나 제32조 제1항 제1호 · 제6호 · 제7호(「보호소년 등의 처우에 관한 법률」에 따른 의료재활소년원 위탁처분은 제외한다)의 처분을 받은 소년의 보호자는 위탁받은 자에게 그 감호에 관한 비용의 전부 또는 일부를 지급하여야 한다. 다만, 보호자가 지급할 능력이 없을 때에는 소년부가 지급할 수 있다(제41조).

제18조(임시조치) ① 소년부 판사는 사건을 조사 또는 심리하는 데에 필요하다고 인정하면 소년의 감호에 관하여 결정으로써 다음 각 호의 어느 하나에 해당하는 조치를 할 수 있다.
1. 보호자, 소년을 보호할 수 있는 적당한 자 또는 시설에 위탁
2. 병원이나 그 밖의 요양소에 위탁

제32조(보호처분의 결정) ① 소년부 판사는 심리 결과 보호처분을 할 필요가 있다고 인정하면 결정으로써 다음 각 호의 어느 하나에 해당하는 처분을 하여야 한다.
1. 보호자 또는 보호자를 대신하여 소년을 보호할 수 있는 자에게 감호 위탁
6. 「아동복지법」에 따른 아동복지시설이나 그 밖의 소년보호시설에 감호 위탁
7. 병원, 요양소 또는 「보호소년 등의 처우에 관한 법률」에 따른 의료재활소년원에 위탁

주제 9-3 소년법상 형사사건, 비행예방 및 벌칙

1. 형사사건과 절차상 특례

1.1 형사사건의 개념

형사사건은 형사처벌 여부를 다투는 사건이다. 앞서 보호사건에서 다루는 보호처분은 형사처벌과는 구분된다. 형사사건은 형법에 의하여 규정된 형의 종류 중 하나에 해당하는 처벌을 받는 사건이다. 형법 제41조에 의하면 형의 종류는 사형, 징역, 금고, 자격상실, 자격정지, 벌금, 구류, 과료, 몰수이다.

소년법상 형사사건은 일반 형사사건과 다르게 피의자인 소년을 보호하고 회복시키기 위한 특별한 조치들이 규정되어 있다. 예를 들어, 소년에 대해서는 사형 및 무기징역을 내리지 못하고, 장기, 단기의 부정기형을 선고하게 된다.

1.2 검사의 송치(제49조)

검사는 소년에 대한 피의사건을 수사한 결과 보호처분에 해당하는 사유가 있다고 인정한 경우에는 사건을 관할 소년부에 송치하여야 한다. 소년부는 제1항에 따라 송치된 사건을 조사 또는 심리한 결과 그 동기와 죄질이 금고 이상의 형사처분을 할 필요가 있다고 인정할 때에는 결정으로써 해당 검찰청 검사에게 송치할 수 있다. 제2항에 따라 송치한 사건은 다시 소년부에 송치할 수 없다(제49조).

1.3 검사의 결정 전 조사(제49조의2)

검사는 소년 피의사건에 대하여 소년부 송치, 공소제기, 기소유예 등의 처분을 결정하기 위하여 필요하다고 인정하면 피의자의 주거지 또는 검찰청 소재지를 관할하는 보호관찰소의 장, 소년분류심사원장 또는 소년원장(이하 "보호관찰소장등"이라 한다)에게 피의자의 품행, 경력, 생활환경이나 그 밖에 필요한 사항에 관한 조사를 요구할 수 있다. 제1항의 요구를 받은 보호관찰소장등은 지체 없이 이를 조사하여 서면으로 해당 검사에게 통보하여야 하며, 조사를 위하여 필요한 경우에는 소속 보호관찰관 · 분류심사관 등에게 피의자 또는 관계인을 출석하게 하여 진술요구를 하는 등의 방법으로 필요한 사항을 조사하게 할 수 있다. 제2항에 따른 조사를 할 때에는 미리 피의자 또는 관계인에게 조사의 취지를 설명하여야 하고, 피의자 또는 관계인의 인권을 존중하며, 직무상 비밀을 엄수하여야 한다. 검사는 보호관찰소장등으로부터 통보받은 조사 결과를 참고하여 소년피의자를 교화 · 개선하는 데에 가장 적합한 처분을 결정하여야 한다.

1.4 조건부 기소유예(제49조의3)

검사는 피의자에 대하여 다음 각 호에 해당하는 선도(善導) 등을 받게 하고, 피의사건에 대한 공소를 제기하지 아니할 수 있다. 이 경우 소년과 소년의 친권자 · 후견인 등 법정대리인의 동의를 받아야 한다(제49조의3).

1. 범죄예방자원봉사위원의 선도
2. 소년의 선도 · 교육과 관련된 단체 · 시설에서의 상담 · 교육 · 활동 등

1.5 보호처분의 효력(제53조)

제32조의 보호처분을 받은 소년에 대하여는 그 심리가 결정된 사건은 다시

공소를 제기하거나 소년부에 송치할 수 없다. 다만, 제38조 제1항 제1호의 경우에는 공소를 제기할 수 있다(제53조).

1.6 공소시효의 정지(제54조)

제20조에 따른 심리 개시 결정이 있었던 때로부터 그 사건에 대한 보호처분의 결정이 확정될 때까지 공소시효는 그 진행이 정지된다(제54조).

1.7 구속영장의 제한(제55조)

소년에 대한 구속영장은 부득이한 경우가 아니면 발부하지 못한다. 소년을 구속하는 경우에는 특별한 사정이 없으면 다른 피의자나 피고인과 분리하여 수용하여야 한다(제55조).

1.8 심리의 분리(제57조)

소년에 대한 형사사건의 심리는 다른 피의사건과 관련된 경우에도 심리에 지장이 없으면 그 절차를 분리하여야 한다(제57조).

1.9 심리의 방침(제58조)

소년에 대한 형사사건의 심리는 친절하고 온화하게 하여야 한다. 제1항의 심리에는 소년의 심신상태, 품행, 경력, 가정상황, 그 밖의 환경 등에 대하여 정확한 사실을 밝힐 수 있도록 특별히 유의하여야 한다(제58조).

2. 형사사건과 처벌 및 처벌 집행상의 특례

2.1 사형 및 무기형의 완화(제59조)

죄를 범할 당시 18세 미만인 소년에 대하여 사형 또는 무기형(無期刑)으로 처할 경우에는 15년의 유기징역으로 한다(제59조).

2.2 부정기형(제60조)

소년이 법정형으로 장기 2년 이상의 유기형(有期刑)에 해당하는 죄를 범한 경우에는 그 형의 범위에서 장기와 단기를 정하여 선고한다. 다만, 장기는 10년, 단기는 5년을 초과하지 못한다.

소년의 특성에 비추어 상당하다고 인정되는 때에는 그 형을 감경할 수 있다. 형의 집행유예나 선고유예를 선고할 때에는 제1항을 적용하지 아니한다. 소년에 대한 부정기형을 집행하는 기관의 장은 형의 단기가 지난 소년범의 행형(行刑) 성적이 양호하고 교정의 목적을 달성하였다고 인정되는 경우에는 관할 검찰청 검사의 지휘에 따라 그 형의 집행을 종료시킬 수 있다.

2.3 환형처분의 금지(제62조)

18세 미만인 소년에게는 형법 제70조에 따른 유치선고를 하지 못한다. 다만, 판결선고 전 구속되었거나 제18조 제1항 제3호의 조치가 있었을 때에는 그 구속 또는 위탁의 기간에 해당하는 기간은 노역장(勞役場)에 유치된 것으로 보아 형법 제57조를 적용할 수 있다(제62조).

2.4 징역 · 금고의 집행(제63조)

징역 또는 금고를 선고받은 소년에 대하여는 특별히 설치된 교도소 또는 일반 교도소 안에 특별히 분리된 장소에서 그 형을 집행한다. 다만, 소년이 형의 집행 중에 23세가 되면 일반 교도소에서 집행할 수 있다(제63조).

2.5 보호처분과 형의 집행(제64조)

보호처분이 계속 중일 때에 징역, 금고 또는 구류를 선고받은 소년에 대하여는 먼저 그 형을 집행한다(제64조).

2.6 가석방(제65조)

징역 또는 금고를 선고받은 소년에 대하여는 다음 각 호의 기간이 지나면 가석방(假釋放)을 허가할 수 있다(제65조).

1. 무기형의 경우에는 5년
2. 15년 유기형의 경우에는 3년
3. 부정기형의 경우에는 단기의 3분의 1

2.7 가석방 기간의 종료(제66조)

징역 또는 금고를 선고받은 소년이 가석방된 후 그 처분이 취소되지 아니하고 가석방 전에 집행을 받은 기간과 같은 기간이 지난 경우에는 형의 집행을 종료한 것으로 한다. 다만, 제59조의 형기(刑期) 또는 제60조 제1항에 따른 장기의 기간이 먼저 지난 경우에는 그 때에 형의 집행을 종료한 것으로 한다(제66조).

2.8 자격에 관한 법령의 적용(제67조)

소년이었을 때 범한 죄에 의하여 형의 선고 등을 받은 자에 대하여 다음 각 호의 경우 자격에 관한 법령을 적용할 때 장래에 향하여 형의 선고를 받지 아니한 것으로 본다.

1. 형을 선고받은 자가 그 집행을 종료하거나 면제받은 경우
2. 형의 선고유예나 집행유예를 선고받은 경우

제1항에도 불구하고 형의 선고유예가 실효되거나 집행유예가 실효·취소된 때에는 그 때에 형을 선고받은 것으로 본다(제67조).

3. 비행 예방정책(제67조의2)

법무부장관은 제4조 제1항에 해당하는 자(이하 "비행소년"이라 한다)가 건전하게 성장하도록 돕기 위하여 다음 각 호의 사항에 대한 필요한 조치를 취하여야 한다(제67조의2).

1. 비행소년이 건전하게 성장하도록 돕기 위한 조사·연구·교육·홍보 및 관련 정책의 수립·시행
2. 비행소년의 선도·교육과 관련된 중앙행정기관·공공기관 및 사회단체와의 협조체계의 구축 및 운영

4. 벌칙

4.1 보도 금지(제68조)

이 법에 따라 조사 또는 심리 중에 있는 보호사건이나 형사사건에 대하여는 성명 · 연령 · 직업 · 용모 등으로 비추어 볼 때 그 자가 당해 사건의 당사자라고 미루어 짐작할 수 있는 정도의 사실이나 사진을 신문이나 그 밖의 출판물에 싣거나 방송할 수 없다. 이를 위반한 다음 각 호의 자는 1년 이하의 징역 또는 1천만 원 이하의 벌금에 처한다(제68조).

1. 신문: 편집인 및 발행인
2. 그 밖의 출판물: 저작자 및 발행자
3. 방송: 방송편집인 및 방송인

4.2 나이의 거짓 진술(제69조)

성인(成人)이 고의로 나이를 거짓으로 진술하여 보호처분이나 소년 형사처분을 받은 경우에는 1년 이하의 징역에 처한다(제69조).

4.3 조회 응답(제70조)

소년 보호사건과 관계있는 기관은 그 사건 내용에 관하여 재판, 수사 또는 군사상 필요한 경우 외의 어떠한 조회에도 응하여서는 아니 된다. 이를 위반한 자는 1년 이하의 징역 또는 1천만 원 이하의 벌금에 처한다(제70조).

4.4 소환의 불응 및 보호자 특별교육명령 불응(제71조)

다음 각 호의 어느 하나에 해당하는 자에게는 300만 원 이하의 과태료를 부과한다.

1. 제13조제1항에 따른 소환에 정당한 이유 없이 응하지 아니한 자
2. 제32조의2제3항의 특별교육명령에 정당한 이유 없이 응하지 아니한 자

5. 소년법의 과제

청소년 범죄가 이슈화될 때마다 소년법 관련 논쟁이 끊임없이 확대 재생산되고 있다. 고등학생에게 집단폭력과 성폭력을 가한 10대들의 처벌을 두고 청와대 국민청원이 20만 명이 넘은 것도 이러한 논쟁을 반영한다(YTN, 2018).

5.1 소년법 명칭의 변경

소년법은 조선을 강점한 일본 총독이 만든 조선소년령을 기반으로 만들어졌다. 소년법을 처음 접한 사람이라면 소년법이 아동복지법처럼 청소년의 복지를 증진하거나 성장·발달을 하는 법이라는 생각을 가질 수 있다. 소년법은 청소년이 범죄를 저지를 가능성이 있는 잠재적 범죄자로 보는 시각에서 출발했다고 해도 과언이 아니다. 소년법은 "소년회복법"이나 "소년의 회복을 위한 형사 특례와 지원에 관한 법률" 등으로 명칭을 변경해야 한다.

5.2 소년법상 연령선에 대한 논의

소년법은 우선 소년들에게 죄를 감해 주는가가 논쟁이 되고, 죄를 감해 주더라도 과연 그 연령선을 어떻게 설정할 것인가에 대한 논의가 필요하다. 우선 청소년들이 청소년발달의 특성상 나타나는 여러 가지 문제로 범죄를 저지를 수 있는데 이를 모두 성인과 같이 동일하게 처벌하게 되면 청소년들에게도 가혹할 뿐만 아니라, 그 사회적 비용을 키우는 것이어서 소년법 자체는 존치할 필요가 있다. 촉범소년과 우범소년의 연령, 그리고 형법상 형사미성년자의 연령을 조정하는 논의가 필요할 것으로 보인다.

5.3 소년법 관련 시설과 인력의 확충

소년법은 여러 가지 제도를 통해서 청소년들의 사회 합류를 돕고 있다. 그러나 실제로는 범죄를 저지른 청소년들을 제대로 선도할 수 있는 시설 자체가 매우 부족한 실정이다. 청소년들이 비행과 범죄라는 발달상의 문제를 극복할 수 있도록 제도뿐만 아니라 제도를 뒷받침해 줄 시설과 인력을 확충하는 것이 필요하다.

CHAPTER 10

학교폭력예방 및 대책에 관한 법률

주제 10-1 학교폭력예방 및 대책에 관한 법률 제정 배경, 연혁, 개요, 기본계획

1. 학교폭력예방 및 대책에 관한 법률의 제정 배경

학교폭력예방 및 대책에 관한 법률

학교폭력예방 및 대책에 관한 법률은 학교폭력의 문제를 심각한 사회적 문제로 받아들이고 이를 해결하기 위하여 만들어졌다. 학교폭력은 가해경험과 피해경험이 서로 얽혀서 학교폭력의 가해자가 피해자가 되기도 하고, 반대로 피해자가 가해자가 되기도 한다(박순진, 2009). 학교폭력은 피해학생과 가해학생, 그리고 이들을 둘러싼 가족과 학교를 모두 불행하게 만드는 행동으로 심각하게 받아들여야 한다. 학교폭력은 청소년의 우울감이나 자살생각 등을 높이고(김치건, 2018), 이는 청소년의 극단적 선택으로 이어질 수 있다. 다수의 청소년이 학교에서 생활을 하고, 학교생활에 청소년의 균형 있는 성장이 매우 깊게 연결되어 있는 현실을 감안할 때 학교폭력 문제는 청소년 문제라고 할 수 있다. 위클래스 등 청소년현장에서도 학교폭력예방 및 대책에 관한 내용을 숙지하고 있어야 관련 청소년문제에 대해서 효과적으로 대처할 수 있다.

> 심각한 사회문제로 대두하고 있는 학교폭력문제에 효과적으로 대처하기 위한 전담기구의 설치, 정기적인 학교폭력예방교육의 실시, 학교폭력 피해자의 보호와 가해자에 대한 선도 · 교육 등 학교폭력의 예방 및 대책을 위한 제도적 틀을 마련하려는 것임(법제처, 2020).

위의 인용문구는 학교폭력예방 및 대책에 관한 법률을 제정하면서 국회에서 작성한 법률의 제정이유이다. 학교폭력예방 및 대책에 관한 법률은 단순하게 가해학생을 처벌하려는 법이 아니다. 학교폭력의 상당 부분은 형법 등 다른 법률에 의해서 형사처벌이 될 수 있는 행동이다. 학교폭력예방 및 대책에 관한 법률은 처벌의 방법보다는 가해학생을 교육 · 선도하고 피해학생을 보호함으로 청소년을 폭력으로부터 보호하기 위한 장치이다.

2. 학교폭력예방 및 대책에 관한 법률의 연혁

(출처. 국가법령정보. 관련 정보 발췌 및 요약)

학교폭력예방 및 대책에 관한 법률은 2003년 제정 이후에 법의 미비점을 보완하고 현실의 변화를 반영하여 여러 번 개정되어 왔다. 본 연혁에서는 이들 중 주요한 변화만을 다루었다.

학교폭력예방 및 대책에 관한 법률의 변화는 학교폭력의 양상과 기술의 진보에 따라 학교폭력의 정의가 확대된 것과, 피해자에 대한 보호 방안과 가해자에 대한 교육 및 선도 방법이 보다 확대되고 정교화로 요약할 수 있다.

2004. 1. 29. (시행 2004.7.30, 법률 제7119호) 심각한 사회문제로 대두하고 있는 학교폭력문제에 효과적으로 대처하기 위한 전담기구의 설치, 정기적인 학교폭력예방교육의 실시, 학교폭력 피해자의 보호와 가해자에 대한 선도 · 교육 등 학교폭력의 예방 및 대책을 위한 제도적 틀을 마련.

2008. 3. 14. (시행 2008.9.15, 법률 제8887호) 학교폭력의 범위에 성폭력을 비롯하여 상해, 약취 · 유인, 명예훼손 · 모욕, 공간, 강요 및 정보통신망을 이용한 음란 · 폭력 정보 등을 포함시켜 범위를 확장함. 피해자 치료비용에 대한 구상권을 신설하고, 가해학생의 보호자도 특별 교육을 받게 함.

2009. 5. 8. (시행 2009.8.9, 법률 제9642호) 긴급상담전화 설치 피해학생에 대한 보복 행위금지 조항을 신설하고, 장애학생 보호규정을 정비함.

2011. 5. 19. (시행 2011.11.20, 법률 제10642호) 학교폭력대책자치위원회의 전체 위원의 과반수를 학부모대표로 위촉하도록 하고, 피해학생, 가해학생 또는 그 보호자의 신청이 있는 경우에는 학교폭력대책자치위원회의 회의 결과를 공개하도록 의무화하며, 교육장으로 하여금 학교폭력예방교육을 위한 홍보물을 연 1회 이상 학부모에게 배포하도록 함.

2012. 1. 26. (시행 2012.5.1, 법률 제11223호) 따돌림의 정의를 신설하고 강제적인 심부름도 학교폭력 정의 추가하여 학교폭력의 정의를 구체화함. 학교폭력에 대한 예방 및 대책의 실효성 확보를 위하여 교육과학기술부장관으로 하여금 시 · 도교육청의 학교폭력예방 및 대책을 평가하고 이를 공표하도록 함. 피해학생의 보호를 위하여 가해학생의 보호자가 부담하여야 하는 비용에 피해학생 치료를 위한 요양비뿐만 아니라 심리상담 · 조언 및 일시보호에 드는 비용을 추가함. 학교폭력대책자치위원회가 가해학생에 대한 조치를 요청할 경우 학교의 장은 30일 이내에 이행하여야 하며, 가해학생이 다른 학교로 전학을 간 이후에는 피해학생 소속 학교로 다시 전학 오는 것을 금지하고, 학교폭력자치위원회가 내린 전학 등의 조치에 대하여 이의가 있는 학생 및 보호자가 시 · 도학생징계조정위원회에 재심을 청구할 수 있도록 함. 학교폭력 관련 업무를 담당하는 자가 누설해서는 안 되는 자료에 학교폭력 신고자나 고발자와 관련한 자료를 추가하고, 학교폭력대책기획위원회 위원에 심리학자를

포함함.

2012. 3. 21. (시행 2012.5.1, 법률 제11388호) 학교폭력의 범위를 학생 간에 발생한 사건에서 학생을 대상으로 발생한 사건으로 확대하여 학교 밖 청소년 등에 의한 학교폭력도 이 법에 따라 지원을 받을 수 있게 함. 학교폭력에 대한 조사 · 상담 · 치유를 위한 전문기관을 설치 · 운영할 수 있는 근거를 마련하여 치유 프로그램을 효과적으로 이행할 수 있도록 하며, 피해학생에 대한 조치를 자치위원회 요청 7일 이내에 이행하도록 하고, 피해학생의 신속한 치료를 위하여 학교의 장 또는 피해학생의 보호자가 원하는 경우 학교안전공제회 또는 시 · 도교육청이 비용을 부담한 후 구상권을 행사할 수 있도록 함. 가해학생의 전학 및 퇴학조치에 한정되었던 재심청구를 피해학생에 대해서도 허용하고, 가해학생에 대한 조치를 신속하게 이행함으로써 학교폭력의 재발을 방지하기 위하여 가해학생에 대한 처분을 의무화하고, 가해학생에 대한 조치를 자치위원회 요청 14일 이내에 이행하도록 하며, 가해학생의 특별교육에 학부모가 동참하도록 의무화함. 학교 현장에서 학교폭력을 문제시하지 않는 것을 개선하기 위하여 학교폭력을 축소 · 은폐한 학교의 장 및 교원에 대해서는 징계할 수 있는 명확한 법적 근거를 마련하고, 학교 폭력 예방에 기여한 자에 대해서는 인센티브를 지급할 수 있도록 함.

2017. 4. 18. (시행 2017.4.18, 법률 제14762호) 피해학생의 보호를 위한 조치 중 심리상담 및 조언을 학내외 전문가에 의한 심리상담 및 조언으로 하여 피해학생에 대한 보호조치를 보강 강화함.

2017. 11. 28. (시행 2017.11.28, 법률 제15044호) 학교와 경찰의 공동대응을 통한 학교폭력예방 및 근절을 위하여 학교폭력 업무 등을 전담하는 경찰관을 운영할 수 있도록 법적 근거를 마련함.

2019. 8. 20. (시행 2020.3.1, 법률 제16441호) 학교에 두고 있는 학교폭력대책자치위원회를 교육지원청으로 상향 이관하여 학교폭력대책심의위원회를 두고 전체위원의 3분의 1 이상을 학부모로 구성하도록 하고, 2주 이상의 신체적 · 정신적 치료를 요하는 진단서를 발급받지 않은 경우 등 경미한 학교폭력의 경우 학교의 장이 자체적으로 해결할 수 있도록 하는 한편, 현재 학교폭력대책지역위원회와 시 · 도학생징계조정위원회로 이

원화되어 있는 피해학생과 가해학생에 대한 재심기구를 행정심판위원회로 일원화함.

2020. 12. 22. (시행 2020.12.22, 법률 제17668호) 학교폭력대책심의위원회는 심의 과정에서 아동심리와 관련된 전문가를 출석하게 하거나 서면 등의 방법으로 의견을 청취할 수 있고, 피해학생이 상담 · 치료 등을 받은 경우 해당 전문가 또는 전문의 등으로부터 의견을 청취할 수 있도록 하되, 피해학생 또는 그 보호자의 의사를 확인하여 피해학생 또는 그 보호자의 요청이 있는 경우 반드시 의견을 청취하도록 함. 학교의 장이 학교폭력사건을 인지한 경우 피해학생의 반대의사 등 특별한 사정이 없으면 지체 없이 가해자(교사 포함)와 피해학생을 분리하도록 함. 학교폭력대책심의위원회는 피해학생 또는 가해학생이 장애학생인 경우 심의과정에 「장애인 등에 대한 특수교육법」 제2조제4호에 따른 특수교육교원 등 특수교육 전문가 또는 장애인 전문가를 출석하게 하거나 서면 등의 방법으로 의견을 청취할 수 있도록 함.

2021. 3. 23. (시행 2021.3.23, 법률 제17954호) 법률용어를 읽기 쉽게 변경함.

3. 목적(제1조)

학교폭력예방 및 대책에 관한 법률의 목적은 크게 세 부분으로 나눌 수 있다. 첫째가 피해학생의 보호이고, 둘째가 가해학생의 선도 · 교육이다. 마지막으로 피해학생과 가해학생 간에 분쟁을 조정하는 것이다. 이러한 조치들을 통해서 학생의 인권을 보호하고, 학생을 건전한 사회구성원으로 육성하는 목적을 달성할 수 있게 된다.

> **제1조(목적)** 이 법은 학교폭력의 예방과 대책에 필요한 사항을 규정함으로써 피해학생의 보호, 가해학생의 선도 · 교육 및 피해학생과 가해학생 간의 분쟁조정을 통하여 학생의 인권을 보호하고 학생을 건전한 사회구성원으로 육성함을 목적으로 한다.

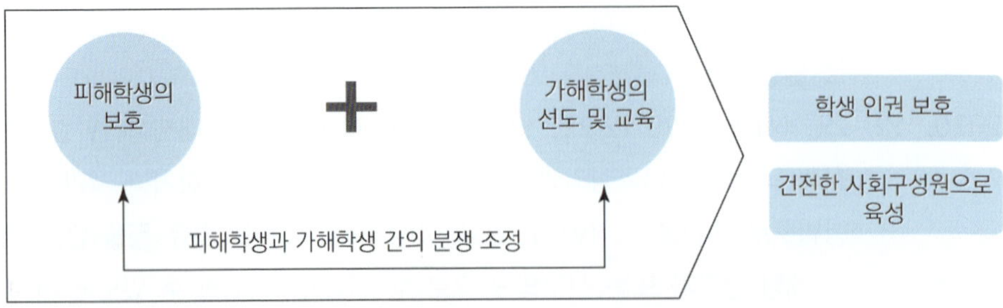

그림 10.1 **학교폭력예방 및 대책에 관한 법률의 목적**

4. 용어의 정의(제2조)

4.1 학교폭력

학교폭력이란 "학교 내외에서 학생을 대상으로 발생한 상해, 폭행, 감금, 협박, 약취 · 유인, 명예훼손 · 모욕, 공갈, 강요 · 강제적인 심부름 및 성폭력, 따돌림, 사이버 따돌림, 정보통신망을 이용한 음란 · 폭력 정보 등에 의하여 신체 · 정신 또는 재산상의 피해를 수반하는 행위"를 말한다(제2조 제1호). 학교폭력의 정의는 학교폭력의 제정 이후에 2012년까지 꾸준히 확대되었다. 학교폭력의 양상이 다양해짐에 따라서 학교폭력의 종류가 늘어났고, 1의2호 따돌림, 1의3호 사이버 따돌림 등의 정의를 구체화하였다. 또한 학교폭력이 종전에는 가해자와 피해자가 모두 학생이어야 했던 점을 개선하여 피해자가 학생이기만 하면 되는 것으로 개선되었다. 개략적인 모습은 그림 10.2를 참고한다.

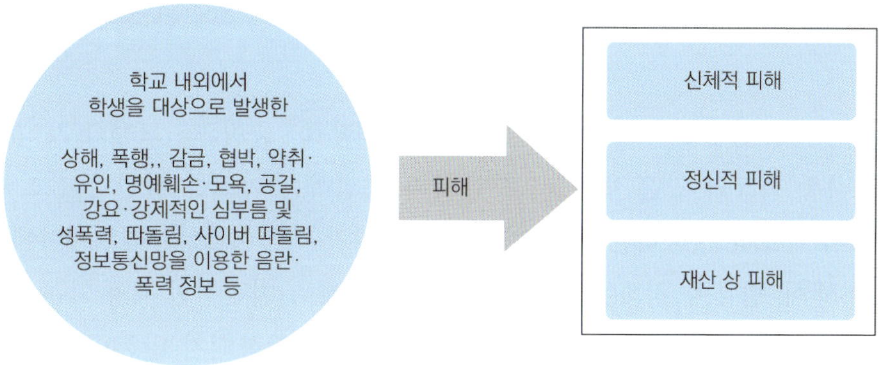

그림 10.2 **학교폭력의 정의**

4.2 따돌림

따돌림이란 “학교 내외에서 2명 이상의 학생들이 특정인이나 특정집단의 학생들을 대상으로 지속적이거나 반복적으로 신체적 또는 심리적 공격을 가하여 상대방이 고통을 느끼도록 하는 모든 행위”를 말한다(제2조 제1의2호). 따돌림은 사회 발달이 폭발적으로 이루어지는 사춘기에 매우 심각한 피해를 일으키는 폭력 중 하나이다. 그러나 따돌림의 경우 일반적으로는 형법 등 다른 법률에 의해 형사처벌이 되지 않는 행위 중 하나이기도 하다.

4.3 사이버 따돌림

사이버 따돌림이란 “인터넷, 휴대전화 등 정보통신기기를 이용하여 학생들이 특정 학생들을 대상으로 지속적 · 반복적으로 심리적 공격을 가하거나, 특정 학생과 관련된 개인정보 또는 허위사실을 유포하여 상대방이 고통을 느끼도록 하는 모든 행위”를 말한다(제2조 제1의3호). 사이버 따돌림은 기술의 진보로 인해서 오프라인의 따돌림이 사이버 세계로 전이되어 나타나는 것으로 정보통신기기를 이용한다는 특징을 가지고 있다.

4.4 학교

학교란 초·중등교육법 제2조에 따른 초등학교·중학교·고등학교·특수학교 및 각종 학교와 같은 법 제61조에 따라 운영하는 학교를 말한다(제2조 제2호). 현실에서 학교라고 불리는 많은 기관들이 있지만 이들이 모두 학교폭력예방 및 대책에 관한 법률이 정하는 학교는 아니다. 일례로 일반적인 대학교는 고등교육법에 의한 학교이기 때문에 본 법률상의 학교에 포함되지 않는다. 또한 초·중등교육법상 각종 학교의 경우 초등학교나 중학교 등의 명칭을 사용하지 않더라도 초·중등교육법상 학교이기 때문에 학교에 포함된다.

초·중등교육법 제2조(학교의 종류) 초·중등교육을 실시하기 위하여 다음 각 호의 학교를 둔다. <개정 2019.12.3>
1. 초등학교
2. 중학교·고등공민학교
3. 고등학교·고등기술학교
4. 특수학교
5. 각종학교

제61조(학교 및 교육과정 운영의 특례) ① 학교교육제도를 포함한 교육제도의 개선과 발전을 위하여 특히 필요하다고 인정되는 경우에는 대통령령으로 정하는 바에 따라 제21조제1항·제24조제1항·제26조제1항·제29조제1항·제31조·제39조·제42조 및 제46조를 한시적으로 적용하지 아니하는 학교 또는 교육과정을 운영할 수 있다.

4.5 가해학생

가해학생이란 "가해자 중에서 학교폭력을 행사하거나 그 행위에 가담한 학생"을 말한다(제2조 제3호). 학교 밖 청소년이 가해자인 경우 등은 당해 사건에서 가해학생이 존재하지 않을 수도 있다.

4.6 피해학생

피해학생이란 "학교폭력으로 인하여 피해를 입은 학생"을 말한다(제2조 제4호).

4.7 장애학생

장애학생이란 "신체적 · 정신적 · 지적 장애 등으로 장애인 등에 대한 특수교육법 제15조에서 규정하는 특수교육이 필요한 학생"을 말한다(제2조 제5호). 장애학생을 특별히 규정한 이유는 장애학생을 보다 두텁게 보호하기 위함이다.

5. 국가 및 지방자치단체의 책무(제4조)

국가나 지방자치단체는 학교폭력예방 및 근절을 위하여 법적 · 제도적 장치를 마련하고, 민간의 활동을 활성화하고, 민간의 건의 사항을 반영하여야 하며, 이를 위한 행정적 · 재정적 지원을 해야 한다(제4조). 이는 국가나 지방자치단체가 학교폭력예방을 위해 누구보다도 책임 의식을 가짐과 동시에 보다 효과적이고 효율적인 방법을 추구하기 위하여 청소년 단체 등 민간의 힘을 적극적으로 지원하여야 함을 의미한다. 학교폭력예방 및 대책을 위한 조사 · 연구 · 교육 · 계도 등을 하기 위해서는 다양한 법적 장치와 제도적 장치가 필요한데, 이를 마련하는 것도 국가 및 지방자치단체가 가지는 중요한 책무이다.

제4조(국가 및 지방자치단체의 책무) ① 국가 및 지방자치단체는 학교폭력을 예방하고 근절하기 위하여 조사 · 연구 · 교육 · 계도 등 필요한 법적 · 제도적 장치를 마련하여야 한다.
② 국가 및 지방자치단체는 청소년 관련 단체 등 민간의 자율적인 학교폭력예방활동과 피해학생의 보호 및 가해학생의 선도 · 교육활동을 장려하여야 한다.
③ 국가 및 지방자치단체는 제2항에 따른 청소년 관련 단체 등 민간이 건의한 사항에 대하여는 관

련 시책에 반영하도록 노력하여야 한다.
④ 국가 및 지방자치단체는 제1항부터 제3항까지의 규정에 따른 책무를 다하기 위하여 필요한 행정적 · 재정적 지원을 하여야 한다. <개정 2012. 3. 21.>

6. 다른 법률과의 관계(제5조)

학교폭력의 규제, 피해학생의 보호 및 가해학생에 대한 조치에 관하여 다른 법률의 "특별한 규정"이 있는 경우를 제외하고는 학교폭력예방 및 대책에 관한 법률을 우선적으로 적용하여야 한다(제5조 제1항). 이는 학교폭력예방 및 대책에 관한 법률의 특별법적인 성격을 선언한 것이다.

그러나 이러한 규정에도 불구하고 성폭력 피해자의 프라이버시를 보호하기 위해서 제2조 제1호 중 성폭력의 경우에는 다른 법률에 규정이 있는 경우에 그 법을 우선적으로 적용하고 학교폭력예방 및 대책에 관한 법률은 적용하지 아니한다는 규정을 특별히 두고 있다(제5조 제2항). 이는 본 법의 연혁에서도 살펴보았듯이 성폭력을 학교폭력의 범위로 흡수하고자 하는 노력과 피해자를 보호하고자 하는 노력을 절충한 결과이다.

7. 학교폭력예방 및 대책에 관한 기본계획(제6조)

학교폭력의 예방 및 대책에 관한 기본계획의 주체는 교육부장관이며, 계획의 목표는 학교폭력예방 및 대책에 관한 법률의 목적을 효율적 달성이다. 본 계획은 학교폭력대책위원회의 심의를 거쳐야 하며 5년마다 수립 · 시행된다(제6조).

학교폭력의 예방 및 대책에 관한 기본계획은 다음의 내용을 포함해야 한다(제6조 제2항).

1. 학교폭력의 근절을 위한 조사 · 연구 · 교육 및 계도
2. 피해학생에 대한 치료 · 재활 등의 지원
3. 학교폭력 관련 행정기관 및 교육기관 상호 간의 협조 · 지원
4. 제14조제1항에 따른 전문상담교사의 배치 및 이에 대한 행정적 · 재정적 지원
5. 학교폭력의 예방과 피해학생 및 가해학생의 치료 · 교육을 수행하는 청소년 관련 단체(이하 "전문단체"라 한다) 또는 전문가에 대한 행정적 · 재정적 지원
6. 그 밖에 학교폭력의 예방 및 대책을 위하여 필요한 사항

8. 학교폭력대책 관련 기관

8.1 학교폭력대책위원회(제7조)

학교폭력대책위원회는 학교폭력의 예방 및 대책에 관한 기본계획의 수립 및 시행에 대한 평가와 학교폭력과 관련하여 중앙행정기관 및 지방자치단체의 장이 요청하는 사항에 대한 심의, 학교폭력과 관련하여 교육청, 학교폭력대책지역위원회, 학교폭력대책지역협의회, 학교폭력대책심의위원회, 전문단체 및 전문가가 요청하는 사항을 심의하는 기능을 수행한다(제7조).

제4차 학교폭력 예방 및 대책 기본계획

1) 구성: 위원장 3명을 포함하여 20명 이내로 구성

2) 위원장: 공동위원장

- 국무총리
- 대통령이 위촉하는 사람

3) 위원은 다음과 같다.

학교폭력대책위원회 위원

1. 기획재정부장관, 교육부장관, 과학기술정보통신부장관, 법무부장관, 행정안전부장관, 문화체육관광부장관, 보건복지부장관, 여성가족부장관, 방송통신위원회 위원장, 경찰청장
2. 학교폭력 대책에 관한 전문지식과 경험이 풍부한 전문가 중에서 제1호의 위원이 각각 1명씩 추천하는 사람
3. 관계 중앙행정기관에 소속된 3급 공무원 또는 고위공무원단에 속하는 공무원으로서 청소년 또는 의료 관련 업무를 담당하는 사람
4. 대학이나 공인된 연구기관에서 조교수 이상 또는 이에 상당한 직에 있거나 있었던 사람으로서 학교폭력 문제 및 이에 따른 상담 또는 심리에 관하여 전문지식이 있는 사람
5. 판사 · 검사 · 변호사
6. 전문단체에서 청소년보호활동을 5년 이상 전문적으로 담당한 사람
7. 의사의 자격이 있는 사람
8. 학교운영위원회 활동 및 청소년보호활동 경험이 풍부한 학부모

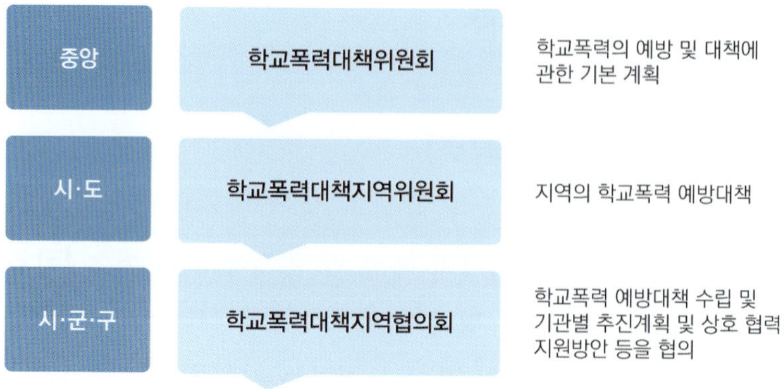

그림 10.3 **학교폭력예방 및 대책 관련 기관**

8.2 학교폭력대책 지역위원회(제10조) - 시 · 도

지역의 학교폭력문제를 해결하기 위하여 시 · 도에 학교폭력대책 지역위원회가 설치되며, 위원장 1인을 포함한 11인 이내의 위원으로 구성한다(제9조 제1항 및 제2항). 시 · 도에 설치되는 학교폭력대책 지역위원회에서는 교육부장관이 수립한 기본계획에 따라 지역의 학교폭력예방 대책을 매년 수립한다(제10조 제1항).

8.3 학교폭력대책 지역협의회(제10조의2) - 시 · 군 · 구

시 · 군 · 구 단위에서 학교폭력예방 대책을 수립하고 기관별 추진계획 및 상호 협력 지원 방안 등을 협의하기 위하여 시 · 군 · 구에 학교폭력대책 지역협의회를 둔다. 지역협의회에는 위원장 1명을 포함하여 20명 내외의 위원으로 구성한다(제10조의2). 앞서 시 · 도에 두는 것은 지역위원회임에 비해서 시 · 군 · 구에 두는 것은 지역협의회라는 점이 명칭상의 차이점이다.

9. 교육감의 임무(제11조)

교육감은 시 · 도 교육청에 학교폭력의 예방과 대책과 관련하여 전담부서 설치 및 각종 조치 등의 임무를 수행해야 한다. 제10조의 학교폭력대책 지역위원회의 의견을 들어서 상담 · 치료 및 교육을 담당할 상담 · 치료 · 기관을 지정하여야 하는 것과 이들 기관을 학부모에게 알리는 것도 교육감의 임무이다. 이외에 제11조에 나와 있는 교육감의 임무는 다음과 같다.

보호처분

① 교육감은 시 · 도교육청에 학교폭력의 예방과 대책을 담당하는 전담부서를 설치 · 운영하여야 한다.
② 교육감은 관할 구역 안에서 학교폭력이 발생한 때에는 해당 학교의 장 및 관련 학교의 장에게 그 경과 및 결과의 보고를 요구할 수 있다.
③ 교육감은 관할 구역 안의 학교폭력이 관할 구역 외의 학교폭력과 관련이 있는 때에는 그 관할 교육감과 협의하여 적절한 조치를 취하여야 한다.
④ 교육감은 학교의 장으로 하여금 학교폭력의 예방 및 대책에 관한 실시계획을 수립 · 시행하도록 하여야 한다.
⑤ 교육감은 제12조에 따른 심의위원회가 처리한 학교의 학교폭력빈도를 학교의 장에 대한 업무수행 평가에 부정적 자료로 사용하여서는 아니 된다. 〈개정 2019. 8. 20.〉
⑥ 교육감은 제17조제1항제8호에 따른 전학의 경우 그 실현을 위하여 필요한 조치를 취하여야 하며, 제17조제1항제9호에 따른 퇴학처분의 경우 해당 학생의 건전한 성장을 위하여 다른 학교 재입학 등의 적절한 대책을 강구하여야 한다. 〈개정 2012. 1. 26., 2012. 3. 21.〉
⑦ 교육감은 대책위원회 및 지역위원회에 관할 구역 안의 학교폭력의 실태 및 대책에 관한 사항을 보고하고 공표하여야 한다. 관할 구역 밖의 학교폭력 관련 사항 중 관할 구역 안의 학교와 관련된 경우에도 또한 같다. 〈개정 2012. 1. 26., 2012. 3. 21.〉
⑧ 교육감은 학교폭력의 실태를 파악하고 학교폭력에 대한 효율적인 예방대책을 수립하기 위하여 학교폭력 실태조사를 연 2회 이상 실시하고 그 결과를 공표하여야 한다. 〈신설 2012. 3. 21., 2015. 12. 22.〉
⑨ 교육감은 학교폭력 등에 관한 조사, 상담, 치유프로그램 운영 등을 위한 전문기관을 설치 · 운영할 수 있다. 〈신설 2012. 3. 21.〉
⑩ 교육감은 관할 구역에서 학교폭력이 발생한 때에 해당 학교의 장 또는 소속 교원이 그 경과 및 결과를 보고하면서 축소 및 은폐를 시도한 경우에는 「교육공무원법」 제50조 및 「사립학교법」 제62조에 따른 징계위원회에 징계의결을 요구하여야 한다. 〈신설 2012. 3. 21.〉
⑪ 교육감은 관할 구역에서 학교폭력의 예방 및 대책 마련에 기여한 바가 큰 학교 또는 소속 교원에게 상훈을 수여하거나 소속 교원의 근무성적 평정에 가산점을 부여할 수 있다. 〈신설 2012. 3. 21.〉
⑫ 제1항에 따라 설치되는 전담부서의 구성과 제8항에 따라 실시하는 학교폭력 실태조사 및 제9항에 따른 전문기관의 설치에 필요한 사항은 대통령령으로 정한다. 〈개정 2012. 3. 21.〉

주제 10-2 피해학생에 대한 보호와 가해학생에 대한 조치

1. 피해학생에 대한 보호(제16조, 제16조의2)

1.1 피해학생에 대한 보호조치(제16조, 제16조의2)

학교폭력대책 심의위원회는 피해학생의 보호를 위하여 필요하다고 인정하는 때에는 피해학생에 대하여 제16조 제1항에 규정된 각종 보호조치를 할 것을 교육장에게 요청할 수 있다. 이때 보호조치는 여러 개를 병과할 수 있다. 다만, 학교의 장은 피해학생의 보호를 위하여 긴급하다고 인정하거나 피해학생이 긴급보호의 요청을 하는 경우에는 제1호, 제2호 및 제6호의 조치를 할 수 있다. 이 경우 학교의 장은 심의위원회에 즉시 보고하여야 한다(제16조 제1항). 심의위원회의 요청이 있는 경우에 교육장은 피해학생의 보호자의 동의를 받아 7일 이내에 해당 조치를 하여야 한다(제16조 제3항).

1) 피해학생에 대한 보호조치 종류(제16조 제1항 각호)

피해학생에 대한 보호조치
1. 학내외 전문가에 의한 심리상담 및 조언 2. 일시보호 3. 치료 및 치료를 위한 요양 4. 학급교체 5. 삭제 〈2012. 3. 21.〉 6. 그 밖에 피해학생의 보호를 위하여 필요한 조치

1.2 피해학생 및 보호자의 의견진술 기회 부여

심의위원회는 제1항에 따른 조치를 요청하기 전에 피해학생 및 그 보호자에게 의견진술의 기회를 부여하는 등 적정한 절차를 거쳐야 한다(제16조 제2항).

1.3 피해학생 불이익 최소화

보호조치가 필요한 피해학생에 대하여 학교의 장이 인정하는 경우에 그 조치 필요한 결석을 출석일수에 산입할 수 있으며(제16조 제4항), 성적 등을 평가함에 따라서 보호조치로 인한 불이익을 주지 않도록 노력해야 한다(제16조 제5항).

1.4 가해학생 보호자의 비용 부담 및 구상권

피해학생이 전문단체나 전문가로부터 제1항 제1호부터 제3호까지의 규정에 따른 상담 등을 받는 데에 사용되는 비용은 가해학생의 보호자가 부담하여야 한다. 다만, 피해학생의 신속한 치료를 위하여 학교의 장 또는 피해학생의 보호자가 원하는 경우에는 학교안전사고 예방 및 보상에 관한 법률 제15조에 따른 학교안전공제회 또는 시·도교육청이 부담하고 이에 대한 구상권을 행사할 수 있다(제16조 제6항).

1.5 공제급여 청구

학교의 장 또는 피해학생의 보호자는 필요한 경우 학교안전사고 예방 및 보상에 관한 법률 제34조의 공제급여를 학교안전공제회에 직접 청구할 수 있다(제16조 제7항).

피해학생에 대한 지원범위(시행령 제18조 제1항)

1. 교육감이 정한 전문심리상담기관에서 심리상담 및 조언을 받는 데 드는 비용
2. 교육감이 정한 기관에서 일시보호를 받는 데 드는 비용
3. 「의료법」에 따라 개설된 의료기관, 「지역보건법」에 따라 설치된 보건소·보건의료원 및 보건지소, 「농어촌 등 보건의료를 위한 특별조치법」에 따라 설치된 보건진료소, 「약사법」에 따라 등록된 약국 및 같은 법 제91조에 따라 설립된 한국희귀의약품센터에서 치료 및 치료를 위한 요양을 받거나 의약품을 공급받는데 드는 비용

1.6 장애학생의 보호

장애학생에 대한 학교폭력은 장애학생에게 심각한 피해를 초래할 수 있어 사회적 약자인 장애학생의 보호를 위하여 특별한 규정을 두고 있다.

누구든지 장애 등을 이유로 장애학생에게 학교폭력을 행사하여서는 아니 된다(제16조의2 제1항). 학교폭력대책 심의위원회는 학교폭력으로 피해를 입은 장애학생의 보호를 위하여 장애인전문 상담가의 상담 또는 장애인전문 치료기관의 요양 조치를 학교의 장에게 요청할 수 있으며(제16조의2 제2항), 이러한 요청이 있는 경우 학교의 장은 해당 조치를 하여야 한다(제16조의2 제3항).

2. 가해학생에 대한 조치

2.1 가해학생에 대한 조치(17조)

학교폭력대책 심의위원회는 피해학생의 보호와 가해학생의 선도·교육을 위하여 가해학생에 대하여 제17조 제1항 각호의 조치를 취하도록 교육장에게 요청할 수 있다. 이때 관련 조치는 여러 개의 조치가 병과될 수 있으며, 퇴학처분의 경우 의무교육과정에 있는 가해학생에게는 적용하지 아니한다(제17조 제1항). 이러한 요청이 있는 경우 교육장은 14일 이내에 해당 조치를 하여야 한다(제17조 제5항). 제17조 제1항 제2호부터 제9호까지의 처분을 받은 학생이 해당 조치를 거부하거나 기피하는 경우 심의위원회는 제7항에도 불구하고 대통령령으로 정하는 바에 따라 추가로 다른 조치를 할 것을 교육장에게 요청할 수 있다(제17조 제11항).

가해학생에 대한 조치의 종류는 다음과 같다(제17조 제1항 각호).

가해학생에 대한 보호조치
1. 피해학생에 대한 서면사과
2. 피해학생 및 신고 · 고발 학생에 대한 접촉, 협박 및 보복행위의 금지
3. 학교에서의 봉사
4. 사회봉사
5. 학내외 전문가에 의한 특별 교육이수 또는 심리치료
6. 출석정지
7. 학급교체
8. 전학
9. 퇴학처분

2.2 조치 내용의 가중

피해학생이나 신고 · 고발 학생에 대한 협박 또는 보복 행위일 경우에는 같은 항 각 호의 조치를 병과하거나 조치 내용을 가중할 수 있다(제17조 제2항).

2.3 특별교육 이수 또는 심리치료

제2호부터 제4호까지 및 제6호부터 제8호까지의 처분을 받은 가해학생은 교육감이 정한 기관에서 특별교육을 이수하거나 심리치료를 받아야 하며, 그 기간은 심의위원회에서 정한다(제17조 제3항).

2.4 긴급 조치

학교의 장은 가해학생에 대한 선도가 긴급하다고 인정할 경우 우선 제1항 제1호부터 제3호까지, 제5호 및 제6호의 조치를 할 수 있으며, 제5호와 제6호는 병과조치할 수 있다. 이 경우 심의위원회에 즉시 보고하여 추인을 받아야 한다(제17조 제4항). 가해학생이 이러한 조치를 거부하거나 회피하는 때에는 학교의 장은 초 · 중등교육법 제18조에 따라 징계하여야 한다(제17조 제7항).

2.5 가해학생 및 보호자의 의견진술 기회

심의위원회는 제1항 또는 제2항에 따른 조치를 요청하기 전에 가해학생 및 보호자에게 의견진술의 기회를 부여하는 등 적정한 절차를 거쳐야 한다(제17조 제5항).

2.6 출석일수 산입

가해학생이 제1항 제3호부터 제5호까지의 규정에 따른 조치를 받은 경우 이와 관련된 결석은 학교의 장이 인정하는 때에는 이를 출석일수에 산입할 수 있다(제17조 제8항).

2.7 가해학생의 보호자 교육

심의위원회는 가해학생이 특별교육을 이수할 경우 해당 학생의 보호자도 함께 교육을 받게 하여야 한다(제17조 제9항). 심의위원회의 교육 이수 조치에 따르지 아니한 보호자에게는 300만 원 이하의 과태료를 부과한다(제23조 제1항).

2.8 가해학생의 재전학 금지

가해학생이 다른 학교로 전학을 간 이후에는 전학 전의 피해학생 소속 학교로 다시 전학 올 수 없도록 하여야 한다(제17조 제10항).

표 10.1 학교폭력 가해학생 조치별 적용 세부기준(고시 제2조)

<table>
<tr><th colspan="5" rowspan="2"></th><th colspan="5">기본 판단 요소</th><th colspan="2">부가적 판단요소</th></tr>
<tr><th>학교 폭력의 심각성</th><th>학교 폭력의 지속성</th><th>학교 폭력의 고의성</th><th>가해 학생의 반성 정도</th><th>화해 정도</th><th>해당 조치로 인한 가해학생의 선도가능성</th><th>피해학생이 장애학생인지 여부</th></tr>
<tr><td colspan="4" rowspan="5">판정 점수</td><td>4점</td><td>매우 높음</td><td>매우 높음</td><td>매우 높음</td><td>없음</td><td>없음</td><td rowspan="14">해당점수에 따른 조치에도 불구하고 가해학생의 선도가능성 및 피해학생의 보호를 고려하여 시행령 제14조제5항에 따라 학교폭력대책심의위원회 출석위원 과반수의 찬성으로 가해학생에 대한 조치를 가중 또는 경감할 수 있음</td><td rowspan="14">피해학생이 장애학생인 경우 가해학생에 대한 조치를 가중할 수 있음</td></tr>
<tr><td>3점</td><td>높음</td><td>높음</td><td>높음</td><td>낮음</td><td>낮음</td></tr>
<tr><td>2점</td><td>보통</td><td>보통</td><td>보통</td><td>보통</td><td>보통</td></tr>
<tr><td>1점</td><td>낮음</td><td>낮음</td><td>낮음</td><td>높음</td><td>높음</td></tr>
<tr><td>0점</td><td>없음</td><td>없음</td><td>없음</td><td>매우 높음</td><td>매우 높음</td></tr>
<tr><td rowspan="9">가해학생에 대한 조치</td><td colspan="2" rowspan="3">교내 선도</td><td>1호</td><td>피해학생에 대한 서면사과</td><td colspan="5">1~3점</td></tr>
<tr><td>2호</td><td>피해학생 및 신고·고발 학생에 대한 접촉, 협박 및 보복행위의 금지</td><td colspan="5">피해학생 및 신고·고발학생의 보호에 필요하다고 심의위원회가 의결할 경우</td></tr>
<tr><td>3호</td><td>학교에서의 봉사</td><td colspan="5">4~6점</td></tr>
<tr><td colspan="2" rowspan="2">외부 기관 연계 선도</td><td>4호</td><td>사회봉사</td><td colspan="5">7~9점</td></tr>
<tr><td>5호</td><td>학내외 전문가에 의한 특별 교육 이수 또는 심리치료</td><td colspan="5">가해학생 선도·교육에 필요하다고 심의위원회가 의결할 경우</td></tr>
<tr><td rowspan="4">교육 환경 변화</td><td rowspan="2">교내</td><td>6호</td><td>출석정지</td><td colspan="5">10~12점</td></tr>
<tr><td>7호</td><td>학급교체</td><td colspan="5">13~15점</td></tr>
<tr><td rowspan="2">교외</td><td>8호</td><td>전학</td><td colspan="5">16~20점</td></tr>
<tr><td>9호</td><td>퇴학처분</td><td colspan="5">16~20점</td></tr>
</table>

3. 행정심판(제17조의2)

제16조 제1항(피해학생 보호조치) 및 제17조 제1항(가해학생에 대한 조치)에 따라 내린 조치에 이의가 있는 피해학생 및 그 보호자는 행정심판을 청구할 수 있다(제17조의2 제1항).

가해학생의 경우에도 제17조 제1항에 따라 내린 조치에 이의가 있는 경우에 행정심판을 청구할 수 있다(제17조의2 제2항).

4. 분쟁조정(제18조)

학교폭력대책 심의위원회는 학교폭력과 관련하여 분쟁이 있는 경우 그 분쟁을 조정할 수 있으며(제18조 제1항), 분쟁조정기간은 1개월을 넘지 못한다(제18조 제2항).

분쟁조정에 포함된 사항은 다음과 같다(제18조 제3항).

1. 피해학생과 가해학생 간 또는 그 보호자 간의 손해배상에 관련된 합의조정
2. 그 밖에 심의위원회가 필요하다고 인정하는 사항

주제 10-3 학교폭력대책 심의위원회 및 관련기구, 학교폭력 예방법의 과제

1. 학교장의 의무(제19조)

학교폭력예방 및 근절을 위해서는 학교폭력에 대해서 학교장의 책임 있는 자세 및 행동이 필요하므로 특별히 이를 조문화하여 학교의 장에게 의무를 부과하고 있다.

학교의 장은 제16조, 제16조의2, 제17조에 따른 조치의 이행에 협조하여야 하며(제19조 제1항). 학교의 장은 학교폭력을 축소 또는 은폐해서는 아니 된다(제19조 제2항). 학교의 장은 교육감에게 학교폭력이 발생한 사실과 제13조의2에 따라 학교의 장의 자체해결로 처리된 사건, 제16조, 제16조의2, 제17조 및 제18조에 따른 조치 및 그 결과를 보고하고, 관계 기관과 협력하여 교내 학교폭력 단체의 결성예방 및 해체에 노력하여야 한다(제19조 제3항).

2. 학교폭력의 신고 관련(제20조)

2.1 학교폭력의 신고 관련 절차

학교폭력의 신고가 발생하면 다음의 절차에 따라서 처리된다.

첫째, 학교폭력 현장을 보거나 그 사실을 알게 된 자는 학교 등 관계 기관에 이를 즉시 신고하여야 한다(제20조 제1항).

둘째, 이러한 신고를 받은 기관은 이를 가해학생 및 피해학생의 보호자와 소속 학교의 장에게 통보하여야 한다(제20조 제2항).

셋째, 위의 통보받은 소속 학교의 장은 이를 심의위원회에 지체 없이 통보하여야 한다(제20조 제3항).

2.2 학교폭력의 예비·음모에 대한 고발

누구라도 학교폭력의 예비·음모 등을 알게 된 자는 이를 학교의 장 또는 심의위원회에 고발할 수 있다. 다만, 교원이 이를 알게 되었을 경우에는 학교의 장에게 보고하고 해당 학부모에게 알려야 한다(제20조 제4항).

2.3 신고에 따른 불이익 금지

누구든지 제1항부터 제4항까지에 따라 학교폭력을 신고한 사람에게 그 신고 행위를 이유로 불이익을 주어서는 아니 된다(제20조 제5항).

3. 학교폭력대책 심의위원회 및 관련 기구 등

3.1 학교폭력대책 심의위원회

1) 심의위원회의 구성(제12조)

일선에서 학교폭력이 발생했을 경우, 피해학생의 보호와 가해학생에 대한 교육, 선도 및 징계, 피해학생과 가해학생 간의 분쟁조정을 하는 기관이 교육지원청에 설치되는 학교폭력대책 심의위원회이다. 종래에는 학교에 학교폭력대책자치위원회가 동일한 기능을 수행하였지만 학교폭력 관련 심의 건수의 증가로 학교 부담이 가중되고 있고 학교폭력 처리에 있어 과반수가 학부모 대표로 구성되어 전문성이 부족하다는 의견을 반영하여 개정을 한 결과이다.

학교폭력대책 심의위원회는 학교폭력의 예방 및 대책에 관련된 사항을 심의하기 위하여 교육지원청에 둔다. 다만, 심의위원회 구성에 있어 대통령령으로 정하는 사유가 있는 경우에는 교육감 보고를 거쳐 둘 이상의 교육지원청이 공동으로 심의위원회를 구성할 수 있다(제12조 제1항). 심의위원회는 해당 지역에서 발생한 학교폭력에 대하여 조사할 수 있고 학교장 및 관할 경찰서장에게 관련 자료를 요청할 수 있으며(제12조 제3항), 심의위원회의 설치 · 기능 등에 필요한 사항은 지역 및 교육지원청의 규모 등을 고려하여 대통령령으로 정한다(제12조 제4항).

학교폭력대책 심의위원회의 심의 사항은 다음과 같다(제12조 제2항).

학교폭력대책 심의위원회의 심의 사항
1. 학교폭력의 예방 및 대책 2. 피해학생의 보호 3. 가해학생에 대한 교육, 선도 및 징계 4. 피해학생과 가해학생 간의 분쟁조정 5. 그 밖에 대통령령으로 정하는 사항

2) 심의위원회의 구성 · 운영(제13조)

심의위원회는 10명 이상 50명 이내의 위원으로 구성하되, 전체 위원의 3분의 1 이상을 해당 교육지원청 관할 구역 내 학교(고등학교를 포함한다)에 소속된 학생의 학부모로 위촉하여야 한다(제1항).

심의위원회 위원장의 회의 소집 사유는 다음과 같다(제2항).

학교폭력대책 심의위원회의 소집 사유
1. 심의위원회 재적위원 4분의 1 이상이 요청하는 경우 2. 학교의 장이 요청하는 경우 3. 피해학생 또는 그 보호자가 요청하는 경우 4. 학교폭력이 발생한 사실을 신고받거나 보고받은 경우 5. 가해학생이 협박 또는 보복한 사실을 신고받거나 보고받은 경우 6. 그 밖에 위원장이 필요하다고 인정하는 경우

심의위원회는 심의 과정에서 소아청소년과 의사, 정신건강의학과 의사, 심리학자, 그 밖의 아동심리와 관련된 전문가를 출석하게 하거나 서면 등의 방법으로 의견을 청취할 수 있고, 피해학생이 상담·치료 등을 받은 경우 해당 전문가 또는 전문의 등으로부터 의견을 청취할 수 있다. 다만, 심의위원회는 피해학생 또는 그 보호자의 의사를 확인하여 피해학생 또는 그 보호자의 요청이 있는 경우에는 반드시 의견을 청취하여야 한다(제3항).

3.2 학교의 장에 의한 자체해결(제13조의2)

학교폭력은 학교폭력 심의위원회에서 처리되어야 함에도 불구하고, 피해학생 및 그 보호자가 심의위원회의 개최를 원하지 아니하는 경미한 학교폭력의 경우 학교의 장은 학교폭력사건을 자체적으로 해결할 수 있다. 이 경우 학교의 장은 지체 없이 이를 심의위원회에 보고하여야 한다(제13조의2 제1항 및 제2항). 이는 학교의 교육적 해결을 강화하기 위한 조항이다. 학교장은 이외에도 피해학생·가해학생 및 그 보호자 간의 관계 회복을 위한 자체 프로그램을 운영할 수 있다(시행령 제14조의3).

학교의 장이 자체해결할 수 있는 사항은 다음과 같다(제13조의2 제1항).

학교장 자체해결 가능 사항
1. 2주 이상의 신체적·정신적 치료를 요하는 진단서를 발급받지 않은 경우 2. 재산상 피해가 없거나 즉각 복구된 경우 3. 학교폭력이 지속적이지 않은 경우 4. 학교폭력에 대한 신고, 진술, 자료제공 등에 대한 보복행위가 아닌 경우

학교의 장이 자체 해결할 경우에 다음의 절차를 모두 거쳐야 한다.

학교장 자체 해결 시, 절차

1. 피해학생과 그 보호자의 심의위원회 개최 요구 의사의 서면 확인
2. 학교폭력의 경중에 대한 제14조제3항에 따른 전담기구의 서면 확인 및 심의

참고. 제14조 제3항 학교의 장은 교감, 전문상담교사, 보건교사 및 책임교사(학교폭력문제를 담당하는 교사를 말한다), 학부모 등으로 학교폭력문제를 담당하는 전담기구(이하 "전담기구"라 한다)를 구성한다. 이 경우 학부모는 전담기구 구성원의 3분의 1 이상이어야 한다.

3.3 전문상담교사 배치 및 전담기구 구성(제14조)

1) 전문상담교사

학교의 장은 학교에 대통령령으로 정하는 바에 따라 상담실을 설치하고, 초·중등교육법 제19조의2에 따라 전문상담교사를 둔다(제14조 제1항). 전문상담교사는 학교의 장 및 심의위원회의 요구가 있는 때에는 학교폭력에 관련된 피해학생 및 가해학생과의 상담결과를 보고하여야 한다(제14조 제2항).

제19조의2(전문상담교사의 배치 등) ① 학교에 전문상담교사를 두거나 시·도 교육행정기관에 「교육공무원법」 제22조의2에 따라 전문상담순회교사를 둔다.

2) 전담기구

학교의 장은 교감, 전문상담교사, 보건교사 및 책임교사(학교폭력문제를 담당하는 교사를 말한다), 학부모 등으로 학교폭력문제를 담당하는 전담기구를 구성한다. 이 경우 학부모는 전담기구 구성원의 3분의 1 이상이어야 한다(제14조 제3항).

3) 전담기구의 기능

학교장은 전담기구 또는 학교 소속 교원이 파악한 가해 및 피해사실 여부를 확인하고 자체 해결 여부를 전담기구에 부의할 수 있고, 전담기구는 학교 장의 자체해결로 진행할 것인지의 여부를 심의한다(제14조 제4항). 전담기구는 학교폭

력에 대한 실태조사(이하 "실태조사"라 한다)와 학교폭력예방 프로그램을 구성·실시하며, 학교의 장 및 심의위원회의 요구가 있는 때에는 학교폭력에 관련된 조사결과 등 활동결과를 보고하여야 한다(제14조 제5항). 피해학생 또는 피해학생의 보호자는 피해사실 확인을 위하여 전담기구에 실태조사를 요구할 수 있다(제14조 제6항). 전담기구의 실태조사에 관련해서는 국가 및 지방자치단체의 예산 지원을 받을 수 있으며, 관계 행정기관은 실태조사에 협력하여야 하고, 학교의 장도 전담기구에 행정적·재정적 지원을 할 수 있다(제14조 제7항).

4. 학교에서의 학교폭력예방 교육(제15조)

학교의 장은 학생의 육체적·정신적 보호와 학교폭력의 예방을 위한 학생들에 대한 교육을 학교폭력의 개념·실태 및 대처방안 등을 포함하여 학기별로 1회 이상 실시하여야 하며(제15조 제1항), 교직원 및 학부모에 대한 교육도 학기별로 1회 이상 실시하여야 한다(제15조 제2항).

학교의 장은 제1항에 따른 학교폭력예방교육 프로그램의 구성 및 그 운용 등을 전담기구와 협의하여 전문단체 또는 전문가에게 위탁할 수 있으며, 교육장은 제1항부터 제3항까지의 규정에 따른 학교폭력예방교육 프로그램의 구성과 운용계획을 학부모가 쉽게 확인할 수 있도록 인터넷 홈페이지에 게시하고, 그 밖에 다양한 방법으로 학부모에게 알릴 수 있도록 노력하여야 한다(제15조 제3항 및 제4항).

5. 학교폭력예방 및 대책 관련 시설 및 전문인력

5.1 긴급전화의 설치(제20조의2)

학교폭력의 피해학생 또는 보호자는 학교폭력과 관련하여 상담 혹은 신고를 할 수 있는 장치가 필요하다. 이 때문에 제20조의2에서는 긴급전화를 국가 및 지방자치단체가 설치하여 학교폭력을 수시로 신고 받고 이에 대한 상담에 응할 수 있도록 하고 있다(제20조의2 제1항).

긴급전화는 설치 및 운영을 대통령령으로 정하는 기관에 위탁할 수 있다(제20조의2 제3항).

> **학교폭력예방 및 대책에 관한 법률 시행령 제30조(긴급전화의 설치 · 운영)** 법 제20조의2에 따른 긴급전화는 경찰청장과 지방경찰청장이 운영하는 학교폭력 관련 기구에 설치한다.

5.2 학생보호인력의 배치(제20조의5)

국가 및 지방자치단체 또는 학교의 장은 학교폭력을 예방하기 위하여 학교 내에 학생보호인력을 배치하여 활용할 수 있다(제20조의5 제1항). 보호인력의 배치 및 활용업무는 관련 전문기관에 위탁할 수 있으며, 학교의 장과 충분히 협의해야 한다(제20조의5 제3항 및 제4항).

학생보호인력은 제20조의5 제2항의 결격사유에 해당되어서는 아니되며, 국가 및 지방자치단체 또는 학교의 장은 학생보호인력으로 배치하고자 하는 사람의 동의를 받아 경찰청장에게 그 사람의 범죄경력을 조회할 수 있다(제20조의5 제5항).

> **제20조의5(학생보호연력의 배치등)** ② 다음 각 호의 어느 하나에 해당하는 사람은 학생보호인력이 될 수 없다. <신설 2013. 7. 30.>
>
> 1. 「국가공무원법」 제33조 각 호의 어느 하나에 해당하는 사람

2. 「아동 · 청소년의 성보호에 관한 법률」에 따른 아동 · 청소년대상 성범죄 또는 「성폭력범죄의 처벌 등에 관한 특례법」에 따른 성폭력범죄를 범하여 벌금형을 선고받고 그 형이 확정된 날부터 10년이 지나지 아니하였거나, 금고 이상의 형이나 치료감호를 선고받고 그 집행이 끝나거나 집행이 유예 · 면제된 날부터 10년이 지나지 아니한 사람
3. 「청소년 보호법」 제2조제5호가목3) 및 같은 목 7)부터 9)까지의 청소년 출입 · 고용금지업소의 업주나 종사자

5.3 학교전담경찰관(제20조의6)

학교폭력에 보다 강력하게 대처하기 위하여 학교폭력 업무를 전담하는 경찰관을 둘 수 있도록 2017년 법을 개정하였다(제20조의6). 학교전담 경찰관의 선발에는 학생 상담 관련 학위나 자격증 소지 여부, 학생 지도 경력 등 학교폭력 업무 수행에 필요한 전문성을 고려해야 한다(시행령 제31조의2 제1항).

학교전담경찰관의 수행 업무는 다음과 같다(시행령 제31조의2 제2항).

학교전담경찰과의 수행업무(시행령 제3조의2 제2항)
1. 학교폭력예방활동 2. 피해학생 보호 및 가해학생 선도 3. 학교폭력 단체에 대한 정보 수집 4. 학교폭력 단체의 결성예방 및 해체 5. 그 밖에 경찰청장이 교육부장관과 협의해 학교폭력예방 및 근절 등을 위해 필요하다고 인정하는 업무

6. 비밀누설 금지(제21조)

학교폭력 심의와 관련한 비밀을 보장하는 것은 피해학생과 가해학생에게 모두 중요한 일이다. 이에 따라 관련한 비밀누설을 금지하는 규정을 두고 있다.

학교폭력예방 및 대책에 관한 법률에 따라 학교폭력의 예방 및 대책과 관련된 업무를 수행하거나 수행하였던 자는 그 직무로 인하여 알게 된 비밀 또는 가해학생 · 피해학생 및 제20조에 따른 신고자 · 고발자와 관련된 자료를 누설

하여서는 아니 된다(제21조 제1항). 이를 위반하는 경우에는 1년 이하의 징역 또는 1천만 원 이하의 벌금에 처해진다(제22조).

비밀의 범위는 다음과 같다(시행령 제33조).

1. 학교폭력 피해학생과 가해학생 개인 및 가족의 성명, 주민등록번호 및 주소 등 개인정보에 관한 사항
2. 학교폭력 피해학생과 가해학생에 대한 심의 · 의결과 관련된 개인별 발언 내용
3. 그 밖에 외부로 누설될 경우 분쟁당사자 간에 논란을 일으킬 우려가 있음이 명백한 사항

학교폭력대책 심의위원회의 회의는 공개하지 않는다. 다만, 피해학생 · 가해학생 또는 그 보호자가 회의록의 열람 · 복사 등 회의록 공개를 신청한 때에는 학생과 그 가족의 성명, 주민등록번호 및 주소, 위원의 성명 등 개인정보에 관한 사항을 제외하고 공개하여야 한다(제21조 제3항).

참고문헌

KESS 교육통계서비스(2019), [2019년 2월] 학업중단 청소년 현황 통계, https://kess.kedi.re.kr/post/6678743

강병연, 황수주(2016). 청소년육성제도론. 파주: 양성원.

관계기관합동(2023). 제7차 청소년정책기본계획.

국가기록원(2021). 청소년헌장, https://theme.archives.go.kr//next/koreaOfRecord/youth.do

국가기록원(2021a). 청소년헌장개정안, http://theme.archives.go.kr/viewer/common/archWebViewer.do?bsid=200302854737&dsid=000000000031&gubun=search

국사편찬위원회(2021). 조선왕조실록. http://sillok.history.go.kr/main/main.do

국사편찬위원회(2021a). 한국사데이터베이스.

국립국어원(2021). 국립국어원 표준국어대사전. http://stdweb2.korean.go.kr

국립중앙청소년디딤센터(2021). http://www.nyhc.or.kr/About020100

권기헌(2008). 정책학: 현대 정책이론의 창조적 탐색. 서울: 박영사.

권기헌(2009). 행정학: 미래지향적 국정관리의 창조적 탐색. 서울: 박영사.

권양섭(2015). 아동 · 청소년성보호법상의 아동음란물 판단기준에 관한 고찰. 법이론실무연구, 3(1), 157-180.

기은광(2019). 청소년활동론. 정민사: 파주.

김명수(2014). 인터넷과 표현의 자유의 범위에 관한 연구. 공공사회연구, 4(2).

김성준(2018). 정책학 -공공정책의 이해를 위한 입문-. 서울: 박영사.

김연주(2015). 청소년성매매 어떻게 볼 것인가. 진보평론, (64), 268-286.

김영지, 김희진, 이민희, 김진호(2019). 아동 · 청소년 권리에 관한 국제협약 이행연구 - 한국 아동 · 청소년 인권실태 019 총괄 보고서. 한국청소년정책연구원.

김치건(2018). 청소년의 학교폭력, 가족탄력성, 무망감, 우울, 자살생각 간의 구조적 관계. 한국아동복지학(61).

김현철, 김선희(2015). 청소년육성 전담공무원의 현황과 전망. 한국청소년정책연구

REFERENCE

원 연구보고서, 1-87.
김희순(2003). "청소년정책과 행정, 그 틈을 위해 필요한 노력." 청소년 문화포럼, 7.-, 108-156.
꿈드림(2020). http://www.kdream.or.kr
나무위키(2019). https://namu.wiki/w/토요휴업제.
대한민국 법원(2019). https://www.scourt.go.kr/scourt/index.html
박부근, 이일용(2004). 청소년 관련법, 제 · 개정의 의미와 주요내용 분석. 한국교육문제연구, (19), 117-136.
박순진(2009). 청소년 폭력에 있어서 피해-가해 경험의 발전, 형사정책연구, 20(1).
박찬열(2017). 청소년활동진흥의 명과 암. 한국청소년학회 학술대회, 71-85.
법무부(2020). http://www.cppb.go.kr/cppb/571/subview.do
법제처(2023). http://www.law.go.kr
------헌법
------청소년기본법
------청소년활동진흥법
------청소년복지지원법
------학교밖청소년지원에 관한 법률
------청소년보호법
------아동 · 청소년 성보호에 관한 법률
------학교폭력예방 및 대책에 관한 법률
------아동복지법
------근로기준법
------소년법
여성가족부(2017). 2016 청소년백서. http://www.mogef.go.kr
여성가족부(2018). 2017 청소년백서. http://www.mogef.go.kr

참고문헌

여성가족부(2018a). 정책뉴스. http://www.mogef.go.kr/nw/enw/nw_enw_s001d.do?mid=mda700&bbtSn =706810

여성가족부(2018). 사회환경 변화에 대응해 청소년정책 대전환 보도자료. 2018. 3. 7.

여성가족부(2019). 제3차 청소년보호종합대책.

여성가족부(2020). 2019 청소년백서.

여성가족부(2021). http://www.mogef.go.kr.

여성가족부(2021a). 2020 청소년백서.

여성가족부(2021c). 청소년부모지원 근거 최초 마련. 2021. 2. 26. 보도자료

여성가족부(2021d). 2020 청소년종합실태조사. 2021. 4. 20. 보도자료.

여성가족부(2021e). 2021 청소년사업 안내.

여성가족부(2021f). 2021. 3. 22. 보도자료. 여가부, 청소년 유해환경 대응 강화한다

여성가족부(2022). 2021 학교 밖 청소년 실태조사 결과. 2022. 5. 17. 보도자료.

여성가족부(2022a). 제4차 청소년보호종합대책. 2022. 6. 30. 보도자료.

여성가족부(2023). 2022 청소년백서.

여성가족부(2023a). 2023 청소년통계.

여성가족부(2023b). 2022년 청소년 매체이용 유해환경 실태조사 결과. 2023. 6. 21. 보도자료.

오마이뉴스(2018). 청소년육성 전담공무원 제도 있으나 마나. 2018년 10월 23일. http://m.ohmynews.com/NWS_Web/Mobile/at_pg.aspx?CNTN_CD=A0002481121

오마이뉴스(2019). 서울시교육청 공문 한 장에... 청소년단체들 반발. http://www.ohmynews.com/NWS_Web/View/at_pg.aspx?CNTN_CD=A0002510475

이용교(1996). 한국청소년단체협의회의 변화과정에 관한 연구. 청소년학연구, 3, 153-172.

이용교(1999). 개정된 청소년보호법: 주요변화와 논쟁점. 월간 복지동향, (9), 41-43.

일요서울(2021). '입법 공백'이 부른 '리얼돌 체험방' 논란...찬반 대립 격화. 2021.6.

REFERENCE

10. https://www.ilyoseoul.co.kr/news/articleView.html?idxno=452850.

임동호, 류동수, 성시한, 이경민, 정정란, 차승준, 최용희(2017). 청소년육성제도론. 고양: 지식공동체.

전동일, 장정연, 하태선, 유우경, 오봉욱, 김병년, 주선영(2016). 청소년복지론. 서울: 동문사.

전세일(2005) 청소년육성제도의 성립배경에 관한 연구. 청소년학연구, 12(4), 381-408.

전희일, 신명철, 류기덕, 신용식, 유영주, 정남환, 최은규(2018). 청소년정책 및 육성제도론. 파주: 양서원.

정부입법지원센터(2020). https://www.lawmaking.go.kr/lmKnlg/jdgStd/info?astSeq=2232&astClsCd=CF0101

정부입법지원센터(2020). https://www.lawmaking.go.kr/lmKnlg/jdgStd/info?astSeq=2261&astClsCd

조선일보(2021). 뉴스라이브러리. https://newslibrary.chosun.com/view/article_view.html?id=91519230313e10222&set_date=19230313&page_no=2

조영승(2004). 청소년육성관련법의 개편과 청소년육성구조의 변화에 관한 연구. 청소년학연구, 11(3), 507-530.

주경필, 김진호(2017). 청소년육성제도론. 서울: 한국방송통신대학교출판문화원.

천정웅, 김윤나(2013). 청소년육성제도론. 서울: 도서출판 신정.

청소년수련시설포털(2019). 시설현황 통계. http://youthnet.or.kr/?page_id=80.

최봉기(2008). 정책학개론. 서울: 박영사.

최순종(2015). 한국, 독일, 러시아의 청소년정책전달체계에 관한 국제 비교. 청소년학연구, 22(5), 1-26.

최윤진(1990). [93-2] 청소년 관계법과 행정. 지도자교재지침서, 1-344.

한국지능정보사회진흥원(2020). 2020년 스마트폰 과의존 실태조사.

참고문헌

한국청소년개발원(1993). 청소년심리학. 서울: 교육과학사.

한국청소년개발원(2003). 청소년정책론. 서울: 교육과학사.

한국청소년단체협의회(2019). 한국청소년단체협의회 회원단체 소개. http://www.ncyok.or.kr/bbs/board.php?bo_table=03_1&sst=wr_subject&sod=asc.

한국청소년정책연구원(2021).

한국청소년활동진흥원(2019). 참여위원회 구성 · 운영, http://www.youth.go.kr/ywith/activity/commission/operation.do

한국청소년활동진흥원(2019a). 청소년수련활동인증제. https://www.kywa.or.kr/business/business3.jsp

한국청소년활동진흥원(2021). https://www.youth.go.kr

허혜경, 김혜수(2010). 청년발달. 서울: 학지사.

현성수(2003). 청소년기본법 개정법률안 청소년활동진흥법안 청소년복지지원법안 검토보고서, 대한민국 국회.

황승흠, 강태완, 황성기, 이정훈, 조소영, 김회균, 홍승희, 김유승(2005). 사이버시대에 맞는 청소년보호법 · 제도 개선 연구. 성신여자대학교.

Jeffrey Jensen Arnett, Hamilton Cravens(2006). G. Stanley Hall's Adolescence: A centennial reappraisal: Introduction, History of Psychology. 9(3). 165-171.

YTN(2018). '소년법 폐지 청원' 두 번째 20만 돌파...靑 어떤 답변 할까. 2018. 8. 3. https://www.ytn.co.kr/_ln/0103_201808031410063347

찾아보기

INDEX

찾아보기

INDEX

찾아보기

저자소개

기은광

서정대학교 휴먼케어서비스과 조교수
서울대학교 생활과학박사

청소년육성제도론 제3판

초 판 1쇄 발행 / 2020년 8월 25일
개정판 1쇄 발행 / 2021년 8월 25일
개정판 2쇄 발행 / 2022년 8월 25일
제 3 판 1쇄 발행 / 2023년 8월 25일

저 자 / 기 은 광
발행인 / 이 중 수
발행처 / **동 문 사**

서울특별시 서대문구 홍제원 1길 12
(홍제동 137-8)
Tel: 02)736-3718(대), 736-3710, 3720
Fax: 02)736-3719
등록번호: 1974.04.27. 제9-17호
가격: 26,000원

ISBN: 979-11-6328-545-8 (93370)
E-mail: dong736@naver.com
www.dongmunsa.com